ANÁLISE E AVALIAÇÃO DE
EMPRESAS

DECISÕES E *VALUATION* USANDO
DEMONSTRATIVOS FINANCEIROS

Dados Internacionais de Catalogação na Publicação (CIP)
(Câmara Brasileira do Livro, SP, Brasil)

P156a	Palepu, Krishna G.
	Análise e avaliação de empresas : decisões e valuation usando demonstrativos financeiros / Krishna G. Palepu, Paul M. Healy ; tradução: FZ Consultoria Editorial ; revisão técnica: Heloisa Pinna Bernardo. – São Paulo, SP : Cengage Learning, 2016. 372 p. : il. ; 26 cm.
	Inclui bibliografia e índice. Tradução de: Business analysis & valuation (5. ed.). ISBN 978-85-221-2569-2
	1. Administração de empresas – Análise contábil. 2. Balanço (Contabilidade). 3. Administração de empresas – Avaliação – Estudo de casos. I. Healy, Paul M. II. Bernardo, Heloisa Pinna. III. Título.
CDU 657.62	CDD 657.3

Índice para catálogo sistemático:
1. Administração de empresas : Análise contábil   657.62
(Bibliotecária responsável: Sabrina Leal Araujo – CRB 10/1507)

ANÁLISE E AVALIAÇÃO DE EMPRESAS

DECISÕES E *VALUATION* USANDO DEMONSTRATIVOS FINANCEIROS

Tradução da 5ª edição norte-americana

KRISHNA G. PALEPU, PhD
Ross Graham Walker, Professor de Administração de Negócios
Universidade de Harvard

PAUL M. HEALY, PhD, ACA
James R. Williston, Professor de Administração de Negócios
Universidade de Harvard

TRADUÇÃO:
FZ Consultoria Editorial

REVISÃO TÉCNICA:

Heloisa Pinna Bernardo
Doutora em Contabilidade e Controladoria pela FEA-USP
Professora do Departamento de Finanças e Controladoria
da Universidade Federal de Juiz de Fora

Bianca Quirantes Checon
Doutoranda em Controladoria e Contabilidade
e Mestre em Ciências (Controladoria e Contabilidade) pela FEA-USP

Austrália • Brasil • Japão • Coreia • México • Cingapura • Espanha • Reino Unido • Estados Unidos

Análise e avaliação de empresas: decisões e *valuation* **usando demonstrativos financeiros**
Tradução da 5ª edição norte-americana
1ª edição brasileira

Krishna G. Palepu e Paul M. Healy

Gerente editorial: Noelma Brocanelli

Editora de desenvolvimento: Regina Helena Madureira Plascak

Supervisora de produção gráfica: Fabiana Alencar Albuquerque

Editora de aquisições: Guacira Simonelli

Especialista em direitos autorais: Jenis Oh

Tradução: FZ Consultoria Editorial

Copidesque: Vero Verbo Serviços Editoriais

Revisão: Rosângela da Silva Ramos, Beatriz Simões, Tatiana Tanaka

Diagramação: Alfredo Carracedo Castillo

Projeto Gráfico e capa: Megaart Design

Imagem da capa: Rawpixel.com/shutterstock

© 2017 Cengage Learning Edições Ltda.

Todos os direitos reservados. Nenhuma parte deste livro poderá ser reproduzida, sejam quais forem os meios empregados, sem a permissão, por escrito, da Editora. Aos infratores aplicam-se as sanções previstas nos artigos 102, 104, 106 e 107 da Lei nº 9.610, de 19 de fevereiro de 1998.

Esta Editora empenhou-se em contatar os responsáveis pelos direitos autorais de todas as imagens e de outros materiais utilizados neste livro. Se porventura for constatada a omissão involuntária na identificação de algum deles, dispomo-nos a efetuar, futuramente, os possíveis acertos.

A Editora não se responsabiliza pelo funcionamento dos links contidos neste livro que possam estar suspensos.

> Para informações sobre nossos produtos, entre em contato pelo telefone **0800 11 19 39**.
>
> Para permissão de uso de material desta obra, envie pedido para **direitosautorais@cengage.com**

© 2017 Cengage Learning Edições Ltda.
Todos os direitos reservados.

ISBN 13: 978-85-221-2569-2
ISBN 10: 85-221-2569-4

Cengage Learning
Condomínio E-Business Park
Rua Werner Siemens, 111
Prédio 11 – Torre A – Conjunto 12
Lapa de Baixo – CEP 05069-900
São Paulo-SP
Tel.: (11) 3665-9900
Fax: (11) 3665-9901
SAC: 0800 11 19 39

Para suas soluções de curso e aprendizado, visite **www.cengage.com.br**

Impresso no Brasil.
Printed in Brazil.
1 2 3   19 18 17

Prefácio

Balanços financeiros são a base para uma grande gama de análise de negócios. Gerentes usam balanços financeiros para monitorar e julgar o desempenho das empresas em relação aos seus concorrentes, para comunicar-se com investidores externos, para ajudar no julgamento de quais políticas financeiras eles devem buscar e para avaliar a aquisição de novos negócios em potencial como parte de seus investimentos estratégicos. Analistas de seguros utilizam balanços financeiros para avaliar e valorizar empresas que eles recomendam para clientes. Banqueiros usam esses balanços para decidir se prorrogam o empréstimo para um cliente ou para determinar os termos do empréstimo. Banqueiros de investimento utilizam os balanços financeiros como base para estimar e analisar possíveis compras, fusões ou aquisições. E consultores utilizam-se dos balanços como uma base para análise competitiva para seus clientes.

Não é surpreendente, portanto, encontrar uma forte demanda entre os estudantes de administração de empresas por um curso que proveja uma abordagem para a utilização dos dados de balanços financeiros em uma variedade de análise de negócios e contextos de estimativa.

A proposta deste livro é prover tal abordagem a estudantes de administração e praticantes. As primeiras quatro edições norte-americanas tiveram um sucesso muito maior do que imaginamos em munir leitores com essa abordagem útil, e o livro ganhou defensores em departamentos de contabilidade e finanças nas escolas de administração de negócios nos Estados Unidos e ao redor do mundo.

NESTA EDIÇÃO

Em resposta a sugestões e comentários de colegas, estudantes e revisores, incorporamos as seguintes mudanças na quinta edição norte-americana (e primeira edição brasileira):

- Dados, análises e questões foram minuciosamente atualizados.
- Quando apropriado, os capítulos foram elaborados com base em eventos atuais, como a crise financeira global de 2008 e a crise de débito europeia em curso.

- Os capítulos de análise financeira e estimativa (Capítulos 6 a 8) foram atualizados, focando empresas de varejo norte-americanas, como TJX e Nordstrom. Além disso, há uma discussão mais coesa dos quatro componentes da análise efetiva do balanço financeiro que este livro examina, introduzindo tais empresas em nossa discussão de análise estratégica no Capítulo 2, e continuando com elas durante as análises de contabilidade, financeiras e prospectivas que seguem.
- Foi feita uma análise ampliada do impacto dos ajustes contabilísticos (introduzido no Capítulo 4) na análise de empresas, examinando as proporções não ajustadas e ajustadas, e medidas de fluxo de caixa para a TJX e Nordstrom no Capítulo 5, e então utilizando os números ajustados para TJX na análise prospectiva dos Capítulos 6 a 8.
- O tópico do US GAAP[1] (*Generally Accepted Accounting Principles*)/IFRS[2] (*International Financial Reporting Standards*) é introduzido e analisado, com discussões e exemplos que comparam empresas reportadas sob o US GAAP/IFRS e uma breve discussão sobre as diferenças remanescentes importantes entre eles.
- Consta uma discussão ampla da contabilidade de valor justo, dado seu crescente uso global e seu papel discutido na crise financeira de 2008.
- Simplificamos e melhoramos bastante a leitura da discussão sobre a teoria por trás das técnicas de avaliação nos Capítulos 7 e 8.

Características-chave

Este livro difere-se de outros da área de administração e análise financeira em uma série de formas importantes. Nós introduzimos e desenvolvemos uma abordagem em **quatro partes para análise de negócios e estimativa** usando dados de balanço financeiro. Então, mostramos como essa abordagem pode ser aplicada em uma variedade de contextos decisivos.

Abordagem para análise

Começamos o livro com uma discussão sobre o papel da informação contabilística e de intermediários na economia, e como a análise financeira pode criar valor em mercados de bom funcionamento (Capítulo 1). Identificamos quatro componentes-chave, ou passos, de análise efetiva de balanço financeiro:

- Análise de estratégia de negócios
- Análise contábil
- Análise financeira
- Análise prospectiva

---

[1] Refere-se às regras de contabilidade usadas nos Estados Unidos para organizar, apresentar e reportar balanços financeiros.
[2] Conjunto de padrões contabilísticos desenvolvidos por uma organização sem fins lucrativos, com o objetivo de criar um quadro global de como empresas devem apresentar seus balanços financeiros.

O primeiro passo, a **análise estratégica de negócios** (Capítulo 2), envolve o desenvolvimento da compreensão do negócio e da estratégia competitiva da empresa que está sendo analisada. Incorporar estratégia de negócio na análise de balanço financeiro é uma das características que distingue este livro. Tradicionalmente, esse passo foi ignorado por outros livros de análise de balanço financeiro, porém, acreditamos que é crítico começar a análise de balanço financeiro com a estratégia da empresa porque ela fornece um alicerce importante na análise subsequente. Essa seção de análise estratégica discute ferramentas contemporâneas para analisar o setor de uma empresa, sua posição competitiva e sustentabilidade dentro do setor, e a estratégia corporativa da empresa.

A **análise contábil** (Capítulos 3 e 4) aborda como regras contabilísticas e convenções representam a economia de uma empresa e a estratégia em seus balanços financeiros e, se necessário, o desenvolvimento de medidas de contabilidade ajustadas de desempenho. Na seção de análise contabilística, não enfatizamos regras contabilísticas; em vez disso, desenvolvemos abordagens gerais para a análise de ativos, passivos, entidades, receitas e despesas. Acreditamos que tal abordagem permite que os alunos consigam avaliar as opções contabilísticas e estimativas de juros de uma empresa de forma efetiva, mesmo quando eles têm apenas a base do conhecimento das regras de contabilidade e seus padrões. Este tópico também permite que os alunos façam ajustes contabilísticos em vez de apenas identificar práticas de contabilidade questionáveis.

A **análise financeira** (Capítulo 5) envolve a relação da análise financeira e de medidas de fluxo de caixa operacional, financeiro e de desempenho de investimento de uma empresa em relação aos competidores-chave ou seu desempenho histórico. Nossa abordagem foca o uso da análise financeira para avaliar a efetividade da estratégia de uma empresa e fazer projeções financeiras sólidas.

Finalmente, na **análise prospectiva** (Capítulos 6 a 8) mostramos como desenvolver uma projeção de balanço financeiro e como usar essas estimativas do valor de uma empresa. Nossa discussão de estimativa inclui o tradicional modelo descontado de fluxo de caixa, assim como as técnicas que conectam valor diretamente aos números contabilísticos. Na discussão de modelos de contabilidade com base em estimativa, integramos as últimas pesquisas acadêmicas com abordagens tradicionais como ganhos e múltiplo valor contábil, que são amplamente usadas na prática.

Embora o livro aborde os quatro passos da análise de negócio e estimativa, reconhecemos que a extensão de seu uso depende do contexto de decisão do usuário. Por exemplo, banqueiros têm mais probabilidade de utilizar a análise estratégica de negócios, a análise estratégica, a análise financeira e uma parte da projeção da análise prospectiva. É menos provável que eles estejam interessados em estimar formalmente um cliente em potencial.

Aplicação da abordagem de contexto de decisão

A próxima seção do livro mostra como a nossa análise de negócios e abordagem de estimativa pode ser aplicada a uma variedade de contextos de decisão:

- Análise de valores mobiliários do capital próprio (Capítulo 9)
- Análise de crédito e projeção de dificuldade financeira (Capítulo 10)

- Fusões e aquisições (Capítulo 11)
- Comunicação e governança (Capítulo 12)

Para cada um desses tópicos, apresentamos uma visão geral para dar a base para as discussões em sala de aula. Quando possível, trazemos cenários realísticos relevantes e detalhes institucionais, além de examinarmos o resultado de pesquisa acadêmica que seja útil na aplicação dos conceitos de análise desenvolvidos anteriormente no livro. Por exemplo, no capítulo sobre análise de crédito, mostramos como bancos e agências de classificação usam dados de balanço financeiro para desenvolver análises para decisões de empréstimos ou classificar questões de dívida pública. Esse capítulo também apresenta pesquisa acadêmica sobre como determinar se uma empresa está sob dificuldade financeira.

PARA UTILIZAR O LIVRO

O livro foi projetado a fim de ser flexível nos cursos de análise de balanços financeiros para uma variedade de alunos – de MBA, mestrandos na área de contabilidade, participantes de programas executivos e bacharéis em contabilidade ou finanças. Dependendo do público, o professor pode variar a maneira como os materiais conceituais dos capítulos e as questões no final dos capítulos são utilizados. Para fazer bom uso do livro, os alunos devem ter uma base completa nos cursos de contabilidade financeira, finanças e estratégia de negócios ou economia empresarial. O texto dá uma visão geral concisa de alguns desses tópicos, mas provavelmente seria difícil para alunos sem conhecimento anterior nesses campos utilizar esses capítulos de forma autônoma.

Se o livro for utilizado por alunos com prévia experiência de trabalho ou por executivos, o professor pode utilizar praticamente uma abordagem de apresentação de caso, adicionando capítulos de leitura relevantes quando necessário. Para alunos com pouca experiência de trabalho, uma aula expositiva pode ser apresentada primeiramente, seguida de um caso apropriado ou outro material designado. Alternativamente, palestras podem ser usadas como acompanhamento aos casos para uma exposição mais clara das questões conceituais que lá surgem. Isso pode ser apropriado quando o livro for usado em cursos de graduação. Em tal contexto, os casos podem ser usados nos projetos que podem ser designados para grupos de alunos.

RECONHECIMENTOS

A primeira edição norte-americana deste livro foi coescrita com nosso colega e amigo, Victor Bernard. Vic foi o Professor Price Waterhouse de Contabilidade e Diretor do PatonAccounting Center na Universidade de Michigan. Ele faleceu inesperadamente em 14 de novembro de 1995. Embora Vic não esteja mais listado como coautor, gostaríamos de reconhecer suas contribuições duradouras para nossa visão em análise financeira e estimativa e para as ideias refletidas neste livro.

Gostaríamos também de agradecer a Scott Renner por sua incansável assistência em pesquisa na revisão dos capítulos; a Trenholm Ninestein, do Grupo HBS Information Technology; a Chris Allen e Kathleen Ryan, do HBS Knowledge e Library Services, por nos ajudar com dados na relação financeira de empresas norte-americanas; à Divisão de Pesquisa da Escola de Administração de Negócios de Harvard pela ajuda no desenvolvimento de materiais para este livro; e a nossos alunos antigos e atuais de MBA, por estimular nosso pensamento e nos desafiar a continuamente melhorar nossas ideias e apresentação.

Agradecemos especialmente aos seguintes colegas que nos deram *feedback* enquanto escrevíamos esta edição: Patricia Beckenholdt, Universidade de Maryland University College; Timothy P. Dimond, Universidade Northern Illinois; Jocelyn Kauffunger, Universidade de Pittsburgh; Suneel Maheshwari, Universidade Marshall; K. K. Raman, Universidade do Norte do Texas; Lori Smith, Universidade da California do Sul; Vic Stanton, Universidade da Califórnia, Berkeley; Charles Wasley, Universidade de Rochester.

Somos gratos também a Laurie Palepu e Deborah Marlino pela ajuda e assistência durante este projeto. Reconhecimento especial a Rob Dewey e Matt Filimonov pela liderança de publicação nesta edição; aos nossos colegas e a Craig Avery e Heather Mooney na Cengage, e a KalpanaVenkatramani, gerente de projeto na PreMediaGlobal, pela ajuda no desenvolvimento, marketing e produção. Gostaríamos de agradecer nossos pais e familiares pelo forte apoio e encorajamento durante este projeto.

Krishna G. Palepu
Paul M. Healy

Disponível para download na página deste livro no site da Cengage:

- **Slides de Power Point para professores (em inglês).**
- **Perguntas para discussão para professores e alunos (em português).**

Autores

Krishna G. Palepu é Professor de Administração de Negócios na Ross Graham Walker e Reitor Sênior Associado para Desenvolvimento Internacional na Escola de Administração de Negócios da Universidade de Harvard. Antes de assumir sua posição atual de liderança, o Professor Palepu teve outras posições na Escola, incluindo Reitor Associado, Diretor de Pesquisa e *Unit Chair*.

A atual pesquisa do Professor Palepu e atividades de docência focam a estratégia e administração. Na área de estratégia, sua pesquisa recente tem sido sobre globalização de mercados emergentes. Ele é coautor do livro sobre este tópico, *Winning in Emerging Markets: A Road Map for Strategy and Execution* (livro sem tradução para o português). Ele desenvolveu e lecionou o segundo ano do curso de MBA, "Globalização dos mercados emergentes", que foca essas questões. Além disso, o Professor Palepu preside os programas de educação executiva HBS "Programa de CEOs globais para China"e "Criando negócios em mercados emergentes".

Na área de administração corporativa, o trabalho do Professor Palepu foca o engajamento do Conselho na estratégia. O Professor Palepu leciona em diversos programas de educação executiva HBS destinados aos membros de conselhos corporativos: "Como fazer conselhos corporativos mais eficientes", "Comitês de auditoria na nova rra de administração", "Comitês de compensação: novos desafios, novas soluções". O Professor Palepu serviu em uma série de empresas públicas e conselhos sem fins lucrativos. Ele também participou de conselhos editoriais de publicações acadêmicas e serviu como consultor para uma ampla variedade de negócios. Além disso, ele é pesquisador na NBER (National Bureau of Economic Reserach – Serviço Nacional de Pesquisa Econômica).

O Professor Palepu tem doutorado em administração do Instituto de Tecnologia de Massachusetts e um doutorado honorário da Escola de Economia e Negócios de Helsinki.

Paul M. Healy é Professor de Administração de Negócios na James R. Williston e Reitor Associado e Diretor de Pesquisa na Escola de Administração de Negócios da Universidade de Harvard. Professor Healy juntou-se à Escola de Administração de Negócios de Harvard como Professor de Administração de Negócios em 1997. Sua formação principal e interesse em pesquisas incluem administração corporativa e responsabilidade, pesquisa de capital próprio em empresas de serviços financeiros, análise financeira estratégica e relatórios financeiros. O Professor Healy leciona em diversos programas de educação de executivos e é co-presidente da Análise Financeira Estratégica para Avaliações de Negócios. O Professor Healy recebeu honras B.C.A. (primeira classe) em Contabilidade e Finanças da Universidade de Victoria, Nova Zelândia, em 1977, tornou-se bacharel em Economia pela Universidade de Rochester em 1981, tornou-se Ph.D. em Administração pela Universidade de Rochester em 1983 e faz parte da Sociedade de Contadores. Na Nova Zelândia, o Professor Healy trabalhou para Arthur Young e ICI. Antes de se juntar à Harvard, passou 14 anos na faculdade MIT Escola Sloan de Gerenciamento, onde recebeu prêmios por sua excelência no ensino em 1991, 1992 e 1997. Entre 1993 e 1994, serviu como presidente vicário na Escola Sloan e em 1994-1995, foi professor convidado na Escola de Administração de Negócios de Londres e Escola de Administração de Negócios de Harvard.

A pesquisa do Professor Healy inclui estudos do desempenho de analistas financeiros, administração corporativa, o desempenho de fusões, manifestações corporativas e relatórios de decisões financeiras gerenciais. Seu trabalho foi publicado nos principais jornais de contabilidade e finanças. Em 1990, seu artigo "The Effect of Bonus Schemes on Accounting Decisions" (O efeito de esquemas de bônus em decisões contabilísticas), publicado no Jornal de Contabilidade e Economia, recebeu o prêmio AICPA/AAA de Contribuição Notável. Seu texto "Análise de negócios e estimativa" recebeu o prêmio AICPA/AAA de medalha Wildman pelas contribuições à prática em 1997 e o AICPA/AAA de Contribuições Notáveis em 1998.

Sumário

PARTE 1 **FRAMEWORK** 1

Capítulo 1 Uma estrutura para análise e avaliação comercial usando demonstrativos financeiros 3

O papel das informações financeiras no mercado de capitais, 4
De atividades empresariais a demonstrações financeiras, 6
Influência do sistema contábil na qualidade da informação, 8
De demonstrações financeiras a análises de negócios, 12
Resumo, 15
Questões para discussão, 16

PARTE 2 **ANÁLISE DE NEGÓCIOS E INSTRUMENTOS DE AVALIAÇÃO** 19

Capítulo 2 Análise da estratégia 21

Análise do setor, 21
Aplicação da análise do setor: o setor norte-americano de lojas de departamento
e de varejo, 27
Análise da estratégia competitiva, 31
Análise da estratégia corporativa, 38
Resumo, 44
Questões para discussão, 45

Capítulo 3	**Visão geral da análise contábil** 51

Estrutura institucional para divulgação financeira, 51
Fatores que influenciam a qualidade da contabilidade, 58
Passos sobre desempenho de análise contábil, 61
Armadilhas das análises contábeis, 68
Valor dos dados contábeis e das análises contábeis, 69
Resumo, 70
Questões para discussão, 70

Capítulo 4	**Implementação da análise contábil** 75

Remodelagem das demonstrações financeiras, 76
Como fazer ajustes contábeis, 81
Comparando as empresas que usam U.S. GAAP e IFRS, 103
Aplicação à TJX e à Nordstrom, 108
Resumo, 111
Questões para discussão, 112
Apêndice A: A reformulação das demonstrações financeiras em modelos padronizados, 120
Apêndice B: Ajuste de arrendamento operacional da Nordstrom, Inc., 128

Capítulo 5	**Análise financeira** 131

Análise por meio de índices, 131
Análise do fluxo de caixa, 159
Resumo, 166
Questões para discussão, 167
Apêndice A: Demonstrações financeiras da TJX Companies, Inc., 170
Apêndice B: Demonstrações financeiras da Nordstrom, Inc., 178

Capítulo 6	**Análise prospectiva: projeções** 187

Uma visão geral da estrutura da projeção, 188
Outras considerações sobre as projeções, 194
Fazendo projeções, 196

Análise de sensibilidade, 202

Resumo, 207

Questões para discussão, 208

Apêndice: O comportamento dos componentes do ROE, 211

CAPÍTULO 7 ANÁLISE PROSPECTIVA: TEORIA DE *VALUATION* E SEUS CONCEITOS 213

Valuation baseada em índices de preço de ação, 214

O método de *valuation* pelo dividendo descontado, 216

O método de *valuation* de lucros anormais descontados, 217

Revisitando *valuation* baseada em índices de preço de ação, 220

Formas de atalho de *valuation* com base em lucros, 224

O modelo de fluxo de caixa descontado, 227

Comparando métodos de *valuation*, 229

Resumo, 232

Questões para discussão, 233

Apêndice A: Valor do dinheiro ao longo do tempo: valores presente e futuro, 235

Apêndice B: Fórmulas de *valuation*, 238

Apêndice C: Reconciliação dos modelos de dividendos descontados e lucros
anormais descontados, 239

Apêndice D: Metodologias de *valuation* de ativos, 240

CAPÍTULO 8 ANÁLISE PROSPECTIVA: IMPLEMENTAÇÃO DA *VALUATION* 243

Previsões detalhadas de desempenho, 243

Valores terminais, 245

Calculando uma taxa de desconto, 253

Cálculo do valor patrimonial, 257

Alguns problemas práticos na *valuation*, 260

Resumo, 262

Questões para discussão, 263

Apêndice: Estimando o valor total de ativos da TJX, 265

PARTE 3 ANÁLISE DE NEGÓCIOS E APLICAÇÃO DE *VALUATION* 269

Capítulo 9 ANÁLISE DE VALORES MOBILIÁRIOS DO CAPITAL PRÓPRIO 271

Objetivos do investidor e veículos de investimento, 272

Análise de títulos mobiliários de capital próprio e eficiência do mercado, 274

Abordagens para a gestão de fundos e a análise de valores mobiliários, 277

O processo de análise abrangente de valores mobiliários, 278

Desempenho dos analistas de valores mobiliários e gestores de fundos, 284

Resumo, 287

Questões para discussão, 287

Capítulo 10 ANÁLISE DE CRÉDITO E PREVISÃO DE DIFICULDADE FINANCEIRA 293

Por que as empresas usam financiamento por meio de dívida?, 294

O mercado de crédito, 296

O processo de análise de crédito em mercados privados de dívida, 298

Análise de demonstrações financeiras e dívidas emitidas em mercado de capitais, 305

Previsão de dificuldade e recuperação, 310

Classificações de crédito e a crise *subprime*, 313

Resumo, 315

Questões para discussão, 316

Capítulo 11 FUSÕES E AQUISIÇÕES 319

Motivação para fusão ou aquisição, 320

Determinação do preço de aquisição, 325

Financiamento da aquisição e forma de pagamento, 331

Resultado da aquisição, 336

Resumo, 339

Questões para discussão, 340

Capítulo 12 COMUNICAÇÃO E GOVERNANÇA 345

Visão geral da governança, 346

Comunicação da administração com os investidores, 349

Comunicação por meio das demonstrações contábeis, 352

Comunicação por meio de políticas financeiras, 357

Formas alternativas de comunicação com investidores, 360
O papel do comitê de auditoria nos Estados Unidos, 367
Resumo, 369
Questões para discussão, 370

Índice remissivo, 375
Índice onomástico, 387

PARTE 1

FRAMEWORK

CAPÍTULO 1

Uma estrutura para análise e avaliação comercial
usando demonstrativos financeiros

1

Uma estrutura para análise e avaliação comercial usando demonstrativos financeiros

Este capítulo traça uma estrutura detalhada para a análise de demonstrações financeiras. Tendo em vista que as demonstrações financeiras fornecem os mais amplos dados disponíveis sobre as atividades econômicas das empresas de capital aberto, investidores e partes interessadas dependem dos relatórios financeiros para avaliar os planos e desempenho de empresas e gestores.

Várias questões podem ser abordadas pela análise de negócios por intermédio das demonstrações financeiras, conforme os exemplos a seguir:

- Um analista de investimentos pode estar interessado no seguinte: "Como está o desempenho da empresa que eu estou acompanhando? O desempenho da empresa atendeu às minhas expectativas? Se não, por quê? Qual é o valor das ações da empresa, em vista da minha avaliação do desempenho atual e futuro da empresa?"
- Um agente de crédito talvez precise perguntar: "Qual é o risco de crédito envolvido no empréstimo de determinado valor a essa empresa? Quão bem a empresa está administrando sua liquidez e solvência? Qual o seu risco do negócio? Qual é o risco adicional criado pelas políticas de financiamento e de dividendos da empresa?"
- Um consultor empresarial pode perguntar: "Qual é a estrutura do setor no qual a empresa está operando? Que estratégias os vários atores desse setor buscam? Como esses fatores afetaram o desempenho das diferentes empresas desse setor?"
- Um gestor pode perguntar: "Minha empresa está sendo avaliada de modo apropriado pelos investidores? Nosso programa de comunicação com investidores é adequado para facilitar esse processo?" ou "A empresa é um alvo potencial de aquisição do controle? Quanto valor podemos agregar se adquirirmos essa empresa? Como podemos financiar a aquisição?"
- Um auditor independente talvez queira saber: "As políticas contábeis e estimativas de contas a receber e a pagar da empresa são consistentes com meu entendimento do negócio e com seu desempenho recente? Esses relatórios financeiros informam o estado atual e os riscos do negócio?

A estrutura das economias estatais no século XX e na primeira parte do século XXI tem, de modo geral, sido dividida em duas ideologias amplas e distintas de canalização das poupanças em investimentos empresariais – a capitalista e a planificada. O modelo capitalista depende amplamente do mercado para governar a atividade econômica, e as decisões no que diz respeito a investimentos são tomadas de modo privado. As economias planificadas têm usado planejamento central e agências do governo para juntar as poupanças nacionais e direcionar os investimentos para empresas. O fracasso do modelo planificado é evidente pelo fato de a maioria dessas economias terem abandonado esse modelo total ou parcialmente pelo modelo de mercado. Como resultado disso, em quase todos os países do mundo atualmente, o mercado financeiro tem um papel importante na canalização dos recursos dos poupadores para as empresas que precisam de capital.

A análise das demonstrações financeiras é uma atividade valiosa quando gestores têm informações minuciosas sobre as estratégias e o desempenho da empresa, mas uma variedade de fatores institucionais torna improvável que eles divulguem inteiramente essa informação. Nesse cenário, analistas externos tentam criar "informações privilegiadas" com base na análise de dados das demonstrações financeiras, adquirindo desse modo uma percepção valiosa do desempenho corrente e das perspectivas futuras da empresa.

A fim de entender a contribuição que as demonstrações financeiras podem dar, é importante entender o papel delas no funcionamento dos mercados financeiros e as forças institucionais que moldam as demonstrações financeiras. Portanto, inicialmente apresentaremos uma descrição breve dessas forças e, em seguida, uma discussão dos passos necessários para que um analista extraia informação de demonstrações financeiras e faça previsões significativas.

O PAPEL DAS INFORMAÇÕES FINANCEIRAS NO MERCADO DE CAPITAIS

Um desafio crucial para qualquer economia é a alocação da poupança em oportunidades de investimento. Economias que sabem fazer isso com eficácia podem explorar novas ideias de negócios para estimular a inovação e gerar empregos e riquezas em um ritmo rápido. Por outro lado, economias que administram mal esse processo tendem a dissipar a sua riqueza e fracassam em apoiar oportunidades de negócios.

A Figura 1-1 fornece um esquema de representação de como os mercados financeiros normalmente funcionam em sentido amplo. A poupança em uma economia é distribuída extensamente entre as famílias. Existem muitos novos empreendedores e empresas estabelecidas que gostariam de atrair essa poupança para financiar suas ideias de negócios. Embora muitos poupadores e empreendedores desejassem fazer negócios uns com os outros, adequar poupanças às oportunidades de investimento é complicado por, pelo menos, três motivos. Primeiro, empreendedores normalmente estão mais bem informados que os poupadores a respeito do valor de oportunidades de investimento em negócios. Segundo, a comunicação entre empreendedores e investidores não é completamente confiável porque os investidores sabem que os empreendedores têm um incentivo para inflar o valor das

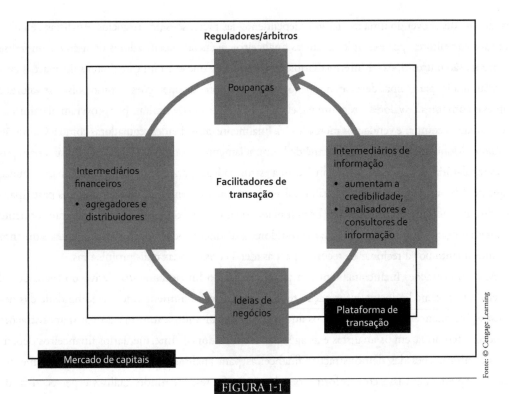

FIGURA 1-1

Mercado de capitais

suas ideias. E terceiro, poupadores em geral não têm a sofisticação financeira necessária para analisar e diferenciar as várias oportunidades de negócios.

Esses problemas de informação e incentivo são o que os economistas chamam de "abacaxis",[1] que podem potencialmente desmantelar o funcionamento do mercado de capitais.[2] Funciona assim: imagine uma situação na qual metade das ideias são "boas" e metade são "ruins". Se investidores não conseguirem distinguir entre os dois tipos de ideia de negócio, empreendedores com ideias ruins tentarão afirmar que suas ideias são tão valiosas quanto as boas. Percebendo essa possibilidade, investidores avaliam tanto as ideias boas quanto as ruins como medianas. Infelizmente, isso penaliza as boas ideias, e empreendedores com boas ideias podem achar que as condições em que eles podem obter financiamento não são atrativas. Quando esses investidores deixam o mercado de capitais, a proporção de más ideias no mercado aumenta. Com o tempo, ideias ruins sufocam as boas ideias, e investidores perdem a confiança no mercado.

O surgimento de instituições que constroem um mercado de capitais totalmente formado pode impedir o colapso do mercado. Intermediários financeiros, como firmas de capital de risco (*venture capital*) ou de *private equity*, bancos, fundos mútuos e empresas seguradoras, têm como foco agregar fundos dos investidores individuais e distribuir esses fundos a negócios que buscam fontes de capital. Intermediários de informações, como auditores e comitês de auditoria de empresas, servem para reforçar a credibilidade, provendo uma avaliação independente das pretensões dos negócios. Analistas de informações e consultores, por exemplo, analistas financeiros, agências classificadoras de risco e a imprensa financeira, são outros tipos de intermediários, de informação que coletam e analisam informações empresariais usadas para tomar decisões nos negócios. Facilitadores de operações – como bolsas de valores e empresas corretoras de valores – têm um papel crucial no mercado de capitais por proverem plataformas que facilitam a compra e venda nos mercados. E, finalmente, autoridades reguladoras como a Comissão de Valores Mobiliários (CVM) e o Comitê de Pronunciamentos Contábeis (CPC), no Brasil, criam políticas regulatórias apropriadas que estabelecem a estrutura legal para o sistema do mercado de capitais, enquanto árbitros, como o sistema legal, resolvem disputas que venham a ocorrer entre os participantes.[3] Em um mercado de capitais com bom funcionamento, as instituições de mercado anteriormente descritas agregam valor tanto por ajudar investidores a distinguir boas oportunidades de investimento das ruins quanto por direcionar os recursos para as ideias consideradas mais promissoras.

As demonstrações financeiras têm um papel crucial no funcionamento efetivo do mercado de capitais. Os intermediários de informação tentam agregar valor aumentando a credibilidade das demonstrações financeiras (como fazem os auditores) ou analisando a informação nas demonstrações financeiras (como fazem os analistas e as agências classificadoras). Intermediários financeiros dependem de informações das demonstrações financeiras para analisar oportunidades de investimento, e eles complementam isso com informações de outras fontes, incluindo análises e perspectivas de intermediários de informação.

Idealmente, os diferentes intermediários funcionam como um sistema de verificações e equilíbrio para garantir o funcionamento eficiente do sistema do mercado de capitais. No entanto, esse não é sempre o caso, pois de vez em quando eles se reforçam mutuamente em vez de contrabalançar um ao outro. Isso pode ocorrer por causa de imperfeições em incentivos de intermediários financeiros e de informação, problemas de governança dentro das próprias organizações e conflitos de interesse, conforme evidenciado pela falência espetacular de empresas como a Enron e a WorldCom no começo dos anos 2000[4] e, mais recentemente, como Lehman Brothers, New Century Financial e muitas outras durante a recente crise financeira mundial.

Os exemplos citados mostram que, embora esse mecanismo do mercado tenha funcionado eficientemente ao longo do tempo, com os preços refletindo todas as informações disponíveis sobre determinado investimento, ações de empresas, individualmente, ainda podem ser mal precificadas, justificando, por sua vez, a necessidade de análise das demonstrações financeiras.

Na próxima seção, discutiremos aspectos-chave do modelo do sistema de demonstrações financeiras que permitem que elas tenham um papel vital no funcionamento do mercado de capitais.

DE ATIVIDADES EMPRESARIAIS A DEMONSTRAÇÕES FINANCEIRAS

Os gestores corporativos são responsáveis por adquirir recursos físicos e financeiros do ambiente da empresa e usá-los para agregar valor aos investidores. Valor é criado quando a empresa obtém um retorno sobre seu investimento que excede o custo do capital. Gestores formulam estratégias de negócios para atingir esse objetivo, e eles as implementam por meio de atividades empresariais. Essas atividades são influenciadas por seu ambiente econômico e sua própria estratégia empresarial. O ambiente econômico inclui o setor no qual a empresa opera, o mercado de seus insumos e produtos e os sistemas regulatórios sob os quais a empresa opera. A estratégia de negócios da empresa determina de que maneira ela se posiciona no seu ambiente para atingir uma vantagem competitiva.

Conforme mostra a Figura 1-2, as demonstrações financeiras da empresa resumem as consequências econômicas das suas atividades empresariais. As atividades dos negócios da empresa em um dado

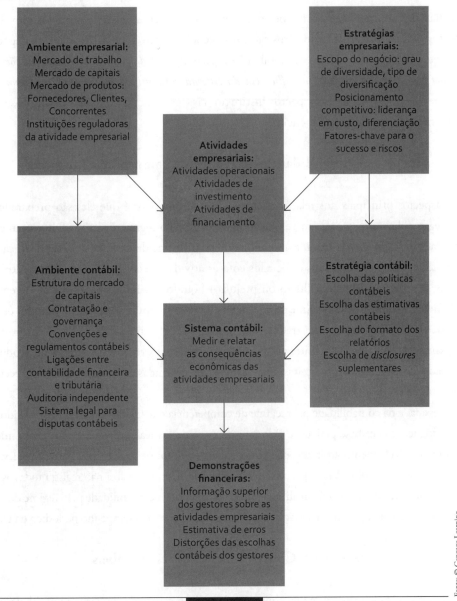

FIGURA 1-2

De atividades comerciais a demonstrações financeiras

período são muito numerosas para ser relatadas de modo individual para pessoas de fora da organização. Ademais, algumas das atividades realizadas pela empresa são naturalmente confidenciais, e a revelação destas em detalhes poderia causar prejuízo à competitividade da empresa. O sistema contábil provê mecanismos pelos quais as atividades empresariais são selecionadas, mensuradas e agregadas às demonstrações financeiras.

INFLUÊNCIA DO SISTEMA CONTÁBIL NA QUALIDADE DA INFORMAÇÃO

Intermediários que usam demonstrações financeiras para fazer análises de negócios têm de estar conscientes que os relatórios financeiros são influenciados tanto pelas atividades dos negócios da empresa quanto pelo seu sistema contábil. *Um aspecto central da análise de demonstrações financeiras, portanto, envolve entender a influência do sistema contábil na qualidade das demonstrações financeiras usadas na análise.* Os aspectos institucionais dos sistemas contábeis discutidos a seguir determinam a extensão dessa influência.

Aspecto 1: Contabilidade pelo regime de competência (*accruals*)

Um dos aspectos principais dos relatórios financeiros corporativos é que eles são preparados com base no regime de competência em vez da contabilidade pelo regime de caixa. Diferentemente da contabilidade pelo regime de caixa, a contabilidade pelo regime de competência faz distinção entre o registro de custos e os benefícios associados com as atividades econômicas e o pagamento efetivo e entradas de caixa. O resultado (lucro ou prejuízo) líquido é o índice periódico de desempenho primário na contabilidade pelo regime de competência. Para computar o resultado líquido, os efeitos das transações econômicas são registrados com base nas expectativas, não necessariamente nas entradas e saídas de caixa efetivas. Entradas de caixa esperadas decorrentes da entrega de produtos ou serviços são reconhecidas como receitas, e saídas de caixa esperadas associadas com essas receitas são reconhecidas como despesas.

A necessidade da contabilidade pelo regime de competência emerge da demanda de investidores por relatórios financeiros em base periódica. Pelo fato de as empresas realizarem transações econômicas em base contínua, o fechamento arbitrário de livros contábeis no fim de um período de registro leva a um problema de medição básico. Visto que a contabilidade pelo regime de caixa não registra todas as consequências econômicas das transações realizadas em dado período, a contabilidade pelo regime de competência foi projetada para prover informações mais completas sobre o desempenho periódico da empresa.

Aspecto 2: Convenções e padrões contábeis

O uso da contabilidade pelo regime de competência está no centro de muitas complexidades nos relatórios financeiros das empresas. Uma vez que a contabilidade pelo regime de competência lida com as *expectativas* de consequências de caixa futuras de eventos atuais, ela é subjetiva e depende de uma variedade de hipóteses. Quem tem a responsabilidade primordial de levantar essas hipóteses? No sistema atual, cabe aos gestores da empresa a tarefa de levantar estimativas e hipóteses adequadas para preparar as demonstrações financeiras, porque eles possuem um conhecimento profundo dos negócios da empresa.

A discricionariedade de tomar decisões contábeis concedida aos gestores é potencialmente valiosa porque permite que eles reflitam informação privilegiada nas demonstrações financeiras apresentadas. No entanto, como os investidores enxergam os lucros como uma maneira de medir o desempenho dos gestores, eles têm incentivos para usar a discricionariedade contábil para distorcer os lucros reportados por meio do levantamento de hipóteses tendenciosas. Ademais, o uso dos números da contabilidade em contratos entre a empresa e entidades ou pessoas de fora é uma motivação adicional para que os gestores manipulem esses números. O gerenciamento de resultados distorce os dados da contabilidade financeira, fazendo com que eles sejam menos valiosos para os usuários externos das demonstrações financeiras. Portanto, delegar decisões sobre os relatórios financeiros a gestores tem tanto custos quanto benefícios.

Muitas convenções contábeis surgiram para garantir que gestores usem sua flexibilidade contábil para resumir seu conhecimento das atividades comerciais da empresa e não para mascarar a realidade para propósitos egoístas. Por exemplo, os princípios da oportunidade e da prudência são respostas contábeis a preocupações sobre as distorções de possível otimismo tendencioso de gestores. Esses dois princípios têm por objetivo limitar o otimismo tendencioso dos gestores por meio da imposição do próprio pessimismo tendencioso.

Padrões contábeis, promulgados pelo FASB (Financial Accounting Standard Boards, ou Conselho de Padrões para a Contabilidade Financeira) nos Estados Unidos e órgãos similares de padronização em outros países, também limitam o potencial de distorções que gestores podem introduzir nos relatórios numéricos. Esses padrões uniformes, como os Princípios Contábeis Geralmente Aceitos (GAAP, em inglês) nos Estados Unidos e os Padrões Internacionais para Relatórios Financeiros (IFRS, em inglês) em nível internacional tentam reduzir a habilidade dos gestores de registrar de modo diferente transações econômicas similares, tanto através do tempo quanto em empresas diferentes.[5]

A crescente uniformidade de padrões contábeis, no entanto, ocorre a custa de uma redução da flexibilidade dos gestores para refletir diferenças empresariais genuínas nas demonstrações financeiras das suas empresas. Padrões contábeis rígidos funcionam melhor para transações econômicas nas quais o tratamento contábil não é baseado em informação confidencial dos gestores. No entanto, quando um julgamento do ambiente empresarial significativo está envolvido na avaliação das consequências de uma transação econômica, padrões rígidos que impedem gestores de usar o seu elevado conhecimento do negócio são contraproducentes. Adicionalmente, se os padrões contábeis são muito rígidos, eles podem induzir gestores a consumir seus recursos econômicos para reestruturar transações do negócio a fim de atingir um resultado contábil desejado.

Aspecto 3: A estratégia de preparação de relatório da administração

Visto que o uso de mecanismos que limitam a habilidade dos gestores de distorcer dados contábeis adiciona ruído, não é ideal usar a regulação contábil para eliminar completamente a flexibilidade

Legislações que afetam a preparação de relatórios financeiros e de auditoria

Nos Estados Unidos, o Ato de Sarbanes-Oxley de 2002 promoveu mudanças importantes na preparação de relatórios financeiros e na auditoria. A Reforma Dodd-Frank de Wall Street e o Código de Defesa do Consumidor de 2010 introduziram novos regulamentos no setor bancário, incluindo vários novos requisitos que provavelmente afetarão os relatórios financeiros e de auditoria.

Lei Sarbanes-Oxley

Em resultado do colapso da bolha da internet e de escândalos contábeis notórios, como Enron e WorldCom, o Congresso norte-americano passou a Lei bipartidária Sarbanes-Oxley (SOX, como veio a ser conhecido) em julho de 2002. A margem pela qual a lei foi promulgada – com uma votação de 424 a 3 na Câmara e 99 a 0 no Senado – e a natureza abrangente das reformas refletiram o grau no qual a confiança do público na qualidade dos relatórios financeiros corporativos tinha sido abalada.

A SOX demandou algumas mudanças fundamentais na governança corporativa no que diz respeito aos relatórios financeiros e alterou o relacionamento entre as empresas e seus auditores. Alguns dos destaques incluem:

- Criar um conselho de supervisão de contabilidade sem fins lucrativos, o Public Company Accounting Oversight Board (PCAOB), ou Conselho de Supervisão de Contabilidade de Empresas de Capital Aberto, para assegurar padrões para a auditoria, bem como a ética e a independência da contabilidade de empresas de capital aberto;
- Exigir diretrizes mais rigorosas para a composição e para o papel do comitê de auditoria do Conselho de Administração, incluindo a independência e competência financeira dos conselheiros;
- Aumentar a responsabilidade das empresas pelos relatórios financeiros divulgados por exigir que o CEO e o CFO se certifiquem pessoalmente da adequação dos relatórios periódicos;
- Requerer que os gestores avaliem e relatem a adequação dos controles internos, que precisam então ser certificados por um auditor;
- Prover maior proteção contra vazamentos de informações;
- Permitir a imposição de penalidades mais duras, incluindo prisão e multas, por fraude com títulos;
- Proibir que empresas de contabilidade forneçam certos serviços diversos ao mesmo tempo que fornecem serviços de auditoria e rotação mandatória dos sócios auditores;
- Prescrever regras para conflitos de interesses e para analistas de investimentos em ações; e
- Aumentar o financiamento disponível à Securities and Exchange Comission (SEC) para garantir a observância.

Desde a adoção do SOX, leis similares foram aprovadas no Japão, na União Europeia, no Canadá, em Israel, na Austrália e na França, entre outros, indicando consenso geral da importância de padrões de relatório mais rígidos.

A Reforma Dodd-Frank de Wall Street e o Código de Defesa do Consumidor de 2010

A Reforma Dodd-Frank foi aprovada em 2010 como resposta à crise financeira em Wall Street. A nova legislação tornou obrigatórias mudanças importantes na governança dos bancos, incluindo:

- A criação de uma agência de proteção ao consumidor independente para garantir que clientes recebam a informação de que necessitam para adquirir produtos financeiros;
- Maior controle dos bancos, incluindo restrições nas negociações por conta própria;
- Novos procedimentos para facilitar a correta liquidação de bancos falidos;
- Maior transparência nas transações de instrumentos financeiros, o que deveria facilitar a contabilização por valor justo destes;
- Maior supervisão das agências de classificação de risco;
- Normas para que acionistas tenham um voto não vinculado na compensação dos executivos; e
- Maior *disclosure* dos ativos subjacentes a instrumentos financeiros complexos.

dos gestores. Portanto, sistemas contábeis no mundo real deixam um espaço considerável para que gestores intervenham nos dados das demonstrações financeiras. A estratégia de elaboração de relatórios de uma empresa, ou seja, o modo como gestores usam sua discricionariedade contábil, tem uma influência importante nas demonstrações financeiras da empresa.

Gestores de empresas podem escolher políticas contábeis e de *disclosure* que dificultam em grau maior ou menor que usuários externos entendam a real situação econômica do seu negócio. As regulações contábeis com frequência dão uma gama grande de possibilidades entre as quais gestores podem fazer escolhas. Além disso, cabe aos gestores fazer uma série de estimativas ao implementar essas políticas contábeis. Regulações contábeis normalmente prescrevem requisitos *mínimos* de *disclosure*, mas eles não restringem gestores que voluntariamente desejam proporcionar *disclosures* adicionais.

Uma estratégia de *disclosure* em maior grau permitirá que gestores comuniquem a investidores externos a realidade subjacente do negócio. Uma restrição importante na estratégia de *disclosure* de uma empresa é a dinâmica competitiva nos mercados de produtos. O *disclosure* de informação confidencial sobre estratégias empresariais e as suas consequências econômicas esperadas podem minar a posição competitiva da empresa. Sujeitos a essa restrição, gestores podem usar as demonstrações financeiras para fornecer informações úteis aos investidores para avaliar a verdadeira performance econômica da empresa.

Gestores também podem usar estratégias na elaboração das demonstrações financeiras para manipular as percepções de investidores. Com a capacidade de tomar decisões que lhes é concedida, gestores podem dificultar que investidores identifiquem um desempenho ruim em tempo hábil. Por exemplo, gestores podem escolher políticas e estimativas contábeis para fornecer uma avaliação otimista do desempenho efetivo da empresa. Eles também podem dificultar o entendimento dos investidores a respeito do verdadeiro desempenho, controlando voluntariamente a quantidade de informação divulgada.

A extensão na qual as demonstrações financeiras revelam a realidade subjacente de uma empresa varia de acordo com a empresa e ao longo do tempo em uma mesma empresa. Essa variação na qualidade contábil apresenta tanto uma oportunidade importante quanto um desafio ao fazer análises empresariais. O processo pelo qual analistas podem separar informações desnecessárias das importantes nas demonstrações financeiras e adquirir uma percepção valiosa com a análise dessas demonstrações será discutido na próxima seção.

Aspecto 4: Auditoria

Auditoria, definida de modo geral como a verificação da integridade de um relatório financeiro por alguém que não o tenha preparado, assegura que gestores usem regras e princípios contábeis de maneira consistente ao longo do tempo e que suas estimativas contábeis sejam razoáveis. Portanto, a auditoria melhora a qualidade dos dados contábeis.

Auditorias externas também podem reduzir a qualidade dos relatórios financeiros, pois restringem tipos de regras e princípios contábeis que evoluíram com o passar do tempo. Por exemplo, o FASB, nos Estados Unidos, considera as opiniões dos auditores no processo de padronização. Os auditores provavelmente vão opor-se a padrões contábeis que produzem números que sejam difíceis de examinar, mesmo que as regras propostas produzam informação relevante para investidores.

O ambiente legal no qual disputas entre gestores, auditores e investidores são arbitradas também pode ter um efeito significativo na qualidade dos números reportados. A ameaça de ações legais e as penalidades delas resultantes têm o efeito benéfico de melhorar a acurácia do *disclosure*. No entanto, a potencial ameaça de ser responsabilizado legalmente significa também que gerentes e auditores podem se sentir desencorajados em apoiar propostas contábeis que requerem previsões arriscadas, como expectativas futuras de *disclosures*.

A estrutura de governança das empresas inclui um comitê de auditoria do conselho de administração. Espera-se que o comitê de auditoria seja independente da gestão, e suas atribuições principais incluam supervisionar o trabalho do auditor e se certificar de que as demonstrações financeiras sejam preparadas de modo apropriado. Além disso, esse mecanismo de governança serve para aumentar a qualidade e a prestação de contas na preparação de relatórios financeiros.

DE DEMONSTRAÇÕES FINANCEIRAS A ANÁLISES DE NEGÓCIOS

Tendo em vista que o conhecimento privilegiado dos gestores é uma fonte tanto de valor quanto de distorção nos dados contábeis, é difícil para usuários das demonstrações financeiras externos às empresas separar a informação de distorção e de ruído. Não conseguindo anular completamente as distorções contábeis, investidores "descontam" o desempenho contábil divulgado de uma empresa. Ao fazer isso, eles realizam uma avaliação de probabilidade, na medida em que os números divulgados pela empresa refletem seu desempenho. Como resultado, investidores frequentemente têm uma avaliação imprecisa do desempenho individual da empresa. Intermediários financeiros e de informação podem agregar valor aumentando o entendimento dos investidores quanto ao desempenho corrente de uma empresa e às suas perspectivas futuras.

A análise efetiva de demonstrações financeiras é valiosa porque tenta obter informações privilegiadas dos gestores a partir dos dados das demonstrações financeiras públicas. Tendo em vista que intermediários não têm acesso direto ou completo a essa informação privilegiada, eles confiam em seu conhecimento do setor no qual a empresa atua e em suas estratégias competitivas para interpretar demonstrações financeiras. Intermediários bem-sucedidos têm um entendimento sobre os aspectos econômicos do setor tão bom quanto os gestores, bem como um entendimento razoável da estratégia competitiva da empresa. Apesar de os analistas externos terem uma desvantagem em relação aos gestores da empresa no que diz respeito à informação, eles são mais objetivos ao analisar as consequências econômicas dos investimentos e das decisões operacionais da empresa. A Figura 1-3 fornece uma visão esquemática de como intermediários usam demonstrações financeiras para atingir quatro passos fundamentais: (1) análise da estratégia empresarial, (2) análise contábil, (3) análise financeira e (4) análise das expectativas.

Análise passo 1: Análise da estratégia empresarial

O propósito da análise da estratégia empresarial é identificar direcionadores-chave de lucro e riscos do negócio, além de avaliar o lucro potencial da empresa de maneira qualitativa. A análise da estratégia empresarial envolve a análise do setor em que a empresa está inserida e sua estratégia para criar uma vantagem competitiva sustentável. Essa análise qualitativa é um primeiro passo essencial, pois possibilita que o analista enquadre melhor análises financeira e contábil subsequentes. Por exemplo, os fatores-chave de sucesso e os principais riscos permitem a identificação de políticas contábeis fundamentais. A avaliação da estratégia competitiva da empresa ajuda a estimar se a lucratividade atual é sustentável. E, finalmente, a análise empresarial permite que analistas façam previsões sensatas ao antever o desempenho futuro da empresa.

Análise passo 2: Análise contábil

O propósito da análise contábil é avaliar o grau em que a contabilidade da empresa capta a economia subjacente do negócio. Ao identificar onde existe flexibilidade contábil e ao avaliar quão apropriadas são as políticas e as estimativas contábeis da empresa, analistas podem estimar o grau de distorção dos números reportados pela empresa. Outro passo importante na análise contábil é "desfazer" quaisquer distorções, revisando os números da empresa para reformular dados contábeis não viesados. Análises contábeis sensatas aumentam a confiabilidade das conclusões com base nas análises financeiras, que são o próximo passo na análise das demonstrações financeiras.

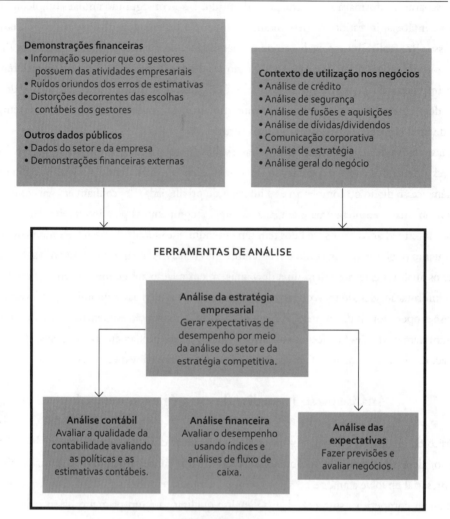

FIGURA 1-3
Análise utilizando demonstrações financeiras

Análise passo 3: Análise financeira

O objetivo da análise financeira é usar dados financeiros para avaliar o desempenho presente e passado de uma empresa e a sua sustentabilidade. Existem dois pontos importantes relacionados à análise financeira. Primeiro, a análise deve ser sistemática e eficiente. Segundo, deve permitir que o analista use os dados financeiros para explorar as questões relativas ao negócio. As análises de indicadores e de fluxo de caixa são as duas ferramentas financeiras mais comumente usadas. A análise de indicadores concentra-se em avaliar o desempenho da empresa no mercado de produtos e políticas financeiras, enquanto a análise de fluxo de caixa, na liquidez e na flexibilidade financeira da empresa.

Análise passo 4: Análise das expectativas

A análise das expectativas, que se concentra em levantar hipóteses sobre o futuro da empresa, é o passo final da análise empresarial. Duas técnicas comumente usadas na análise das expectativas são a projeção das demonstrações financeiras e a avaliação (*valuation*). Essas duas ferramentas permitem a síntese das percepções das análises do empreendimento, contábil e financeira a fim de fazer previsões sobre o futuro da empresa.

Embora o valor intrínseco de uma empresa seja uma função do desempenho futuro do seu fluxo de caixa, ainda assim é possível avaliar o valor da empresa pelo valor patrimonial contábil atual e seu retorno futuro sobre o patrimônio líquido, bem como seu crescimento. Análise de estratégia, análise contábil e análise financeira e os três primeiros passos na estrutura mencionados anteriormente fornecem uma excelente base para a estimativa do valor intrínseco de uma empresa. A análise de estratégia, além de permitir uma avaliação contábil e financeira sólida, também ajuda a avaliar possíveis alterações na vantagem competitiva da empresa e suas implicações para o retorno sobre o patrimônio líquido futuro, bem como seu crescimento. A análise contábil provê uma estimativa imparcial do valor contábil atual e do retorno sobre o patrimônio líquido de uma empresa. Ela também permite um entendimento profundo do que conduz o crescimento atual do retorno sobre o patrimônio.

As previsões de uma análise empresarial sólida são úteis a uma variedade de pessoas e podem ser aplicadas em diversos contextos. A natureza exata da análise dependerá do contexto. Os contextos que consideraremos incluem análise de ações, avaliação de crédito, fusões e aquisições e a avaliação de estratégias de comunicação. Os quatro tipos analíticos mencionados acima são úteis em cada um desses contextos. O uso apropriado das ferramentas, no entanto, requer familiaridade com as teorias econômicas e os fatores institucionais relevantes ao contexto.

A análise de demonstrações financeiras pode agregar valor de muitos modos, mesmo quando o mercado de capitais é razoavelmente eficiente. Primeiro, existem muitas aplicações para a análise das demonstrações financeiras cujo foco está fora do contexto do mercado financeiro – análise de crédito, *benchmarking* competitivo e a análise de fusões e aquisições, para citar alguns. Segundo, os mercados tornam-se mais eficientes exatamente porque alguns participantes do mercado confiam em ferramentas analíticas como as discutidas neste livro para examinar informação e tomar decisões em relação a investimentos. Isso, por sua vez, impõe uma disciplina maior aos gestores para desenvolver uma divulgação apropriada e estratégias de comunicação.

RESUMO

As demonstrações financeiras fornecem os mais amplos dados disponíveis sobre as atividades econômicas das empresas de capital aberto; investidores e partes interessadas (*stakeholders*) baseiam-se nelas para avaliar planos e o desempenho das empresas e dos gestores. Dados oriundos da contabilidade pelo regime de competência apresentados nas demonstrações financeiras podem ser confusos, e investidores mais inexperientes podem avaliar o desempenho da empresa de modo impreciso. Analistas financeiros que entendem as estratégias de divulgação dos gestores têm a oportunidade de criar informação privilegiada com base em dados públicos, e eles têm um papel valioso ao permitir que terceiros avaliem o desempenho atual e futuro da empresa.

Este capítulo traçou a estrutura para a análise de demonstrações financeiras usando quatro passos: análise da estratégia empresarial, análise contábil, análise financeira e análise das expectativas. Os demais capítulos deste livro descrevem esses passos mais detalhadamente e discutem como eles podem ser usados em uma variedade de contextos no ambiente dos negócios.

QUESTÕES PARA DISCUSSÃO

1. João, que acabou de completar seu primeiro curso de finanças, não tem certeza se deve fazer um curso de análise de empresas e *valuation* usando demonstrações financeiras, pois ele acredita que análises financeiras não são de grande valia, por causa da eficiência do mercado de capitais. Explique para João quando as análises financeiras podem agregar valor, mesmo quando os mercados de capitais parecem eficientes de modo geral.

2. Em 2009, Larry Summers, o então Secretário do Tesouro, observou que "em um período de vinte anos, nós vimos o mercado de capitais quebrar em 1987. Vimos o fracasso das Poupanças e Empréstimo (*Savings and Loan*) e o colapso do mercado imobiliário comercial no fim da década de 1980, começo dos anos 1990. Vimos a crise financeira mexicana, a crise financeira asiática, a crise do fundo de investimento *Long-Term Capital Management (LTCM)*, o estouro da bolha NASDAQ e a ameaça à governança corporativa associada à Enron. E agora vemos essa crise econômica global, que é mais séria que qualquer outra. Vinte anos, sete crises graves. Uma crise grave a cada três anos." Como isso pôde acontecer, considerando o alto número de intermediários financeiros e de informação que trabalham no mercado financeiro ao redor do mundo? Será que as crises podem ser evitadas por uma análise financeira mais efetiva?

3. Demonstrações contábeis raramente reportam o desempenho sem erros. Enumere três tipos de erro que podem surgir nos relatórios financeiros divulgados.

4. Joe Smith argumenta que "aprender a fazer análise de empresas e *valuation* usando demonstrações financeiras não é muito útil, a menos que você esteja interessado em se tornar um analista financeiro". Comente.

5. No capítulo são discutidos quatro passos para a análise financeira (análise da estratégia, contábil, financeira e das expectativas). Como analista financeiro, explique por que esses quatro passos são uma parte crucial do seu trabalho e como eles se relacionam entre si.

Notas

1. N. R. T.: a tradução literal seria "limões", no entanto "limões" corresponde ao que no Brasil entendemos por "abacaxis".
2. Veja G. Akerlof, "The Market for 'Lemons': Quality Uncertainty and the Market Mechanism", *Quarterly Journal of Economics* (agosto 1970), 488-500. Akerlof reconheceu que o vendedor de um carro usado sabe mais a respeito do valor daquele carro do que o seu comprador. Isso significa que o comprador provavelmente pagaria mais do que o carro vale, uma vez que o vendedor aceitaria qualquer proposta que excedesse o valor real do carro e rejeitaria qualquer proposta mais baixa. Compradores reconheceriam esse problema e reagiriam fazendo propostas de valor baixo para carros usados, levando vendedores com carros de alta qualidade a deixar o mercado. Como resultado, somente os carros de baixa qualidade (ou "abacaxis") permaneceriam no mercado. Akerlof indicou que mecânicos independentes qualificados poderiam corrigir o colapso desse mercado dando aos compradores informações confiáveis sobre o valor verdadeiro de um carro usado.
3. T. Khanna e K. Palepu, *Winning in Emerging Markets: A Road Map for Strategy and Execution* (Boston, MA: Harvard Business Press, 2010), 54-58.
4. Veja P. Healy e K. Palepu, "How the Quest for Efficiency Corroded the Market", *Harvard Business Review* (julho 2003), 76-85.
5. N.R.T.: No Brasil, o Comitê de Pronunciamentos Contábeis (CPC) tem como objetivo "o estudo, o preparo e a emissão de Pronunciamentos Técnicos sobre procedimentos de Contabilidade e a divulgação de informações dessa natureza, para permitir a emissão de normas pela entidade reguladora brasileira, visando à centralização e uniformização do seu processo de produção, levando sempre em conta a convergência da Contabilidade Brasileira aos padrões internacionais". Saiba mais em: http://www.cpc.org.br/CPC/CPC/Conheca-CPC.

PARTE 2

ANÁLISE DE NEGÓCIOS E INSTRUMENTOS DE AVALIAÇÃO

Capítulo 2
Análise da estratégia

Capítulo 3
Visão geral da análise contábil

Capítulo 4
Implementação da análise contábil

Capítulo 5
Análise financeira

Capítulo 6
Análise prospectiva: projeções

Capítulo 7
Análise prospectiva: teoria de *valuation* e seus conceitos

Capítulo 8
Análise prospectiva: implementação da *valuation*

2

Análise da estratégia

A análise da estratégia é um importante ponto de partida para a análise das demonstrações financeiras. Ela permite que os analistas sondem a economia de uma empresa no plano qualitativo, de modo que a análise contábil e financeira se baseie na realidade empresarial. Permite também identificar os principais riscos e os direcionadores de lucro das empresas. Isso, por sua vez, permite que o analista avalie a sustentabilidade do desempenho atual da empresa e faça previsões realistas sobre o desempenho futuro.

O valor de uma empresa é determinado pela sua capacidade de obter um retorno sobre seu capital acima do custo de capital. O que determina se uma empresa é ou não capaz de cumprir esse objetivo? Embora o custo de capital de uma empresa seja determinado pelo mercado de capitais, seu lucro potencial é determinado por suas escolhas estratégicas: (1) a escolha de um setor ou de um grupo de setores nos quais a empresa opera (escolha do setor); (2) o modo como a empresa pretende competir com outras empresas no setor ou grupo de setores escolhido (posicionamento competitivo); e (3) a forma como a empresa espera criar e explorar sinergias entre os diversos negócios em que opera (estratégia corporativa). A análise da estratégia, portanto, envolve a análise do setor, a análise da estratégia competitiva e a análise da estratégia corporativa.[1] Neste capítulo, discutiremos essas três fases e tomaremos o setor norte-americano de lojas de departamento e de varejo, a Nordstrom Inc. e o Grupo Tata, respectivamente, para ilustrar a aplicação dessas fases.

ANÁLISE DO SETOR

Ao analisar lucro potencial de uma empresa, o analista deve, em primeiro lugar, avaliar o lucro potencial de cada um dos setores nos quais a empresa compete. Embora a lucratividade específica do setor possa mudar ao longo do tempo conforme o setor se desenvolve, geralmente a lucratividade entre setores tem apresentado uma tendência a variar de forma sistemática. Por exemplo, uma análise dos resultados financeiros de todas as empresas com sede nos Estados Unidos entre 1991 e 2009 demonstra um índice de lucros antes de juros e impostos sobre o valor contábil dos ativos de 4,9%.

Contudo, o retorno médio apresentou variações consideráveis em determinados setores: por exemplo, o grupo do setor de companhias aéreas de passageiros (código SIC[2] 4512), que tem enfrentado intensa concorrência e baixa lucratividade desde sua desregulamentação no final da década de 1970, registrou um retorno de 1,8% ao longo do período examinado. Por outro lado, o grupo do setor de preparações farmacêuticas (código SIC 2834) registrou um retorno de 14,6% em média ao longo do período.[3] Esses exemplos são meramente ilustrativos; existem exemplos ainda mais extremos. O que causa essas diferenças de lucratividade?

Existe um vasto conjunto de pesquisa em organização setorial sobre a influência da estrutura do setor na lucratividade.[4] Com base nessas pesquisas, a literatura estratégica sugere que a lucratividade média de um setor é influenciada pelas "cinco forças" apresentadas na Figura 2-1.[5] De acordo com

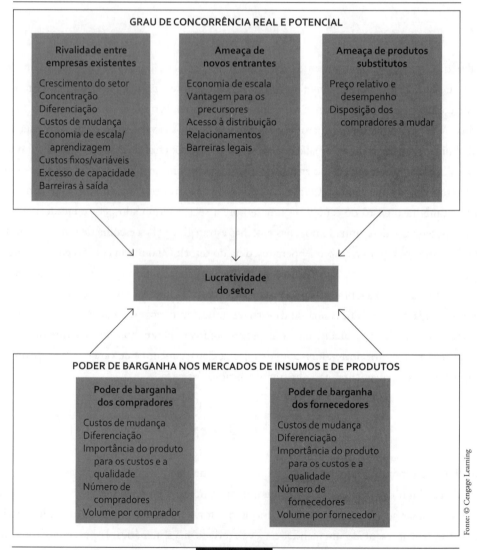

FIGURA 2-1

Lucratividade e estrutura do setor

essa estrutura, a intensidade da concorrência é que determina o potencial para a criação de lucros anormais pelas empresas num setor. O fato de os lucros potenciais serem ou não mantidos pelo setor é determinado pelo poder relativo de barganha das empresas no setor e de seus clientes e fornecedores. Discutiremos cada um desses direcionadores de lucro a seguir com mais detalhes.

Grau de concorrência real e potencial

No nível mais básico, os lucros num setor são determinados em função do preço máximo que os clientes estão dispostos a pagar pelo produto ou serviço do setor. Um dos principais determinantes do preço é o grau a partir do qual existe concorrência entre fornecedores dos mesmos produtos ou de produtos similares. Por um lado, se houver um estado de concorrência perfeita no setor, a teoria microeconômica prevê que os preços serão equivalentes ao custo marginal, e haverá poucas oportunidades para obter lucros supranormais. Por outro lado, se o setor for dominado por uma única empresa, haverá a possibilidade de obter lucros de monopólio. Na realidade, o grau de concorrência na maioria dos setores encontra-se em algum lugar entre a concorrência perfeita e o monopólio.

Existem três possíveis fontes de concorrência em um setor: (1) rivalidade entre as empresas existentes; (2) ameaça de entrada de novas empresas; e (3) ameaça de produtos ou serviços substitutos. Discutiremos cada uma dessas forças de concorrência nos parágrafos a seguir.

Força competitiva 1: Rivalidade entre empresas existentes

Na maioria dos setores, o nível médio de lucratividade é influenciado sobretudo pela natureza da rivalidade entre as empresas existentes no setor. Em alguns setores, as empresas competem com agressividade, aproximando os preços (e, às vezes, deixando-os abaixo) do custo marginal. Em outros setores, as empresas não competem de modo agressivo em relação ao preço. Em vez disso, elas encontram formas de coordenar seus preços, ou competem em aspectos não relacionados ao preço, como inovação e imagem da marca. Diversos fatores determinam a intensidade da concorrência entre os agentes existentes em um setor:

Índice de crescimento do setor. Se um setor estiver crescendo muito rapidamente, as empresas estabelecidas não precisam conquistar a participação de mercado umas das outras para crescerem. Por outro lado, em setores estagnados, o único modo por meio do qual as empresas podem crescer é conquistando a participação de mercado dos outros agentes. Nesse caso, é esperada uma guerra de preços entre as empresas do setor.

Concentração e equilíbrio dos concorrentes. O número de empresas num setor e seu tamanho relativo determinam o grau de concentração do setor.[6] O grau de concentração influencia o limite no qual as empresas em um setor podem coordenar seus preços e outras ações competitivas. Por exemplo, se o setor contar com uma empresa dominante (como a Microsoft ou Intel na década de 1990), esta pode definir e impor as regras de concorrência. De modo similar, se houver apenas dois ou três agentes de porte similar (como Coca-Cola e Pepsi no setor norte-americano de refrigerantes), estas podem cooperar entre si para evitar uma concorrência de preços destrutiva. Se um setor for fragmentado, a concorrência de preços deverá ser intensa, como podemos ver nos setores hoteleiro e da construção civil.

Grau de diferenciação e custos de mudança. O limite no qual as empresas num setor podem evitar a concorrência direta depende do limite no qual elas podem diferenciar seus produtos e serviços. Se os produtos num setor forem muito similares, os clientes estarão dispostos a trocar um concorrente por outro simplesmente com base no preço. Os custos de mudança também determinam a propensão de um cliente trocar um produto pelo outro. Quando os custos de mudança são baixos, há um incentivo maior para as empresas num setor concorrerem em termos de preço. O setor de PCs, no qual a padronização de programas e microprocessadores levou a custos de mudança relativamente baixos, é extremamente competitivo em termos de preço.

Economias de escala/aprendizagem e relação entre custo fixo e custo variável. Se houver uma curva de aprendizagem acentuada ou outros tipos de economias de escala num setor, o porte torna-se um fator importante para as empresas desse setor. Em situações como essa, existem incentivos para concorrer de forma mais agressiva pela participação de mercado. De modo similar, se a relação entre custos fixos e custos variáveis for alta, as empresas são incentivadas a reduzir os preços e utilizar a capacidade instalada. O setor de companhias aéreas, no qual a guerra de preços é bastante comum, é um exemplo desse tipo de situação.

Excesso de capacidade e barreiras à saída. Se a capacidade de um setor for maior do que a demanda de clientes, há um incentivo maior para as empresas reduzirem os preços para preencher a capacidade. O problema do excesso de capacidade deverá ser ainda maior se existirem barreiras significativas para as empresas saírem do setor. As barreiras à saída são elevadas quando os ativos são especializados ou se houver regulamentos que tornem a saída dispendiosa. A dinâmica competitiva do setor global automotivo demonstra essas forças em jogo.

Força competitiva 2: Ameaça de novos entrantes

A possibilidade de obter lucros anormais atrairá novos entrantes a um setor. A ameaça da entrada de novas empresas num setor pode criar restrições quanto aos preços praticados pelas empresas existentes dentro desse setor. Portanto, a facilidade com que uma nova empresa consegue entrar num setor é um fator determinante para sua lucratividade. Diversos fatores determinam a intensidade das barreiras para entrar num setor:

Economias de escala. Quando há grandes economias de escala, os novos entrantes têm a opção tanto de investir em uma capacidade maior, que pode não ser utilizada de forma imediata, como de entrar no setor com menos do que a capacidade máxima. Em ambos os casos, os novos entrantes sofrerão, pelo menos num primeiro momento, com a desvantagem de custos ao competir com as empresas existentes. As economias de escala podem surgir de grandes investimentos em pesquisa e desenvolvimento (como nos setores farmacêutico e de motores a jato), ou em instalações físicas e equipamentos (setor de telecomunicações).

Vantagem para os precursores. Os primeiros entrantes num setor podem impedir o ingresso de novos entrantes se houver vantagens para os precursores. Por exemplo, os pioneiros podem ser capazes de definir as regras do setor ou celebrar acordos exclusivos com fornecedores de matérias-primas mais baratas. Eles podem também adquirir licenças governamentais limitadas para operar em setores regulamentados. Por fim, se houver economias de aprendizagem, as empresas precursoras terão uma vantagem de custo absoluto sobre os novos participantes. As vantagens para os precursores podem também ser grandes quando houver custos de mudança significativos para os clientes, uma vez que comecem a utilizar os produtos existentes. Por exemplo, os custos de mudança enfrentados pelos usuários do sistema operacional Windows da Microsoft tornam difícil para as empresas de *software* comercializar um novo sistema operacional.

Acesso aos canais de distribuição e de relacionamentos. A capacidade limitada dos canais de distribuição e os altos custos de desenvolvimento dos novos canais podem agir como poderosas barreiras de entrada. Por exemplo, um novo entrante no setor automotivo local nos Estados Unidos pode enfrentar enormes barreiras por causa da dificuldade no desenvolvimento de uma rede de concessionárias. A Tesla Motors, fabricante californiana de automóveis elétricos que teve uma reação bastante positiva da imprensa com seu esportivo elétrico Roadster, chamou atenção para esse risco ao apresentar seu Formulário S-1[7] do período pré-IPO de 2010 à Comissão Norte-americana de Valores Mobiliários (SEC).[8] Além disso, sua parceria estratégica de 2010 com a Toyota foi vista por muitos como um meio de ultrapassar essa barreira, ganhando acesso à extensa rede de concessionárias da Toyota. Os relacionamentos existentes entre empresas e clientes de um setor são outra barreira que pode dificultar que novas empresas entrem nesse setor. Exemplos de setores nos quais isso é um fator incluem auditoria e banco de investimentos.

Barreiras legais. Existem diversos setores nos quais barreiras legais como patentes e direitos autorais em setores com intensa atividade de pesquisa podem limitar a entrada. De modo similar, os regulamentos de licenciamento limitam a entrada nos setores de serviços de táxi, serviços médicos, de radiodifusão e de telecomunicações.

Força competitiva 3: Ameaça de produtos substitutos

A terceira vertente da concorrência num setor é a ameaça de produtos e serviços substitutos. Substitutos relevantes não são necessariamente os que possuem a mesma forma que os produtos existentes, mas os que desempenham a mesma função. Por exemplo, os serviços de companhias aéreas e de locação de veículos podem ser substitutos entre si quando se trata de viagens de média distância. De modo similar, garrafas plásticas e latas de metal podem ser substituídos entre si como embalagem no setor de bebidas. Em alguns casos, a ameaça da substituição não vem da troca por outro produto por parte do cliente, mas pelo uso de tecnologias que lhe permitem dispensar o uso ou utilizar menos os produtos existentes. Por exemplo, tecnologias de conservação de energia permitem aos clientes reduzir seu consumo de eletricidade e combustíveis fósseis.

A ameaça dos substitutos depende do desempenho e do preço relativo dos produtos ou serviços concorrentes e da propensão do cliente quanto à substituição. A percepção dos clientes de que dois produtos são substitutos depende, em parte, de esses produtos desempenharem a mesma função por um preço similar. Se dois produtos desempenham uma função idêntica, isso torna difícil para os clientes diferenciá-los quanto ao preço. Contudo, a disposição dos clientes a mudar é normalmente o fator crítico para a aplicação dessa dinâmica competitiva. Por exemplo, ainda que água canalizada e água engarrafada sirvam à mesma função, muitos clientes podem não estar dispostos a substituir um pelo outro, o que permite que as empresas de engarrafamento cobrem um valor mais alto. De modo similar, roupas de grife possuem um preço mais elevado ainda que não sejam superiores em termos de funcionalidade básica, pois os clientes atribuem um valor à imagem ou ao estilo oferecido pelas peças de grife.

Poder de barganha nos mercados de insumos e de produtos

Enquanto o grau de concorrência de um setor determina a existência ou não de potencial para obter lucros anormais, os *lucros reais* são influenciados pelo poder de barganha do setor com seus fornecedores e clientes. Com relação aos insumos, as empresas realizam operações com fornecedores de mão de obra, matéria-prima e componentes e financiamentos. Quanto aos produtos, as empresas podem tanto vender diretamente aos clientes finais como celebrar contratos com intermediários na cadeia de distribuição. Em todas essas transações, o poder econômico relativo dos dois lados é importante para a lucratividade geral das empresas do setor.

Força competitiva 4: Poder de barganha dos compradores

Dois fatores determinam o poder dos compradores: a sensibilidade em termos de preço e o poder relativo de barganha. A sensibilidade em termos de preços determina o limite no qual os compradores se importam em negociar os preços; o poder relativo de barganha determina o limite no qual eles terão sucesso em forçar a baixa dos preços.[9]

Sensibilidade ao preço. Os compradores são mais sensíveis aos preços quando o produto não é diferenciado e existem poucos custos de mudança. Por exemplo, computadores pessoais baseados na plataforma Windows são vistos pelos clientes como substitutos próximos entre si e, portanto, as decisões de compra entre as diferentes marcas de PCs são influenciadas em grande medida pelo preço. A sensibilidade dos compradores ao preço também depende da importância do produto dentro de sua estrutura de custos. Quando o produto representa grande parte do custo dos compradores (por exemplo, material de embalagem, no caso dos produtores de refrigerante), o comprador é mais propenso a despender os recursos necessários para procurar alternativas de menor custo. Em contrapartida, se o produto fizer parte de uma pequena parcela do custo dos compradores (por exemplo, limpadores de para-brisa, no caso dos fabricantes de automóveis), pode não valer a pena despender recursos para pesquisar alternativas de menor custo. Além disso, a importância desse produto na qualidade dos produtos dos compradores também determina se o preço se torna ou não o fator mais importante na decisão de compra. A explosão do valor pago com publicidade a atletas pode ser vista como um exemplo desse tipo de fenômeno, pois esses agentes são vistos pelos times como essenciais para atingir seus fãs e o sucesso como franquia.

Poder relativo de barganha. Ainda que os compradores sejam sensíveis às variações de preço, eles podem não ser capazes de obter baixos preços a não ser que estejam numa posição favorável de barganha. O poder relativo de barganha numa transação depende, em última instância, do custo de cada uma das partes em não realizar o negócio com a outra parte. O poder de barganha dos compradores é determinado pelo número de compradores com relação ao número de fornecedores, pelo volume de compras de um único comprador, pelo número de produtos alternativos disponíveis ao comprador, pelos custos que compradores incorrem ao trocar um produto por outro e pela ameaça de integração reversa por parte dos compradores. Por exemplo, no setor automotivo, as montadoras possuem um poder considerável sobre os fabricantes de componentes porque as empresas automotivas são grandes compradoras com diversos fornecedores alternativos à disposição, e os custos de troca são relativamente baixos. No setor de computadores, em compensação, os fabricantes dos computadores possuem baixo poder de barganha em comparação com as empresas de *software* para sistemas operacionais por conta dos altos custos de mudança.

Força competitiva 5: **Poder de barganha dos fornecedores**

A análise do poder relativo dos fornecedores reflete a análise do poder do comprador em determinado setor. Os fornecedores possuem alto poder de barganha quando existem apenas algumas empresas e poucos substitutos disponíveis para seus clientes. Por exemplo, no setor de refrigerantes, a Coca--Cola e a Pepsi possuem alto poder de barganha com relação às empresas de engarrafamento. Em contrapartida, os fornecedores de latas para o setor de refrigerantes não possuem muito poder de barganha graças à intensa concorrência entre os produtores de latinhas e a ameaça da substituição pelas garrafas plásticas. Os fornecedores possuem também um poder de barganha bastante grande sobre os compradores quando o produto ou serviço dos fornecedores é essencial para os negócios dos compradores. O poder da Microsoft no setor de computadores pessoais é um ótimo exemplo disso. Os fornecedores também tendem a possuir bastante poder quando representam uma ameaça crível de integração vertical. Por exemplo, a IBM possui bastante poder se comparada com empresas de arrendamento de *mainframes* por sua posição única como fornecedora de *mainframes* e sua presença no negócio de arrendamento de computadores.

APLICAÇÃO DA ANÁLISE DO SETOR: O SETOR NORTE--AMERICANO DE LOJAS DE DEPARTAMENTO E DE VAREJO

Vamos considerar os conceitos de análise de setor acima no contexto do setor norte-americano de lojas de departamento e de varejo. O crescimento das cidades e das técnicas de produção em massa impulsionou o surgimento das lojas de varejo de roupas no final do século XIX. A rápida expansão do mercado no século XX incentivou o desenvolvimento de cadeias regionais e nacionais que deram ao setor seu perfil concentrado que vemos hoje em dia. Enquanto os principais participantes do mercado se localizavam originalmente em locais de referência independentes nos centros urbanos, a migração da população para fora das cidades e o aumento dos shoppings nos subúrbios na metade do século XX fez com que esses participantes se posicionassem como "lojas-âncora"; grandes lojas de departamento que vendem grande variedade de vestuário, acessórios e outras mercadorias relacionadas que "ancoraram" os maiores centros comerciais e sua seleção de lojas menores de especialidades.

Em linhas gerais, o setor pode ser segmentado em lojas de departamento de ponta de estoque, de nível intermediário e de descontos. A Tabela 2-1 apresenta a lucratividade de determinados concorrentes desses três segmentos. O setor de lojas de departamento, de modo geral, tem obtido historicamente retornos maiores do que a média em comparação com todos os setores norte-americanos (análise descrita anteriormente), com os segmentos de ponta de estoque e de descontos, ultrapassando o mercado de nível intermediário. O que contou para que o retorno acima da média do setor tenha sido obtido? Em perspectiva, qual o potencial de lucro futuro do setor de lojas de departamento?

TABELA 2-1

Lucratividade antes dos impostos das lojas de departamento
e de varejo – concorrentes selecionados entre 1991 e 2009

Empresa	Lajir/patrimônio líquido
Neiman-Marcus Group, Inc. [a]	11,8%
Saks Inc./Saks Holdings, Inc.	5,2%
Nordstrom Inc.	13,8%
Média do segmento de ponta de estoque	10,3%
Sears Roebuck & Co/Sears Holding Grupo [b]	6,3%
Dillards Inc.	6,4%
R H Macy & Co/Mac's Inc. [c]	7,0%
J C Penney Co.	7,9%
Média do segmento de nível intermediário	6,8%
Wal-Mart Stores, Inc.	12,4%
Target Corp	11,3%
TJX Companies, Inc.	22,1%
Média do segmento de descontos	12,5%
Média de todos os segmentos de lojas de departamento e de varejo	9,9% [d]
Média de todas as empresas dos Estados Unidos	4,9%

Fonte: Dados das demonstrações financeiras das referidas empresas, setor e de todas as empresas de capital aberto sediadas nos Estados Unidos de 1991 a 2009, listadas no Research Insight. Análise concluída em novembro de 2011.
[a] A Neiman-Marcus tornou-se uma empresa privada em 2006; os resultados apresentados vão até 2005.
[b] Inclui a Kmart no início de 2005, quando as empresas se fundiram para formar o Grupo Sears Holding.
[c] Inclui a Bloomingdales, outras marcas, que compõem cerca de 10% da receita total.
[d] Média dos dados de empresas de códigos SIC 5311, 5331 e 5651 de 1991 a 2009. O grupo representativo de concorrentes acima citado reflete os resultados globais do setor de lojas de departamento com um retorno de 10,0% sobre o período.

Concorrência no setor norte-americano de lojas de departamento e de varejo

A análise do setor pode ajudar a explicar a lucratividade média observada em lojas de departamento. Principais elementos estruturais do setor:

- O setor é concentrado, com os quatro maiores agentes responsáveis por mais de 75% da receita do setor em 2009.[10]
- A demanda do consumidor aumentou com o crescimento da afluência dos Estados Unidos na maior parte do século XX e começo do século XXI. Isso significa que as lojas de departamento vivenciaram tipicamente um crescimento sem ter recorrido a altos níveis de concorrência de preços num esforço para roubar a participação de mercado da concorrência.
- Concorrentes como a Nordstrom, a Saks Fifth Avenue e a Neiman Marcus têm conseguido diferenciar-se entre si em parâmetros não relacionados ao preço, como serviços superiores ao cliente, ofertas diferenciadas de produtos com o emprego de linhas de marca própria e relacionamentos exclusivos com grifes, programas de fidelidade e uma experiência de compras sofisticada; tudo isso projetado para conquistar a lealdade do cliente, aumentando, assim, os custos de mudança.
- Existem economias de escala significativas para grandes concorrentes, que possuem maior poder para obter preços mais baixos de seus fornecedores, investir em infraestruturas sofisticadas de TI para entender melhor as necessidades dos clientes e gerenciar estoques e realizar campanhas publicitárias em nível nacional. Essas economias de escala têm sido fundamentais para o sucesso dos concorrentes na busca de uma estratégia de liderança de custos (Wal-Mart, Target, TJX), que também têm sido implacáveis na otimização de suas operações, reduzindo seus custos com fornecedores, diminuindo, assim, seus custos para colocar o produto no mercado.
- Concorrentes já estabelecidos possuem um reconhecimento de marca mais forte, adquirido ao longo de anos de esforços, enquanto um novo concorrente se depara com a necessidade de despender grandes quantias de capital para estabelecer sua marca. Essa vantagem dos precursores se aplica não somente a lojas físicas tradicionais, mas também ao domínio da internet, em que os clientes, incapazes de avaliar a qualidade de uma loja ou produtos por estarem experimentando pela primeira vez, revelam uma tendência a escolher marcas já estabelecidas e "de confiança".
- Um novo concorrente no setor geralmente enfrenta restrições quanto à distribuição ao buscar uma localização privilegiada de varejo, pois concorrentes já estabelecidos possuem melhor acesso a locais mais privilegiados de varejo e condições mais favoráveis, uma vez que são vistos como "lojas-âncora" de grande valor que podem garantir o sucesso de todo o projeto. Com o aumento do uso dos canais on-line, essa barreira tem, de certa forma, diminuído como um fator competitivo no setor.
- O crescimento dos canais de compras on-line, representado por concorrentes exclusivamente on-line, como a Amazon.com, tem resultado numa grande e crescente ameaça de substituição

para as tradicionais lojas de "alvenaria". Concorrentes como a Nordstrom têm desenvolvido de forma agressiva sua presença on-line na tentativa de reduzir essa ameaça, enquanto ao mesmo tempo trabalha para integrar seus canais on-line e físico para tirar proveito de sua presença física.

O poder dos compradores e dos fornecedores

Os fornecedores e os compradores possuem um poder limitado sobre as empresas no setor pelos seguintes motivos:

- De modo geral, os compradores tendem a ter um poder de barganha relativamente baixo com as lojas de departamento, e há pouca ou nenhuma negociação com relação aos preços. Dado o número de compradores individuais (alto) em relação aos fornecedores, os compradores, sobretudo, são capazes de exercer sua capacidade de trocar de fornecedores em vez de exercer qualquer poder relativo de barganha.
- Os fornecedores de lojas de departamento também têm relativamente baixo poder de barganha por causa de seu pequeno porte, se comparados a seus clientes. A expansão das linhas de marcas próprias também constituiu uma alternativa viável para as linhas de grife, reduzindo ainda mais o poder dos fornecedores. Os concorrentes em todos os segmentos do setor de lojas de departamento têm se dedicado ao desenvolvimento de seu poder sobre os fornecedores. Como exemplo, a TJX agregou aproximadamente 2 mil novos fornecedores em 2010, aumentando seu total para mais de 14 mil.[11] Além disso, a Nordstrom não possui nenhum acordo garantido de fornecimento com seus fornecedores,[12] o que faz com que ela mantenha sua flexibilidade para ajustar seus produtos de modo que atendam à demanda atual.

Nos últimos anos, a dinâmica do setor tem mudado. Em primeiro lugar, o crescimento da demanda de consumo diminuiu significativamente durante a recente crise econômica internacional, e especula-se que este pode não voltar aos níveis pré-crise, pelo menos no curto prazo.[13] Além disso, o surgimento dos canais de internet está começando a mudar o comportamento de compra do consumidor tanto on-line quanto no comércio tradicional. A disponibilidade de informações sobre preço e produto tem aumentado a substituição, na medida em que o consumidor é capaz de tomar decisões mais informadas de compra. A facilidade de compra por meio de diversas lojas on-line de *outlet* tem reduzido os custos de mudança e talvez tenha servido para reduzir o valor da oferta de ampla variedade de produtos do modelo de lojas de departamento e de varejo. De modo similar, no comércio tradicional, o crescimento dos *"lifestyle centers"*, que dão ênfase a varejistas menores de produtos especializados concentrados em centros mais atrativos, tem minimizado a importância do papel das lojas-âncora. De modo geral, a tendência de especialização parece vir de encontro ao modelo das lojas de departamento.[14]

Enquanto não é certo que as alterações estruturais adicionais venham a fazer parte do setor, é evidente que os concorrentes que se adaptarem serão os que vão sobreviver e prosperar. Os esforços agressivos da Nordstrom na expansão de sua presença on-line, os esforços da TJX para expandir sua base de fornecedores globais enquanto busca uma estratégia de ofertas especializada (produtos domésticos, Home Goods, Marshalls/TJ Maxx) e os impulsos do Wal-Mart para a China e outros mercados emergentes com alto potencial de crescimento são exemplos das ações que os concorrentes estão tomando para adaptar-se à nova dinâmica do mercado.

Limitações da análise do setor

Uma potencial limitação da estrutura de análise do setor abordada neste capítulo é o pressuposto de que os setores possuem fronteiras bem definidas. Na realidade, muitas vezes não é fácil demarcar as fronteiras do setor. Por exemplo, ao analisar o setor da Nordstrom, seria correto limitar a análise a concorrentes de lojas de departamento, ou ainda incluir varejistas de produtos especializados que competem com ela pela participação de mercado? Com o crescimento dos varejistas de descontos e de ponta de estoque, seria correto incluir o Wal-Mart e a TJX? Onde se encaixariam os varejistas on-line como a Amazon.com? Uma definição inapropriada resultaria numa análise incompleta e em previsões imprecisas, e, portanto, é importante definir corretamente o escopo do segmento do setor a ser considerado.

ANÁLISE DA ESTRATÉGIA COMPETITIVA

A lucratividade de uma empresa sofre influência não apenas da estrutura de seu setor, mas também das escolhas estratégicas que realiza ao se posicionar no setor. Ao passo que existem diversos modos para caracterizar uma estratégia de negócios de uma empresa, estudos têm tradicionalmente identificado duas estratégias competitivas, (1) liderança de custos e (2) diferenciação, que pode potencialmente fazer com que uma empresa estabeleça uma vantagem competitiva sustentável.[15] Essas estratégias (apresentadas na Figura 2-2) vêm sendo consideradas amplamente como mutuamente exclusivas; empresas que operam com ambas as estratégias têm sido vistas como "presas no meio-termo" e espera-se que obtenham baixa lucratividade (as concorrentes do setor de lojas de departamento de nível intermediário descritas na última seção são bons exemplos disso).[16] Essas empresas, seguindo esse raciocínio, correm o risco de não ser capazes de atrair clientes mais atentos aos preços porque seus custos são muito altos; elas são também incapazes de oferecer uma diferenciação adequada para atrair clientes dispostos a pagar preços mais elevados.

Estudos adicionais têm tentado explicar a aparente exceção de determinados concorrentes; por exemplo, o setor automotivo japonês, que por muitos anos ofereceu alta qualidade e baixo custo em comparação com seus concorrentes nos Estados Unidos e na Europa. De modo geral, no entanto, essa capacidade de competir sucessivamente no "meio-termo" tem sido atribuída a um foco na eficiência operacional, e não na estratégica, que tem lhes permitido forçar a "fronteira da produtividade" à frente de seus concorrentes. Essa vantagem somente será sustentável se ela não puder ser eventualmente dobrada, permitindo a recuperação da concorrência.[17]

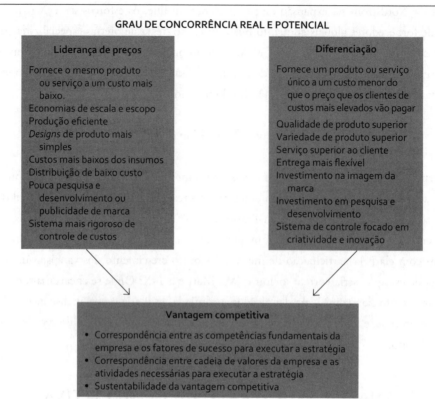

FIGURA 2-2
Estratégias de criação de vantagem competitiva

Fontes de vantagem competitiva

A liderança de custos permite que uma empresa forneça o mesmo produto ou serviço que seus concorrentes a um custo mais baixo. A estratégia de diferenciação envolve oferecer um produto ou serviço que seja distinto em determinado aspecto relevante valorizado pelo cliente. Ilustraremos essas duas estratégias utilizando duas empresas no setor norte-americano de lojas de departamento e de varejo. A TJX Companies, Inc. (controladora de lojas como a TJ Maxx e a Marshalls) tem conseguido com bastante sucesso concorrer puramente com base nos baixos custos. A Nordstrom, em contrapartida, tem obtido sucesso com base na diferenciação, enfatizando de modo excepcional um serviço de alto nível e uma seleção de produtos abrangente e diferenciada.

Estratégia competitiva 1: liderança de custos

A liderança de custos é muitas vezes o meio mais claro de obter uma vantagem competitiva. Nos setores em que o produto ou serviço básico é uma *commodity*, a liderança de custos pode ser o único meio de obter um desempenho superior. Existem vários modos de obter a liderança de custos, incluindo economias de escala e escopo, economias de aprendizagem, produção eficiente, *design* mais simples de produto, melhor fornecimento e custos mais baixos de insumos e processos organizacionais mais eficientes. Se uma empresa pode obter uma liderança de custos, então ela será capaz de obter uma lucratividade acima da média apenas cobrando o mesmo preço que seus concorrentes. Inversamente, uma empresa líder em custos pode forçar seus concorrentes a reduzir os preços e aceitar retornos mais baixos ou deixar o setor.

Empresas que conseguem a liderança de custos dão foco a controles rigorosos de custos. Elas investem em instalações em escala eficiente e focam *designs* de produto que reduzem os custos de fabricação, minimizam os custos fixos, capitalizam oportunidades globais de fornecimento, fazem pequenos investimentos arriscados em pesquisa e desenvolvimento e evitam atender clientes marginais. Elas possuem estruturas organizacionais e sistemas de controle que focam o controle de custos.

Estratégia competitiva 2: diferenciação

Uma empresa que segue a estratégia da diferenciação busca ser única em seu setor, alinhada com alguma dimensão que seja altamente valorizada pelos clientes. Para a diferenciação ser bem-sucedida, a empresa deve realizar três coisas. Primeiro, ela precisa identificar um ou mais atributos de um produto ou serviço que os clientes valorizam. Segundo, ela deve se posicionar para atender à necessidade escolhida do cliente de um modo único. Por fim, a empresa deve alcançar a diferenciação num custo que seja inferior ao preço que o cliente pretende pagar pelo produto ou serviço diferenciado.

Os direcionadores de diferenciação incluem o oferecimento de um valor superior intrínseco por meio da qualidade, variedade de produtos, pacotes de serviços, ou tempo de entrega. A diferenciação pode também ser obtida investindo em sinais valiosos como imagem, aparência do produto ou reputação. Estratégias diferenciadas exigem investimentos em pesquisa e desenvolvimento, competências de engenharia e capacidades de comercialização. As estruturas organizacionais e os sistemas de controle nas empresas com estratégias de diferenciação devem estimular a criatividade e a inovação.

Enquanto as empresas bem-sucedidas escolhem entre liderança de custos e diferenciação, elas não podem ignorar por completo a dimensão em que não estão concorrendo primariamente. Empresas que visam a diferenciação ainda devem focar os custos para que a diferenciação possa ser obtida a um valor aceitável. De modo similar, os líderes em custos não podem competir a não ser que obtenham pelo menos um nível mínimo nas dimensões fundamentais nas quais os concorrentes podem se diferenciar, como qualidade e serviço.

Obtendo a vantagem competitiva

A escolha pela estratégia competitiva não leva automaticamente à obtenção de vantagem competitiva. Para obtê-la, uma empresa deve ter as competências necessárias para implementar e manter a estratégia escolhida. Tanto a estratégia de liderança de custos quanto a de diferenciação exigem que a empresa assuma os compromissos necessários para adquirir as competências fundamentais necessárias e estruturar sua cadeia de valor do modo apropriado. As competências fundamentais são os recursos econômicos que a empresa possui, enquanto a cadeia de valor é o conjunto de atividades que a empresa desenvolve para converter os insumos em produtos.

Para avaliar se uma empresa é capaz de obter a vantagem competitiva pretendida, o analista deve fazer os seguintes questionamentos:

- Qual a necessidade do cliente que a empresa está focando?
- Como a empresa distingue a proposta de valor oferecida a seus clientes das demais propostas oferecidas a eles por seus concorrentes?
- Essa empresa possui atualmente as capacidades e processos necessários para cumprir com essa proposta de valor?

Sustentando a vantagem competitiva

A singularidade das competências fundamentais de uma empresa, sua cadeia de valor e até que ponto é difícil para os concorrentes imitarem-na determinam a sustentabilidade da vantagem competitiva de uma empresa.[18] Pouquíssimas empresas são capazes de sustentar sua vantagem competitiva a longo prazo. Existem diversas razões para que isso aconteça. Primeiro, as estratégias de sucesso são muitas vezes copiadas pelos concorrentes. Isso somente pode ser evitado ou postergado se houver barreiras explícitas, como patentes ou outras proteções legais, ou barreiras implícitas, como os custos de mudança do cliente ou vantagens dos percussores. O segundo motivo pelo qual as empresas perdem sua vantagem competitiva deve-se às alterações no ambiente. Novas tecnologias, mudanças nas normas, e alterações nas exigências do cliente tornam obsoletas as propostas de valor vigentes ou permitem a criação de novas propostas de substituição que podem ser mais atraentes para os clientes. Com o passar do tempo, conforme os setores e os mercados evoluem, é fundamental que a estratégia de uma empresa evolua, bem como a forma de reação. Os concorrentes que vencerão com o passar do tempo serão aqueles que estiverem constantemente alertas às necessidades de adaptar-se à nova dinâmica do setor.

Para avaliar se uma empresa é capaz ou não de manter a vantagem competitiva, o analista deve fazer os seguintes questionamentos:

- Existem barreiras quanto à imitação nessa estratégia da empresa? Se existirem, quais são? Quanto tempo elas devem durar?
- Existem alterações que potencialmente afetariam o setor dessa empresa e sua posição estratégica nesse setor? Quais são? De que modo essas alterações poderiam levar a alterações na dinâmica competitiva nesse setor?
- Que medidas, caso haja alguma, essa empresa pode tomar para atender a essas alterações e renovar sua vantagem competitiva? Quais são as chances de a empresa vir a ser capaz de renová-la efetivamente?

Aplicação da análise da estratégia competitiva

Consideremos os conceitos de análise de estratégia competitiva no contexto da TJX e da Nordstrom.

TJX Companies, Inc.

A TJX é líder no varejo de vestuário de ponta de estoque e decoração de interiores nos Estados Unidos e no mundo todo. No começo de 2011, a empresa operava mais de 2.700 lojas de *outlet* por meio das marcas TJ Maxx, Marshalls e HomeGoods nos Estados Unidos; das marcas Winners, Marshalls e HomeSense no Canadá; e das marcas TK Maxx e HomeSense na Europa.[19]

A TJX segue uma estratégia de liderança de custos, oferecendo a seus clientes um "novo e ágil sortimento de qualidade, produtos de marca própria e de grife a preços geralmente 20% a 60% abaixo dos preços normais de lojas de departamento e de produtos especializados, todos os dias".[20] Para executar essa estratégia, a empresa tem desenvolvido um modelo de negócio de baixo custo e flexível que foca essencialmente a compra de oportunidade de mercadorias. Como a filosofia da TJX de oferecer a seus clientes uma "atmosfera de caça ao tesouro" não depende da oferta de linhas completas de produtos, da disponibilidade de todos os tamanhos nem da apresentação de determinado *mix* de produtos, ela é capaz de comprar lotes parciais, itens fora de linha e até cancelar pedidos. Esse posicionamento oportunista permite que a TJX compre bastante tarde no ciclo de produtos, permitindo que reaja com rapidez às tendências do mercado, negocie as melhores oportunidades e ajuste os preços para manter sua margem.[21] Principais elementos desse modelo de negócios:

- Conceito de loja aberta: a falta de departamentos definidos em suas lojas permite à TJX manter um *mix* de produtos de oportunidade direcionados às novas preferências dos clientes.[22]
- Rede global de fornecimento: para adquirir produtos de ocasião com máxima eficiência, a TJX mantém uma rede global de fornecedores, que em 2011 era composta de 700 compradores que gerenciavam 14 mil fornecedores em 60 países. Tal como destacado pela TJX em seu Relatório Anual de 2009, "nosso modelo de negócio pode ser entendido como uma máquina de fornecimento, mais do que a maioria dos outros varejistas".[23]
- Forte poder de compra: a TJX cita sua "compra de US$ 20 bilhões em lápis"[24] para descrever o poder de compra que sua larga escala lhe oferece com os fornecedores.
- Foco no gerenciamento eficiente de estoques: fiel a seu posicionamento como concorrente de baixo custo, a TJX foca continuamente o aumento da eficiência de sua rede de fornecimento.[25]

A TJX se vê bem posicionada para aproveitar o que acredita tratar-se de uma mudança permanente no comportamento de consumo como resultado da crise global financeira: "Acreditamos que houve uma mudança de paradigma entre os consumidores com relação ao valor e que nossos novos clientes continuarão a ser atraídos pelo nosso ótimo custo-benefício, ainda que a recessão se atenue [...] O que separa esta recessão das anteriores é que vimos tendências de mercado positivas se acelerarem durante a recessão, reforçando nossa convicção de que houve uma mudança fundamental na psique do consumidor em matéria de valor."[26]

Durante o exercício 2010 (terminado em 29 de janeiro de 2011), os resultados da TJX pareceram confirmar o ponto de vista da gestão. Apesar do clima de desafio no varejo, as vendas cresceram 8%, chegando a US$ 21,9 bilhões, e as mesmas vendas de loja aumentaram 4%. Os custos das vendas caíram, refletindo as melhores margens dos produtos e a crescente alavancagem dos custos. De modo geral, a receita líquida cresceu 11%, chegando a US$ 1,3 bilhão.[27] Contudo, enquanto a TJX parecia estar executando sua estratégia de liderança de custos com sucesso, as alterações na estrutura do setor e as ações da concorrência começaram a levantar questionamentos com relação à sustentabilidade de longo prazo da posição competitiva da TJX. Questões fundamentais:

- **Haverá mercadoria suficiente disponível para compra?** À medida que concorrentes como a Nordstrom e a Saks Fifth Avenue expandem com rapidez suas redes de ponta de estoque, o crescimento da TJX pode representar um enfrentamento de barreiras no fornecimento de mercadorias à medida que os concorrentes retêm cada vez mais os produtos para os próprios canais de ponta de estoque. A TJX está ciente desse eventual problema e considera sua extensa rede global de fornecimento e seu forte relacionamento com fornecedores como peça fundamental para seu sucesso na aquisição de produtos no futuro.[28]
- **A TJX conseguiria expandir suas atividades de maneira bem-sucedida para fora dos Estados Unidos?** A TJX considera a expansão contínua como peça fundamental para manter sua posição de baixo custo no longo prazo, alavancando cada vez mais suas compras e suas operações. Entretanto, como busca cada vez mais crescimento fora dos Estados Unidos, resta saber se ela pode atingir o mesmo sucesso em nível internacional.
- **A mudança no valor é permanente?** Resta saber se essa mudança de consumidores que a TJX busca é permanente. A TJX tem aplicado um programa de remodelagem de lojas e realizado novos gastos com publicidade para capitalizar com base nessa mudança.[29] Permanece em aberto se esses gastos resultarão em um aumento permanente na participação de mercado.
- **E quanto à internet?** A partir de 2011, a TJX não teve quase nenhuma presença on-line. Enquanto permanece incerto neste momento qual ameaça o varejo on-line representa para o modelo de "caça ao tesouro" da TJX, ações da concorrência, como a recente aquisição da Haute-Look (uma página on-line de leilão de vestuário) pela Nordstrom e a crescente ubiquidade do varejo on-line, levanta-se a questão do que a TJX precisa fazer para defender-se desse canal de substituição.

Nordstrom, Inc.

A Nordstrom é uma loja de departamento de ponta de estoque que oferece grande variedade de roupas, calçados e acessórios. Fundada como uma loja de calçados em Seattle, Washington, em 1901, a empresa tornou-se rapidamente conhecida por sua vasta seleção de produtos de alta qualidade aliada a um excepcional serviço ao cliente. Até 2011, a empresa cresceu e tornou-se uma líder do setor de varejo, operando 207 lojas localizadas em 28 estados (tanto a linha completa da Nordstrom quanto as lojas de desconto Nordstrom Rack), além de sua crescente presença on-line. A empresa também oferecia uma variedade de produtos de cartão de crédito e débito de marca própria por meio da Nordstrom fsb, seu próprio banco. A Nordstrom registrou um lucro anual de US$ 613 milhões em 2010 ante a receita anual de US$ 9,7 bilhões.[30]

Seu sucesso tem se baseado historicamente numa estratégia competitiva de diferenciação que tem buscado conquistar a lealdade dos clientes que possuem várias opções de compra em varejo. Os elementos fundamentais dessa estratégia:

- *Oferecer um serviço excepcional ao cliente:* desde o início, a Nordstrom tem buscado diferenciar-se no mercado, oferecendo um excepcional serviço ao cliente. O seguinte trecho do relatório anual de 2009 resume essa filosofia voltada ao cliente: "Seguimos, em primeiro lugar, uma estratégia voltada ao cliente na Nordstrom, e não ao preço, à marca, à tecnologia ou a qualquer outra estratégia corporativa".[31]
- *Oferecer ampla seleção de produtos diferenciados de ponta de estoque estritamente voltada ao gosto local:* a Nordstrom tem buscado diferenciar-se de seus concorrentes por meio da menor sobreposição de produtos, o que tem conseguido com acordos exclusivos com grifes, além de desenvolver uma extensa linha de marca própria. Além disso, a Nordstrom se orgulha de tomar decisões de compra de insumos de clientes locais, maximizando, assim, o sucesso na comercialização e minimizando os investimentos em estoques.

Enquanto os elementos estratégicos gerais acima têm lhe servido muito bem na maior parte de seus 110 anos de história, nos últimos anos a Nordstrom reconheceu que a rápida expansão do canal on-line e o crescimento do modelo de varejo de descontos representam mudanças no mercado que podem ameaçar a sustentabilidade de longo prazo de sua estratégia de diferenciação. Assim, a estratégia atual da Nordstrom é manter-se fiel a seus preceitos originais de serviço superior ao cliente e seleção de produtos, enquanto desenvolve novas iniciativas que considera fundamentais para permanecer competitiva em um mercado em evolução. As principais iniciativas que estão sendo tomadas em resposta a essa mudança de mercado são:

- *Diversificação para o segmento de descontos:* em resposta à mudança de mercado em direção ao segmento de descontos, a Nordstrom expandiu rapidamente sua divisão da Nordstrom Rack de lojas de ponta de estoque. Havia vários motivos para isso. Primeiro, ao estabelecer sua própria participante no segmento de descontos, ela "criou o próprio substituto" para os clientes que de outro modo seriam potencialmente perdidos para a TJX ou para outro varejista de descontos. Além disso, a divisão da Rack oferece à Nordstrom um canal para movimentar seus estoques com poucas vendas de suas lojas de linha completa sem precisar recorrer a vendas mais frequentes ou descontos que poderiam afetar a marca. Finalmente, dado que o segmento de descontos tende a ter desempenho melhor em tempos de economia fraca, isso pode ser visto como a inclusão de um equilíbrio contracíclico para o segmento de lojas de linha completa.
- *Expansão e integração de uma presença multicanal:* em resposta à mudança nos hábitos de compra dos consumidores, a Nordstrom promoveu uma série de iniciativas projetadas para expandir sua presença on-line e integrar por completo seus sistemas em todos os canais. Em 2010, a empresa lançou uma nova versão da página Nordstrom.com desenvolvida para atender

de forma mais eficiente os compradores on-line. A integração dos sistemas de estoques entre os canais permitiu a integração de serviços multicanal sem interrupção aos seus clientes como "Compre on-line, retire na loja" e o rápido atendimento de pedidos on-line das lojas locais. Entre as recentes iniciativas desenvolvidas para aumentar ainda mais a oferta multicanal temos a instalação de redes *wi-fi* em suas lojas de linha completa, o desenvolvimento de um sistema de fechamento de pedidos pelo celular e a aquisição da varejista on-line HauteLook, Inc., prestadora de serviços de vendas exclusivas on-line.[32] De modo geral, a Nordstrom vê o desenvolvimento de uma experiência de compras multicanal sem interrupção como uma extensão de seu foco em oferecer um serviço superior ao cliente e como sendo fundamental para manter sua capacidade de competir com sucesso em um mercado em evolução.

Conforme os Estados Unidos começam lentamente a emergir da profunda recessão que teve início em 2008, a Nordstrom foi uma das empresas que tiveram de tomar providências para adaptar-se à nova dinâmica do setor. No começo de 2011, os analistas pareciam achar que ela estava no caminho certo:

"A JWN continua sendo uma de nossas principais escolhas entre as lojas de departamento [...] Acreditamos que a Nordstrom possui a maior experiência tecnológica entre as lojas de departamento de maior capitalização. A aquisição da HauteLook não apenas introduz um novo fluxo de receitas, mas também ajuda a empresa a expandir ainda mais sua capacidade de comercialização pela internet e rentabilizar os clientes de multicanal (que gastam de três a quatro vezes mais que os clientes de lojas físicas)."[33]

"Desde sua mudança em 2009/2010, com a integração de seus estoques de loja e on-line, até seu comunicado de ontem sobre a aquisição da HauteLook, uma das líderes no canal de revendas on-line, a empresa permanece bem à frente dos concorrentes em sua presença on-line. Além do mais, achamos que isso ajuda a oferecer um roteiro de longo prazo para o crescimento..."[34]

"Continuamos a acreditar que a Nordstrom é uma vencedora de longo prazo quanto à participação de mercado..."[35]

Opiniões de analistas à parte, resta saber se a Nordstrom conseguirá manter no futuro sua posição de superioridade competitiva nesse cenário de rápida evolução do setor.

ANÁLISE DA ESTRATÉGIA CORPORATIVA

Até o momento neste capítulo temos focado as estratégias no âmbito das empresas individuais. Enquanto algumas empresas se concentram somente em um negócio, muitas operam em diversos negócios. Por exemplo, o número médio de segmentos de negócios operados pelas 500 principais empresas norte-americanas em 1992 foi de 11 setores.[36] Nos últimos anos, as empresas norte-americanas vêm tentando reduzir a diversidade de suas operações e focar um número relativamente menor de negócios "principais". Contudo, as organizações multinegócio continuam a dominar a atividade econômica na maioria dos países do mundo.

Ao analisar uma organização multinegócio, um analista deve avaliar não somente o setor e as estratégias das unidades individuais de negócios, mas também as consequências econômicas, tanto positivas quanto negativas, de gerenciar todos os diferentes negócios no âmbito corporativo. Algumas empresas têm visto essa estrutura multinegócio como fonte de força e a têm adotado, enquanto outras a veem como distrativa e diluidora de valores e têm se mobilizado para restringir o foco de seus negócios. Por exemplo, a General Electric tem tido bastante sucesso por criar um valor significativo por meio do gerenciamento de um conjunto altamente diversificado de negócios que abrange desde motores de aeronaves até lâmpadas. Em compensação, a partir de 2000, a gigante farmacêutica suíça Roche liquidou seus negócios de aromas e fragrâncias, vitaminas e produtos de química fina para focar oncologia e diagnóstico.[37]

Fontes de criação de valor em nível corporativo

Economistas e pesquisadores em estratégia têm identificado diversos fatores que influenciam a capacidade de uma organização criar valor por meio de um escopo corporativo mais amplo. A teoria econômica sugere que o escopo ideal de atividades de uma empresa depende do custo relativo de transação para desempenhar um conjunto de atividades dentro da empresa em comparação com o uso do mecanismo de mercado.[38] A economia de custo de transação pressupõe que a empresa de multiprodutos é uma escolha eficiente de forma organizacional quando a coordenação entre empresas independentes e focadas é mais cara devido aos custos de transação do mercado.

Os custos de transação podem surgir de diversas fontes. Eles podem surgir se o processo de produção envolver ativos especializados como competências de capital humano, ou outro *know-how* organizacional que não esteja facilmente disponível no mercado. Os custos de transação também podem surgir de imperfeições de mercado, como problemas de informação e incentivos. Se compradores e vendedores não podem resolver esses problemas por meio dos mecanismos padrão, como contratos vinculados, será mais caro conduzir as transações por meio dos mecanismos de mercado.

Por exemplo, conforme discutido no Capítulo 1, os mercados de capitais podem não funcionar direito quando existem graves problemas de informação e incentivos, o que torna difícil para os empreendedores obter capital de investidores. De modo similar, se os compradores não conseguirem determinar a qualidade dos produtos à venda por falta de informação, ou não puderem fazer cumprir garantias por causa de uma estrutura jurídica fraca, será difícil para os empreendedores entrar em novos mercados. Por fim, se os empregadores não puderem avaliar a qualidade dos candidatos a novos cargos, eles deverão recorrer mais a promoções internas do que ao recrutamento externo para preencher os cargos mais altos em uma organização. Economias emergentes normalmente sofrem com esses dois tipos de custo de transação por causa de uma infraestrutura de intermediação pouco desenvolvida.[39] Mesmo em muitas economias avançadas, podemos encontrar exemplos de altos custos de transação. Por exemplo, na maior parte dos países fora dos Estados Unidos, o setor de capital de risco não é altamente desenvolvido, o que torna difícil obter financiamento para novos negócios nos setores de alta tecnologia. Mesmo nos Estados Unidos, os custos de transação podem variar entre os setores da economia. Por exemplo, o comércio eletrônico continua sendo prejudicado pelas preocupações dos consumidores com relação à segurança das informações de cartão de crédito transmitidas pela internet.[40]

As transações dentro de uma organização podem ter um custo menor do que as transações de mercado por diversas razões. Primeiro, os custos de comunicação dentro de uma organização são reduzidos porque é possível proteger a confidencialidade e garantir a credibilidade por meio de mecanismos internos. Segundo, a sede pode exercer um papel fundamental na redução de custos aplicando acordos entre as subunidades organizacionais. Terceiro, as subunidades organizacionais podem compartilhar ativos não negociáveis (como capacidades, sistemas e processos organizacionais) ou ativos não divisíveis (como nomes de marca, canais de distribuição e reputação).

Existem também forças que aumentam os custos de transação dentro das organizações. A alta direção de uma organização pode não ter as informações especializadas e capacidades necessárias para gerenciar negócios por meio de diversos setores diferentes. Essa falta de competência reduz a possibilidade de realmente concretizar economias de escopo, mesmo quando existe potencial para essas economias. Esse problema pode ser remediado criando-se uma organização descentralizada, contratando diretores especializados para dirigir cada uma das unidades de negócio e oferecendo a esses diretores os incentivos adequados. Contudo, a descentralização também poderá diminuir a congruência de objetivos entre os diretores das subunidades, fazendo com que seja difícil perceber as economias de escopo.

Se uma organização multinegócio pode ou não gerar mais valor do que um conjunto de empresas focadas depende, portanto, do contexto.[41] Os analistas devem fazer os seguintes questionamentos para avaliar se uma estratégia corporativa de uma empresa tem potencial para gerar valor:

- Existem imperfeições significativas no produto, na mão de obra ou nos mercados financeiros dos setores (ou países) nos quais a empresa opera? É possível que os custos de transação nesses mercados sejam maiores do que os custos de atividades similares dentro de uma organização bem administrada?
- A organização possui recursos especiais como nomes de marca, *know-how* próprio, acesso a canais de distribuição escassos e processos organizacionais especiais que tenham potencial para gerar economias de escopo?
- Existe uma boa adequação entre os recursos especializados da empresa e a carteira de negócios nos quais a empresa opera?
- A empresa aloca direitos de decisão entre o escritório sede e as unidades de negócio de forma ideal para concretizar todas as economias em potencial do escopo?
- A empresa possui sistemas internos de mensuração, informação e incentivo para reduzir os custos de agência e reforçar a coordenação por meio das unidades de negócio?

Os resultados empíricos sugerem que gerar valor por meio de uma estratégia corporativa multinegócio é difícil na prática. Diversos pesquisadores documentaram que empresas norte-americanas diversificadas são negociadas com descontos no mercado de ações em comparação com carteiras similares de empresas focadas.[42] Estudos também demonstram que as aquisições de uma empresa por outra, especialmente quando as duas fazem parte de negócios independentes, normalmente não são capazes de gerar valor para as empresas adquirentes.[43] Por fim, existem indícios consideráveis de que o valor é gerado quando as empresas multinegócios aumentam o foco corporativo por meio da cisão de departamentos e da venda de ativos.[44]

Há várias possíveis explicações para esse desconto pela diversificação. Primeiro, as decisões dos diretores de diversificar e expandir são frequentemente impulsionadas por um desejo de maximizar as dimensões de sua organização em vez de maximizar o valor para os acionistas. Segundo, empresas diversificadas normalmente sofrem por causa de problemas de desarmonia entre incentivos que levam a decisões de investimento insuficientes e baixo desempenho operacional. Terceiro, é difícil para o mercado de capitais monitorar e avaliar as organizações multinegócios por causa da divulgação inadequada acerca do desempenho de segmentos de negócios individuais.

Resumindo, enquanto empresas podem teoricamente gerar valor por meio de estratégias corporativas inovadoras, existem diversas maneiras para esse potencial acabar não sendo percebido na prática. Portanto, é preciso ser cético ao avaliar as estratégias corporativas das empresas.

Aplicação da análise da estratégia corporativa

Vamos aplicar os conceitos de análise da estratégia corporativa ao Grupo Tata, uma empresa global diversificada com sede na Índia. A Tata teve seu início com a fundação de uma sociedade comercial privada em 1868. Em 2009-2010, a empresa registrou uma receita de US$ 67,4 bilhões, empregando quase 400 mil pessoas e conduzindo operações em mais de 80 países.[45] Sua estrutura de conglomerado diversificado reflete suas raízes indianas como herança do sistema colonial britânico de gestão de agências e também a necessidade de providenciar a própria infraestrutura de intermediários na falta da infraestrutura no mercado indiano emergente.[46] Seu presidente, Ratan Tata, tem trabalhado desde sua nomeação em 1991 para tornar o que até então era um conjunto de empresas altamente independentes espalhadas por diversos setores em uma empresa global moderna capaz de aproveitar o valor da sinergia multiempresarial para competir com sucesso tanto na Índia como fora dela.

No final de 2010, o Grupo Tata foi organizado em sete setores de negócio:[47]

- *Tecnologia da Informação e Comunicações:* em 2009-2010, esse setor representou 16% da receita da Tata. A Tata Consultancy Services é a empresa de TI mais valiosa da Índia, e seus mais de 140 mil consultores oferecem serviços de TI, soluções de negócios e serviços de terceirização em 42 países. Esse setor também inclui empresas envolvidas com serviços de *design* de produtos e de desenvolvimento tecnológico, desenvolvimento de aprendizagem interativa, serviços de apoio empresarial e telecomunicações.
- *Serviços e produtos de engenharia:* este setor representou 33% da receita da Tata. A Tata Motors, produtora do Nano, o carro mais barato do mundo, é a maior empresa de automóveis da Índia, além de importante ator no mercado mundial, e a quarta maior fabricante de caminhões do mundo, a segunda maior fabricante de ônibus e proprietária (desde 2008) da Jaguar Land

Rover. Outras empresas nesse setor oferecem serviços e produtos automotivos, de construção e de engenharia.

- *Materiais:* o setor de materiais representou 32% da receita da Tata. A Tata Steel, uma empresa classificada pela *Fortune Global 500* por mérito próprio,[48] emprega cerca de 80 mil pessoas em quase 50 países. Outras empresas no setor oferecem ampla gama de produção de materiais e de serviços.

- *Serviços:* o setor de serviços representou 4% da receita da Tata. O grupo Taj Hotels Resorts and Palaces oferece 66 hotéis em toda a Índia, além de 16 em outros países, enquanto empresas similares oferecem serviços adicionais voltados ao setor imobiliário. A Tata AIG Life Insurance Company e a Tata AIG General Insurance Company oferecem soluções de seguros para pessoas físicas e empresas. Outras empresas oferecem serviços de gestão de ativos, consultoria administrativa e outros serviços.

- *Energia:* o setor de energia representou 6% da receita da Tata. A Tata Power é a maior companhia elétrica integrada ao setor privado da Índia. A Tata BP Solar é a maior fabricante indiana de produtos solares fotovoltaicos e de aquecimento de água.

- *Bens de Consumo:* o setor de bens de consumo representou 4% da receita da Tata. O Grupo Tata Beverage opera no mercado com marcas como o chá Tata Tea, o café Tata Coffee, Tetley (a marca líder do mercado do Reino Unido), o café Eight O'Clock Coffee e a água mineral Mount Everest Mineral Water. Outras empresas do setor detêm lojas de varejo e também produzem e comercializam relógios, joias e óculos.

- *Produtos químicos:* o setor de produtos químicos representou 3% da receita da Tata. A Tata Chemicals é a segunda maior produtora mundial de carbonato de sódio e produz uma variedade de produtos químicos para setores de bens de consumo, industrial e agrícola. Outras empresas no setor buscam o desenvolvimento e a descoberta de medicamentos e produzem produtos agroquímicos.

Levando em conta o consenso de que conglomerados multi-industriais deverão esforçar-se para competir com seus concorrentes mais focados, como a Tata conseguiu obter sucesso até agora? A resposta está no desenvolvimento bem executado de funções centralizadas aplicadas ao grupo que apoiam, conectam e elevam as empresas individuais nos mais diferentes níveis, ao mesmo tempo que lhes oferece a independência necessária para terem sucesso por conta própria. Os principais elementos desse modelo incluem:

- A primeira conexão entre as empresas do Grupo Tata, e talvez sua maior fonte coletiva de força é a Tata Brand, que em 2011 foi nomeada uma das 50 principais marcas mundiais pela *Brand Finance.*[49] Esse reconhecimento vem como resultado de um desenvolvimento bem planejado e cuidadoso da marca pelo presidente da Tata que teve início em 1995, ao apresentar o Esquema de Equidade da Marca Tata. Esse plano de subscrição estabelece o critério segundo o qual uma empresa assinante pode utilizar a marca Tata e também obter acesso aos recursos do grupo mais amplo.[50] As empresas subscritas assinam o acordo de Equidade de Marca e Promoção de Negócios (sigla em inglês: BEBP), que especifica um código de conduta obrigatório que ajuda a garantir os altos padrões de qualidade e integridade em toda a empresa. A Tata Quality Management Services (TQMS), uma organização centralizada, trabalha para ajudar as empresas do grupo Tata a atingirem seus objetivos de negócio e atenderem aos padrões especificados pelo acordo. Empresas que primam pela gestão de qualidade podem ser indicadas para o prêmio de valor da qualidade: JRD QualityValue Award, que segue o formato do Malcolm Baldrige Award.[51] Contrariamente, as empresas que não conseguem atender aos padrões estabelecidos pelo acordo de BEBP correm o risco de perder seu direito de uso do nome Tata. O valor da marca Tata é imenso para uma empresa do grupo que não é bem reconhecida em seu mercado e, especialmente em mercados emergentes, a marca pode ser um poderoso e importante sinal de qualidade e integridade.

- O Grupo Tata explora sua escala e a diversidade de suas empresas coletivas para estimular o aprendizado, desenvolvimento de liderança, e compartilhar as melhores práticas em todo o grupo. A Tata Administração de Serviços (Tata Administrative Services – TAS) coordena o programa de desenvolvimento e gestão de recrutamento de todo o grupo, recrutando nas melhores escolas de administração de empresas da Índia e alternando novos diretores por todas as empresas do grupo por meio de um plano de desenvolvimento de cinco anos. O Centro de Treinamentos da Tata (Tata Management Trainning Centre – TMTC) reúne funcionários de alto nível que compartilham *insights* com outros executivos de uma grande diversidade de setores.[52] A escala da empresa é tamanha que esses programas podem facilmente reunir 50 ou mais CEOs das empresas, os quais compartilham as melhores práticas, a visão dos problemas por meio da multiplicidade de perspectivas e estabelecem relações que ajudam a facilitar a sinergia e comunicação entre as várias empresas.

- Ao mesmo tempo que as empresas do Grupo Tata operam com um grau significativo de independência, elas contam com os recursos financeiros, intelectuais e outros recursos do grupo por trás dele. Os escritórios centrais agem em grande medida como capitalista de risco (*venture capitalist*), que serve como um recurso para fundos de investimento, experiência em gestão e conexões dentro do grupo, do setor e do governo. Muito parecido com capitalistas de risco (*venture capitalists*), os membros da Diretoria Executiva do Grupo (Group Executive Office – GEO) ocupam cadeiras nos conselhos das empresas do Grupo Tata, para facilitar a comunicação entre os escritórios centrais e as empresas individuais, e trazem o conhecimento e a experiência do grupo para cada uma das empresas.[53] Esse suporte permite que as empresas do grupo ajam como uma empresa muito maior, fazendo aquisições, investindo em novas tecnologias e fazendo movimentações estratégicas. O poder desse suporte pode ser observado na incorporação da Tetley Tea pela Tata Tea em 2000, da Corus pela Tata Steel em 2007 e da Jaguar Land Rover pela Tata Motors em 2008; e todos esses casos consistem de incorporação de empresas muito maiores do que as empresa da Tata que as incorporaram. Isso não seria possível sem o suporte do grupo.[54]

Até 2010, 60% da receita do Grupo Tata provinha de fora do mercado indiano.[55] A crescente presença global da empresa, além da economia global em evolução, apresentou muitos desafios para o sucesso de seu modelo de conglomerado. Primeiro, a expansão contínua para países em desenvolvimento pode reduzir a importância da infraestrutura intermediária interna que a Tata tem tentando criar. Segundo, como a economia indiana continua a evoluir, o mesmo problema pode eventualmente se aplicar ao mercado doméstico.

Por fim, a integração bem-sucedida e a coordenação contínua das empresas atuantes numa empresa com forte tradição de independência tornarão ainda mais difícil quando se expandir por uma área geográfica cada vez mais ampla. Conforme a empresa trabalha para identificar um sucessor digno para Ratan Tata (que planeja se aposentar em 2012)[56], como o Grupo Tata reagirá nos próximos anos aos desafios e às oportunidades apresentados tanto pela globalização quanto pelo rápido desenvolvimento de seu mercado doméstico indiano será observado com atenção como um caso-teste para a viabilidade do conglomerado multissetorial na economia global moderna.

Resumo

A análise estratégica é um importante ponto de partida para a análise das demonstrações financeiras, pois permite que o analista sonde a economia da empresa em nível qualitativo. A análise estratégica também possibilita a identificação dos direcionadores de lucro e dos principais riscos da empresa, permitindo ao analista avaliar a sustentabilidade do desempenho da empresa e realizar previsões mais realistas do desempenho futuro.

A capacidade da empresa de obter retorno sobre seu capital acima de seu custo de capital é determinada por suas escolhas estratégicas: (1) a escolha de um setor ou de um grupo de setores nos quais a empresa opera (escolha do setor); (2) o modo como a empresa pretende competir com outras empresas no setor ou grupo de setores escolhido (posicionamento competitivo); e (3) a forma como a empresa espera criar e explorar sinergias entre os diversos negócios que opera (estratégia corporativa). A análise estratégica envolve a análise de todas as três escolhas.

A análise do setor consiste em identificar os fatores econômicos que conduzem sua lucratividade. De modo geral, o potencial de lucratividade média de um setor é influenciado pelo grau de competitividade entre os concorrentes existentes, a facilidade com a qual novas empresas podem entrar no setor, a disponibilidade de produtos substitutos, o poder dos compradores e o poder dos fornecedores. Para analisar o desempenho do setor, o analista deve avaliar a força atual de cada uma dessas forças em um setor e fazer previsões sobre as possíveis mudanças futuras.

A análise da estratégia competitiva envolve a identificação das bases sobre as quais a empresa pretende competir em seu setor. De modo geral, existem duas estratégias em potencial que podem oferecer a uma empresa uma vantagem competitiva: liderança de custos e diferenciação. A liderança de custos envolve a oferta a um custo menor de um mesmo produto ou serviço que outras empresas oferecem. A diferenciação envolve satisfazer determinada dimensão da necessidade de um cliente, melhor do que a concorrência, a um custo adicional menor do que o valor que os clientes estão dispostos a pagar. Para realizar a análise da estratégia, o analista deve identificar a estratégia pretendida pela empresa, avaliar se esta possui as competências necessárias para executar a estratégia e reconhecer os principais riscos que ela deve evitar. O analista também deve avaliar a sustentabilidade da estratégia da empresa.

A análise da estratégia da empresa envolve o exame da capacidade da empresa de criar valor atuando em múltiplos negócios ao mesmo tempo. Uma estratégia corporativa bem definida reduz os custos ou aumenta as receitas quando opera diversos negócios em uma empresa, comparativamente à situação em que os mesmos negócios forem operados de forma independente e negociando entre si no mercado. Essas economias de custo ou aumento de receita provém de recursos especializados que a empresa possui para explorar sinergias entre esses negócios. Para garantir o valor desses recursos, eles não devem ser negociáveis, imitados facilmente pela concorrência nem divisíveis. Mesmo quando uma empresa possui esses recursos, ela pode gerar valor por meio de uma organização multinegócio somente quando for gerenciada de tal modo que os custos de agência e informação dentro da organização sejam menores do que os custos operacionais do mercado.

A experiência adquirida da análise estratégica pode ser útil para realizar o restante da análise das demonstrações financeiras. Em análise contábil, o analista pode verificar se as políticas contábeis e as estimativas correspondem à estratégia declarada. Por exemplo, a escolha de uma empresa por uma moeda funcional para registrar suas operações internacionais deve corresponder ao nível de integração entre as operações domésticas e internacionais que a estratégia de negócios pede. De modo similar, uma empresa que vende essencialmente imóveis para clientes de alto risco deve possuir provisões de créditos de liquidação duvidosa e provisões para risco de crédito acima da média.

A análise da estratégia é também útil para orientar a análise financeira. Por exemplo, em uma análise em corte transversal, o analista deve esperar que empresas com estratégia de liderança de custos tenham margens brutas menores e um volume de negócios maior do que empresas que seguem estratégias diferenciadas. Na análise de série temporal, o analista deve monitorar de perto os aumentos na relação de despesas e de volume de negócios para empresas de baixo custo, e quaisquer diminuições em investimentos fundamentais para a diferenciação, no caso de empresas que seguem a estratégia de diferenciação.

A análise da estratégia dos negócios também ajuda na avaliação e na análise prospectiva. Em primeiro lugar, permite ao analista avaliar se, e por quanto tempo, as diferenças entre o desempenho da empresa e o desempenho de seu setor (ou setores) devem persistir. Em segundo lugar, facilita na previsão das despesas com investimentos em que a empresa deve incorrer para manter sua vantagem competitiva.

QUESTÕES PARA DISCUSSÃO

1. Judith, que é formada em Contabilidade, afirma, "a análise da estratégia parece ser um desvio desnecessário ao fazer a análise de uma demonstração financeira. Por que não podemos ir direto às questões contábeis?" Explique a Judith por que ela pode estar errada.

2. Quais são os principais direcionadores de lucro de um setor?

3. Um dos setores de mais rápido crescimento nos últimos 20 anos é o setor de *chips* de memória, que fornece *chips* para computadores pessoais e outros aparelhos eletrônicos. Ainda assim, a lucratividade média para essa indústria foi bastante baixa. Utilizando a estrutura de análise do setor, liste todos os potenciais fatores que permitem explicar essa aparente contradição.

4. Classifique os setores farmacêutico e madeireiro como alta(o), média(o) ou baixa(o) nas seguintes dimensões da estrutura do setor:

	Setor farmacêutico	Setor madeireiro
Concorrência		
Ameaça de novos entrantes		
Ameaça de produtos substitutos		
Poder de barganha dos compradores		
Poder de barganha dos fornecedores		

Com base na sua classificação, qual setor você acha que obteria os retornos mais altos?

5. Joe Smith argumenta: "sua análise das cinco forças que afetam a lucratividade do setor está incompleta. No setor bancário, por exemplo, consigo contar pelo menos três outros fatores que são igualmente importantes; como regulamentação governamental, tendências demográficas e fatores culturais". Sua colega de sala, Jane Brown, discorda e afirma: "esses três fatores são importantes somente na medida em que eles influenciam uma das cinco forças". Explique como, se possível, os três fatores apresentados por Joe afetam as cinco forças no setor bancário.

6. Coca-Cola e Pepsi são refrigerantes bastante lucrativos. Entre os insumos desses produtos estão xarope de milho, garrafas/latas e xarope de refrigerante. A Coca-Cola e a Pepsi produzem elas mesmas o xarope e compram os outros insumos. Elas, então, celebram contratos exclusivos com engarrafadores independentes para produzir seus produtos. Use a estrutura das cinco forças e seus conhecimentos sobre o setor de refrigerantes para explicar como a Coca-Cola e a Pepsi são capazes de reter a maior parte de seus lucros nesse setor.

7. Todas as principais companhias aéreas oferecem programas de milhagem frequentemente. Vistos originalmente como um modo de diferenciar seus fornecedores em resposta ao excesso de capacidade do setor, esses programas há tempos tornaram-se ubíquos. Muitos analistas do setor acreditam que esses programas tiveram um sucesso apenas parcial na conclusão de seu objetivo. Utilize os conceitos de vantagem competitiva para explicar o porquê.

8. De que modo uma empresa pode criar barreiras de entrada de novos concorrentes no seu setor? Quais fatores determinam se essas barreiras podem ser duradouras?

9. Explique por que você concorda ou não com cada uma das seguintes afirmações:

    a. É melhor ser um diferenciador do que um líder de custos, porque assim você pode cobrar preços mais altos.

    b. É mais lucrativo atuar em um setor de alta tecnologia do que em um de baixa tecnologia.

    c. O motivo para os setores com maiores investimentos terem barreiras maiores de entrada é que é mais difícil levantar capital.

10. Existem poucas empresas capazes de ser tanto líderes de custos quanto diferenciadores. Por quê? Você consegue citar uma empresa que tenha sucesso em ambas as posições?

11. Muitos consultores estão aconselhando empresas diversificadas em mercados emergentes como Índia, Coreia do Sul, México e Turquia a adotar estratégias corporativas comprovadamente valiosas

em economias avançadas como Estados Unidos e Reino Unido. Quais são os prós e os contras desse aconselhamento?

Notas

1   O debate aqui apresentado tem como objetivo oferecer um contexto básico sobre a análise estratégica. Para uma discussão mais completa sobre os conceitos estratégicos, consulte, por exemplo, *Contemporary Strategy Analysis*, de Robert M. Grant (Cambridge, MA: Blackwell Publishers, 1991); *Economics of Strategy*, de David Besanko, David Dranove e Mark Shanley (Nova York: John Wiley & Sons, 1996); *Strategy and the Business Landscape*, de Pankaj Ghemawat (Reading, MA: Addison Wesley Longman, 1999); e *Corporate Strategy: Resources and the Scope of the Firm*, de David J. Collis e Cynthia Montgomery (Burr Ridge, IL: Irwin/McGraw-Hill, 1997).

2   N.R.T.: Código SIC é o código correspondente à classificação industrial padrão indicativo do tipo de negócio da empresa. Disponível em: <https://www.sec.gov/info/edgar/siccodes.htm>. No Brasil, a CVM não propõe classificação setorial de empresas.

3   Dados do Compustat da Standard & Poors via Research Insight, acessado em novembro de 2010. A presente análise deve sua lógica à apresentada no documento de trabalho de A. M. McGahan, "Do Competitors Perform Better When They Pursue Different Strategies?" (*Harvard Business School*, 12 maio 1999).

4   Para um resumo desta pesquisa, consulte F. M. Scherer, *Industrial Market Structure and Economic Performance*, 2. ed. (Chicago: Rand McNally College Publishing, 1980).

5   Veja M. E. Porter, *Competitive Strategy* (Nova York: The Free Press, 1980).

6   O Departamento de Justiça e a Comissão Federal do Comércio dos Estados Unidos utilizam o Índice Herfindahl-Hirschman (IHH) para medir a concentração ao avaliar fusões horizontais. O IHH é calculado com a soma dos quadrados das participações de mercado individuais de todos os participantes. O Departamento de Justiça considera um mercado com um resultado inferior a 1.000 como um mercado competitivo; um resultado de 1.000 a 1.800 como um mercado moderadamente concentrado; e um resultado de 1.800 ou superior como um mercado altamente concentrado. O índice de concentração das quatro empresas é outro índice comumente utilizado para medir a concentração do setor; ele se refere à participação de mercado das quatro maiores empresas num setor.

7   N.R.T.: Formulário S-1 é um documento requerido pela SEC (Security Exchange Comission) para as empresas que pretendem abrir capital nos Estados Unidos. A SEC corresponde à Comissão de Valores Mobiliários – CVM. No Brasil, uma empresa que pretende abrir capital precisa inicialmente pedir o registro na CVM. Para maiores informações sobre abertura de capital, consulte: <http://www.cvm.gov.br>.

8   Tesla Motors, Inc., Formulário S-1 (apresentado em 29 de janeiro de 2010), p. 17. Disponível em: <http://www.sec.gov/Archives/edgar/data/1318605/000119312510017054/ds1.htm>. Acesso em: jan. 2011.

9   Enquanto utilizamos aqui *comprador* para conotar os compradores do setor, o mesmo conceito se aplica a compradores de bens de consumo. Ao longo deste capítulo utilizamos os termos *compradores* e *clientes* de forma indistinta.

10 Dados do Compustat da Standard & Poors via Research Insight, acessado em abril de 2011. O setor de lojas de departamento é definido aqui como aquelas empresas contidas nos códigos SIC 5311, 5331 e 5651.

11 *The TJX Companies, Inc.* Relatório Anual 2010, via Thomson ONE, acessado em agosto de 2011.

12 Nordstrom, Inc., 29 de janeiro de 2011, *Formulário 10-K* (apresentado em 18 de março de 2011), p. 6, via Thomson ONE, acessado em abril de 2011.

13 Veja, por exemplo, C. Roche, P. Ducasse, C. Liao e C. Grevler, "A New World Order of Consumption 2010 Report on Consumer Sentiment", *The Boston Consulting Group*, 28 de junho de 2010. Disponível em: <https://www.bcgperspectives.com/content/articles/consumer_products_retail_new_world_order_of_consumption/>. Acesso em: fev. 2011.

14 J. Weber e A. T. Palmer. "How the Net Is Remaking the Mall", *Bloomberg Business Week*, 9 de maio de 2005. Disponível em: <http://www.businessweek.com/magazine/content/05_19/b3932105_mz057.htm> Acesso em: abril de 2011; Boswell, "Investors Want to Know: What Defines a Lifestyle Center?" *Retail Traffic*, 1º de dezembro de 2002. Disponível em: <http://retailtrafficmag.com/mag/retail_investors_know_defines/>. Acesso em: 6 abr. 2011.

15 Para uma discussão mais detalhada sobre essas duas fontes de vantagem competitiva, consulte M. E. Porter, *Competitive Advantage: Creating and Sustaining Superior Performance* (Nova York: The Free Press, 1985).

16 Ibid.

17 Para uma discussão mais detalhada sobre essa teoria, consulte Michael E. Porter, "What is Strategy". *Harvard Business Review* (nov./dez. 1996).

18 Veja G. Hamel e C. K. Prahalad, *Competing for the Future.* (Boston: Harvard Business School Press, 1994), para uma discussão mais detalhada sobre o conceito de competências fundamentais e seu papel crítico na estratégia corporativa.

19 The TJX Companies, Inc., 29 de janeiro de 2011, Formulário 10-K (apresentado em 30 de março de 2011), p. 2, via *Morningstar Document Research*, acessado em fev. 2011.

20 Ibid.

21 Ibid., p. 4.

22 Ibid., p. 4.

23 The TJX Companies, Inc., Relatório Anual 2009, p. 4, via Thomson ONE, acessado em fevereiro de 2011.

24 The TJX Companies, Background Information 2010, *website* da The TJX Companies, Inc., disponível em: <http://www.tjx.com/files/pdf/TJXbackground_2011.pdf> Acesso em: abr. 2011.

25 The TJX Companies, Inc., *Relatório Anual 2009*, p. 6, via Thomson ONE, acessado em fev. 2011.

26 Ibid., p. 2-3.

27 The TJX Companies, Inc., 29 de janeiro de 2011, *Formulário 10-K* (apresentado em 30 de março de 2011), p. 30, via *Morningstar Document Research*, acessado em fevereiro de 2011.

28 The TJX Companies, Inc. "Why We Always Have Product Availability", *website* da The TJX Companies, Inc. Disponível em: <http://www.tjx.com/investor_2.asp>. Acesso em: fev. 2011.

29 The TJX Companies, Inc., *Relatório Anual 2009*, p. 4. Disponível em: <http://thomson.mobular.net/thomson/7/2968/4250/>. Acesso em: fev. 2011.

30 Nordstrom, Inc., 29 de janeiro de 2011, *Formulário 10-K* (apresentado em 18 de março de 2011), p. 16, via Thomson ONE, acessado em abril de 2011.

31 Nordstrom, Inc., *Relatório Anual 2009*, p. 3, via Thomson ONE, acessado em abril de 2011.

32 Nordstrom, Inc., *Relatório Anual 2010*, p. 4-5, via Thomson ONE, acessado em maio de 2011.

33 M. L. Clark; C. Cuomo. "Nordstrom Highlights from Dinner with Management; Reiterate Overweight Rating", pesquisa da *Morgan Stanley Research*, 16 de março de 2011, via Thomson ONE, acessado em abril de 2011.

34 E. Yruma; C. Sharma. Nordstrom, Inc.: JWN: 4Q – Flow Through, Forward Thinking. *KeyBanc Capital Markets*, 18 de fevereiro de 2011, via Thomson ONE, acessado em abril de 2011.

35 M. Exstein; C. Su; T. Schorgi. "Full Price Selling Remains Strong Along with the Franchise It self, Aggressively Expanding Its Presence in Both Physical Stores and E-Commerce", pesquisa da *Credit Suisse Equity*, 17 de fevereiro de 2011, via Thomson ONE, acessado em abril de 2011.

36 C. Montgomery. "Corporate Diversification". *Journal of Economic Perspectives.* Verão de 1994.

37 M. C. Mankins; D. Harding; R. M. Weddigen. "How the Best Divest". *Harvard Business Review* (out. 2008).

38 Os seguintes trabalhos têm como base a economia de custos de transação: R. Coase. "The Nature of the Firm". *Economica* 4 (1937): 386-405; O. Williamson, *Markets and Hierarchies*: Analysis and Antitrust Implications. Nova York: The Free Press, 1975; e D. Teece. "Toward an Economic Theory of the Multiproduct Firm", *Journal of Economic Behavior and Organization 3* (1982): 39-63.

39 Para uma discussão mais completa sobre essas questões, consulte: T. Khanna e K. Palepu, "Building Institutional Infrastructure in Emerging Markets". *Brown Journal of World Affairs*, Inverno/Primavera de 1998; e T. Khanna e K. Palepu. "Why Focused Strategies May Be Wrong for Emerging Markets". *Harvard Business Review* (jul.-ago. 1997).

40 "E-commerce Held Back by Security Concerns". *Ecommerce Journal* (9 abr. 2008). Disponível em: <http://ecommerce-journal.com/news/e_commerce_held_back_by_security_concerns>. Acesso em: abr. 2011.

41 Para um estudo empírico que ilustre esse ponto, consulte T. Khanna e K. Palepu, "Is Group Affiliation Profitable in Emerging Markets? An Analysis of Diversified Indian Business Groups". *Journal of Finance* (abr. 2000): 867-891.

42 Veja L. Lang; R. Stulz. Tobin's Q, "Corporate diversification, and firm performance". *Journal of Political Economy 102* (1994): 1248-1280; e Phillip Berger; Eli Ofek, "Diversification's Effect on Firm Value". *Journal of Financial Economics 37* (1994): 39-65.

43 Veja P. Healy, K. Palepu; R. Ruback. "Which Takeovers Are Profitable: Strategic or Financial?" *Sloan Management Review 38* (verão de 1997): 45-57.

44 Veja K. Schipper; A. Smith. "Effects of Recontracting on Shareholder Wealth: The Case of Voluntary Spin--offs", *Journal of Financial Economics 12* (dez. 1983): 437-467; e L. Lang, A. Poulsen e R. Stulz, "Asset Sales, Firm Performance, and the Agency Costs of Managerial Discretion". *Journal of Financial Economics 37* (jan. 1995): 3-37.

45 Grupo Tata. Leadership with trust. *Website* do Grupo Tata. Disponível em: <http://www.tata.com/aboutus/sub_index.aspx?sectid=8hOk5Qq3EfQ=>. Acesso em: abr. 2011.

46 Para uma discussão mais ampla sobre este tópico, consulte Tarun Khanna e Krishna Palepu. "The Right Way to Restructure Conglomerates in Emerging Markets". *Harvard Business Review* (jul.-ago. 1999).

47 Informações sobre os setores empresariais da Tata do Tata Group, "Tata group sector-wise operations". *Website* do Grupo Tata. Disponível em: <http://www.tata.com/htm/Group_Investor_pieChart.htm>. Acesso em: abr. 2011; Grupo Tata, Tata GroupBrochure. *Website* do Grupo Tata. Disponível em: <http://www.tata.com/pdf/Tata_Group_Brochure.pdf>. Acesso em: abr. 2011.

48 "GLOBAL 500 Our annual ranking of the world's largest corporations". *Fortune Magazine*. Disponível em: <http://money.cnn.com/magazines/fortune/global500/2009/snapshots/11459.html>. Acesso em: mar. 2011.

49 S. Sharma. "Worth its salt: Tata among top 50 global brands". *The Financial Express*, 22 de março de 2011. Disponível em: <http://www.financialexpress.com/news/worth-its-salt-tata-among-top-50-global-brands/765653/1>. Acesso em: abr. 2011.

50 T. Khanna, K.; Palepu; D. M. Wu. *House of Tata, 1995: The Next Generation (A)*, Caso n. 9-798-037.(Boston: Harvard Business School Publishing, 1998, revisão de 2006, p. 6.

51 Grupo Tata. Business excellence. Website do Grupo Tata. Disponível em: <http://www.tata.com/article.aspx?artid=OMSlPyjJp68=>. Acesso em: abr. 2011.

52 Grupo Tata. Fan-TAS-tic fifty. *Website* do Grupo Tata. Disponível em: <http://www.tata.com/article.aspx?artid=qz8j1wqs3TU=>. Acesso em: abr. 2011.

53 T. Khanna; e K. Palepu. *House of Tata—2000: The Next Generation (B)*, Caso nº 9-704-408. Boston: Harvard Business School Publishing, 1998, revisão de 2006, p. 1.

54 Grupo Tata. Mergers and acquisitions. Website do Grupo Tata. Disponível em: <http://www.tata.com/htm/Group_MnA_CompanyWise.htm>. Acesso em: maio 2011.

55 Grupo Tata. Leadership with trust. *Website* do Grupo Tata. Disponível em: <http://www.tata.com/aboutus/sub_index.aspx?sectid=8hOk5Qq3EfQ=>. Acesso em: abr. 2011.

56 P. Mehra; J. Chakravort. Ratan Tata to retire atend December 2012. *Reuters.* Disponível em: <http://in.reuters.com/article/2010/08/04/idINIndia-50627320100804>. Acesso em: maio 2011.

3
Visão geral da análise contábil

O propósito da análise contábil é avaliar quanto a contabilidade de uma empresa capta a realidade subjacente ao negócio.[1] Pela identificação de espaços em que há flexibilidade na contabilidade e pela avaliação de quanto as políticas e as estimativas contábeis da empresa são apropriadas, os analistas podem avaliar a confiabilidade dos números contábeis de uma empresa. Ao identificar quaisquer distorções na contabilidade, podem, então, ajustar os números contábeis da empresa usando o fluxo de caixa e as informações em notas explicativas para "desfazer" as distorções. Análises contábeis sadias sólidas melhoram a confiabilidade das conclusões oriundas das análises financeiras, o próximo passo para a análise da demonstração financeira.

ESTRUTURA INSTITUCIONAL PARA DIVULGAÇÃO FINANCEIRA

Geralmente, há uma separação entre a propriedade e a gestão em empresas de capital aberto. As demonstrações financeiras servem como veículos pelos quais os proprietários acompanham a situação financeira da sua empresa. Periodicamente, as empresas produzem normalmente três relatórios financeiros básicos: (1) uma demonstração de resultado, que descreve o desempenho das operações durante o período; (2) um balanço patrimonial, que relata os bens da empresa e como eles são financiados; e (3) uma declaração de fluxo de caixa (ou em alguns países, uma demonstração de fluxo de recursos), que resume os fluxos de caixa (ou recursos) da empresa. Essas demonstrações são acompanhadas de notas explicativas que fornecem detalhes adicionais sobre os itens das linhas da demonstração financeira, bem como uma discussão narrativa da gestão sobre o desempenho da empresa na seção de Discussão e Análise da Gestão.[2]

Para avaliar a efetividade da qualidade dos dados da demonstração financeira de uma empresa, o analista precisa primeiro entender as características básicas do relatório financeiro e o cenário institucional que o governa, conforme discutiremos nas seções seguintes.

Contabilidade pelo regime de competência

Uma das características fundamentais dos relatórios financeiros da corporação é que eles são preparados usando-se o regime de competência em vez do regime de caixa. Ao contrário do regime de caixa, regime de competência diferencia-se entre o registro dos custos e benefícios associados com atividades econômicas e o efetivo pagamento e recebimento de caixa. O lucro líquido é o índice de desempenho periódico básico sob a contabilidade pelo regime de competência. Para calcular o lucro líquido, os efeitos das transações econômicas são registrados com base em recebimentos e pagamentos *esperados*, não necessariamente *realizados*. Comprovantes dos recebimentos de caixa esperados pela entrega de produtos ou serviços são reconhecidos como receitas, e saídas de caixa esperadas associadas com essas receitas são reconhecidas como despesas.

Embora haja muitas normas e convenções que regem a preparação de demonstrações financeiras de uma empresa, há apenas alguns blocos conceituais de construção que formam a base da contabilidade pelo regime de competência. As definições a seguir são essenciais para a demonstração de resultado, que resume as receitas e as despesas de uma empresa:[3]

- **Receitas** são recursos econômicos adquiridos durante um período. O reconhecimento da receita é regido pelo princípio da realização, que estabelece que as receitas deveriam ser reconhecidas quando (a) a empresa forneceu tudo, ou quase tudo, dos produtos ou serviços a ser entregues ao cliente e (b) o cliente pagou em dinheiro ou espera-se que ele pague em dinheiro com um grau razoável de certeza.[4]
- **Despesas** são recursos econômicos usados durante um período. O reconhecimento da despesa é regido pelos princípios da realização da receita (*matching principle*) e do conservadorismo. Sob esses princípios, as despesas são custos de recursos (a) diretamente associados com as receitas reconhecidas no mesmo período, (b) associados com benefícios que são consumidos nesse período ou (c) cujos futuros benefícios não são razoavelmente certos.
- **Lucro** é a diferença entre as receitas e as despesas de uma empresa durante um período.[5]

A seguinte relação fundamental é, portanto, refletida na demonstração de resultado de uma empresa:

$$\text{Lucro} = \text{Receitas} - \text{Despesas}$$

Em contraste, o balanço patrimonial é um resumo em um determinado momento. Os princípios que definem os ativos, passivos e o patrimônio líquido de uma empresa são os seguintes:

- **Ativos** são recursos econômicos possuídos por uma empresa que são (a) propensos a produzir benefícios econômicos futuros e (b) mensuráveis com razoável grau de certeza.
- **Passivos** são obrigações econômicas de uma empresa oriundas de benefícios recebidos no passado que (a) se exige que sejam cumpridos com razoável grau de certeza e (b) cujo tempo está razoavelmente bem definido.
- **Patrimônio líquido** é a diferença entre os ativos de uma empresa e seus passivos.

As definições de ativos, passivos e patrimônio líquido levam a uma relação fundamental que rege o balanço patrimonial de uma empresa:

$$\text{Ativos} = \text{Passivos} + \text{Patrimônio Líquido}$$

Incumbência do relatório da administração

Embora as definições básicas dos elementos das demonstrações financeiras de uma empresa sejam simples, sua aplicação na prática geralmente envolve julgamentos complexos. Por exemplo, como as receitas deveriam ser reconhecidas quando uma empresa vende um terreno a um cliente e também fornece a ele o financiamento? Se a receita é reconhecida antes de o dinheiro ser recebido, como potenciais omissões poderiam ser estimadas? Os gastos com atividades de pesquisa e desenvolvimento, cujo lucro é incerto, estão associados aos ativos ou a despesas quando incorridos? Os compromissos contratuais estão sob os contratos de arrendamento mercantil ou sob os passivos de planos pós-aposentadoria? Se sim, como eles devem ser avaliados?

Graças ao fato de os gestores terem um conhecimento profundo de suas empresas, a eles é confiada a tarefa primordial de fazer julgamentos apropriados na descrição de inúmeras transações de negócios usando a estrutura básica da contabilidade pelo regime de competência. A discricionariedade contábil concedida aos gestores é potencialmente valiosa porque lhes permite refletir informações internas (privilegiadas) nas demonstrações financeiras divulgadas. Entretanto, como os investidores veem lucro como uma medida do desempenho dos gestores, estes têm um incentivo para usar a discricionariedade contábil para distorcer lucros divulgados fazendo suposições tendenciosas. Além disso, o uso de números da contabilidade em contratos entre a empresa e terceiros motiva os gestores a manipular os números da contabilidade.

Esse gerenciamento de resultados distorce dados da contabilidade financeira, fazendo-os menos valorizados para usuários externos da demonstração financeira. Por isso, o ato de delegar aos gestores as decisões relativas à divulgação dos relatórios financeiros tem tanto os custos quanto os benefícios. Normas contábeis e auditoria são mecanismos concebidos para reduzir o custo e preservar o benefício de delegar a preparação dos relatórios financeiros a gestores corporativos. A Lei Sarbanes-Oxley aumentou o envolvimento do comitê de auditoria do conselho de administração de uma empresa e exigiu que o CEO e o CFO se certifiquem pessoalmente da adequação dos relatórios financeiros como forma de reduzir os custos dessa delegação. O sistema legal é usado para julgar disputas entre gestores, auditores e investidores.

Princípios contábeis geralmente aceitos

Em virtude da dificuldade de investidores externos determinarem se gestores usaram flexibilidade contábil para sinalizar informações confidenciais ou meramente para disfarçar a realidade, uma série de convenções contábeis foram desenvolvidas para mitigar o problema. Por exemplo, na maioria dos países as demonstrações financeiras são preparadas usando a convenção de custo histórico, no qual os ativos e passivos são registrados em preços históricos de transação em vez do valor justo, valores

Introdução à contabilidade a valor justo

Os padrões estadunidenses e internacionais exigem que as empresas usem a contabilidade de valor justo (FVA – *Fair Value Accounting*) para avaliar alguns ativos financeiros. As normas especificam quais tipos de ativos devem ser registrados a valores justo e quais devem ser avaliados pelo custo. Eles também definem como registrar os ganhos não realizados e as perdas, usando valores justos, e como mensurar os valores justos.

De acordo com as normas, requer-se que títulos e valores mobiliários e derivativos comercializáveis sejam avaliados ao seu valor justo. Instrumentos financeiros (como títulos de dívidas) são reportados a valor justo se a gestão antecipar que eles serão comercializados no futuro, ou se eles estiverem potencialmente disponíveis para ser comercializados. Por outro lado, instrumentos de dívida que os gestores antecipam que serão mantidos até o vencimento são reportados ao custo.

Os padrões contábeis também especificam se os ganhos ou as perdas das revisões sobre os valores justos devem aparecer na demonstração de resultado ou ser diretamente incluídos no patrimônio líquido. Ganhos não realizados e perdas em valores mobiliários comercializáveis, instrumentos financeiros negociados e derivativos que não são mantidos com finalidade de proteção (*hedging*) estão incluídos no lucro líquido. Para instrumentos financeiros que estiverem disponíveis para venda ou derivativos mantidos como parte de um arranjo de proteção (*hedging*), quaisquer ganhos ou perdas não realizados vão diretamente para o patrimônio dos proprietários e não transitam pela demonstração do resultado.

Por fim, os organismos de normatização *reconhecem* que a divulgação dos relatórios financeiros a valores justos envolve uma variedade de níveis de subjetividade dependendo da liquidez e da transparência do mercado do ativo em questão. Os padrões (contábeis) têm estabelecido uma hierarquia para medir o valor justo dos ativos financeiros. Os instrumentos negociados em um mercado líquido e ordenado são chamados de instrumentos de Nível Um e são avaliados usando-se os mais recentes preços de mercado. Ativos financeiros que não são negociados em mercados líquidos, mas que podem ser avaliados usando-se modelos financeiros cujas informações estão disponíveis em mercados líquidos, são chamados bens de Nível Dois e são avaliados usando o modelo financeiro e as informações de preço do mercado. Por fim, alguns instrumentos podem ser avaliados usando-se modelos financeiros, mas exigem que os gestores estimem os dados de entrada no modelo. Esses são denominados bens de Nível Três e exige-se considerável julgamento dos gestores para estimar valores justos.

A crise financeira de 2008 demonstrou os desafios na estimativa de valores justos dos instrumentos financeiros quando os mercados para valores mobiliários em questão são altamente ilíquidos. Esse foi o caso de valores imobiliários lastreados em hipotecas, que eram créditos relativos aos fluxos de caixa de empréstimos hipotecários residenciais criados por meio de um processo conhecido como securitização. Muitos desses valores mobiliários pertenciam a instituições financeiras ao redor do mundo. Com a incerteza sobre as taxas de inadimplência das hipotecas e o crescente declínio no valor das propriedades subjacentes, o mercado de valores mobiliários lastreados em hipotecas tornou-se altamente ilíquido e houve ampla variação em seus valores reportados no balanço de bancos e empresas de investimentos que detinham os títulos.

de reposição ou valores de uso. Isso reduz a habilidade do gestor de superestimar o valor de ativos adquiridos ou elaborados, ou subestimar o valor dos passivos. Obviamente, o custo histórico também limita as informações disponíveis aos investidores sobre o potencial dos ativos da empresa, já que os preços de transação são geralmente diferentes dos valores justos e dos valores de uso. Reconhecendo isso, os principais organismos de normatização do mundo têm exigido cada vez mais o uso de contabilidade a valor justo em seus respectivos padrões contábeis.

Padrões e normas contábeis também limitam a capacidade da gestão de usar de forma equivocada os julgamentos contábeis para ajustar como tipos particulares de transações são registrados. Por

Convergência U.S. GAAP/IFRS[6]

Padrões de contabilidade locais surgiram de modo independente ao longo do tempo nos principais mercados de capitais com pouco apreço ou necessidade de consistência além-fronteira. O conceito de convergência desses diversos padrões surgiu primeiro em meados do século XX quando a integração econômica após a II Guerra Mundial e os crescentes fluxos de capital internacional começaram a criar demanda para maior comparabilidade de informações financeiras.

O IASC (Comitê Internacional de Padrões de Contabilidade), estabelecido em 1973, foi o primeiro órgão de estabelecimento de padrões internacionais e emitiu seu primeiro padrão em 1974. O IASC foi reorganizado em 2001 e renomeado como IASB (Conselho Internacional de Padrões de Contabilidade).

Seu objetivo é "desenvolver, no interesse público, um único grupo de padrões contábeis globais de alta qualidade".[7] Até 2011, os padrões do IASB, conhecidos como IFRS (Padrões de Reporte Financeiro Internacional), foram exigidos ou permitidos em quase 120 países. Além disso, até 2011, todas as principais economias remanescentes estabeleceram cronogramas e programas para unirem-se aos IFRS ou para adotá-los.[8]

Em 2002, o FASB nos Estados Unidos e o IASB emitiram "O Acordo de Norwalk", no qual os dois organismos de normatização se comprometeram à convergência do U.S. GAAP e IFRS. O acordo descreveu um objetivo compartilhado de desenvolver padrões de contabilidade que poderiam ser usados tanto para o relatório financeiro doméstico quanto para o transnacional e que reduziria a complexidade e o custo dos negócios nos mercados de capitais globais. Desde então, tem havido uma série de passos importantes em direção à convergência. Em 2007, a SEC eliminou a exigência de os emissores (de títulos) estrangeiros, que usavam o IFRS e estavam registrados nos Estados Unidos, fornecerem demonstrações financeiras de acordo com o U.S. GAAP. Durante o mesmo ano, o FASB e o IASB concluíram seu principal projeto em conjunto e emitiram padrões convergentes sobre combinações de negócios. Discussões posteriores entre o FASB, o IASB e a SEC reafirmaram um compromisso de padronizar a convergência e estabelecer 2011 como o horizonte para determinar se faz sentido para as empresas norte-americanas usar os IFRS.

No Capítulo 4, discutiremos as diferenças materiais remanescentes entre o U.S. GAAP e os IFRS e como comparar o desempenho das empresas usando as duas abordagens.

exemplo, padrões de contabilidade para arrendamento mercantil estipulam como as empresas devem registrar ajustes contratuais para recursos de arrendamento. De maneira similar, pensão e outros padrões de benefícios pós-emprego descrevem como as empresas devem registrar compromissos para fornecer pensões e outros benefícios de aposentadoria para os empregados. Esses padrões contábeis, que são delineados para transmitir informações quantitativas sobre o desempenho de uma empresa, são complementados por um conjunto de princípios relacionados ao *disclosure* (evidenciação). Esses princípios de *disclosure* (evidenciação) guiam a qualidade e os tipos de informação que são divulgados e exigem que uma empresa forneça informações qualitativas relacionadas às suposições, políticas e incertezas aos quais estão sujeitos os dados quantitativos apresentados.

Nos Estados Unidos, a Comissão de Títulos e Câmbio (SEC)[9] tem autoridade legal para determinar padrões de contabilidade. A SEC geralmente se apoia em órgãos do setor privado para executar essa tarefa. Desde 1973, os padrões de contabilidade nos Estados Unidos foram determinados pelo Conselho de Padrões de Contabilidade Financeira (FASB); Princípios de Contabilidade Geralmente Aceitos (GAAP) denotam padrões, convenções, regras e procedimentos que o FASB exige que a empresa aplique na preparação de suas demonstrações financeiras.

Órgãos similares do setor púbico e privado que estabelecem padrões contábeis desenvolveram localmente padrões contábeis baseados em muitos outros países. Mais recentemente, o Conselho Internacional de Padrões de Contabilidade (IASB) e seu precursor, o Comitê Internacional de Padrões de Contabilidade (IASC), têm fomentado os padrões contábeis ao redor do mundo. Aqueles padrões, os Padrões Internacionais de Relatório Financeiro (IFRS), estão ganhando crescente aceitação mundial.

Padrões contábeis uniformes tentam reduzir a capacidade de os gestores registrarem transações econômicas similares de maneiras distintas, tanto ao longo do tempo quanto por meio das empresas. Por isso, eles criam uma linguagem contábil uniforme e aumentam a credibilidade de demonstrações financeiras por meio da limitação da habilidade, de uma empresa, para distorcê-las. A maior uniformidade dos padrões de contabilidade, entretanto, vem à custa de reduzida flexibilidade dos gestores para refletir diferenças genuínas em decisões contábeis de uma empresa. Rígidos padrões contábeis funcionam melhor para transações econômicas cujo tratamento contábil não está baseado nas informações detidas pelos gestores. Entretanto, quando há julgamento significativo do negócio envolvido na avaliação das consequências de uma transação econômica, padrões rígidos tendem a ser disfuncionais para algumas empresas porque eles impedem que os gestores usem seu conhecimento elevado dos negócios para determinar a melhor forma de reportar os aspectos econômicos de eventos-chave do negócio. Além disso, se os padrões contábeis forem muito rígidos, eles podem induzir os gestores a dispender recursos econômicos para reestruturar transações empresariais para atingir um resultado contábil desejado ou a perder a oportunidade de fazer transações que podem ser difíceis de reportar.

Auditoria externa

Auditoria externa, amplamente definida como uma verificação da integridade das demonstrações financeiras reportadas por alguém que não seja o preparador, garante que os gestores usem regras e convenções de contabilidade consistentemente ao longo do tempo e que suas estimativas contábeis sejam razoáveis. Em todos os mercados abertos, exige-se que empresas listadas tenham suas demonstrações financeiras auditadas por um contador público independente. Nos Estados Unidos, os padrões e os procedimentos a ser seguidos por auditores independentes são conhecidos como Padrões de Auditoria Geralmente Aceitos (GAAS). Na Lei de Sarbanes-Oxley, a responsabilidade por supervisionar as empresas de auditoria e garantir que elas estão em conformidade está com as diretrizes do Conselho de Inspeção de Contabilidade de Empresa Pública (PCAOB), um órgão regulatório estabelecido por lei. Exige-se que todas as empresas públicas de contabilidade se registrem no PCAOB, que tem o poder de inspecionar e investigar o trabalho de auditoria e – se necessário – disciplinar auditores.

A Lei Sarbanes-Oxley também especifica a relação entre uma empresa e seu auditor externo, exigindo que o auditor se reporte a um comitê de auditoria da empresa e seja supervisionado por este em vez de ser supervisionado pelos seus gestores. Além disso, a lei proíbe que empresas públicas de contabilidade prestem serviços que não sejam de auditoria, como escrituração, projeto, implementação e avaliação de sistemas de informação e uma série de outros serviços de consultoria para uma empresa que foi auditada por elas. Por fim, a lei exige que as empresas de auditoria façam o rodízio do sócio auditor (*audit partner*) do revisor a cada cinco anos.

Enquanto os auditores expressam sua opinião nas demonstrações financeiras publicadas, é importante lembrar que a responsabilidade fundamental pelas demonstrações ainda pertence aos gestores da empresa. A auditoria melhora a qualidade e a credibilidade dos dados contábeis por limitar a possibilidade de a empresa distorcer demonstrações financeiras para adequar-se aos seus propósitos. Entretanto, à medida que a auditoria falha em empresas como a Enron e WorldCom e, mais recentemente, processos alegam falhas de auditoria em empresas como AIG, Bear Stearns, Countrywide Financial Corp, Lehman Brothers, Washington Mutual,[10] New Century Financial,[11] entre outras, a auditoria é imperfeita. As auditorias não podem revisar todas as transações de uma empresa. Elas também podem falhar por causa de lapsos na qualidade ou de julgamento por parte dos auditores que falham em desafiar os gestores pelo medo de perderem negócios futuros.

Auditoria terceirizada também pode reduzir a qualidade de relatórios financeiros, pois podem restringir os tipos de normas e convenções contábeis que envolvem com o tempo. Por exemplo, o FASB considera as visões dos auditores no processo de estabelecimento de padrões (contábeis). Os auditores tendem a questionar padrões contábeis que produzem números difíceis de auditar, mesmo quando as regras propostas fornecem informações relevantes para os investidores.

Responsabilidade legal

O ambiente legal no qual as disputas de contabilidade entre gestores, auditores e investidores são julgadas também pode ter um efeito significativo sobre a qualidade dos números reportados. A ameaça de processos e penalidades possui um efeito benéfico de melhorar a precisão do *disclosure*. Entretanto, o potencial para uma expressiva responsabilização legal poderia também desencorajar os gestores e os auditores de apoiarem propostas de contabilidade nas quais o julgamento do gestor e do auditor e a complexidade aumentada ou nuances entrem no jogo. Além disso, a Lei de Sarbanes-Oxley, promulgada em 2002, possui disposições que aumentam potencialmente esse risco: os gestores devem atestar pessoalmente os resultados financeiros e os auditores estão sujeitos a uma supervisão maior e potenciais penalidades do PCAOB (Conselho de Inspeção de Contabilidade de Empresa Pública) criado pela SOX. Como também pode ser visto em diversos processos movidos contra empresas de auditoria e gestão por trás de uma crise financeira global, a possibilidade de responsabilidade legal representa um risco muito significativo e real tanto para os gestores de empresa quanto para as empresas de auditoria.

FATORES QUE INFLUENCIAM A QUALIDADE DA CONTABILIDADE

Visto que o uso de mecanismos que limitam a habilidade dos gestores de distorcerem dados contábeis, elaborados por eles mesmos, causa ruído, não é ideal usar a regulação contábil para eliminar completamente a flexibilidade dos gestores. Portanto, os sistemas contábeis no mundo real deixam um espaço considerável para os gestores influenciarem os dados das demonstrações financeiras. Os resultados líquidos são de que os relatórios financeiros corporativos contém ruídos e são viesados, mesmo na presença de regulamentações contábeis e de auditoria externa.[12] O objetivo de uma análise contábil é avaliar o grau em que a contabilidade de uma empresa capta a realidade fundamental dos negócios e "desfazer" quaisquer distorções de contabilidade. Quando são grandes as distorções potenciais, a análise contábil pode agregar valor considerável.[13]

Há três potenciais fontes de ruído e vieses em dados contábeis: (1) ruído introduzido pela rigidez nas normas contábeis, (2) erros previstos aleatórios e (3) escolhas sistemáticas de divulgação feitas pelos gestores de uma empresa para alcançar objetivos específicos. Cada um desses fatores será discutido a seguir.

Ruído das regras contábeis

As regras contábeis introduzem ruído e vieses porque geralmente é difícil restringir discricionariedade dos gestores sem reduzir o conteúdo das informações dos dados de contabilidade. Por exemplo, a Declaração dos Padrões Financeiros de Contabilidade (SFAS) n. 2,[14] emitida pelo FASB, exige que as empresas determinem como despesa custos com pesquisa e desenvolvimento quando são incorridos. Claramente, algumas dessas despesas possuem valor futuro enquanto outras não. Entretanto, como a SFAS n. 2 não permite que empresas distingam os dois tipos de despesas, isso leva a uma distorção sistemática de números contábeis reportados. De maneira interessante, o IASB permite que as empresas capitalizem despesas de desenvolvimento que se presume terem valor econômico futuro, como o FASB exige que custos com pesquisa sejam determinados como despesa (IAS 38). Consequentemente, de maneira geral, o grau de distorção apresentado pelos padrões contábeis depende de quão uniformemente os padrões contábeis captam a natureza das transações de uma empresa.

Erro de previsão

Outra fonte de ruído em dados contábeis surge do simples erro de previsão, uma vez que os gestores não podem prever perfeitamente as consequências futuras de transações atuais. Por exemplo, quando uma empresa vende produtos a prazo, a contabilidade pelo regime de competência exige que os gestores façam um julgamento sobre a probabilidade de receber o pagamento por parte dos clientes. Se os pagamentos são considerados "razoavelmente seguros", a empresa trata as transações como vendas, criando contas recebíveis em seu balanço. Os gestores, então, fazem uma estimativa da proporção de recebíveis que não serão recebidos. Tendo em vista que os gestores não têm conhecimento antecipado perfeito, inadimplências reais de clientes tendem a ser diferentes das inadimplências estimadas, levando a um erro de previsão. A extensão de erros de previsão contábil dos gestores depende de uma variedade de fatores, incluindo a complexidade das transações empresariais, a previsibilidade do ambiente da empresa e as mudanças inesperadas no contexto econômico.

Escolhas contábeis dos gestores

Os gestores corporativos também introduzem ruído e viés nos dados contábeis por meio das suas decisões contábeis. Eles têm uma variedade de incentivos para exercitar sua discricionariedade contábil a fim de atingir certos objetivos:[15]

- *Cláusulas em contratos de financiamento baseadas nos dados contábeis.* Os gestores podem tomar decisões contábeis para cumprir certas obrigações contratuais em seus contratos de financiamento. Por exemplo, acordos de empréstimos de empresas com bancos e com outros credores que exijam que as empresas cumpram com cláusulas relacionadas à cobertura de juros, proporção de capital de giro, patrimônio líquido, todos definidos em termos de números contábeis. A violação desses acordos pode ser onerosa porque os financiadores podem imputar penalidades que incluem a exigência de pagamento imediato de seus empréstimos. Os gestores das empresas em iminência de violar cláusulas do contrato de financiamento têm um incentivo para escolher políticas e estimativas que reduzam a probabilidade de violação da cláusula contratual. A motivação para a decisão contábil dos gestores das cláusulas em contratos de financiamento tem sido analisada por uma série de pesquisadores de contabilidade.[16]

- *Compensação dos executivos.* Outra motivação para as escolhas contábeis dos gestores vem do fato de que compensação e segurança no emprego estão geralmente ligadas aos lucros reportados. Por exemplo, muitos gestores de alto escalão recebem compensação em bônus se eles excederem certas metas de lucro preestabelecidas. Isso lhes dá motivação para que escolham políticas contábeis e estimativas para maximizar sua compensação esperada.[17] Prêmios com base em opções de ações (*stock options*) também podem induzir os gestores a gerenciar resultados. Opções dão aos gestores incentivos para subestimar os lucros antes de concessões das opções para diminuir o preço corrente da ação da empresa e, consequentemente, o preço do exercício da opção e inflar lucros e preços de ações no momento do exercício da opção.[18]

- *Disputas pelo controle corporativo.* Em disputas pelo controle corporativo, incluindo a aquisição hostil e brigas por procurações para representação nas Assembleias Gerais (*proxy fights*), grupos executivos rivais tentam vencer e persuadir os acionistas. Números contábeis são usados extensivamente no debate sobre o desempenho de gestores nessas disputas. Por isso, gestores podem tomar decisões contábeis para influenciar as percepções dos investidores em disputas pelo controle corporativo.[19]

- *Questões relativas a impostos.* Gestores podem fazer escolhas sobre o que divulgar para contrabalançar entre divulgação financeira e questões fiscais. Por exemplo, empresas dos Estados Unidos são obrigadas a usar a contabilização de estoques pelo método UEPS nos relatórios divulgados aos acionistas com o intuito de usá-lo também para a declaração de impostos. De acordo com o UEPS, quando os preços estão subindo, as empresas declaram lucros mais baixos, reduzindo, desse modo, os pagamentos de impostos. Algumas empresas podem renunciar à oportunidade de dedução fiscal para declarar lucros mais altos nas demonstrações financeiras.[20]

- *Questões regulatórias.* Tendo em vista que os números contábeis são usados pelos órgãos reguladores em vários contextos, gestores de algumas empresas podem tomar decisões contábeis para influenciar resultados regulatórios. Exemplos de situações regulatórias nas quais os números contábeis são usados incluem ações antitruste, tarifas de importação para proteger indústrias nacionais e políticas de imposto.[21]

- *Questões relativas ao mercado de capitais.* Os gestores podem tomar decisões contábeis para influenciar as percepções do mercado de capital. Quando há assimetria de informações entre os gestores e terceiros, essa estratégia pode ter sucesso ao influenciar percepções de investidores, pelo menos temporariamente.[22]

- *Questões relativas às partes interessadas* (*stakeholders*). Gestores podem também tomar decisões contábeis para influenciar a percepção de importantes acionistas da empresa. Por exemplo, uma vez que os sindicatos de trabalhadores podem usar lucros saudáveis como base para exigir aumento de salários, os gestores podem tomar decisões contábeis para reduzir o lucro quando estão lidando com negociações contratuais com o sindicato. Em países como a Alemanha, onde os sindicatos dos trabalhadores são fortes, essas questões parecem assumir um papel importante na política contábil da empresa. Outras partes interessadas (*stakeholders*) importantes que a empresa pode desejar influenciar por meio de seus relatórios financeiros incluem fornecedores e clientes.[23]

- *Questões competitivas.* A dinâmica da concorrência em um setor poderia também influenciar as escolhas de divulgação das informações contábeis de uma empresa. Por exemplo, as decisões de divulgação por segmento de uma empresa podem ser influenciadas pelas suas preocupações de que divulgações por segmento podem ajudar concorrentes em suas decisões empresariais. De maneira similar, empresas podem não publicar dados sobre suas margens de lucro por linha de produto por receio de liberar informações privadas (confidenciais). Finalmente, empresas podem desmotivar novos entrantes por meio das escolhas contábeis redutoras de resultado.

Além disso, para escolhas e estimativas de políticas contábeis, o nível de *disclosure* (evidenciação) é também um determinante importante da qualidade da contabilidade de uma empresa. Gestores corporativos podem escolher políticas de *disclosure* (evidenciação) que a fazem mais ou menos custosa aos usuários externos dos relatórios financeiros entender o verdadeiro cenário econômico dos negócios da empresa. Regulamentações contábeis geralmente prescrevem exigências de *disclosure* (evidenciação) mínimas, mas não restringem os gestores de fornecer voluntariamente divulgações adicionais. Os gestores podem usar várias partes dos relatórios financeiros, incluindo a Carta aos Acionistas, Discussão e Análises dos Gestores e notas de rodapé, para descrever a estratégia da empresa, suas políticas contábeis e seu desempenho atual. Há uma larga variação entre as empresas no modo como os gestores usam sua flexibilidade de *disclosure*.[24]

PASSOS SOBRE DESEMPENHO DE ANÁLISE CONTÁBIL

Nesta seção, discutimos uma série de passos que uma análise pode seguir para avaliar a qualidade da contabilidade de uma empresa.

Passo 1: Identificar as principais políticas de contabilidade

Conforme discutido no capítulo de análise de estratégias de negócio, as características do setor da empresa e sua estratégia competitiva determinam os fatores-chave de sucesso e os riscos. Um dos objetivos das análises das demonstrações financeiras é avaliar quanto esses fatores de sucesso e risco estão sendo bem gerenciados pela empresa. Na análise contábil, portanto, o analista deveria identificar e avaliar as políticas e as estimativas que a empresa usa para mensurar seus fatores críticos e seus riscos.

Fatores-chave de sucesso no setor bancário incluem taxa de juros e gestão de risco de crédito; no setor de varejo, gestão dos estoques é importante; e para um fabricante que compete por qualidade de produto ou inovação, as principais áreas de preocupação são pesquisa e desenvolvimento e os defeitos de produtos após a venda. Um fator importante para o sucesso no negócio de arrendamento mercantil é fazer previsões precisas de valores residuais dos equipamentos arrendados ao final dos contratos de arrendamento. Em cada um desses casos, o analista tem de identificar as métricas contábeis que a empresa usa para captar essas essências dos negócios, as políticas que determinam como as medidas são implementadas e as estimativas importantes incorporadas nessas políticas. Por exemplo, a métrica contábil que um banco usa para captar risco de crédito são suas reservas de perda em empréstimos, e a métrica contábil que capta a qualidade do produto para um fabricante são suas despesas com garantia e reservas. Para uma empresa no setor de arrendamento de equipamentos, uma das principais políticas contábeis é a forma como valores residuais são registrados. Valores residuais influenciam os lucros reportados da empresa e sua base de ativos. Se os valores residuais são superestimados, a empresa corre o risco de ter grandes perdas no valor de ativos no futuro.

Passo 2: Avaliar a flexibilidade da contabilidade

Nem todas as empresas têm a mesma flexibilidade na escolha de suas políticas e estimativas contábeis. A escolha contábil de algumas empresas é severamente limitada por padrões e convenções contábeis. Por exemplo, apesar de pesquisa e desenvolvimento serem fatores-chave de sucesso para as empresas de biotecnologia, gestores nas empresas dos Estados Unidos não têm nenhuma discricionariedade contábil na divulgação dessas atividades. De maneira similar, apesar de marketing e construção de marca serem essenciais para o sucesso das empresas de produtos de consumo, exige-se que elas lancem como despesas todos os seus gastos com marketing. Em contrapartida, o gerenciamento de risco de crédito é um dos fatores críticos do sucesso e os gestores de banco têm a liberdade de estimar inadimplências esperadas em seus empréstimos. De maneira similar, desenvolvedores de *softwares* têm a flexibilidade de decidir em que medida nos seus ciclos de desenvolvimento os gastos podem ser capitalizados.

Se os gestores têm pouca flexibilidade na escolha de políticas e estimativas contábeis relacionadas aos fatores-chave de sucesso, dados contábeis tendem a ser menos informativos para o entendimento dos aspectos econômicos da empresa. Esse tende a ser o caso das empresas de biotecnologia dos Estados Unidos de quem são exigidos que gastos com pesquisa e desenvolvimento sejam lançados como despesas. Em compensação, se os gestores têm flexibilidade na escolha de políticas e estimativas (como no caso dos bancos na declaração sobre risco de crédito), números contábeis têm o potencial de ser informativos, dependendo de como os gestores exercitam essa flexibilidade.

Independentemente do grau de flexibilidade contábil que os gestores de uma empresa têm para mensurar os fatores-chave de sucesso e risco, eles têm alguma flexibilidade no que se refere a outras políticas contábeis. Por exemplo, empresas têm de fazer escolhas em relação a políticas de depreciação (métodos linear ou acelerado), critério contábil de avaliação de estoques (UEPS para empresas dos Estados Unidos, PEPS ou Custo Médio) e políticas relacionadas à estimativa de pensão e outros benefícios pós-emprego (retorno esperado sobre ativos do plano, taxa de desconto para passivos e taxa de aumento em salários e custos com saúde). Como todas essas escolhas de política podem ter um impacto significativo sobre o desempenho reportado de uma empresa, elas oferecem uma oportunidade para a empresa gerenciar seus números reportados e devem ser o foco de análise neste passo.

Passo 3: Avaliar a estratégia contábil

Quando os gestores têm flexibilidade contábil, eles podem usá-la para comunicar a situação econômica da empresa ou para esconder seu verdadeiro desempenho. Algumas das perguntas que alguém poderia fazer ao examinar como os gestores exercitam sua flexibilidade contábil são as seguintes:

- Como as políticas contábeis da empresa se equiparam às normas no setor? Se elas não são similares, é porque a estratégia competitiva da empresa é única? Por exemplo, considere uma empresa que declara uma provisão de garantias menor que a média do setor. Uma explicação é que a empresa concorre com a base em alta qualidade e tem investido recursos consideráveis para reduzir a taxa de defeito de produtos. Uma explicação alternativa é que a empresa está meramente subavaliando seus passivos relativos a garantias.
- Os gestores lidam com incentivos fortes para usar a discricionariedade contábil a fim de gerenciar resultados? Por exemplo, a empresa está na iminência de violar cláusulas contratuais? Ou os gestores estão tendo dificuldade em cumprir os objetivos dos bônus baseados nos números contábeis? Os gestores têm ações em um número significativo? A empresa está no meio de briga por procuração para representações nas Assembleias Gerais (*proxy fight*) ou

em negociações com o sindicato? Os gestores podem também tomar decisões contábeis para reduzir os pagamentos de impostos ou influenciar percepções dos concorrentes da empresa.

- A empresa mudou alguma das suas políticas e estimativas? Qual é a justificativa? Qual é o impacto dessas mudanças? Por exemplo, se as despesas de garantia diminuem, é porque a empresa fez investimentos significativos para melhorar a qualidade?

- As políticas e as estimativas da empresa foram realistas no passado? Por exemplo, empresas podem declarar um valor superior de suas receitas e um valor inferior de suas despesas durante o ano para manipular relatórios trimestrais, que não estão sujeitos a auditoria externa plena. Entretanto, o processo de auditoria no final do ano fiscal força essas empresas a fazer grandes ajustes no quarto trimestre, dando oportunidade para o analista avaliar a qualidade dos relatórios intermediários da empresa. De maneira similar, empresas que depreciam ativos fixos de maneira muito lenta serão forçadas a fazer grandes baixas contábeis depois. Um histórico de baixa contábil pode ser, portanto, um sinal de gestão de ganhos anteriores.

- A empresa estrutura alguma transação importante de negócios para que ela possa atingir certos objetivos contábeis? Por exemplo, de acordo com os padrões de contabilidade atuais, empresas de arrendamento mercantil podem alterar os termos de arrendamento (a extensão do arrendamento ou a opção de compra vantajosa no final do prazo do arrendamento) para que as transações se qualifiquem como arrendamentos do tipo venda[25] para os arrendadores. O Lehman Brothers usou acordos de recompra chamados transações "Repo 105" para maquiar o seu balanço. Sob esses acordos, o Lehman "vendeu" empréstimos de curto prazo imediatamente antes de o respectivo ano terminar e usou os proventos para pagar dívidas, fazendo com que isso parecesse menos alavancado. Depois do final do ano, ele tomou dinheiro emprestado e recomprou os empréstimos.[26] Tais comportamentos sugerem que os gestores da empresa estão dispostos a gastar os recursos econômicos meramente para atingir um objetivo contábil.

Passo 4: Avaliar a qualidade da divulgação

Os gestores podem tornar mais ou menos fácil para um analista avaliar a qualidade contábil de uma empresa e usar os demonstrativos financeiros para entender a realidade dos negócios. Embora as regras contábeis exijam uma quantidade de *disclosure* (evidenciação) mínima, os gestores têm consideráveis alternativas de escolha nesse aspecto. A qualidade do *disclosure*, portanto, é uma dimensão importante da qualidade contábil de uma empresa.

Na avaliação da qualidade do *disclosure* de uma empresa, um analista poderia fazer as seguintes perguntas:

- A empresa fornece *disclosures* (evidenciações) adequados para avaliar sua estratégia de negócios e suas consequências econômicas? Por exemplo, algumas empresas usam a Carta aos Acionistas no seu relatório anual para esclarecer sobre as condições do setor em que a empresa atua, sua posição competitiva e planos da gestão para o futuro. Outras usam as cartas para orgulhar-se do seu desempenho financeiro e encobrir quaisquer dificuldades competitivas pelas quais possam estar passando.

- As notas explicativas esclarecem adequadamente as políticas-chave, os pressupostos contábeis e sua lógica? Por exemplo, se as políticas de reconhecimento de receita e despesa diferem das normas do setor, a empresa pode explicar as suas escolhas em uma nota explicativa. De maneira similar, quando há mudanças significativas nas políticas de uma empresa, as notas explicativas podem ser usadas para divulgar as razões.

- A empresa explica adequadamente seu desempenho atual? Os relatórios da Administração[27] do relatório anual fornecem uma oportunidade para ajudar analistas a entender as razões por trás das mudanças de desempenho de uma empresa. Algumas empresas usam esse relatório para relacionar o desempenho financeiro a condições dos negócios. Por exemplo, se as margens de lucro caíram em um período, foi por causa do preço da concorrência ou dos aumentos em custos de produção? Se as despesas administrativas e de venda ou gerais caíram, foi por causa de a empresa estar investindo em uma estratégia de diferenciação, ou por que os gastos com despesas gerais improdutivas aumentaram? Baseada na análise da *Fortune 500* empresas, em 2003, a SEC divulgou uma circular que indica que as empresas deveriam discutir mais no MD&A (Relatório de Administração) sobre suas políticas contábeis críticas.[28] Empresas foram incentivadas a evidenciar as estimativas e as políticas contábeis de julgamento mais difícil que usaram, entre outras diretrizes.

- Se as normas e as convenções contábeis restringem a empresa na mensuração de maneira apropriada dos seus fatores de sucesso, a empresa fornece evidenciação adicional adequada para ajudar terceiros a entender como esses fatores estão sendo gerenciados? Por exemplo, se uma empresa investe em qualidade do produto e serviço ao cliente, normas contábeis não permitem que a gestão capitalize essas despesas, mesmo quando os benefícios futuros estão certos. O Relatório de Administração da empresa pode ser usado para ressaltar como essas despesas estão sendo gerenciadas e as consequências do seu desempenho. Por exemplo, a empresa pode divulgar índices físicos de taxas de defeitos e satisfação do cliente para que terceiros consigam avaliar o progresso que está sendo feito nessas áreas e as consequências futuras de fluxo de caixa dessas ações.

- Se uma empresa está em múltiplos segmentos de negócios, qual é a qualidade de divulgação por segmento? Algumas empresas fornecem excelente discussão de seu desempenho por segmentos de produtos e segmentos geográficos. Outras aglomeram muitos negócios diferentes em um segmento amplo. O nível de concorrência em um setor e a boa vontade da gestão para compartilhar dados de desempenho desagregado influenciam a qualidade da evidenciação (*disclosure*) por segmento da empresa.

- Quão próxima a gestão está em relação a más notícias? A qualidade da evidenciação (*disclosure*) de uma empresa é mais claramente revelada pela maneira com que a gestão lida com más notícias. Ela explica adequadamente as razões do fraco desempenho? A empresa articula claramente sua estratégia, se houver, para falar dos problemas de desempenho?

- Quão boa é a qualidade do programa de relação com investidores da empresa? A empresa fornece relatórios anuais (*fact books*) com dados detalhados sobre os negócios e seu desempenho? A gestão é acessível aos analistas de mercado?

CAPÍTULO 3 VISÃO GERAL DA ANÁLISE CONTÁBIL

Passo 5: Identificar potenciais sinais de alerta

Além dos passos anteriores, uma abordagem comum à análise da qualidade contábil é procurar "sinais de alerta" que apontem para uma contabilidade questionável. Esses indicadores sugerem que o analista deve examinar certos itens mais de perto ou juntar mais informações sobre eles. Alguns sinais de alerta comuns são os seguintes:

- *Mudanças inexplicáveis na contabilidade, especialmente quando o desempenho é fraco.* Isso pode sugerir que os gestores estejam usando seus critérios contábeis para "maquiar" suas demonstrações financeiras.[29]
- *Transações inexplicadas que aumentam lucros.* Por exemplo, empresas poderiam realizar transações de balanços, como vendas de bens ou conversão de dívidas em capital, para realizar ganhos em períodos em que o desempenho de operações fosse fraco.[30]
- *Aumentos incomuns em contas recebíveis em relação aos aumentos das vendas.* Isso pode sugerir que a empresa esteja relaxando em suas políticas de crédito ou carregando seus canais de distribuição artificialmente para registrar receitas durante o período atual, uma prática comumente conhecida como *"channel stuffing"*. Se políticas de crédito são indevidamente relaxadas, a empresa pode lidar com perdas de recebíveis em períodos subsequentes como um resultado de inadimplência de clientes. Se a empresa acelera remessas de produtos a seus distribuidores, ela pode enfrentar devolução de produtos ou remessas reduzidas em períodos subsequentes.
- *Aumentos incomuns em estoques em relação a aumentos de vendas.* Se o aumento do estoque decorre de um aumento em produtos acabados, isso pode ser um sinal de que a demanda dos produtos da empresa está mais lenta, sugerindo que a empresa possa ser forçada a baixar os preços (e, então, obter margens menores) ou reduzir o valor contábil dos estoques. Um aumento do estoque de produtos em processo tende a ser uma boa notícia em geral, provavelmente sinalizando que os gestores esperam um aumento nas vendas. Se o aumento for em matéria-prima, isso pode sugerir ineficiências de produção ou aquisição, levando a uma elevação no custo de produtos vendidos (e, por isso, a margens menores).[31]
- *Aumento na diferença entre o lucro reportado de uma empresa e seu fluxo de caixa de atividades operacionais.* Embora seja legítimo que os números da contabilidade pelo regime de competência difiram dos fluxos de caixa, geralmente há uma relação estável entre os dois se as políticas contábeis da empresa permanecerem iguais. Por isso, qualquer *mudança* na relação entre os lucros declarados e o fluxo de caixa das operações poderia indicar mudanças sutis nas estimativas de lucro da empresa. Por exemplo, uma empresa comprometida com grandes contratos de construção poderia usar o método de percentual de completude para registrar as receitas. Ainda que os ganhos e o fluxo de caixa em operação tendam a ser diferentes para essa empresa, eles devem dar suporte a uma relação estável um ao outro. Agora, suponha que a empresa aumente receitas em um período por meio de uma aplicação agressiva do método de percentual de completude. Então, seus lucros aumentarão, mas seu fluxo de caixa perma-

necerá o mesmo. Essa mudança na qualidade contábil da empresa será manifestada por uma *mudança* na relação entre os ganhos e o fluxo de caixa da empresa.

- *Uma diferença crescente entre a receita reportada de uma empresa e seu imposto de renda.* Mais uma vez, é bastante legítimo para uma empresa seguir diferentes políticas contábeis para os relatórios financeiros e para a contabilidade fiscal, contanto que a legislação tributária permita isso.[32] Entretanto, a relação entre a contabilidade societária e a contabilidade fiscal tende a permanecer estável ao longo do tempo, a menos que haja mudanças significativas nas regras fiscais ou nos padrões contábeis. Assim, um aumento na diferença entre o lucro declarado de uma empresa e seu imposto de renda pode indicar que a divulgação no relatório financeiro para os acionistas se tornou mais agressiva. Por exemplo, despesas de garantia são estimadas com base na contabilidade pelo regime de competência nos relatórios financeiros, mas elas são registradas com base no regime de caixa na contabilidade fiscal. A menos que haja uma grande mudança na qualidade do produto de uma empresa, esses dois números dão suporte a uma relação consistente um ao outro. Portanto, uma mudança nessa relação pode ser indício de que a qualidade do produto está mudando significativamente ou de que as estimativas dos relatórios financeiros estão mudando.

- *Uma tendência de usar mecanismos financeiros como parcerias de pesquisa e desenvolvimento, sociedades de propósito específico e a venda de recebíveis com coobrigação.* Embora essas alterações possam ter uma sólida lógica nos negócios, elas também podem fornecer à gestão uma oportunidade para minimizar as responsabilidades de uma empresa e/ou superestimar seus ativos.[33]

- *Grandes reduções inesperadas no valor de ativos.* Isso pode sugerir que a gestão está sendo lenta para incorporar mudança na conjuntura dos negócios nas estimativas contábeis. Redução no valor dos ativos pode ser resultado de mudanças inesperadas na conjuntura dos negócios.[34]

- *Grandes ajustes no quarto trimestre.* Os relatórios anuais de uma empresa são auditados por auditores externos, mas suas demonstrações financeiras intermediárias são geralmente apenas revisadas. Se a gestão de uma empresa for relutante em fazer estimativas contábeis apropriadas (como provisões para recebíveis incobráveis) em seus relatórios intermediários, ela pode ser forçada a fazer ajustes no final do ano como resultado da pressão de seus auditores externos. Um padrão consistente de ajuste no quarto trimestre, entretanto, pode indicar uma gestão agressiva dos relatórios intermediários.[35]

- *Parecer da auditoria com ressalvas ou mudanças em auditores independentes que não são bem justificadas.* Isso pode indicar uma atitude agressiva de uma empresa ou uma tendência à "compra de parecer".

- *Transações de partes relacionadas ou transações entre entidades relacionadas.* Essas transações podem carecer de objetividade do mercado, e estimativas contábeis dos gestores relacionadas a essas transações tendem a ser mais subjetivas e ter potencial de atender a interesses próprios.[36]

- *Aumentos inexplicáveis em contingências e transações fora dos balanços.* Esses tipos de transações poderiam significar uma tentativa da gestão de maquiar o balanço da empresa.

Enquanto a lista anterior fornece um número de sinais de alerta para uma qualidade contábil potencialmente pobre, é importante fazer uma análise mais profunda antes de chegar a conclusões finais. Cada um desses sinais de alerta tem interpretações múltiplas, algumas delas são baseadas em razões sólidas de negócios e outras indicam contabilidade questionável. É, portanto, melhor usar a análise de sinal de alerta como um ponto de partida para mais sondagens, não como um ponto final em si.[37]

Conforme discutimos no capítulo anterior, também é importante manter uma visão amplamente estratégica sobre os mercados, os clientes, os fornecedores e as tendências macroeconômicas gerais da empresa que podem estar influenciando seu desempenho. Manter essa perspectiva na identificação de sinais de alerta nas demonstrações financeiras da empresa pode ajudar a dirigir a análise a áreas de preocupação potencial e fornecer um contexto importante para mais análises.

Passo 6: Desfazer distorções contábeis

Se uma análise contábil sugere que os números reportados da empresa são tendenciosos, os analistas deveriam tentar ajustar os números reportados para reduzir a distorção na medida do possível. É, claro, virtualmente impossível desfazer perfeitamente a distorção usando informações externas isoladamente. Entretanto, algum progresso pode ser feito em relação a isso usando a demonstração do fluxo de caixa e as notas explicativas da demonstração financeira.

Uma demonstração do fluxo de caixa de uma empresa permite a reconciliação de seu desempenho baseado no regime de competência com o desempenho pelo regime de caixa. Se o analista estiver inseguro quanto à qualidade da contabilidade da empresa pelo regime de competência, a declaração de fluxo de caixa fornece uma referência alternativa para o seu desempenho. A demonstração de fluxo de caixa também pode fornecer informações sobre como itens de linha individual na demonstração de resultado divergem de fluxos de caixa subjacentes. Por exemplo, se um analista estiver preocupado de que a empresa está capitalizando agressivamente certos custos que deveriam ser considerados despesas, as informações no demonstrativo de fluxo de caixa fornecem uma base para fazer os ajustes necessários.

As notas explicativas da demonstração financeira também fornecem informações potencialmente úteis, reafirmando números contábeis reportados. Por exemplo, quando uma empresa muda suas políticas contábeis, ela fornece uma nota explicativa que indica o efeito daquela mudança, se for material. De maneira similar, algumas empresas fornecem informações sobre detalhes de estimativas de provisões como a provisão para dívidas incobráveis. A nota explicativa dos impostos geralmente fornece informações sobre as diferenças entre as políticas contábeis de uma empresa para os relatórios de acionistas e a contabilidade fiscal. Como contabilidade fiscal é geralmente mais conservadora que o relatório dos acionistas, as informações nas notas explicativas sobre impostos podem ser usadas para estimar qual lucro seria reportado para os acionistas sob políticas mais conservadoras.

No Capítulo 4, mostramos como fazer ajustes contábeis para alguns dos tipos mais comuns de distorções contábeis.

ARMADILHAS DAS ANÁLISES CONTÁBEIS

Existem diversas potenciais armadilhas e muitos equívocos na análise contábil que um analista pode evitar.

1. Contabilidade conservadora não é "boa" contabilidade

Algumas empresas assumem a abordagem de que vale a pena ser conservadora nos relatórios financeiros e deixar de lado sempre que possível as contingências. Essa lógica é comumente usada para justificar as despesas em Pesquisa e Desenvolvimento e propaganda e a rápida redução do valor de ativos intangíveis. Também é usada para dar suporte a grandes reservas para perdas nas empresas de seguros, para despesas com fusões e gastos com reestruturação.

Do ponto de vista de um usuário da demonstração financeira, é importante reconhecer que a contabilidade conservadora não é o mesmo que "boa" contabilidade. Usuários de demonstrações financeiras querem avaliar com que qualidade a contabilidade de uma empresa capta o desempenho de negócios de maneira imparcial, e a contabilidade conservadora pode ser apenas tão equivocada quanto a contabilidade agressiva nesse sentido.

É certamente verdade que pode ser difícil estimar os benefícios econômicos de muitos intangíveis. Entretanto, a natureza intangível de alguns ativos não significa que eles não têm valor. Na verdade, para muitas empresas, esses tipos de ativos são os mais valorizados. Por exemplo, os dois bens mais valorizados para empresas farmacêuticas, como a Pfizer, a Merck e a Novartis, são a capacidade de pesquisa, que permite que elas desenvolvam novos medicamentos, e sua força de venda, que lhes possibilita vender esses medicamentos aos médicos. Contudo, nada é registrado nos balanços. Sob o ponto de vista dos investidores, a relutância dos contadores em atribuir valor aos ativos intangíveis não diminui a sua importância. Se eles não são incluídos nas demonstrações financeiras, os investidores devem olhar para recursos alternativos de informações sobre esses ativos.

Além disso, a contabilidade conservadora geralmente fornece aos gestores oportunidades para "suavização de resultado", que pode evitar que analistas reconheçam um desempenho ruim em uma maneira oportuna. Finalmente, ao longo do tempo, investidores tendem a descobrir que as empresas são conservadoras e podem descontar as evidenciações dos gestores e as comunicações.

2. Nem toda contabilidade incomum é questionável

É fácil confundir contabilidade incomum com contabilidade questionável. Enquanto as escolhas contábeis incomuns poderiam fazer com que o desempenho de uma empresa fosse difícil de comparar com o desempenho de outras empresas, essa escolha contábil pode ser justificada se os negócios da empresa forem incomuns. Por exemplo, empresas que seguem estratégias diferentes ou que estruturam seus negócios de uma maneira inovadora para aproveitar situações de um mercado em particular podem fazer escolhas contábeis incomuns para refletir adequadamente seus negócios. Por isso, é importante avaliar as escolhas contábeis de uma empresa no contexto de sua estratégia de negócio.

De maneira similar, é importante não atribuir automaticamente todas as mudanças de uma empresa em políticas contábeis e nas provisões a motivos de gerenciamento de resultados.[38] Mudanças contábeis também podem refletir alterações na conjuntura dos negócios. Por exemplo, como já foi discutido, uma empresa que mostra aumentos incomuns no seu estoque pode estar se preparando para a introdução de um novo produto. De maneira similar, aumentos incomuns em recebíveis poderiam acontecer simplesmente por causa das mudanças em uma estratégia de venda de uma empresa. Diminuições incomuns na provisão para créditos incobráveis poderiam mostrar que o foco do cliente de uma empresa mudou. Por isso, é importante para um analista considerar todas as explicações possíveis para as mudanças contábeis e investigá-las usando as informações qualitativas disponíveis nas demonstrações financeiras da empresa.

VALOR DOS DADOS CONTÁBEIS E DAS ANÁLISES CONTÁBEIS

Qual é o valor de informações contábeis e das análises contábeis? Dados os incentivos e as oportunidades para gestores influenciarem os números contábeis reportados da empresa, alguns argumentam que os dados contábeis e as análises contábeis tendem a não ser úteis para os investidores.

Pesquisadores examinaram o valor dos lucros e do retorno sobre o patrimônio (ROE) por meio da comparação de retornos de ações que podem ser obtidos por um investidor hipotético que tem a previsão perfeita dos lucros de empresas, retorno sobre o patrimônio (ROE) e fluxo de caixa para o ano seguinte.[39] Para avaliar a importância dos lucros, suponha-se que o investidor hipotético compre ações de empresas que têm aumentos de lucros para o ano subsequente e venda ações de empresas com decréscimos de lucros subsequentes. Se essa estratégia for seguida consistentemente, o investidor hipotético teria ganho no período de 40 anos um retorno de 37,5% ao ano. Se uma estratégia de investimento similar é seguida usando o ROE, a compra de ações com aumento subsequente no ROE e a venda de ações com diminuição do ROE, haveria um retorno anual ainda mais elevado de 43%. Em contrapartida, dados de fluxo de caixa parecem ser consideravelmente menos valiosos que os lucros ou informações de ROE. Retornos anuais gerados da compra de ações com o aumento subsequente dos fluxos de caixa das operações e a venda de ações com diminuição de fluxo de caixa seriam apenas 9%. Isso sugere que os lucros para o próximo período e o desempenho do ROE são informações mais importantes do que o desempenho do fluxo de caixa.

No geral, essa pesquisa sugere que os arranjos institucionais e as convenções criados para mitigar o potencial uso indevido de contabilidade pelos gestores geralmente são efetivos no fornecimento de segurança para os investidores. A pesquisa indica que investidores não veem o gerenciamento de resultados como algo tão universal quanto obter dados de lucros completamente duvidosos.

Alguns estudos examinaram se a análise contábil é uma atividade valiosa. Em geral, essa evidência indica que há oportunidades para analistas superiores obterem retornos positivos em ações. Estudos apontam que empresas criticadas na imprensa financeira por relatórios financeiros enganosos sofreram em seguida uma queda de, em média, 8% das suas ações.[40] Empresas em que os gestores pareceram inflar os lucros reportados antes de uma emissão de ações e, na sequência, reportaram desempenho de lucros baixos tiveram desempenho de ações mais negativo após a oferta do que as empresas que aparentemente não tiveram gerenciamento de resultados.[41] Finalmente, as empresas sujeitas à investigação da SEC[42] por gerenciamento de resultados mostraram um declínio no preço médio das ações de 9% quando o gerenciamento de resultados foi anunciado primeiramente, e as ações dessas empresas continuaram a ter um desempenho fraco por até dois anos.[43]

Esses achados sugerem que analistas aptos a identificar as empresas com contabilidade enganosa são capazes de criar valor para investidores. Os achados também indicam que o mercado de ações, em última análise, enxerga por meio do gerenciamento de resultados. Na maioria dos casos, o gerenciamento de resultados é eventualmente descoberto e o preço das ações responde negativamente a evidências de que as empresas tenham inflado os lucros anteriormente por meio de uma contabilidade enganosa.

RESUMO

Em resumo, a análise contábil é um passo importante no processo de análise de relatórios financeiros corporativos. O propósito da análise contábil é avaliar o grau pelo qual a contabilidade de uma empresa captura sua realidade empresarial subjacente. Uma análise contábil sadia melhora a confiança das conclusões oriundas de análises financeiras, o próximo passo na análise das demonstrações financeiras.

Há seis passos principais na análise contábil. Os analistas começam pela identificação das políticas-chaves contáveis e estimativas dado o setor da empresa e sua estratégia de negócio. O segundo passo é avaliar o grau de flexibilidade disponível aos gestores dadas as normas e convenções contábeis. Em seguida, o analista avalia como os gestores exercitam sua flexibilidade contábil e as possíveis motivações por trás das estratégias contábeis dos gestores. O quarto passo envolve a profundidade e a qualidade das evidenciações (*disclosure*) da empresa. O analista deveria identificar, depois, sinais de alerta, indicando uma necessidade para maiores investigações. O último passo na análise contábil é ajustar os números contábeis para remover qualquer ruído e viés introduzido pelas normas contábeis e decisões da gestão.

O próximo capítulo discute como implementar esses conceitos e mostra como fazer alguns dos tipos mais comuns de ajustes.

QUESTÕES PARA DISCUSSÃO

1. Um estudante de finanças declara, "não entendo por que alguém presta alguma atenção aos números contábeis de lucros, considerando que um número 'limpo' como caixa das operações está prontamente disponível". Você concorda? Por que sim ou por que não?

2. Fred argumenta, "Os padrões de que mais gosto são os que eliminam qualquer discricionariedade gerencial no relatório – dessa forma, consigo números uniformes de todas as empresas e não tenho de me preocupar em fazer a análise contábil". Você concorda? Por que sim ou por que não?

CAPÍTULO 3 VISÃO GERAL DA ANÁLISE CONTÁBIL

3. Bill Simon afirma, "Deveríamos abolir o FASB[44] (Conselho Norte-americano de Normas em Contabilidade Financeira) e a SEC[45] (Comissão de Títulos e Câmbio dos Estados Unidos) uma vez que impulsos do livre mercado garantirão que as empresas declarem informações confiáveis". Você concorda? Por que sim ou por que não?

4. Muitas empresas reconhecem receitas no momento da expedição. Isso oferece incentivo para acelerar receitas expedindo bens no fim do trimestre. Imagine duas empresas, uma das quais despacha seu produto homogeneamente pelo trimestre, e a segunda, que despacha todos os seus produtos nas duas últimas semanas do trimestre. O consumidor de cada uma faz o pagamento trinta dias depois de obter a remessa. Usando proporções contábeis, como distinguir essas companhias?

5. a. Se um gestor declara com fidedignidade, quais eventos econômicos tendem a desencadear as seguintes mudanças contábeis?
   - Aumento na expectativa de vida de ativos depreciáveis.
   - Redução de créditos incobráveis como porcentagem de Contas a Receber bruto.
   - Reconhecimento de receitas no ponto de entrega em vez de no ponto onde o pagamento é recebido.
   - Capitalização de maior proporção em Pesquisa & Desenvolvimento tecnológico (P&D).

   b. Quais características contábeis, se houver, tornariam dispendioso aos gestores desonestos fazer as mesmas mudanças sem mudanças econômicas correspondentes?

6. O princípio de conservadorismo surge por causa das preocupações com os incentivos da gestão para exagerar o desempenho da empresa. Joe Banks argumenta, "Poderíamos nos livrar do conservadorismo e tornar os números contábeis mais úteis se delegássemos os relatórios financeiros a autores independentes em vez de a gestores corporativos". Você concorda? Por que sim ou por que não?

7. Um gestor de fundos declara: "Eu me recuso a adquirir qualquer empresa que realize mudanças contábeis voluntárias, pois é certamente um caso de gestão tentando esconder más notícias". Você consegue interpretar isso de alguma outra forma?

8. A contabilidade a valor justo procura tornar a informação financeira mais relevante para usuários de demonstrações financeiras, sob risco de maior subjetividade. Quais fatores você examinaria para avaliar a confiabilidade de ativos a valor justo?

Notas

1. A análise contábil é, às vezes, também chamada de "qualidade de análise de lucros." Preferimos usar o termo análise contábil, uma vez que estamos discutindo um conceito mais amplo do que meramente a qualidade dos lucros de uma empresa.

2. N.R.T.: No Brasil, no Relatório da Administração, os gestores descrevem os principais eventos que afetaram o desempenho da empresa no período correspondente à demonstração financeira apresentada.

3. Essas definições parafraseiam aquelas do Conselho Norte-americano de Normas em Contabilidade Financeira (FASB), Declaração de Conceitos de Contabilidade Financeira nº 6, "Elementos de Declarações Financeiras" (1985). Nossa intenção é apresentar as definições em um nível conceitual, não técnico. Para uma

discussão mais completa desses e de conceitos relacionados, veja as Declarações de Conceitos de Contabilidade Financeiras do FASB <http://www.fasb.org>.

4. As regras da SEC declaram que esses critérios são satisfeitos quando (i) há evidência persuasiva de que existe um ajuste, (ii) a entrega ocorreu ou os serviços foram prestados, (iii) o preço de venda é fixado ou determinável e (iv) coletibilidade é razoavelmente garantida (veja SAB 104).

5. A rigor, o lucro líquido abrangente de uma empresa também inclui ganhos e perdas oriundos de aumento ou diminuição de patrimônio líquido de atividades não operacionais ou itens extraordinários.

6. As informações de base na história de convergência do GAAP/IFRS do Conselho de Padrões de Contabilidade Financeira dos Estados Unidos, Convergência Internacional de Padrões Contábeis - História breve, site do Conselho de Padrões de Contabilidade Financeira. Disponível em: <http://www.fasb.org/jsp/FASB/Page/SectionPage&cid=1176156304264>. Acesso em: fev. 2011.

7. Fundação IFRS. Disponível em: <http://www.ifrs.org/Home.htm>. Acesso em: jan. 2011.

8. *Quem somos e o que vamos fazer*, brochura do IASB e da Fundação IFRS, janeiro de 2011. Disponível em: <http://www.ifrs.org/NR/rdonlyres/9D0DE08C-C584-46EB-B36E-C4B9A8CB6A02/0/WhoWeAreJanuary2011English.pdf>. Acesso em: fev. 2011.

9. N.R.T.: Equivalente, no Brasil, à Comissão de Valores Mobiliários (CVM).

10. FACTBOX – Processos de auditores levantados da crise de crédito, 21 jan. 2011. *Reuters*. Disponível em: <http://www.reuters.com/assets/print?aid=USN2122314420110121>. Acesso em: fev. 2011.

11. Julgamentos OKs US$ 125 milhões. Estabelecimento de processo de novo século, 11 ago. 2010. *Reuters*. Disponível em: <http://www.reuters.com/article/2010/08/11/newcentury-settlement-idUSN1018298820100811>. Acesso em: fev. 2011.

12. Assim, apesar de a contabilidade por regime de competência ser teoricamente superior à contabilidade pelo regime de caixa na medição do desempenho periódico de uma empresa, as distorções que o regime de competência introduz podem tornar dados contábeis menos valiosos para usuários. Se essas distorções são grandes o suficiente, fluxos de caixa atuais podem mensurar o desempenho periódico de uma empresa melhor que os lucros contábeis. A utilidade relativa de fluxos de caixa e lucros contábeis na medição de desempenho, portanto, varia de empresa para empresa. Para evidência empírica nesse assunto, veja P. Dechow, Ganhos contábeis e fluxos de caixa como medidas do desempenho de uma empresa: o papel de rendas contábeis, *Jornal de Contabilidade e Economia,* 18 (jun. 1994): 3-42.

13. Por exemplo, Abraham Briloff escreveu uma série de análises contábeis de empresas de capital aberto no *Barron's,* ao longo de muitos anos. Em média, os preços das ações das empresas analisadas mudaram em torno de 8% no dia que esses artigos foram publicados, indicando o potencial valor de execução dessas análises. Para uma discussão mais completa dessa evidência, veja G. Foster, Briloff e o Mercado de Capital, *Jornal de Pesquisa de Contabilidade* 17 (primavera de 1979): 262-274.

14. N.R.T.: No Brasil, o CPC 04 – Ativo Intangível – trata da contabilização dos gastos com pesquisa e desenvolvimento.

15. Para uma discussão completa dessas motivações, veja Teoria da Contabilidade Positiva, por Watts e J. Zimmerman (Englewood Cliffs, NJ: Prentice-Hall, 1986). Um resumo dessa pesquisa é fornecido por T. Fields, T. Lys e L. Vincent em Pesquisa empírica sobre a escolha de contabilidade, *Jornal de Contabilidade e Economia* 31 (set. 2011): 255-307.

16. A evidência mais convincente que dá suporte às hipóteses de convênios é reportada em um estudo das decisões de contabilidade por empresas em dificuldade financeira: A. Sweeney, Respostas a violações de débito convenientes e contabilidade dos gestores, *Jornal de Contabilidade e Economia* 17 (maio 1994): 281–308.

17. Estudos que examinam a hipótese de bônus geralmente reportam evidências dando suporte à visão de que as decisões de contabilidade dos gestores são influenciadas pelas considerações de compensação. Veja, por exemplo, Healy, O efeito dos esquemas de bônus sobre decisões de contabilidade, *Jornal de contabilidade e Economia* 7 (abr. 1985): 85-107; R. Holthausen, D. Larcker e Sloan, Esquemas de bônus anuais e manipulação de ganhos, *Jornal de Contabilidade e Economia* 19 (fev. 1995): 29-74; e F. Guidry, A. Leone e S. Rock, Planos de bônus baseados em ganhos e gerenciamento de ganhos pelos gestores da unidade de negócios, *Jornal de Contabilidade e Economia* 26 (jan. 1999): 113-42.

18. Para evidência empírica de que os CEOs de empresas com premiações regulares fazem divulgações voluntárias oportunistas para maximizar a compensação do prêmio de ação, veja D. Aboody e R. Kasznik, Prêmios de opção de ações para CEO e tempo de publicações voluntárias corporativas, *Jornal de Contabilidade e Economia* 29 (fev. 2000): 73-100.

19. L. DeAngelo , Competição gerencial, custos de informações e governança corporativa: o uso de medidas de desempenho contábil em competições de representantes, *Jornal de Contabilidade e Economia* 10 (jan. 1988): 3-36.

20. O *trade-off* entre impostos e relatórios financeiros no contexto de decisões contábeis do gestor é discutido em detalhes em *Impostos e estratégia de negócios* por M. Scholes e M. Wolfson (Englewood Cliffs, NJ: Prentice--Hall, 1992). Muitos estudos empíricos examinaram as escolhas de LIFO/FIFO da empresa.

21. Muitos pesquisadores documentaram que empresas afetadas por essas situações têm uma motivação para influenciar as percepções dos reguladores por meio das decisões contábeis. Por exemplo, J. Jones documenta que a empresa que procura proteções para importações toma decisões contábeis de diminuição de lucro em Gerenciamento de ganhos durante investigações de ajuda de importação, *Jornal de Pesquisa de Contabilidade* 29, n. 2 (outono de 1991): 193-228.

   Alguns estudos descobriram que os bancos que estão próximos a exigências de capital mínimo exageram nas disposições de perda de empréstimo, minimizam rescisões contratuais de empréstimos e reconhecem ganhos anormais realizados sobre portfólios de valores mobiliários. Veja S. Moyer, Regulamentações de proporção de adequabilidade de capital e escolhas contábeis em bancos comerciais, *Jornal de Contabilidade e Economia* 12 (jul. 1990): 123-154; M. Scholes, G. P. Wilson e Wolfson, Planejamento de impostos, planejamento de capital regulatório e estratégia de relatório financeiro para bancos comerciais, *Revisão dos Estudos Financeiros* 3 (1990): 625-650; A. Beatty, S. Chamberlain e J. Magliolo, Gerenciamento de relatórios financeiros de bancos comerciais: a influência de impostos, capital regulatório e ganhos, *Jornal de Pesquisa de Contabilidade* 33, n. 2 (1995): 231-261; e J. Collins, D. Shackelford e J. Wahlen, Diferenças de banco na coordenação de capital regulatório, ganhos e impostos, *Jornal de Pesquisa de Contabilidade* 33, n. 2 (outono de 1995): 263-291. Finalmente, Kathy Petroni acredita que são financeiramente fracas as seguradoras em que a atenção ao risco regulatório subestima as reservas para perdas por indenização: K. Petroni, Relatório otimista no setor de seguro para casualidade em propriedade, *Jornal de Contabilidade e Economia* 15 (dez. 1992): 485-508.

22. P. Healy e K. Palepu, O efeito de estratégias de publicações financeiras das empresas sobre o preço das ações, Horizontes de Contabilidade 7 (mar. 1993): 1–11. Para um resumo da evidência empírica, veja P. Healy e J. Wahlen, Uma revisão da literatura de gerenciamento de ganhos e suas implicações para cenário padrão, *Horizontes de Contabilidade* 13 (dez. 1999): 365–84.

23. R. Bowen, L. DuCharme e D.Shores, em Reivindicações implícitas de acionistas e escolha de métodos contábeis, *Jornal de Contabilidade e Economia* 20 (dez. 1995): 255-295, discutem que, baseados na teoria e evidência anedótica, os gestores escolhem métodos contábeis de aumento de lucro de longo prazo como um resultado de reclamações implícitas continuadas entre a empresa e seus clientes, fornecedores e credores de curto prazo.

24. Analistas financeiros prestam muita atenção em estratégias de divulgação dos gestores; a Associação para Gerenciamento e Pesquisa de Investimento publica um relatório anual que os avalia para empresas dos Estados Unidos. Para uma discussão dessas classificações, veja M. Lang e R. Lundholm, Determinantes transversais das classificações de analistas de publicações corporativas, *Jornal de Pesquisa de Contabilidade* 31 (outono de 1993): 246-271.

25. N.R.T.: No Brasil, o arrendamento mercantil é chamado de "financeiro" quando a propriedade do ativo é transferida para arrendatário no fim do prazo do arrendamento mercantil. Nesse caso, o arrendamento tem características de venda do bem.

26. Veja Lehman Brothers Holding Inc. Capítulo 11 *Relatório de Examinadores de Procedimentos*, v. 3, seção III.A .4: Repo 105.)

27. N.R.T.: No Brasil, é denominado Relatório da Administração, nos Estados Unidos é denominado seção Discussão e Análise da Gestão (MD&A).

28. Security and Exchange Comission, Resumo da Divisão de Finanças Corporativas de Questões Significativas dirigidas na revisão dos relatórios periódicos da *Fortune 500 Empresas*. Disponível em: <https://www.sec.gov> (site da SEC). Acesso em: 8 maio 2006.

29. Para uma análise detalhada de uma empresa que faz essas mudanças, veja Anatomia de uma mudança contábil, por K. Palepu em *Contabilidade & Gerenciamento*: perspectivas de pesquisa em campo. W. Bruns, Jr. e R. Kaplan (eds.), Boston: Harvard Business School Press, 1987.

30. Um exemplo desse comportamento é o documento de John Hand, em seu estudo, As empresas empreendem trocas de propriedade de dívida para um lucro de documento contábil o ganho financeiro verdadeiro? *A Revisão de Contabilidade* 64 (out. 1989): 587-623.

31. Para uma análise empírica das construções dos inventários, veja V. Bernard e J. Noel, Publicações do inventário preveem vendas e ganhos? *Jornal de Contabilidade, Auditoria e Finanças* (outono de 1991).

32. Isso é verdade, em geral, nos Estados Unidos e em vários outros países. Entretanto, em alguns países como a Alemanha e o Japão, a contabilidade fiscal e os relatórios financeiros ao longo da história têm sido estreitamente ligados, então, esse sinal de alerta, em particular, não tem sido muito significativo. Com a adoção de

padrões internacionais de contabilidade e o desenvolvimento de mercados de capital abertos, os relatórios financeiros e de contabilidade fiscal nesses países começaram a divergir.

33. Para pesquisa sobre incentivos contábeis e econômicos na formação de parceria de Pesquisa & Desenvolvimento, veja A. Beatty, P. Berger e J. Magliolo, Motivos para pesquisa de formação e desenvolvimento de organizações financeiras, *Jornal de Contabilidade e Economia* 19 (abr. 1995): 411-442. Uma visão geral do uso de entidades de propósito específico pela Enron para gerenciar ganhos e maquiar seus balancetes é fornecida por P. Healy e K. Palepu, A queda da Enron, *Jornal de Perspectivas Econômicas* 17, nº 2 (primavera de 2003): 3-26.

34. Para um exame empírico de rescisões contratuais de bens, veja J. Elliott e W. Shaw, Rescisões contratuais como procedimentos contábeis para gerenciar percepções, *Jornal de Pesquisa de Contabilidade* 26, 1988: 91-119.

35. R. Mendenhall e W. Nichols reportam evidência consistente com gestores que levam vantagem por seu critério de adiar o relato de más notícias até o quarto trimestre. Veja R. Mendenhall e W. Nichols, Más notícias e reações de mercado diferenciadas para anúncios de trimestre anterior *versus* ganhos de quarto trimestre, *Jornal de Pesquisa de Contabilidade,* Suplemento (1988): 63-86.

36. O papel de transações internas no colapso de Enron é discutido por P. Healy e K. Palepu, A queda da Enron, *Jornal de Perspectivas Econômicas* 17, n. 2 (primavera de 2003): 3-26.

37. Esse tipo de análise é apresentado no contexto das disposições para dívidas incobráveis por M. McNichols e P. Wilson em seu estudo, Evidências de gerenciamento de ganhos das disposições para maus débitos, *Jornal de Pesquisa de Contabilidade,* Suplemento (1988): 1-31.

38. Esse assunto tem sido discutido por muitos pesquisadores de contabilidade. Para um resumo de pesquisa sobre gerenciamento de ganhos, veja K. Schipper, Gerenciamento de ganhos, *Horizontes de Contabilidade* (dez. 1989): 91-102.

39. Veja J. Chang, *O declínio em relevância de valor de ganhos e valores do livro* (Dissertação, Harvard University, 1998). Evidência também é reportada por J. Francis e K. Schipper, As declarações financeiras perderam a sua relevância? *Jornal de Pesquisa de Contabilidade* 37, n. 2 (outono de 1999): 319-352, e W. E. Collins, E. Maydew e I. Weiss, Mudanças na relevância de valor de ganhos e valor do livro ao longo dos últimos quarenta anos, *Jornal de Pesquisa e Economia* 24 (1997): 39-67.

40. Veja G. Foster, Briloff e o mercado de capital, *Jornal de Pesquisa de Contabilidade* 17, n. 1 (primavera de 1979): 262-274.

41. Veja S. H. Teoh, I. Welch e T. J. Wong, Gerenciamento de ganhos e o desempenho de mercado de longo prazo de ofertas públicas iniciais, *Jornal de Finanças* 53 (dez. 1998): 1935-1974; S. H. Teoh, I. Welch e T. J. Wong, Gerenciamento de ganhos e mau desempenho pós-emissão de ofertas de patrimônio sazonal, *Jornal de Economia Financeira* 50 (out. 1998): 63–99; e S. Teoh, T. Wong e G. Rao, As rendas durante ofertas públicas iniciais são oportunistas? *Revisão de Estudos de Contabilidade* 3, n. 1–2 (1998): 175-208.

42. N.R.T.: Securities and Exchange Commssion, equivalente a CVM no Brasil.

43. Veja P. Dechow, R. Sloan e A. Sweeney, Causas e consequências de manipulação de ganhos: uma análise de empresas sujeitas às ações de aplicação pela SEC, *Pesquisa de Contabilidade Contemporânea* 13, n. 1 (1996): 1-36, e M. D. Beneish, Detectando violações do GAAP: implicações para acesso de gerenciamento de ganhos entre empresas com desempenho financeiro extremo, *Jornal de Contabilidade e Política Pública* 16 (1997): 271-309.

44. N.R.T.: CPC, para o contexto brasileiro.

45. N.R.T.: CVM, para o contexto brasileiro.

4

Implementação da análise contábil

Aprendemos no Capítulo 3 que a análise contábil exige que o analista ajuste os números contábeis de uma empresa usando informações do fluxo de caixa e notas explicativas para "desfazer" quaisquer distorções contábeis. Isso implica a reformulação das demonstrações financeiras de uma empresa usando nomenclatura e formatos de relatórios uniformizados. Frequentemente, as empresas usam formatos e terminologias um pouco diferentes para apresentar seus resultados financeiros. A reformulação das demonstrações financeiras por intermédio de um modelo uniformizado, portanto, ajuda a garantir que as métricas de desempenho utilizadas para análise financeira sejam calculadas usando definições comparáveis entre empresas e ao longo do tempo.

Assim que as demonstrações financeiras forem padronizadas, o analista já pode identificar eventuais distorções nelas. O foco principal do analista deve ser as estimativas contábeis e os métodos que a empresa utiliza para medir os fatores-chave de sucesso e os riscos. Se houver diferenças nas estimativas e nos métodos entre as empresas ou na mesma empresa ao longo do tempo, o trabalho do analista é avaliar se elas refletem diferenças empresariais legítimas ou diferenças de julgamento ou viés gerencial. As diferenças resultantes do viés gerencial exigirão ajuste. Além disso, mesmo que as normas contábeis sejam consistentemente respeitadas, distorções contábeis podem surgir porque as normas em si não conseguem eficientemente captar os aspectos econômicos da empresa e não criam oportunidades para o analista ajustar os dados financeiros de maneira que apresente um quadro mais realista do seu desempenho.

Além disso, no mundo empresarial globalizado de hoje, os concorrentes frequentemente vêm de países diversos e suas demonstrações são feitas com base em diferentes padrões contábeis, o que dificulta o trabalho de comparação de seu desempenho financeiro pelos analistas. As duas normas mais amplamente utilizadas são U.S. GAAP (Princípios Contábeis Geralmente Aceitos nos Estados Unidos) e as Normas Internacionais de Divulgação Financeira – IFRS (International Financial Reporting Standards). Em situações nas quais essas diferenças nos padrões de divulgação forem significativas, o analista pode ajustar os dados financeiros das empresas para deixá-las em igualdade de condições.

Este capítulo começa mostrando como reformular as demonstrações financeiras de uma empresa em um modelo que utiliza terminologia e classificações uniformizadas. Em seguida, utilizaremos discussão e exemplos para ilustrar os tipos mais comuns de distorção contábil que possam surgir e para mostrar como ajustar as demonstrações financeiras padronizadas para desfazer essas distorções. Depois, identificamos algumas das importantes diferenças restantes entre IFRS e U.S. GAAP e mostramos como ajustar essas diferenças. Por fim, voltaremos à nossa comparação entre a TJX e a Nordstrom (introduzida no Capítulo 2) a fim de ilustrar os ajustes que gostaríamos de fazer para comparar essas duas empresas de forma mais adequada.

Uma análise do balanço patrimonial é utilizada para identificar se há quaisquer distorções em ativos, passivos ou patrimônio dos proprietários. Uma vez que uma distorção significativa de um ativo e passivo tenha sido identificada, o analista pode fazer ajustes no balanço patrimonial no início e/ou no fim do exercício corrente, bem como quaisquer ajustes necessários para receitas e despesas na demonstração de resultado correspondente. Essa abordagem garante que os indicadores financeiros utilizados para avaliar os resultados mais recentes de uma empresa e prever seu desempenho futuro baseiam-se em dados financeiros que refletem adequadamente o contexto econômico do negócio.

Em alguns casos, informações de uma empresa extraídas de notas explicativas ou de um demonstrativo de fluxo de caixa permitem que o analista ajuste de forma precisa uma distorção contábil. Contudo, para muitos tipos de ajustes contábeis, a empresa não evidencia todas as informações necessárias para que a distorção se desfaça de modo perfeito, exigindo que o analista faça um ajuste aproximado nas demonstrações financeiras.

REMODELAGEM DAS DEMONSTRAÇÕES FINANCEIRAS

As empresas às vezes usam diferentes nomenclaturas e formatos para apresentar seus resultados financeiros. Por exemplo, o ágio por expectativa de rentabilidade futura (*goodwill*) pode ser reportado separadamente usando denominações como: Ágio por Expectativa de Rentabilidade Futura, Ágio Sobre Ativos Líquidos das Empresas Adquiridas e Custo Acima do Valor Justo ou ele pode ser incluído no item Outros Ativos Intangíveis. A Receita de Juros pode ser apresentada como uma subcategoria de Receitas, mostrada embaixo na demonstração de resultado como parte de Outras Rendas e Despesas, ou como Despesas com Juros, Líquidas das Receitas com Juros.

Diferenças na terminologia, classificações e formatos das demonstrações financeiras podem dificultar a comparação do desempenho entre as empresas e, às vezes, do desempenho na mesma empresa ao longo do tempo. A primeira tarefa para o analista em uma análise contábil, portanto, é reformular as demonstrações financeiras em um formato comum. Isso exige o desenvolvimento de um modelo de demonstração de resultado, balanço patrimonial e demonstrativo de fluxo de caixa que possa ser usado para padronizar as demonstrações financeiras de qualquer empresa. As Tabelas 4-1, 4-2 e 4-3 apresentam o formato utilizado em todo o livro para padronizar a demonstração de resultado, o balanço patrimonial e o demonstrativo de fluxo de caixa, respectivamente.

CAPÍTULO 4 IMPLEMENTAÇÃO DA ANÁLISE CONTÁBIL

TABELA 4-1

Formato padronizado da Demonstração de Resultado

Contas da demonstração de resultado padrão	Exemplo de itens em contas reportadas
Vendas	Receitas Vendas líquidas Faturamento Outras receitas não financeiras Outras receitas Taxas relacionadas a *royalties* e franquias Taxas de serviços e adesão Serviços Comissões Licenças
Custo das vendas	Custo dos bens vendidos Custo da mercadoria vendida Custo dos produtos vendidos Custo das receitas Custo dos serviços Custos de serviços financeiros Depreciação de instalações fabris
Despesas administrativas, gerais e de vendas	Gerais e administrativos Vendas e marketing Salários e benefícios Reparos e manutenção Depreciação sobre instalações comerciais e administrativas
Outras despesas operacionais	Amortização de intangíveis Desenvolvimento de produto Pesquisa e desenvolvimento Provisão para perdas sobre vendas a prazo Custos de pré-operacionais Encargos especiais
Receita de investimentos	Equivalência patrimonial (de coligadas) Receita de dividendos Receita de aluguel[1]
Outras receitas	Ganhos com venda de investimentos/Ativos longo prazo Ganhos com variação cambial Ganhos com mudanças contábeis, antes dos impostos
Outras despesas	Prejuízos com venda de investimentos/Ativos longo prazo Perdas com mudanças contábeis, antes dos impostos Custos de reestruturação Despesas com fusão Redução ao valor recuperável dos ativos (*impairment*)
Receitas financeiras	Receitas financeiras
Despesa financeiras	Juros sobre dívida de longo prazo Juros sobre dívida de curto prazo

(*continua*)

Contas da demonstração de resultado padrão	Exemplo de itens em contas reportadas
Participação dos minoritários	Participação dos minoritários
Despesa com impostos	Despesa com impostos Provisão para impostos
Ganhos incomuns, líquidos de prejuízos incomuns	Quaisquer ganhos ou prejuízos declarados após impostos, como: Itens extraordinários Encargos não recorrente Efeito das mudanças contábeis
Dividendos preferenciais	Dividendos preferenciais
Ações ordinárias remanescentes	Ações ordinárias remanescentes

Fonte: © Cengage Learning

TABELA 4-2

Formato padronizado do Balanço Patrimonial

Contas de balanço patrimonial padrão	Exemplo de itens em contas declaradas	Contas de balanço patrimonial padrão	Exemplo de itens em contas declaradas
Ativos Caixa e títulos de liquidez imediata	Caixa Caixa e equivalentes de caixa Investimentos de curto prazo Depósitos a prazo	**Passivos e patrimônio** Dívida de curto prazo	Dívida de curto prazo Títulos a pagar (banco) Descoberto bancário Parte circulante da dívida de longo prazo Parte circulante da obrigação de arrendamento de capital
Contas a receber	Duplicata/contas a receber (líquido) Clientes	Contas a pagar	Contas/Duplicata a pagar Credores de duplicata Títulos a pagar (duplicata)
Inventários (Estoques)	Estoque Produtos acabados Matérias-primas Produtos em fabricação Estoques	Outros passivos circulantes	Provisões de despesas Provisões de passivos Impostos a pagar Dividendos a pagar Receitas diferidas (não ganhas) Adiantamentos de cliente
Outros ativos circulantes	Despesas antecipadas Impostos a recuperar Ativos circulantes de operações descontinuadas Valores a receber de coligadas Empréstimos a funcionários Imposto de renda pago antecipadamente	Dívida de longo prazo	Dívida de longo prazo Notas de dívida sênior Dívida subordinada Obrigações de arrendamento de capital Dívida conversível Obrigação de benefício de pensão/pós-aposentadoria

(*continua*)

Contas de balanço patrimonial padrão	Exemplo de itens em contas declaradas	Contas de balanço patrimonial padrão	Exemplo de itens em contas declaradas
Ativos tangíveis de longo prazo	Imobilizado Terrenos Ativos não circulantes de operações descontinuadas	Impostos diferidos	Imposto de renda diferido
Ativos intangíveis de longo prazo	Ágio por expectativa de rentabilidade futura (*goodwill*) Custos de desenvolvimento de *software* Custos de financiamento diferidos Custos de aquisição de assinantes diferidos Encargos diferidos Marcas Direitos de licença	Outros passivos de longo prazo	Receitas diferidas não circulantes (não ganhas) Outros passivos não circulantes
Outros ativos de longo prazo	Investimentos de longo prazo Recebíveis de longo prazo Investimento em arrendamentos do tipo vendas ou financiamento direto	Participação dos minoritários	Participação dos minoritários
		Ações preferenciais	Ações preferenciais Ações preferenciais conversíveis
		Patrimônio dos acionistas ordinários	Ações ordinárias Capital integralizado adicional Capital excedente ao valor nominal Ações em tesouraria Lucros acumulados Ganhos e prejuízos em moeda estrangeira cumulativos Outro resultado abrangente acumulado

Fonte: © Cengage Learning

TABELA 4-3

Formato padronizado do demonstrativo de fluxo de caixa

Contas do demonstrativo de fluxo de caixa padrão	Itens de linha de amostra em contas declaradas
Resultado líquido	Resultado líquido
Despesas (receitas) financeiras após IR	Juros sobre dívida de longo prazo (calculado líquido de impostos) Juros sobre dívida de curto prazo (calculado líquido de impostos)
Ganhos não operacionais (prejuízos)	Ganho (prejuízo) com venda de investimentos/Ativos não circulantes Efeito cumulativo das mudanças contábeis Ganho (prejuízo) com variações cambiais Ganhos extraordinários (prejuízos)
Provisões operacionais de longo prazo Depreciação e amortização	Depreciação e amortização Amortização de custos de aquisição de subscritor Amortização do custo excedente ao valor nominal dos ativos líquidos adquiridos
Provisões operacionais de longo prazo – outro	Receita/custos diferidos Imposto de renda diferido Redução ao valor recuperável de ativos (*impairment*) Outros itens operacionais que não envolvem caixa Ganhos de equivalência patrimonial de afiliadas/ subsidiárias não consolidadas, líquidos de caixa recebido Participação dos minoritários Prêmios de bônus subscrição
Redução (aumento) em capital de giro líquido	Mudanças em: Duplicatas a receber Outros recebíveis Despesas antecipadas Duplicatas a pagar Provisões acumuladas (passivo) Valores a receber de coligadas Contas a pagar e despesas provisionadas Imposto de renda a recuperar/a pagar Estoques Provisão para contas duvidosas e dívidas incobráveis Outros passivos circulantes Outros ativos circulantes
Redução (investimento) líquido em ativos de longo prazo	Compra/venda de ativos não circulantes Aquisição de pesquisa e desenvolvimento Aquisição/venda de negócio Gastos de capital Investimentos em participações acionárias Aquisição de ação de subsidiária Capitalização dos custos de desenvolvimento de *software* de computador Ágio sobre o valor justo na aquisição de investimentos Investimento em arrendamento do tipo vendas e de financiamento direto

Contas do demonstrativo de fluxo de caixa padrão	Itens de linha de amostra em contas declaradas
Emissão ou (amortização) dívida líquida	Amortização do principal da dívida Empréstimos (amortização) de linha de crédito Emissão (amortização) de dívida de longo prazo Aumento líquido (diminuição) em empréstimos de curto prazo Títulos a pagar
Dividendos (pagamentos)	Dividendos em dinheiro pagos sobre ações ordinárias Dividendos em dinheiro pagos sobre ações preferenciais Distribuições
Emissão (recompra) líquida de ações	Lucro da emissão de ação ordinária Emissão de ação comum para bônus a executivos Emissão (resgate) de valores mobiliários preferenciais Emissão de patrimônio de subsidiária Compra (emissão) das ações em tesouraria

Fonte: © Cengage Learning

Para criar uma padronização financeira para determinada empresa, o analista classifica cada item de linha das demonstrações financeiras daquela empresa usando o nome da conta apropriada com base nos modelos anteriores. Isso pode exigir o uso de informações das notas explicativas para garantir que as contas sejam classificadas de forma adequada. Um exemplo, a aplicação do modelo anterior para padronizar as demonstrações financeiras relativas ao exercício encerrado em janeiro de 2011 para a TJX. Inc. é mostrado no Apêndice A no fim deste capítulo.

COMO FAZER AJUSTES CONTÁBEIS

Assim que os dados financeiros tenham sido padronizados, o analista pode avaliar se ajustes contábeis são necessários para corrigir eventuais distorções em ativos, passivos ou patrimônio líquido conforme discutido a seguir.

Distorções nos ativos

Os contadores definem os ativos como recursos que uma empresa possui ou controla como resultado de transações comerciais passadas e que devem produzir benefícios econômicos futuros que podem ser medidos com um grau razoável de certeza. Os ativos podem assumir uma variedade de formas, incluindo dinheiro, títulos mobiliários negociáveis, recebíveis de clientes, estoques, ativos fixos, investimentos de longo prazo em outras empresas e intangíveis.

Distorções nos valores dos ativos geralmente surgem porque existe uma ambiguidade:

- A empresa possui ou controla os recursos econômicos em questão;
- Os recursos econômicos provavelmente vão gerar benefícios econômicos futuros que podem ser medidos com um grau razoável de certeza, ou
- Os valores justos dos ativos são inferiores ou superiores aos seus valores contábeis.

Quem detém ou controla os recursos?

Para a maioria dos recursos utilizados por uma empresa, a propriedade ou o controle é relativamente simples – a empresa que usa o recurso é proprietária do ativo. No entanto, alguns tipos de transação dificultam a avaliação de quem possui um recurso. Por exemplo, o locador ou o locatário tem a propriedade ou controla um recurso que foi arrendado? Ou considere uma empresa que desconta um recebível de cliente com um banco. Se o banco tiver direito de regresso contra a empresa caso o cliente entre em inadimplemento, o proprietário verdadeiro do recebível é o banco ou a empresa?

Dada a subjetividade da identificação de quando uma empresa tem controle sobre um ativo, os contadores frequentemente usam regras automáticas para definir o controle. Essas regras facilitam a implementação dos padrões contábeis pelos contadores, mas podem resultar em diferentes normas entre os países. Elas também permitem que os gestores "habilitem" transações para atender aos próprios objetivos de relatórios financeiros. Por exemplo, tanto o U.S. GAAP quanto o IFRS atualmente permitem que transações de arrendamento sejam estruturadas de modo que o ativo arrendado possa ser declarado no balanço patrimonial do locatário, do locador ou no balanço patrimonial de nenhuma das partes.[2] A análise contábil, portanto, envolve a avaliação se os ativos declarados de uma empresa refletem adequadamente os recursos-chave que estão sob seu controle e se ajustes são exigidos para comparar seu desempenho com o dos concorrentes.

Questões de propriedade de ativos também surgem indiretamente da aplicação de normas para reconhecimento da receita. As empresas estão autorizadas a reconhecer receitas apenas quando seu produto for enviado ou seu serviço é fornecido ao cliente. Então, as receitas são consideradas "auferidas" e o cliente tem um compromisso legal de pagar pelo produto ou serviço. Como resultado, para o vendedor, o reconhecimento da receita coincide frequentemente com a "propriedade" de um recebível mostrado como um ativo no seu balanço patrimonial. Portanto, a análise contábil que levanta questões sobre se as receitas foram auferidas ou não muitas vezes afeta a avaliação dos ativos.

A ambiguidade sobre se uma empresa possui um ativo cria um número de oportunidades para análise contábil:

- Apesar das melhores intenções da gestão, as demonstrações financeiras às vezes refletem mal os ativos econômicos da empresa, uma vez que é difícil para as normas contábeis capturar todas as sutilezas associadas à propriedade e ao controle.
- Pelo fato de as normas contábeis sobre propriedade e controle permitirem que os gestores habilitem transações de modo que transações essencialmente similares sejam declaradas de

formas muito diferentes, ativos importantes podem ser omitidos do balanço patrimonial mesmo que a empresa arque com muitos dos riscos econômicos de propriedade.

- Poderá haver diferenças legítimas de opinião entre gestores e analistas sobre riscos residuais de propriedade arcados pela empresa, levando a diferenças de opinião sobre a forma de divulgação desses ativos.
- O reconhecimento agressivo de receitas, que aumenta os lucros reportados, provavelmente afetará o valor dos ativos.

Benefícios econômicos futuros podem ser medidos com razoável certeza?

É quase sempre difícil prever com exatidão os benefícios futuros associados a gastos de capital porque o mundo é incerto. Uma empresa não sabe se um concorrente oferecerá um novo produto ou serviço que tornará sua oferta obsoleta. Ela não sabe se os produtos fabricados em uma nova indústria serão o tipo que os clientes querem comprar. Uma empresa não sabe se as mudanças nos preços do petróleo desvalorizarão os equipamentos de perfuração de petróleo que ela fabrica.

As normas contábeis lidam com esses desafios estipulando os tipos de recurso que podem ser registrados como ativos e os que não podem. O julgamento envolvido na criação dessas normas, contudo, pode levar a diferenças nos relatórios entre empresas e países. Considere, por exemplo, o tratamento dos benefícios econômicos de pesquisa e desenvolvimento (P&D), que geralmente é considerado altamente inconstante. Projetos de pesquisa podem vir a nunca oferecer novos produtos prometidos, os produtos que eles gerarem podem não ser economicamente viáveis ou os produtos podem se tornar obsoletos pela pesquisa dos concorrentes. Conforme U.S. GAAP, os gastos com P&D são tratados como despesas, exceto custos de desenvolvimento de *software* sobre produtos que satisfaçam aos padrões de viabilidade tecnológica (consultar SFAS 86). A IFRS exige que todos os custos de pesquisa sejam pagos, mas permite que as empresas capitalizem os custos de desenvolvimento desde que os padrões de viabilidade técnica e de mercado sejam satisfeitos (IAS 38).[3]

As normas que exigem o imediato lançamento dos gastos como despesas para alguns recursos--chave podem refletir boa contabilidade, porém elas criam um desafio para o analista – elas tornam mais difícil inferir o desempenho financeiro com base nos demonstrativos financeiros. Se todas as empresas dos Estados Unidos gastarem com P&D, as demonstrações financeiras refletirão diferenças no sucesso da P&D apenas quando os novos produtos forem comercializados em vez de durante o processo de desenvolvimento. Diferenças nos gastos com P&D para empresas que usam U.S. GAAP e IFRS também colocarão como desafio para o analista avaliar quanto de quaisquer diferenças no desempenho declarado é devido aos padrões contábeis em vez de a um desempenho econômico. O analista pode tentar corrigir essas distorções capitalizando os gastos-chave com P&D e com ajuste do valor dos ativos intangíveis apoiados nas atualizações de P&D.[4]

Os valores justos dos ativos declinaram abaixo do valor contábil?

O valor de um ativo é reduzido ao valor recuperável (*impaired*) quando seu justo valor cai abaixo de seu valor contábil. Evidentemente, mercados para muitos ativos operacionais de longo prazo são incompletos e sem grande liquidez, tornando altamente subjetivo inferir seus valores justos. Conforme a crise financeira de 2008 demonstrou, a avaliação dos ativos também pode ser subjetiva em mercados tipicamente com alta liquidez, mas que tenham "congelado" temporariamente. Em consequência, o julgamento considerável da gestão envolve decidir se o valor de um ativo está deteriorado e determinar o valor de qualquer perda do valor recuperável.

Para o analista, isto levanta a possibilidade de que os valores dos ativos estejam distorcidos. Na maioria dos países, as normas contábeis exigem que uma perda seja registrada em reduções permanentes no valor recuperável de ativos. Mais uma vez, no entanto, as regras específicas diferem entre países. Por exemplo, as regras nos Estados Unidos (SFAS 144)[5] permitem certo exagero desde que o teste de recuperabilidade de ativos (*impairment*) compare o valor contábil com o valor dos caixas futuros esperados *não descontado* (em vez de *descontado*) que serão gerados pelo uso e venda futura do ativo. Isso também pode criar situações em que nenhuma perda na demonstração financeira seja relatada para um ativo que tenha seu valor economicamente reduzido. Em contraste, o IFRS exige que o teste de recuperabilidade de ativos (*impairment*) seja baseado em fluxos de caixa *descontados* (em vez de *não descontados*).

A tarefa de determinar se houve um redução do valor de ativos ao valor recuperável e avaliar a redução do valor do ativo é delegada aos gestores com supervisão dos auditores da empresa. Isso deixa margem potencial para os gestores avaliarem os ativos de modo viesado e para legitimar diferenças de opinião entre gestores e analistas em relação às avaliações dos ativos. Na maioria dos casos, o viés da gestão conduzirá a ativos superestimados, uma vez que os gestores vão preferir não reconhecer uma redução em relação ao valor recuperável. No entanto, os gestores também podem enviesar os valores dos ativos para baixo exagerando no nível atual de redução do valor do ativo em relação ao valor recuperável, reduzindo, assim, as despesas futuras e aumentando ganhos futuros.

Oportunidades para ajustes contábeis, portanto, podem surgir nas situações discutidas acima se:

- As normas contábeis não capturarem bem o ambiente econômico da empresa;
- Os gestores usarem seu poder discricionário para distorcer o desempenho da empresa; ou
- Houver diferenças legítimas de opinião entre gestores e analistas sobre incertezas econômicas enfrentadas pela empresa e refletidas nos valores de ativos.

Ativos superestimados

Ativos superestimados provavelmente surgirão quando os gestores forem incentivados a aumentar lucros reportados. Assim, os ajustes nos ativos normalmente também exigem ajustes na demonstração de resultado na forma de aumento de despesas ou redução das receitas. As formas mais comuns de superestimação de ativos (e ganhos) são as seguintes:

1. *Ajustes tardios no valor de ativos*. Se os ativos tiverem seu valor reduzido em relação ao valor recuperável – isto é, seus valores realizáveis ficarem abaixo de seus valores contábeis –, as normas contábeis geralmente exigem que seus valores sejam ajustados para refletir seu valor justo. As reduções dos valores dos ativos ao valor recuperável afetam os lucros, pois os ajustes impactam diretamente os lucros. Os ajustes de ativos também aumentam a alavancagem de

uma empresa, limitando potencialmente sua capacidade de acessar o mercado de capitais. Contudo, o fato de determinar o valor justo de um ativo envolve julgamento considerável, potencialmente proporcionando aos gestores uma oportunidade de diferir a redução do valor dos ativos ao valor recuperável como uma forma de incrementar os lucros declarados e reforçar a posição financeira das empresas.[6]

Analistas que acompanham empresas nas quais a gestão de estoques e recebíveis é um fator fundamental de sucesso (exemplo: o varejo de moda e a indústria de produtos eletrônicos ao consumidor) precisam estar particularmente cientes dessa forma de gestão de resultados e seu impacto sobre os ativos. Por exemplo, se os gestores comprarem ou produzirem em excesso no período corrente, eles provavelmente terão de oferecer descontos aos clientes ou condições atrativas de crédito para se livrarem do estoque excedente. Descontos significativos para clientes impactam negativamente os lucros, ao passo que fornecer crédito aos clientes acarreta o risco de inadimplemento. Sinais de alerta de atrasos nesse tipo de ajuste incluem aumento do estoque e de recebíveis, ajustes em produtos similares pela concorrência e retração nos negócios de um grande cliente da empresa.

A deterioração do setor ou das condições econômicas da empresa também pode afetar o valor de ativos não financeiros de longo prazo (como instalações e equipamentos) ou ativos intangíveis (como aqueles relacionados com a expectativa de rentabilidade futura – *goodwill*). Embora as empresas sejam obrigadas a reconhecer as reduções no valor dos ativos ao valor recuperável quando surgem, mercados de segunda mão para esses tipos de ativo são frequentemente com pouca liquidez, incompletos ou inexistentes, tornando inerentemente subjetivas as estimativas de avaliações de ativos e a avaliação da redução no valor do ativo em relação ao valor recuperável. Como resultado, os gestores podem usar seu julgamento acerca da divulgação para retardar o ajuste no balanço patrimonial e evitar mostrar o impacto da redução do valor do ativo ao valor recuperável de demonstração de resultado.[7] Essa questão é particularmente relevante para empresas intensivas em capital em mercados voláteis (exemplo: empresas aéreas) ou para empresas que seguem uma estratégia de crescimento agressivo por meio de aquisições (e assim possuem grandes quantidades de *goodwill* no seu balanço patrimonial).[8] Os sinais de alerta para atrasos no reconhecimento da redução do valor do ativo ao valor recuperável não financeiro de longo prazo incluem declínio do giro de ativos de longo prazo, declínios no retorno sobre ativos para baixo do custo de capital da empresa, ajustes por outras empresas do mesmo setor que também tenham sofrido deterioração dos ativos em uso e o pagamento excessivo ou integração malsucedida de aquisições-chave de outras empresas.

2. *Reservas subestimadas (exemplo: abonos para dívidas incobráveis ou perdas em empréstimos).* Os gestores fazem, sobre contas recebíveis e empréstimos, estimativas de inadimplementos esperados de clientes e criam reservas para cobrir esses custos previstos. Se os gestores subestimarem o valor dessas reservas, os ativos e os ganhos serão superestimados. Sinais de alerta de concessões inadequadas incluem crescimento em recebíveis, retrações econômicas do negócio para os grandes clientes de uma empresa e crescentes inadimplências de empréstimos.

3. *Reconhecimento acelerado de receitas (recebíveis crescentes).* Os gestores sempre possuem as melhores informações sobre as incertezas que regem o reconhecimento de receita – se um produto ou serviço foi fornecido aos clientes, e se o recebimento do dinheiro é razoavelmente provável.

Contudo, os gestores também podem ser incentivados a acelerar o reconhecimento de receitas, aumentando os lucros reportados no período. Contas a receber e lucros serão então superestimados. O reconhecimento agressivo de receita é uma das formas mais comuns de gerenciamento de resultados citadas pela SEC. Sinais de advertência incluem crescimento de recebíveis ultrapassando crescimento de vendas e aumentando o prazo de recebimento das duplicatas.

4. *Depreciação/amortização subestimada de ativos de longo prazo.* Os gestores fazem estimativas da vida de ativos, valores recuperáveis e cronogramas de amortização para ativos de longo prazo depreciáveis. Se essas estimativas forem otimistas, os ativos de longo prazo e os lucros serão superestimados. Essa questão provavelmente será mais pertinente para empresas com negócios intensivos de capital (exemplo: companhias aéreas, empresas de serviço público). Uma comparação das políticas da empresa com as da concorrência do segmento com uma base de ativos e estratégia similares ajudará um analista a identificar as potenciais superestimações.

Exemplos de como corrigir superestimações de ativos

Os exemplos a seguir ilustram algumas das distorções que levam a ativos superestimados e os tipos de correção que um analista pode fazer para reduzir o viés nas demonstrações financeiras.

Ajustes tardios no valor de ativos

Nos últimos anos, o MP3 *player* portátil dominou a indústria de música, influenciando tudo, desde o padrão estratégico de uma gravadora até como os artistas comercializam e lançam sua música. A Apple tem dominado o mercado com o seu iPod *player* – construindo uma parcela de mercado nos Estados Unidos de mais de 75% desde sua introdução em 2001. Concorrentes como Creative Technology, Sony, Microsoft e Samsung têm competido agressivamente em uma tentativa de abocanhar uma parcela desse mercado em rápido crescimento. Os principais riscos enfrentados por essas empresas incluem mudanças rápidas na tecnologia do MP3 *player* e gerenciamento diante tanto da concorrência implacável quanto da potencial obsolescência tecnológica.

Baseada em Singapura, a Creative Technology registrou um impressionante crescimento de receita da segunda metade de 2003 até o primeiro trimestre de 2005, com picos previsíveis de vendas nas férias tanto em 2003 quanto em 2004. Contudo, as margens brutas diminuíram de 35% para 23% de forma constante durante esse período. Uma tendência mais preocupante foi a gestão de estoque da empresa. O crescimento do estoque ultrapassou em muito o crescimento das vendas, levando a um aumento de 58% em dias no prazo médio de estocagem, de 100 dias, para o trimestre encerrado em 30 de setembro de 2003, para 158 dias, para o trimestre encerrado em 31 de março de 2005. O estoque no fim de março de 2006 foi avaliado em $ 451,2 milhões, aumentando dos $ 183,9 milhões nove meses antes. Esse aumento levanta questões para os analistas sobre o valor e obsolescência potencial do estoque da Creative Technology.

Um analista pode avaliar se o estoque está perdendo valor em relação ao valor recuperável falando com fornecedores e clientes, observando a velocidade dos lançamentos de novos produtos para MP3 *players*, comparando o desempenho da empresa com o desempenho de outras empresas do setor e entendendo o sentimento geral sobre a expectativa de crescimento do mercado. Com base nessa pesquisa, um analista pode avaliar se a desaceleração no giro do estoque da Creative Technology provavelmente persistirá, caso existam graves riscos tecnológicos para o estoque atual, e, se houver, quão ampla é a redução apropriada no valor do ativo em relação a valor recuperável. Antes da comunicação dos resultados para o trimestre de 31 de junho de 2005, vários analistas levantaram questões acerca do crescimento no estoque da Creative Technology e previram que a empresa seria forçada a registrar no futuro a redução ao valor recuperável do estoque.

Assim que um analista concluir que o estoque está superestimado, o desafio é estimar a magnitude do ajuste. Para a Creative Technology, isso depende dos descontos de preço necessários para movimentar produtos de giro lento. O custo, após impostos, da redução do valor diminuirá os lucros correntes e retidos. Além disso, o efeito fiscal do ajuste diminuirá a Despesa com Impostos e reduzirá o Passivo Fiscal Diferido, desde que a redução no valor do estoque não seja registrada para fins fiscais até que o estoque seja posteriormente vendido. A Creative Technology desfruta de um *status* especial em Singapura, que isenta do imposto de renda certos elementos das receitas. No entanto, para fins ilustrativos, usando a alíquota de imposto local de 20%, as demonstrações financeiras poderiam ser modificadas conforme a seguir para uma superestimação de estoque assumida de $ 25 milhões:

	Ajuste ($ milhões)	
	Ativos	**Passivo e patrimônio líquido**
Balanço patrimonial		
Estoques	–25,0	
Passivo fiscal diferido		–8,8
Patrimônio dos acionistas ordinários		–16,2
Demonstração de resultado		
Custo das vendas		+25,0
Despesa com imposto		–8,8
Lucro líquido		–16,2

Em agosto de 2005, a Creative Technology anunciou que aceitaria uma perda de $ 20 milhões contra o estoque para refletir um declínio nos preços de determinados componentes utilizados para a fabricação MP3 *players*. No trimestre encerrado em 31 de março de 2006, a empresa aceitou outro ajuste no estoque por causa de uma queda brusca no preço de componentes, como memória *flash* e discos rígidos. Não surpreende que o preço da ação da Creative Technology tenha despencado em resposta às notícias dos ajustes dos estoques – de um valor máximo próximo de $ 17 por ação, no início de 2005, elas foram negociadas em menos de $ 5 por ação em meados de 2006.

Reservas subestimadas

No final de 2006, a Community Health Systems (CHS) era a principal operadora de hospitais gerais e de cuidados intensivos em comunidades rurais nos Estados Unidos. A empresa possuía 77 hospitais em 22 estados, tinha uma parcela de mercado majoritária em mais de 85% dos mercados que atendia e, no exercício fiscal de 2005, gerou $ 3,7 bilhões em receitas.

A CHS recebia pagamentos por seus serviços de agências governamentais, seguradoras privadas e diretamente dos pacientes que atendia. A Medicare era individualmente a provedora de maior receita, representando aproximadamente 33% da receita operacional líquida no trimestre encerrado em 30 de junho de 2006. O tratamento assistido fornecia um adicional de 25% da receita, 10% vieram do Medicaid e 13% eram de fontes de pagamento próprio (pacientes sem plano, pacientes com franquias, pagamentos de cosseguros não cobertos pela seguradora e pacientes que deixaram de pagar seus planos de saúde).

Antes de 2006, a CHS estimou sua provisão para créditos de liquidação duvidosa reservando um valor igual para todos os recebíveis com mais de 150 dias, independentemente da classe do paciente. Com base nessa abordagem, o registro trimestral da CHS para o trimestre encerrado em 30 de junho de 2006 mostrou uma provisão para créditos de liquidação duvidosa em 32,5% dos recebíveis brutos. No entanto, esta abordagem não distinguiu as características de risco de diferentes classes de pacientes. Em particular, ela deixou de reconhecer que as taxas de cobrança eram mais baixas para contas de pagamento próprio e que tinha havido um aumento na proporção de receitas e recebíveis desses pacientes durante o trimestre.

Um analista que reconheceu a importância do aumento da proporção de recebíveis de clientes com pagamento próprio pode decidir que as provisões de recebíveis de junho de 2006 foram subestimadas e que ajustes no balanço patrimonial precisam ser feitos em Contas a Receber (para a mudança bruta na reserva), no Passivo Fiscal Diferido (para o impacto fiscal do aumento das despesas) e em Lucros Retidos (para o efeito líquido). Por exemplo, se o analista decidiu que as provisões para contas de créditos de liquidação duvidosas da CHS deveriam ser de 36% em vez de 32,5% de Contas a Receber para refletir a mudança no mix de pacientes, Contas a Receber teria de ser reduzida em $ 37,8 milhões (por causa do saldo de Contas a Receber de junho de 2006 de $ 1,08 bilhão e provisão contas de créditos de liquidação duvidosa de $ 351 milhões). Devido à taxa de imposto de renda efetiva de 39% da empresa, isso reduziria ganhos e patrimônio líquido em $ 23,1 milhões e o Passivo Fiscal Diferido em $ 14,7 milhões. Portanto, no ajuste de 30 de junho de 2006, as demonstrações financeiras seriam conforme a seguir:

	Ajuste ($ milhões)	
	Ativos	**Passivo e patrimônio líquido**
Balanço patrimonial		
Contas a receber	–37,8	
Passivo fiscal diferido		–14,7
Patrimônio dos acionistas ordinários		–23,1
Demonstração de resultado		
Provisão para créditos de liquidação duvidosa		+37,8
Despesa fiscal		–14,7
Lucro líquido		–23,1

No final de outubro de 2006, a CHS anunciou que alteraria sua metodologia para estimar a provisão para créditos de liquidação duvidosa para o trimestre encerrado em 30 de setembro. De acordo com o novo método, a empresa estimou taxas de inadimplemento separadas para pagamento próprio e outras contas a receber para refletir as diferenças no histórico de recebimentos. Como resultado, foi registrado para o trimestre um incremento de $ 65 milhões na despesa com incobráveis e a estimativa aumentou para 38% sobre recebíveis brutos. Outros aumentos de provisão ocorreram em 2008 e 2009, para 40% e 42% de recebíveis, respectivamente. A CHS explicou que o declínio no recolhimento resultou principalmente da economia fraca que tinha aumentado o número de pacientes elegíveis para cuidados por caridade, reduziu a inscrição em certos programas estaduais Medicaid e aumentou o número de estrangeiros não residentes que procuram serviço gratuito.

Reconhecimento acelerado da receita

Em 2006, a SEC anunciou uma investigação informal das finanças da Diebold Inc., uma fabricante norte-americana de equipamentos de votação, caixas eletrônicos e sistemas de segurança bancária. Em maio de 2007, a Diebold divulgou que tinha recebido uma intimação da SEC em busca de documentos relacionados às suas práticas de reconhecimento de receitas. Estava em questão o reconhecimento de certas receitas norte-americanas sobre transações "faturar e reter", em que a empresa faturava seus clientes pelas vendas e retinha a mercadoria até posterior entrega. Conforme o U.S. GAAP, essas transações poderiam ser registradas como receitas, desde que o cliente solicitasse que o vendedor detivesse a mercadoria para propósitos empresariais legítimos, houvesse um cronograma de entrega pactuado, os produtos estivessem prontos para o embarque e o vendedor não tivesse nenhum compromisso futuro de execução.

De 2002 a 2003, o prazo médio de recebimento da Diebold tinha aumentado de 76 para 97 dias – um aumento de 28%. Durante a investigação, a SEC detectou várias transações de receitas impróprias, incluindo remessas da fábrica para o armazém, que tinham sido registradas como vendas do tipo "faturar e reter". Um analista que tivesse observado o aumento no prazo médio de recebimentos e o interesse da SEC na Diebold e quisesse ajustar as receitas da empresa poderia estimar o impacto do aumento sobre vendas e lucros. Para reduzir o prazo médio de recebimentos em 21 dias, receitas e contas a receber para 2003 teriam de declinar em $ 150 milhões, exigindo as seguintes alterações nos relatórios financeiros de 2003 da Diebold:

1. Vendas e Contas a Receber declinariam em $ 150 milhões.
2. Custo de Vendas declinaria e Estoque aumentaria para refletir a redução nas vendas. O valor do ajuste de Custo de Vendas/Estoque pode ser estimado pela multiplicação do ajuste de vendas pela taxa do custo de vendas para vendas (67% para a Diebold em 2003), ou $ 100,5 milhões (67% de $ 150 milhões).
3. O declínio do lucro antes dos impostos resultaria em uma Despesa com Impostos menor nos livros contábeis dos relatórios financeiros da empresa (mas presumivelmente não nos seus livros fiscais). Consequentemente, o Passivo Fiscal Diferido teria de ser reduzido. A alíquota de imposto marginal da Diebold era de 35%, implicando que o declínio na Despesa Fiscal e no Passivo Fiscal Diferido seria de $ 17,3 milhões [($ 150 − $ 100,5) × 0,35].

O efeito pleno do ajuste sobre as demonstrações financeiras de 2003, portanto, seria conforme a seguir:

	Ajuste ($ milhões)	
	Ativos	**Passivo e patrimônio líquido**
Balanço patrimonial		
Contas a receber	−150,0	
Estoque	+100,5	
Passivo fiscal diferido		−17,3
Patrimônio dos acionistas ordinários		−32,2
Demonstração de resultado		
Vendas		−150,0
Custo de vendas		−100,5
Despesa fiscal		−17,3
Lucro líquido		−32,2

Como resultado da investigação da SEC, a Diebold iniciou uma revisão interna das suas práticas contábeis e, em setembro de 2008, anunciou que estava alterando suas demonstrações financeiras para os exercícios fiscais de 2003-2006, bem como para o trimestre encerrado em 31 de março de 2007. Em junho de 2010, a empresa concordou em pagar uma multa civil de $ 25 milhões para resolver uma ação com a SEC.

Ativos subestimados

Ativos subestimados surgem tipicamente quando os gestores são incentivados a desinsuflar lucros reportados. Isso pode ocorrer quando a empresa estiver experimentando um desempenho excepcional e os gestores decidirem reservar um pouco dos lucros correntes para dias difíceis. A suavização do lucro, como é conhecida, pode ser implementada pela superestimação de despesas do período corrente (e subestimação do valor dos ativos) durante tempos favoráveis.

Subestimações de ativos (e despesas) também podem surgir em um ano particularmente ruim, quando os gestores decidirem "tomar um banho" subestimando os ganhos do período corrente para criar a aparência de uma reviravolta nos anos seguintes. A análise contábil envolve o julgamento de se os gestores subestimaram os ativos (e também o lucro) e, se necessário, ajustaram adequadamente o balanço patrimonial e a demonstração de resultado.

As subestimações de ativos também podem surgir por causa das próprias normas contábeis. Em muitos países, os padrões contábeis exigem que as empresas declarem gastos com P&D e publicidade como despesa porque, mesmo que possam criar valor no futuro para os proprietários, seus resultados são altamente incertos. Subestimações de ativos também podem surgir quando os gestores forem incentivados a subestimar passivos. Por exemplo, se uma empresa registra operações de *leasing* como arrendamentos operacionais ou se ela descontar recebíveis com coobrigação, nem os ativos nem as obrigações acessórias são mostrados no seu balanço patrimonial. Contudo, em alguns casos, esse tratamento contábil não reflete a economia subjacente das transações – o locatário pode efetivamente possuir os ativos arrendados e a empresa que vende recebíveis poderá ainda arcar com todos os riscos associados à propriedade. O analista então vai querer ajustar o balanço patrimonial (e também a demonstração de resultado) para esses efeitos.

As formas mais comuns de subestimação de ativos (e lucros) surgem quando houver o seguinte:

1. *Ajustes superestimados no valor de ativos.* Os gestores potencialmente são incentivados a superestimar ajustes em ativos quer durante anos de desempenho excepcional bons, quer quando a empresa estiver em dificuldades financeiras. Ao superestimar reduções no valor de ativos em relação ao valor recuperável e superestimar despesas no período corrente, os gestores podem mostrar despesas mais baixas no futuro, aumentando lucros em anos de desempenho abaixo da média ou quando for necessária uma reviravolta. Ajustes superestimados em ativos também podem surgir quando os gestores forem menos otimistas sobre as perspectivas futuras da empresa que o analista.

2. *Reservas superestimadas (exemplo: provisão para incobráveis ou prejuízos com empréstimos).* Se os gestores superestimarem as reservas para *incobráveis* ou prejuízos com empréstimos, contas a receber e empréstimos serão subestimados.

3. *Depreciação/amortização de ativos de longo prazo superestimadas.* As empresas que usam estimativas da vida dos ativos com base na depreciação fiscal, valores recuperáveis ou taxas de amortização provavelmente amortizarão os ativos mais rapidamente do que o justificável dada a utilidade econômica dos ativos, levando a subestimações de ativos de longo prazo.

4. *Ativos de arrendamento mercantil fora do balanço patrimonial.* É subjetiva a avaliação se um acordo de arrendamento deve ser considerado um contrato de aluguel (e consequentemente considerando como arrendamento mercantil operacional) ou equivalente a uma compra (e daí mostrado como um arrendamento mercantil financeiro). Isso depende se o locatário tiver efetivamente aceitado a transferência da maioria dos riscos sobre propriedade do bem, como a obsolescência e a deterioração física. Para padronizar os relatórios de transações de arrendamento, os padrões contábeis indicam critérios para distinguir os dois tipos. Nos Estados Unidos, a SFAS 13[9] requer que uma transação de arrendamento seja equivalente a uma compra de ativos no caso de qualquer uma das seguintes condições: (1) a propriedade do ativo é transferida para o locatário no fim do prazo de arrendamento, (2) o locatário tem a opção de comprar o ativo por um preço de barganha no fim do prazo do arrendamento, (3) o prazo do arrendamento é de 75% ou mais da vida útil esperada do ativo e (4) o valor presente dos pagamentos do arrendamento é de 90% ou mais do valor justo do ativo. Dados esses critérios objetivos, os gestores que declararem conforme o U.S. GAAP podem estruturar contratos de arrendamento para contornar a essência da distinção entre arrendamentos financeiro e operacional, potencialmente levando à subestimação dos ativos arrendados.[10] Esta provavelmente será uma questão importante para a análise daqueles setores com intensiva utilização de ativos em que houver opções para arrendamento (por exemplo, companhias aéreas e redes varejistas).[11] Em contraste, a norma IFRS IAS 17[12] concentra-se na transferência de risco e prêmio para indicar transferência de propriedade em vez de limites numéricos obrigatórios.

5. *Ativos intangíveis fundamentais como P&D e marcas registradas, não refletidas no balanço patrimonial.* Alguns dos ativos mais importantes das empresas são excluídos do balanço patrimonial. Os exemplos incluem investimentos em P&D, desembolsos para desenvolvimento de *software* e marcas e assinaturas criadas por meio de publicidade e promoções. O U.S. GAAP proíbe a capitalização de gastos com P&D e os custos de adesão de membros (com exceção para determinados custos de desenvolvimento de *software*), enquanto em países que relatam de acordo com o IFRS geralmente se exige que esses custos sejam tratados como despesa também (com alguma amplitude limitada adicional na área dos custos de desenvolvimento) – principalmente porque se acredita que os benefícios associados a esses gastos sejam demasiado incertos. Novos produtos talvez nunca cheguem ao mercado graças à impossibilidade tecnológica ou à introdução de produtos superiores pela concorrência; e novos membros que contratarem um serviço como resultado de uma campanha de promoções podem desistir em seguida. O fato de tratar o custo de ativos intangíveis como despesas tem duas implicações para os analistas.

Primeiro, a omissão de ativos intangíveis do balanço patrimonial infla os índices calculados do retorno sobre o capital (seja retorno sobre ativos, seja retorno sobre o patrimônio líquido).[13] Para as empresas com ativos intangíveis fundamentais omitidos, essa omissão tem importantes implicações para o prognóstico do desempenho de longo prazo; ao contrário de empresas sem intangíveis, forças competitivas não farão com que seus índices de retorno revertam totalmente para o custo de capital ao longo do tempo. Por exemplo, empresas farmacêuticas têm mostrado índices muito altos de retorno ao longo de muitas décadas, em parte devido ao impacto da contabilidade de P&D. O segundo efeito de declarar gastos com intangíveis como despesa é que é mais difícil para o analista avaliar se o modelo de negócio da empresa funciona. Sob o Princípio do Confronto das Despesas com as Receitas e com os Períodos Contábeis (*matching concept*), o lucro operacional é um indicador significativo do sucesso do modelo de negócio de uma empresa, uma vez que ele compara as receitas e as despesas necessárias para gerá-lo. O fato de imediatamente tratar como despesas os desembolsos com intangíveis contraria o confronto e, portanto, dificulta a avaliação do desempenho operacional de uma empresa. Consistente com isso, a pesquisa mostra que os investidores veem desembolsos com P&D e publicidade como ativos em vez de despesas.[14] Ativos intangíveis subestimados provavelmente serão importantes para as empresas no setor farmacêutico, de *software*, de produtos de consumo de marca e negócios de assinatura.

Exemplos de como corrigir a subestimação de ativos

Os exemplos a seguir ilustram alguns dos tipos de distorção que subestimam os ativos e mostram correções que um analista pode fazer para garantir que os ativos sejam refletidos de forma adequada.

Depreciação superestimada de ativos de longo prazo

Em 2009, a Lufthansa, companhia aérea nacional alemã, relatou que depreciava linearmente suas aeronaves com mais de 12 anos com um valor residual estimado de 15% do custo inicial. A Air France-KLM, uma companhia aérea formada em 2004 pela fusão da companhia aérea francesa Air France e com a companhia aérea holandesa KLM, é um dos principais concorrentes da Lufthansa. Ao contrário da Lufthansa, a Air France-KLM relatou que a depreciação de suas aeronaves também era estimada utilizando o método linear, mas assumindo uma vida média de 20 anos e sem valor residual.[15]

Para o analista, essas diferenças levantam diversas questões. A Lufthansa e a Air France-KLM voam diferentes tipos de rotas, o que potencialmente explica as diferenças nas suas políticas de depreciação?

Alternativamente, elas possuem diferentes estratégias de gerenciamento de ativos? Por exemplo, a Lufthansa usa aviões mais novos para atrair mais viajantes a negócios, para reduzir custos de manutenção ou abaixar custos de combustível? Se não parece haver diferenças operacionais que expliquem as diferenças nas taxas de depreciação das duas empresas, o analista pode muito bem decidir que é necessário ajustar as taxas de depreciação de uma ou de ambas as empresas para garantir que o desempenho delas seja comparável.

Para ajustar esse efeito, o analista poderia escolher diminuir as taxas de depreciação da Lufthansa para corresponder às da Air France-KLM. Os seguintes ajustes da demonstração financeira seriam então requeridos nas demonstrações financeiras da Lufthansa:

1. Aumentar o valor contábil da frota no início do ano para ajustar as taxas de depreciação relativamente altas que tinham sido usadas no passado. Isso também exigirá um aumento compensatório no patrimônio líquido (lucros retidos) e no passivo fiscal diferido.
2. Reduzir a despesa de depreciação (e aumentar o valor contábil da frota) para refletir a menor depreciação para o ano corrente e aumentar a despesa fiscal (em 2009, a alíquota de imposto de renda da Lufthansa era de 25%). No balanço patrimonial, mostrar um aumento no patrimônio líquido e no passivo fiscal diferido.

Note que essas alterações são projetadas para mostrar os resultados da Lufthansa como se ela tivesse sempre usado as mesmas hipóteses de depreciação como a Air France-KLM em vez de refletir uma alteração nas hipóteses para o ano corrente adiante. Isso permite ao analista comparar taxas que usam ativos (exemplo: retorno sobre os ativos) para as duas empresas.

A Lufthansa expôs no seu Relatório Anual de 2009 o custo total da sua aeronave no início de 2009 de € 17,918 milhões e que a depreciação acumulada foi de € 10,547 milhões. Isso implica que a vida média da frota da Lufthansa era de 8,32 anos, calculada conforme a seguir:

Milhões de euros (salvo indicação em contrário)

Custo de aeronave, 1/1/2009	17.918	Relatado
Custo depreciável	15.230	Custo $\times$ (1 − 0,15)
Depreciação acumulada, 1/1/2009	10.547	Relatado
Depreciação acumulada/Custo depreciável	69,3%	
Vida depreciável	12 anos	Relatado
Idade média das aeronaves	8,32	12 $\times$ 0,693 anos

Se a Lufthansa usasse as mesmas estimativas de vida útil e valores recuperáveis que a Air France-KLM, a Depreciação Acumulada teria sido apenas € 7.454 milhões, aumentando assim os Ativos Tangíveis de Longo Prazo da empresa em € 3.093 milhões e o Patrimônio dos Acionistas Ordinários em € 2.320 milhões, enquanto também aumentava o Passivo Fiscal Diferido em € 773 milhões:

Milhões de euros (salvo indicação em contrário)

Custo de aeronave, 1/1/2009	17.918	Relatado
Custo depreciável	17.918	Sem valor residual
Vida depreciável	20 anos	Air France-KLM
Depreciação acumulada, 1/1/2009	7.454	Mais de 8,32 anos
Aumento em ativos tangíveis de longo prazo	3.093	
Alíquota de imposto marginal	25,0%	Relatado
Aumento no passivo fiscal diferido	773	
Aumento no patrimônio líquido dos acionistas ordinários	2.320	

Dado seu investimento líquido na nova aeronave de € 2.055 milhões em 2009, a despesa de depreciação da Lufthansa para 2009 (incluída em Custo de Vendas), usando as mesmas estimativas de vida útil e valor recuperável que a Air France-KLM, teria sido € 947 milhões [(17.918 + 2.055/2)/20] *versus* os € 1.185 milhões relatados pela empresa.[16] Assim, o Custo das Vendas declinaria em € 238 milhões, aumentando a Despesa com Impostos para o ano em € 60 milhões. No balanço patrimonial, essas alterações aumentariam os Ativos Tangíveis de Longo Prazo em € 238 milhões, os Passivos Fiscais Diferidos em € 60 milhões e o Patrimônio dos Acionistas ordinários em € 178 milhões.

Em resumo, se a Lufthansa estivesse usando o mesmo método de depreciação que a Air France-KLM, suas demonstrações financeiras para os exercícios encerrados em 31 de dezembro de 2009 e 2008 teriam de ser modificadas conforme a seguir:

	Ajuste (€ milhões) 31 de dezembro de 2009		Ajuste (€ milhões) 31 de dezembro de 2009	
	Ativos	Passivo e patrimônio líquido	Ativos	Passivo e patrimônio líquido
Balanço patrimonial				
Ativos tangíveis de	+3.093		+3.093	
longo prazo	+238		+3.093	
Passivo fiscal diferido		+773 + 60		+773
Patrimônio líquido dos				
acionistas ordinários		+2.320 + 178		+2.320
Impacto total	+3.331	+3.331	+3.093	+3.093
Demonstração de resultado				
Custo de vendas		−238		
Despesa fiscal		+60		
Lucro líquido		+178		

As comparações do giro das vendas (vendas divididas pelos ativos médios) para as duas empresas usando dados reportados mostram que a Lufthansa possui um giro maior que a Air France-KLM (0,91 *versus* 0,81). No entanto, os analistas que fizerem o ajuste acima devem observar que o montante total dessa diferença é atribuível a diferentes pressupostos de depreciação. Após o ajuste, o giro das vendas da Lufthansa declina para 0,81, idêntico ao da Air France-KLM.

Ativos intangíveis fundamentais fora do balanço patrimonial

Como o analista deveria abordar a omissão dos intangíveis? Uma maneira é deixar a contabilidade como está, mas reconhecer que as previsões dos índices de retorno de longo prazo terão de refletir as tendências inerentes que surgem desse método contábil. Uma segunda abordagem é capitalizar intangíveis e amortizá-los durante suas expectativas de vida.

Por exemplo, considere o caso da Microsoft, a maior empresa de *software* do mundo. A Microsoft trata como despesas os seus custos de P&D de *software*, argumentando que todos os custos materiais de pesquisa e desenvolvimento são incorridos antes que a probabilidade técnica seja alcançada (o U.S. GAAP permite capitalização dos custos de desenvolvimento uma vez que a probabilidade técnica seja estabelecida até o produto ser liberado para o mercado). Qual ajuste seria necessário se o analista decidisse capitalizar P&D de *software* da Microsoft e amortizar o ativo intangível usando o método linear durante a vida esperada do *software* (aproximadamente três anos)? Assuma que o gasto com P&D ocorra uniformemente durante o ano inteiro e que somente metade da amortização do ano seja absorvida no gasto do ano mais recente. Devido aos desembolsos de P&D para os anos de 2007 a 2010, o ativo de P&D no fim do exercício fiscal de 2010 (30/06/2010) é de $ 13,2 bilhões, calculados conforme a seguir:

Ano	Gastos com P&D ($ bilhões)	Proporção capitalizada 30/6/2010 ($ bilhões)	Ativo 30/6/2010 ($ bilhões)	Proporção capitalizada 30/6/2010 ($ bilhões)	Ativo 30/6/2010 ($ bilhões)
2010	8,7	$(1 - 0,33/2)$	7,3		
2009	9,0	$(1 - 0,33/2 - 0,33)$	4,5	$(1 - 0,33/2)$	7,5
2008	8,2	$(1 - 0,33/2 - 0,67)$	1,4	$(1 - 0,33/2 - 0,33)$	4,1
2007	7,1			$(1 - 0,33/2 - 0,67)$	1,2
Total			13,2		12,8

As despesas de amortização de P&D (incluídas em Outras Despesas Operacionais) para 2009 e 2010 são $ 7,6 bilhões e $ 8,3 bilhões, respectivamente, e calculadas conforme a seguir:

Ano	Gastos com P&D ($ bilhões)	Proporção capitalizada 30/6/2010 ($ bilhões)	Ativo 30/6/2010 ($ bilhões)	Proporção capitalizada 30/6/2010 ($ bilhões)	Ativo 30/6/2010 ($ bilhões)
2010	8,7	0,33/2	1,4		
2009	9,0	0,33	3,0	0,33/2	1,5
2008	8,2	0,33	2,7	0,33	2,7
2007	7,1	0,33/2	1,2	0,33	2,3
2006	6,6			0,33/2	1,1
Total			8,3		7,6

Tendo em vista que a Microsoft continuará a gastar com P&D de *software* imediatamente para fins de imposto, a mudança no método de relatório dará ensejo a um Passivo Fiscal Diferido. Devido a uma alíquota de imposto de renda marginal de 35%, esse passivo se igualará a 35% do valor dos Ativos Intangíveis de Longo Prazo reportados, com o saldo aumentando o Patrimônio Líquido dos Acionistas Ordinários.

Em resumo, os ajustes necessários para capitalizar a P&D de *software* da Microsoft para os exercícios de 2010 e 2009 são conforme a seguir:

	Ajuste ($ bilhões) 30 de junho de 2010		Ajuste ($ bilhões) 30 de junho de 2009	
	Ativos	Passivos e patrimônio líquido	Ativos	Passivos e patrimônio líquido
Balanço patrimonial				
Ativos tangíveis de longo prazo	+13,2		+12,8	
Passivo fiscal diferido		+4,6		+4,5
Patrimônio dos acionistas ordinários		+8,6		+8,3
Demonstração de resultado		−8,7		−9,0
Pesquisa e desenvolvimento		+8,3		+7,6
Despesa fiscal		+0,1		+0,5
Total de despesas		−0,3		−0,9
Lucro líquido		+0,3		+0,9

O fato de ajustar a P&D dessa maneira aumenta os ativos da Microsoft em 15% e diminui seu retorno sobre ativos médios em 2010 de 18,8% para 16,4%, possibilitando que os analistas entendam o impacto dos recursos econômicos necessários para gerar seus ganhos. Esses ajustes também podem permitir que os analistas comparem o desempenho de empresas que seguem diferentes padrões de relatórios de P&D ou fazem julgamentos diferentes sobre o tratamento desses custos.

Distorções dos passivos

Passivos são definidos como obrigações econômicas que surgem de benefícios recebidos no passado e para os quais o valor e o tempo são conhecidos com razoável certeza. Os passivos incluem obrigações com os clientes de valores pagos antecipadamente por produtos ou serviços; compromissos com fornecedores públicos e privados de financiamento de dívida; obrigações com governos federais e locais relativos a impostos; compromissos com funcionários relativos a salários não pagos, pensões e outros benefícios de aposentadoria; e obrigações de multas de tribunal e governamentais ou serviços de limpeza ambiental.

As distorções nos passivos geralmente surgem porque existe uma ambiguidade sobre se: (1) uma obrigação realmente foi incorrida e/ou (2) a obrigação pode ser medida.

Uma obrigação foi incorrida?

Para a maioria dos passivos há pouca ambiguidade sobre se uma obrigação foi incorrida. Por exemplo, quando uma empresa adquire suprimentos a prazo, ela incorreu numa obrigação para com o fornecedor. No entanto, para algumas transações é mais difícil decidir se existe qualquer uma dessas obrigações. Por exemplo, se uma empresa anuncia um plano para reestruturar seu negócio pela demissão de funcionários, ela assumiu um compromisso que justificaria o registro de um passivo? Ou, se uma empresa de *software* recebe dinheiro de seus clientes por uma licença de *software* de cinco anos, a empresa deve declarar a entrada de recursos total como receitas ou uma parte deveria representar o compromisso contínuo com o cliente para cumprimento e suporte de um contrato de licença?

A obrigação pode ser medida?

Muitos passivos especificam precisamente a quantidade e o prazo das obrigações. Por exemplo, uma emissão de título de $ 100 milhões por vinte anos com um cupom de 8% a pagar semestralmente especifica que o emitente pagará aos titulares $ 100 milhões em vinte anos e pagará juros de $ 4 milhões a cada seis meses pelo período do empréstimo. No entanto, para alguns passivos é difícil estimar o montante da obrigação. Por exemplo, uma empresa responsável por uma limpeza ambiental claramente incorreu em uma obrigação, mas o montante é altamente incerto.[17] Do mesmo modo, as empresas que fornecem sistemas de pensão e benefícios pós-aposentadoria para funcionários incorreram em compromissos que dependem de eventos futuros incertos, como taxas de mortalidade de funcionário e taxas de inflação futura, fazendo uma avaliação subjetiva da obrigação. Obrigações de garantia futura e reivindicação de seguro caem na mesma categoria – o compromisso é claro, mas o valor depende de eventos futuros incertos.

Regras contábeis frequentemente especificam quando um compromisso foi incorrido e como medir o valor deste. No entanto, conforme discutido anteriormente, regras contábeis são imperfeitas – elas não podem cobrir todas as possibilidades contratuais e refletir todas as complexidades das relações comerciais de uma empresa. Elas também exigem que os gestores façam estimativas subjetivas de eventos futuros para avaliar os compromissos da empresa. Assim, o analista pode decidir que algumas obrigações importantes sejam omitidas das demonstrações financeiras ou, se incluídas, sejam subestimadas, seja por causa de viés da gestão, seja porque existem diferenças legítimas de opinião entre gestores e analistas sobre riscos e compromissos futuros.

Como resultado, a análise de passivos geralmente procura avaliar se os compromissos financeiros da empresa e os riscos estão subestimados e/ou seus ganhos superestimados.

Passivos subestimados

Os passivos provavelmente serão subestimados quando a empresa tiver compromissos essenciais difíceis de avaliar e, portanto, não sejam considerados passivos para finalidades de relatório financeiro. Subestimações também provavelmente ocorrerão quando os gestores forem fortemente incentivados a superestimar a solidez da posição financeira da empresa ou a aumentar lucros reportados. Ao subestimar a alavancagem, os gestores apresentam aos investidores um quadro bonito dos riscos financeiros da empresa. O gerenciamento de resultados também subestima o passivo (a saber, receitas diferidas ou não ganhas) quando as receitas são reconhecidas mediante recebimento de caixa, mesmo que nem todos os serviços tenham sido prestados.

As formas mais comuns de subestimações de passivos surgem quando as seguintes condições ocorrerem:

1. *As receitas não ganhas são subestimadas por meio do reconhecimento agressivo da receita.* Se o dinheiro já tiver sido recebido, mas o produto ou serviço ainda tiver de ser fornecido, receitas diferidas ou não ganhas são criadas. Esse passivo reflete o compromisso da empresa em fornecer o serviço ou produto ao cliente e é extinto assim que realizado. As empresas que reconhecem as receitas prematuramente – após o recebimento do dinheiro, mas antes de cumprir seus compromissos relativos ao produto ou serviço para com os clientes – subestimam os passivos de receita diferida e superestimam os ganhos. As empresas que juntam contratos de serviço com a venda de um produto são particularmente propensas à subestimação do passivo de receita diferida, tendo em vista que a separação do preço do produto do preço do serviço é subjetiva.

2. *Os empréstimos de duplicatas (recebíveis) descontadas estão fora do balanço.* Conforme discutido anteriormente, os recebíveis descontados em uma instituição financeira são considerados "vendidos" se o "vendedor" ceder controle sobre os recebíveis ao financiador. Contudo, se a venda permitir que o comprador recorra contra o vendedor no caso de inadimplemento, o vendedor continua a correr o risco de cobrança. Por causa do julgamento da gestão envolvido na previsão de custos de inadimplemento e refinanciamento, bem como os incentivos enfrentados pelos gestores para manter a dívida fora do balanço, é importante para o analista avaliar as estimativas da empresa relativas ao inadimplemento, bem como os compromissos inerentes que ela tenha para recebíveis descontados. As estimativas da empresa são razoáveis? É simples prever os custos dos riscos de inadimplemento e pré-pagamento? Se não, o analista precisa aumentar o valor do passivo de cobrança? Ou, no extremo, o analista precisa desfazer a venda e reconhecer um empréstimo da instituição financeira para o valor descontado dos recebíveis?

3. *Passivos de longo prazo dos arrendamentos estão fora do balanço.* Conforme discutido anteriormente neste capítulo, ativos e passivos essenciais de arrendamento mercantil podem ser excluídos do balanço patrimonial se a empresa estruturar transações de arrendamento para se encaixar na definição contábil de um arrendamento operacional. As empresas que habilitam transações para evitar mostrar ativos e passivos de arrendamento terão balanços patrimoniais muito diferentes das empresas com contexto econômico praticamente idêntico, mas que usam arrendamentos financeiros ou tomam empréstimo do banco para de fato comprar os recursos equivalentes. Para as empresas que escolhem estruturar transações de arrendamento para se encaixar na definição de um arrendamento operacional, o analista pode reformular os arrendamentos como arrendamentos financeiros, conforme discutido na seção de ativos subestimados. Isso garantirá que os verdadeiros compromissos financeiros e riscos da empresa sejam refletidos no seu balanço patrimonial, permitindo a comparação com empresas pares.

Exemplos de como corrigir a subestimação de passivos

Os exemplos a seguir ilustram alguns desses tipos de subestimação de passivos e as correções que um analista pode fazer para reduzir a tendência nas demonstrações financeiras.

Receitas a apropriar subestimadas

A Hansen Medical Inc. é uma fornecedora norte-americana de robótica médica avançada. Seu Sistema de Cateter Robótico Sensei foi projetado para permitir que os médicos posicionem com precisão, manipulem e controlem os cateteres e tinha conseguido aceitação em hospitais do mundo todo. Normalmente, a propriedade do sistema Sensei é transferida para os consumidores mediante entrega, momento em que as receitas eram reconhecidas. No entanto, um significativo percentual dos contratos de venda para sistemas incluía instalação e treinamento. Nesses casos, como esses serviços eram expressivos, a Hansen diferia todas as receitas dos sistemas até o treinamento e a instalação serem concluídos.

A empresa abriu o capital em 2006 e levantou fundos por meio de ofertas públicas subsequentes em 2008, 2009 e 2010. Durante esse período também foram celebrados contratos fundamentais de parceria com empresas maiores de dispositivos médicos, como a Philips Healthcare e a GE Healthcare. Contudo, após sua Oferta Pública Inicial (IPO), a Hansen consistentemente errava as expectativas dos analistas e gerava prejuízos.

Em outubro de 2009, um delator alegou que a Hansen havia reconhecido as receitas provenientes da venda de alguns de seus sistemas Sensei mediante entrega, antes da conclusão da instalação, configuração e treinamento do sistema. Após a realização de uma investigação, a empresa determinou que seria preciso reformular seus resultados financeiros de 2007, 2008 e da primeira parte de 2009, reduzindo as receitas para esses períodos em $ 7,4 milhões, $ 6,8 milhões somente para 2008. O ajuste necessário para corrigir os dados financeiros de 2008 da Hansen (de acordo com o relatado na sua 10-K) seria conforme a seguir:

1. As vendas declinariam e receitas não apropriadas (incluídas em Outros Passivos Circulantes) aumentariam em $ 6,8 milhões.
2. O Custo das Vendas declinaria e o Custo das Vendas Diferido (incluídos em Outros Ativos Circulantes) aumentaria em $ 2,4 milhões para refletir as vendas menores.
3. Tendo em vista que a Hansen havia reportado prejuízos desde sua criação, a reformulação não afetaria sua situação fiscal, não exigindo nenhum ajuste em Despesa com Impostos ou Impostos Diferidos.

O efeito pleno do ajuste nas demonstrações financeiras de 2008, portanto, seria conforme a seguir:

	Ajuste ($ milhões)	
	Ativos	Passivo e patrimônio líquido
Balanço patrimonial		
Outros ativos circulantes	+2,4	
Outros passivos circulantes		+6,8
Patrimônio dos acionistas ordinários		–4,4
Demonstração de resultado		
Vendas	–6,8	
Custo de vendas	–2,4	
Lucro líquido	–4,4	

A reformulação reduziu as receitas previamente reportadas da Hansen para 2008 em 22% e foi acompanhada por uma queda no preço das ações da empresa de 9% na data de anúncio e de 22% para o mês (*versus* um aumento de 1% para a S&P 500 durante esse mesmo período).

Distorções no patrimônio líquido

A contabilidade trata o patrimônio dos acionistas como uma reivindicação residual sobre os ativos da empresa após pagamento aos outros detentores de direitos. Por conseguinte, distorções de patrimônio decorrem principalmente das distorções nos ativos e passivos. Por exemplo, as distorções nos ativos ou passivos que afetam lucros também conduzem a distorções no patrimônio líquido. No entanto, também podem surgir distorções no patrimônio líquido que não sejam capturadas em uma análise de ativos e passivos. Uma dessas distorções é para títulos híbridos.

Títulos híbridos incluem dívidas conversíveis e dívida com garantias associadas. Esses títulos são parcialmente dívida pura e parcialmente patrimônio líquido. As atuais normas contábeis dos Estados

Unidos não separam esses componentes, geralmente sugerindo que o balanço patrimonial superestima a dívida da empresa e subestima seu patrimônio líquido. Sem ajustar essa distorção, pode ser difícil compreender os verdadeiros riscos financeiros e os retornos para empresas com diferentes tipos de títulos híbridos. Novas normas contábeis que estão sendo consideradas em um projeto conjunto da FASB/IASB provavelmente tratarão dessa questão exigindo que os títulos, como dívidas conversíveis, sejam separados em dois componentes no balanço patrimonial, um componente de dívida e um componente no patrimônio líquido. Cada um seria avaliado pelo seu valor justo na data de emissão. Esta abordagem poderia ser adotada pelo analista.

Exemplos de como corrigir distorções do patrimônio

Ilustramos a distorção do patrimônio líquido que surge da emissão de títulos híbridos e as correções que o analista pode fazer para reduzir a tendência nas demonstrações financeiras.

Títulos híbridos

Em 27 de outubro de 2009, a Navistar International Corp. concluiu uma oferta de $ 550 milhões de 3,0% de Notas Subordinadas Sênior Conversíveis devidas, em 2014. Ao mesmo tempo, a empresa também emitiu $ 1 bilhão em notas sênior sem garantias com uma taxa de juros anual de 8,25%. O prêmio para os direitos de conversão, portanto, era significativo. O valor presente líquido da emissão de conversíveis de $ 550 milhões a uma taxa de desconto de 8,25% é de $ 434 milhões, implicando que o prêmio de conversibilidade valia $ 116 milhões. Uma maneira de ajustar para esse efeito é registrar o componente de dívida em $ 434 milhões e mostrar o prêmio de conversão de $ 116 milhões como parte do Patrimônio Líquido dos Acionistas Ordinários. Juros sobre a dívida seriam então baseados na taxa de cupom de 8,25% da nota *straight* em vez de 3,0% (que reflete o prêmio de conversão).

O efeito desse ajuste sobre as demonstrações financeiras da Navistar em 31 de dezembro de 2009 seria o seguinte:

	Ajuste ($ milhões)	
	Ativos	Passivo e patrimônio líquido
Balanço patrimonial		
Dívidas de longo prazo		−116
Patrimônio dos acionistas ordinários		+116

Dada a alta alavancagem da Navistar, essa mudança gera apenas um modesto aumento na relação entre a dívida de longo prazo e o capital total de 107% para 110%.

COMPARANDO AS EMPRESAS QUE USAM U.S. GAAP E IFRS

No Capítulo 3, discutimos o projeto conjunto de convergência empreendido pelo FASB e pelo IASB que conseguiu reduzir muitas das diferenças entre U.S. GAAP e IFRS. Muitas das diferenças remanescentes provavelmente terão efeitos relativamente pequenos sobre a comparabilidade das demonstrações financeiras, facilitando para os analistas a comparação do desempenho das empresas utilizando diferentes padrões.

Não obstante, poucas diferenças importantes permanecem. Algumas delas resultam de diferenças na maneira que os formuladores das normas estadunidenses e internacionais tenham optado por compensar a relevância e a confiabilidade das informações financeiras. Por exemplo, em um esforço para aumentar a relevância das informações financeiras, o IFRS permite que as empresas reavaliem ativos não financeiros de longo prazo que tenham tido apreciação no valor. Em contraste, o U.S. GAAP coloca um peso maior sobre a confiabilidade das informações financeiras e exclui essas reavaliações para cima. As diferenças também podem refletir fatores fiscais. Por exemplo, o U.S. GAAP requer que as empresas que utilizam o método de avaliação de estoque UEPS para fins fiscais sigam o mesmo método para a elaboração de relatórios financeiros. O UEPS não é utilizado amplamente para fins fiscais fora dos Estados Unidos e não é permitido de acordo com o IFRS.

A Tabela 4-4 mostra algumas das importantes diferenças remanescentes entre U.S. GAAP e IFRS. A tabela também discute os tipos de ajuste que os analistas poderiam fazer para assegurar que as comparações de desempenho das empresas que utilizam os dois padrões sejam expressivas. Esse exercício de ajuste pode ser desafiador, particularmente se as informações sobre os efeitos contábeis não forem evidenciadas. Os ajustes que recomendamos tiram vantagens das informações que provavelmente serão publicamente disponibilizadas, como a reserva de reavaliação de ativos ou a reserva do UEPS para que os dados financeiros das empresas sob o IFRS e sob o U.S. GAAP sejam comparáveis.

TABELA 4-4

Ajuste para diferenças-chave entre IFRS e U.S. GAAP

Tópico de demonstração financeira	Relato de diferença	Ajuste
Reconhecimento de receita Contratos com pagamentos contingentes (exemplo: contratos de pesquisa em que os pagamentos dependem de alcançar os marcos).	Conforme o U.S. GAAP, as receitas não podem ser reconhecidas até que a contingência seja resolvida; o IFRS permite reconhecimento quando a resolução de contingência for provável.	Para empresa sob o IFRS, elimine receitas e créditos reconhecidos antes da resolução de contingência. Ajuste também o custo de vendas/estoque e despesa com impostos/impostos diferidos.
Itens extraordinários	Podem ser reportados separadamente conforme o U.S. GAAP, mas não de acordo com o IFRS, potencialmente afetando a receita operacional.	Ou (a) separe itens extraordinários do resultado operacional para empresas de IFRS ou (b) inclua itens extraordinários nas despesas operacionais para empresas estadunidenses.

(continua)

Tópico de demonstração financeira	Relato de diferença	Ajuste
Contas a receber Recebíveis factorizados (descontados) com coobrigação	Conforme o U.S. GAAP, recebíveis factorizados com coobrigação são registrados como uma venda desde que o controle sobre os recebíveis tenha sido cedido ao financiador e o vendedor tenha experiência na estimativa do valor do passivo de coobrigação. O IFRS tipicamente não permite que recebíveis factorizados com coobrigação sejam reportados como uma venda.	Ou (a) elimine o valor bruto dos recebíveis factorizados e empréstimos no balanço patrimonial da empresa pelo IFRS e mostre a concessão de dívida ruim como uma dívida com coobrigação; ou (b) adicione de volta os recebíveis e os empréstimos para o balanço patrimonial estadunidense da empresa.
Contratos em que os recebimentos em dinheiro são diferidos	O IFRS exige que as receitas diferidas sejam descontadas ao seu valor presente; o U.S. GAAP geralmente não requer que as receitas diferidas sejam descontadas.	Para recebíveis de curto prazo, esse efeito deve ser modesto. Para recebíveis de longo prazo, ajuste os financeiros da empresa sob o IFRS (a) adicionando de volta o desconto para recebíveis e para receitas no ano da venda; e (b) eliminando subsequente receita de juros e reduzindo recebíveis.
Estoque Método de avaliação de estoque	O IFRS não permite a utilização do UEPS como um método de avaliação de estoque, que é permitida conforme o U.S. GAAP.	Ajuste o balanço do estoque da empresa para PEPS usando dados de reserva do UEPS. Ajuste COGS para mudança na reserva do UEPS. Também ajuste o impacto fiscal (despesa com impostos e impostos diferidos).
Reversão de redução ao valor recuperável de ativos	Reversões de reduções no valor do estoque são permitidas sob o IFRS, mas não o são conforme o U.S. GAAP.	Elimine o efeito de reversão de estoque para empresa sob IFRS deduzindo o ganho e reduzindo o valor de estoque.
Ativos de longa vida Avaliação de imobilizado (*plant, property, and equipment* – PP&E)	O IFRS permite que o imobilizado seja avaliado pelo custo histórico ou pelo valor justo; o U.S. GAAP requer mensuração pelo custo histórico.	Elimine as reavaliações de ativos para as empresas de IFRS com reserva de reavaliação.
Redução ao valor recuperável de ativos tangíveis de longa vida e intangíveis de vida finita	De acordo com o U.S. GAAP, um encargo pelo excesso do valor contábil do ativo em relação ao valor justo é registrado quando o valor contábil for maior que o valor dos fluxos de caixa não descontados. Pelo IFRS registra-se o encargo de redução de valor do ativo ao valor recuperável quando o excesso de valor contábil ultrapassar o valor justo ou realizável.	Difícil de ajustar.

(continua)

Tópico de demonstração financeira	Relato de diferença	Ajuste
Reversão da redução ao valor recuperável de ativos tangíveis de vida longa	O U.S. GAAP não permite a reversão da Redução ao Valor Recuperável; o IFRS permite as reversões da Redução ao Valor Recuperável para ativos que não sejam ágio pago por expectativa de rentabilidade futura (*goodwill*).	Elimine o efeito da reversão sobre o ativo para as empresas sob o IRFS
Capitalização de custos de desenvolvimento	O U.S. GAAP requer que custos de desenvolvimento sejam tratados como despesa (exceto custos de desenvolvimento de *software*); o IFRS permite que custos de desenvolvimento sejam capitalizados se atenderem a critérios específicos.	Ou (a) trate como despesa os custos de desenvolvimento capitalizados para a empresa sob IFRS; ou (b) capitalize todos os custos de P&D, com amortização durante a vida útil tanto para empresas sob o U.S. GAAP quanto as sob o IFRS, conforme ilustrado anteriormente neste capítulo.
Capitalização dos custos de campanha de publicidade de resposta direta	O U.S. GAAP requer que certos custos de campanha de publicidade de resposta direta sejam capitalizados e amortizados; e esses custos são tratados como despesa imediatamente conforme IRFS.	Ou (a) trate como despesa os custos de campanha de publicidade de resposta direta para a empresa sob o U.S. GAAP; ou (b) capitalize os custos para empresas sob o IFRS com amortização durante a vida útil.
Passivo e patrimônio líquido Classificação de instrumentos compostos	O U.S. GAAP geralmente exige que instrumentos compostos, como títulos conversíveis, sejam classificados como passivos. O IFRS exige que esses instrumentos sejam separados em componentes de dívida e patrimônio líquido.	Ou (a) reclassifique o instrumento inteiro como patrimônio para a empresa de IFRS; ou (b) separe os dois componentes para a empresa de U.S. GAAP.

Fonte: © Cengage Learning

Exemplos de ajuste para diferenças em U.S. GAAP e IFRS

O exemplo a seguir ilustra algumas das diferenças e os ajustes que um analista pode fazer para melhorar a comparabilidade das demonstrações financeiras de empresas que usam os padrões concorrentes.

Reversões de reduções de valor do ativo ao valor recuperável de ativos de longo prazo

Considere o caso da OZ Minerals, a terceira maior empresa de mineração diversificada da Austrália, a segunda maior produtora de zinco do mundo e uma produtora importante de cobre, chumbo, ouro e prata. A OZ Minerals reporta sob os Padrões Contábeis Australianos, que seguem de perto o IFRS. Em 2010, a empresa anunciou que, como resultado de uma melhoria das perspectivas para a economia global, preços recorde do cobre e a forte produção de sua mina Prominent Hill, ela aumentaria o lucro antes de impostos em 201,1 milhões de dólares australianos (aproximadamente 172 milhões de dólares estadunidenses) com a reversão de uma redução ao valor recuperável em 2008 dos ativos imobilizados (*plant, property, and equipment* – PP&E) da Prominent Hill. Essa reversão da redução ao valor recuperável aumentou o lucro antes de impostos da OZ Minerals em 44% para o ano.

Como mostrado na Tabela 4-4, as reversões da redução ao valor recuperável (*impairment*) são permitidas pelo IFRS, mas não pelo U.S. GAAP. Um analista, comparando o desempenho da OZ Minerals com o de mineradoras baseadas nos Estados Unidos, como a Freeport-McMoRan Copper & Gold Inc., uma grande produtora de cobre que também assumiu um significativo encargo de redução ao valor recuperável (*impairment*) em 2008, poderia, portanto, adicionar de volta a reversão ao lucro da OZ Minerals (com um ajuste para efeitos fiscais) conforme a seguir:

	Milhões de dólares australianos	
	Ativos	**Passivo e patrimônio líquido**
Balanço patrimonial		
Ativos tangíveis de longo prazo	−201,1	
Passivo fiscal diferido		−60,0
Patrimônio dos acionistas ordinários		−141,1
Demonstração de resultado		
Reversão da redução ao valor recuperável		−201,1
Despesa com impostos (relatada pela OZ)		−60,0
Lucro líquido		−141,1

O fato de adicionar de volta a reversão da redução ao valor recuperável reduz o retorno sobre patrimônio (ROE) da OZ Minerals de 18,4% para 13,9%.

Avaliação do estoque pelo UEPS

A Caterpillar Inc. é a líder mundial fabricante de máquinas de construção e mineração e equipamentos relacionados. Em 2010, a Caterpillar usou o método de avaliação "último que entra, primeiro que sai" (UEPS) para aproximadamente 70% do seu estoque. Um analista que quisesse comparar a Caterpillar com a concorrente europeia CNH Global N.V. (que reporta usando o IFRS) poderia ajustar o estoque da Caterpillar para custo aproximado usando o método "primeiro que entra, primeiro que sai" (PEPS), uma vez que o IFRS não permite a utilização do UEPS. A Caterpillar reporta sua reserva UEPS (o excesso de custos atuais estimados sobre o valor contábil pelo UEPS) como $ 2.575 bilhões em 2010 e $ 3.022 bilhões em 2009. Os seguintes ajustes aos dados financeiros da Caterpillar refletem o efeito cumulativo da utilização do UEPS no final do exercício fiscal de 2009 e o impacto incremental para o exercício fiscal de 2010:

1) Adicione a reserva de UEPS da Caterpillar no final do exercício fiscal de 2009, $ 3.022 bilhões, ao seu saldo de estoque no final de 2009, para revalorizar o estoque para o PEPS.

2) O ajuste cumulativo do estoque também aumenta o patrimônio líquido no final do exercício fiscal de 2009 e exigirá um ajuste do passivo fiscal diferido. Dada a alíquota de imposto da Caterpillar de 35%, esse efeito é de $ 1.058 bilhão.

3) Para fazer o ajuste incremental para o exercício fiscal de 2010, o analista baixará o estoque em $ 447 milhões para refletir o declínio na reserva do UEPS para o ano ($ 2.575 bilhões – $ 3.022 milhões) e aumentará o custo dos produtos vendidos. Esse aumento no custo será compensado por um declínio na despesa com impostos em $ 156 milhões ($ 447 milhões × alíquota de imposto de 35%) e um declínio em passivo fiscal diferido. O impacto sobre o lucro líquido e sobre o patrimônio, portanto, é de $ 291 milhões (–$ 447 milhões + $ 156 milhões).

Exercício fiscal encerrado ($ em milhões)	31 de dezembro de 2010		31 de dezembro de 2009	
	Ativos	Passivos e patrimônio líquido	Ativos	Passivos e patrimônio líquido
Balanço patrimonial				
Estoques	–447		+3.022	
Passivo fiscal diferido		–156		+1.058
Patrimônio líquido dos acionistas ordinários		–291		+1.964
Demonstração de resultado				
Custo dos produtos vendidos	+447			
Despesa fiscal	–156			
Total de despesas	+291			
Lucro líquido	–291			

A Caterpillar reporta giro de estoque (custo dos produtos vendidos dividido pelo estoque médio) de 3,8 para 2010, o mesmo reportado pela sua concorrente, a CNH. No entanto, após reformular os dados financeiros da Caterpillar pelo PEPS, seu giro declina para 2,9, indicando que seu desempenho esteve abaixo do de sua concorrente.

Recebíveis descontados fora do balanço patrimonial com coobrigação

A Tecumseh Products Company é uma fabricante global de compressores de refrigeração e ar-condicionado para aplicações residenciais e comerciais. Ela dispõe de instalações de fabricação e montagem nos Estados Unidos, no Brasil, na França, na Índia, no Canadá, no México, na Malásia e na China.

A subsidiária brasileira e a indiana da empresa periodicamente descontavam seus recebíveis em instituições financeiras, com e sem coobrigação. A venda de recebíveis com coobrigação cria um passivo contingente. A Tecumseh reportou que em 2010 os recebíveis vendidos com "passivo de coobrigação limitada" somavam $ 19,4 milhões, 15% de recebíveis reportados.

Tendo em vista que a Tecumseh é uma empresa estadunidense, ela mostrará os recebíveis descontados com coobrigação como vendidos. Portanto, o financiamento não aparecerá no seu balanço patrimonial como um empréstimo, e seus recebíveis serão excluídos dos ativos circulantes. Em contraste, outras empresas do setor que usam o IFRS, como a Ingersoll-Rand PLC, uma empresa com sede na Irlanda, e a Sandvik AB da Suécia, mostram recebíveis descontados e empréstimos em seus balanços patrimoniais. Um analista, comparando a Tecumseh com uma dessas concorrentes, portanto, poderia decidir reformular os dados financeiros da Tecumseh para adicionar de volta os recebíveis com coobrigação vendidos no balanço patrimonial da Tecumseh conforme a seguir:

	Ajuste para 31 de dezembro de 2010 ($ milhões)	
	Ativos	Passivo e patrimônio líquido
Balanço patrimonial		
Outra dívida de curto prazo de ativos circulantes	+19,4	+19,4

Em uma base não ajustada, a Tecumseh parece administrar seus recebíveis de modo mais próximo ao de suas concorrentes europeias, com o período de recebimento dos recebíveis de 50,0 em comparação a 56,3 para a Sandvik e 60,8 para a Ingersoll-Rand. Contudo, quando os recebíveis descontados forem adicionados de volta às contas a receber da Tecumseh no fim de 2010, o período de recebimento de recebíveis aumenta para 57,5 em comparação aos seus pares.

Fonte: © Cengage Learning, 2013.

APLICAÇÃO À TJX E À NORDSTROM

Vamos voltar à comparação entre a TJX e a Nordstrom discutida no Capítulo 2. Qualquer um dos ajustes contábeis discutidos neste capítulo é relevante para entender o desempenho relativo da TJX e da Nordstrom? Faria sentido para um analista que acompanha as duas empresas fazer qualquer um dos ajustes?

Uma diferença contábil potencialmente importante é que a TJX virtualmente arrenda todas as suas lojas usando arrendamentos operacionais enquanto uma porção significativa das lojas da Nordstrom é própria ou é arrendada conforme arrendamentos financeiros. Como resultado, a TJX omite muito mais de seus ativos críticos e obrigações de arrendamento do seu balanço patrimonial do que a Nordstrom, tornando desafiadora a comparação do grau da intensidade de ativos e alavancagem financeira das duas empresas.

Para avaliar como a diferença em posse/arrendamento de loja afeta o desempenho financeiro da TJX e da Nordstrom, o analista pode usar as informações sobre os compromissos de arrendamento apresentados nas notas explicativas das demonstrações financeiras para estimar o valor de ativos e passivos omitidos do balanço patrimonial. A propriedade arrendada é subsequentemente depreciada durante a vida do arrendamento e os pagamentos de arrendamento são tratados como reembolso de juros e dívida. Mostramos esses cálculos para TJX abaixo e apresentamos ajustes comparáveis para arrendamentos operacionais da Nordstrom no Apêndice B.

Para estimar o valor de ativos e passivos de arrendamento operacional, usamos informações sobre os pagamentos mínimos futuros de arrendamento operacional fornecidos pela TJX nas notas explicativas da sua demonstração financeira. Para os anos encerrados em 29 de janeiro de 2011 e 30 de janeiro de 2010, esses valores são conforme a seguir:

Ano encerrado (em milhares)	29 de janeiro de 2011	30 de janeiro de 2010
Menos de 1 ano	$ 1.092.709	$ 1.005.366
1 a 3 anos	1.938.020	1.771.055
3 a 5 anos	1.464.690	1.307.773
Mais do que 5 anos	2.304.674	1.610.867
Total	$ 6.800.093	$ 5.695.061

A TJX estimou que o valor presente líquido das suas obrigações de arrendamento mínimas futuras era de $ 5.572,6 milhões em 29 de janeiro de 2011 e $ 4.450,2 milhões em 30 de janeiro de 2010. Além disso, ela reportou que a taxa de juros média sobre sua dívida de longo prazo era de 5,5%. Com base nos dados sobre prazos gerais de arrendamento fornecidos nas demonstrações financeiras, assumimos que o prazo de arrendamento médio é de 15 anos. Com essas informações, o analista pode fazer os seguintes ajustes nos balanços patrimoniais iniciais e finais da TJX e na sua demonstração de resultado para o ano encerrado em 29 de janeiro de 2011.

1. Capitalizar o valor líquido presente das obrigações de arrendamento mínimo em 30 de janeiro de 2010, aumentando os Ativos Tangíveis de Longo Prazo e a Dívida de Longo Prazo em $ 4.450,2 milhões.[18]

2. Calcular o valor de qualquer mudança em ativos e passivos de arrendamento durante o ano com base em novas transações ou rescisões de arrendamento. Em 30 de janeiro de 2010, o passivo da TJX por compromissos de arrendamento operacional em 2011 e além era de $ 4.450,2 milhões. Durante 2010, a empresa esperava restituir $ 1.005,4 milhão de dólares (conforme a programação acima), composto por $ 244,8 milhões de juros (5,5% de $ 4.450,2 milhões) e o remanescente de $ 760,6 milhões retirados do passivo de arrendamento. Se novos compromissos de arrendamento não tivessem sido adicionados durante o ano, o passivo de arrendamento operacional, em 29 de janeiro de 2011, teria sido de $ 3.689,6 milhões ($ 4.450,2 milhões – $ 760,6 milhões). No entanto, o compromisso de arrendamento real da TJX, em 29 de janeiro de 2011, era de $ 5.572,6 milhões, indicando

que ela aumentara sua capacidade de loja arrendada em $ 1.883,0 milhão. Os Ativos Tangíveis de Longo Prazo da TJX e a Dívida de Longo Prazo, portanto, aumentaram em $ 1.883,0 milhão durante 2010 como resultado de novos compromissos de arrendamento líquidos.

3. Registrar a mudança no valor do ativo arrendado e a despesa de depreciação durante o ano. Usando uma vida de quinze anos e a depreciação linear, a despesa de depreciação para 2010 (incluída no Custo de Vendas) é de $ 359,4 milhões {[$ 4.450,2 bilhões + ($ 1.883,0 bilhões/2)]/15}.

4. Adicionar de volta a despesa de arrendamento na demonstração de resultado, incluindo no Custo das Vendas, e repartir o pagamento entre a Despesa com Juros e o reembolso da Dívida de Longo Prazo. Conforme mencionado anteriormente, a despesa de arrendamento é de $ 1.005,4 bilhão. Conforme observado acima, isto reflete $ 244,8 milhões ($4.450,2 bilhões × 5,5%) mostrados como Despesa com Juros e os $ 760,6 milhões restantes alocados para retirada do passivo total de arrendamento operacional.

5. Fazer mudanças no Passivo Fiscal Diferido para refletir as diferenças nos ganhos conforme os métodos financeiro e operacional. Se ela capitalizar arrendamentos operacionais, as despesas da TJX serão de $ 604,2 milhões ($ 359,4 bilhões de despesa de depreciação mais $ 244,8 milhões de despesa de juros) *versus* $ 1.005,4 milhão, conforme o método operacional, uma diferença de $ 401,2 milhões. A TJX não alterará seus livros fiscais, mas para fins de relatório financeiro, ela mostrará ganhos maiores antes de impostos e assim uma Despesa Fiscal maior por meio de impostos diferidos. Devido a uma alíquota de imposto de renda de 35%, a Despesa Fiscal aumentará em $ 140,4 milhões ($ 401,2 milhões × 0,35) e o Passivo Fiscal Diferido aumentará no mesmo valor para o exercício encerrado em 29 de janeiro de 2011.

Em resumo, os ajustes das demonstrações financeiras da TJX em 30 de janeiro de 2010 e em 29 de janeiro de 2011 são conforme a seguir:

	Ajuste ($ bilhões) 29 de janeiro de 2010		Ajuste ($ bilhões) 30 de janeiro de 2009	
	Ativos	Passivos e patrimônio líquido	Ativos	Passivos e patrimônio líquido
Balanço patrimonial				
Ativos tangíveis de longo prazo	(1) +4.450,2		(1) +4.450,2	
	(2) +1.883,0			
	(3) −359,4			
Dívida de longo prazo		(1) +4.450,2		(1) +4.450,2
		(2) +1.883,0		
		(4) −760,6		
Impostos diferidos		(5) +140,4		
Patrimônio líquido dos acionistas		+260,8		

Demonstração de resultado

Custo de vendas	(3)	+359,4
	(4)	–1.005,4
Despesa líquida com juros	(4)	+244,8
Despesa fiscal	(5)	+140,4
Aumento total na despesa		–260,8
Lucro líquido		+260,8

O aumento tanto nos saldos de ativo e passivo de longo prazo da TJX quanto no impacto da demonstração de resultado resultante do ajuste anterior altera significativamente muitos dos indicadores financeiros que um analista usa para entender e categorizar o desempenho de uma empresa. No próximo capítulo, estudaremos indicadores detalhadamente, comparando a TJX e a Nordstrom tanto numa base ajustada quanto não ajustada.

RESUMO

Para implementar a análise contábil, o analista deve primeiro reformular as demonstrações financeiras em um formato comum para que a terminologia da demonstração financeira e a formatação sejam comparáveis entre as empresas e ao longo do tempo. Um modelo padrão de reformulação dos dados financeiros, apresentado neste capítulo, é usado em todo o restante do livro.

Assim que as demonstrações financeiras forem padronizadas, o analista pode determinar quais distorções contábeis existem nos ativos, nos passivos e no patrimônio líquido da empresa. Distorções comuns que superestimam os ativos incluem atrasos no reconhecimento de reduções ao valor recuperável de ativos, reservas subestimadas, reconhecimento agressivo de receita, levando a recebíveis superestimados e suposições otimistas sobre depreciação de ativo de longo prazo. Subestimações dos ativos podem surgir se os gestores superestimarem depreciações dos ativos, usarem arrendamentos operacionais para manter os ativos fora do balanço patrimonial ou fizerem suposições conservadoras para depreciação de ativos. Elas também podem ocorrer porque as normas contábeis exigem que desembolsos para ativos fundamentais (exemplo: P&D e marcas) sejam imediatamente feitos. Para os passivos, a preocupação fundamental é se a empresa subestima seus compromissos reais. Isso pode se originar dos passivos fora do balanço (exemplo: obrigações de arrendamento operacional) e do reconhecimento agressivo da receita que subestima as obrigações de receita a apropriar. Distorções de patrimônio líquido frequentemente surgem quando há distorções nos ativos e nos passivos. Contudo, elas também podem acontecer se as empresas emitirem títulos híbridos.

Portanto, ajustes das distorções podem surgir porque os padrões contábeis, embora aplicados adequadamente, não refletem a realidade econômica de uma empresa. Eles também podem surgir se o analista tiver um ponto de vista diferente daquele que têm os gestores sobre as estimativas e as suposições feitas durante a elaboração das demonstrações financeiras. Por fim, os ajustes podem ser necessários para o analista tentar comparar o fato de as empresas prepararem seus relatórios conforme diferentes normas contábeis (amplamente representadas como U.S. GAAP e IFRS) com o propósito de garantir que os dados a ser analisados sejam comparáveis.

Assim que distorções tenham sido identificadas, o analista pode usar as notas explicativas e as informações da declaração de fluxo de caixa para fazer ajustes no balanço patrimonial no início e/ou no final do exercício corrente, bem como quaisquer ajustes necessários para receitas e despesas na demonstração de resultado recente. Isso garantirá que os indicadores financeiros mais recentes utilizados para avaliar o desempenho de uma empresa e prever seus resultados futuros sejam baseadas em dados financeiros que reflitam adequadamente o contexto econômico da empresa.

Vários pontos merecem ser lembrados ao realizar a análise contábil. Primeiro, o tempo e a energia do analista deveriam estar concentrados na avaliação e ajuste das políticas e estimativas contábeis que descrevem os direcionadores de valor-chave estratégicos da empresa. Certamente, isso não significa que outras fontes de viés por parte dos gestores não estejam refletidas em outras estimativas e políticas contábeis e o analista certamente deve examiná-las, mas devido à importância de avaliar como a empresa está administrando seus fatores-chave de sucesso e riscos, a maior parte da análise contábil deve ser concentrada no exame dessas políticas que representam esses fatores-chave e riscos.

Também é importante reconhecer que muitos ajustes contábeis só podem ser aproximações em vez de cálculos precisos, uma vez que grande parte das informações necessárias para fazer ajustes precisos não é divulgada. Portanto, o analista deve tentar evitar se preocupar em ser exageradamente preciso ao fazer ajustes contábeis. Ao fazer até mesmo ajustes grosseiros, normalmente é possível mitigar algumas das limitações dos padrões contábeis e problemas de viés da gestão nos relatórios financeiros.

QUESTÕES PARA DISCUSSÃO

1. Use os modelos mostrados nas Tabelas 4-1, 4-2 e 4-3 para reformular as seguintes demonstrações financeiras da Nordstrom, Inc.

Balanços patrimoniais consolidados da Nordstrom, Inc. (em milhões)

	29 de janeiro de 2011	30 de janeiro de 2010
Ativos		
Ativos circulantes		
Caixa e equivalentes de caixa	$ 1.506	$ 795
Contas a receber líquidas	2.026	2.035
Estoques de mercadorias	977	898
Ativos fiscais circulantes diferidos líquidos	236	238
Despesas antecipadas e outras	79	88
Total de ativos circulantes	4.824	4.054

(continua)

Balanços Patrimoniais Consolidados da Nordstrom, Inc. (em milhões)

	29 de janeiro de 2011	30 de janeiro de 2010
Imobilizado (líquido de depreciação acumulada de $ 3.520 e $ 3,316)	2.318	2.242
Goodwill	53	53
Outros ativos	267	230
Total de ativos	$ 7.462	$ 6.579
Passivos e patrimônio líquido dos acionistas		
Passivos circulantes		
Contas a pagar	$ 846	$ 726
Salários provisionados e benefícios relacionados	375	336
Outros passivos circulantes	652	596
Parte corrente da dívida de longo prazo	6	356
Total dos passivos circulantes	1.879	2.014
Dívida de longo prazo líquida	2.775	2.257
Incentivos de propriedade diferidos líquidos	495	469
Outros passivos	292	267
Compromissos e contingências		
Patrimônio dos acionistas		
Ação ordinária, sem valor nominal:		
1.000 ações autorizadas; 218,0 e 217,7 ações emitidas	1.168	1.066
Lucros retidos	882	525
Outra perda abrangente acumulada	(29)	(19)
Total do patrimônio dos acionistas	2.021	1.572
Total dos passivos e patrimônio dos acionistas	$ 7.462	$ 6.579

Fonte: Nordstrom, Inc. SEC 10-K registrado em 18 de março de 2011.

Declarações de Ganhos Consolidados da Nordstrom, Inc. (em milhões)

Exercício fiscal	2010	2009	2008
Vendas líquidas	$ 9.310	$ 8.258	$ 8.272
Receitas de cartão de crédito	390	369	301
Total das receitas	9.700	8.627	8.573
Custos das vendas e custos relacionados de ocupação e compras	(5.897)	(5.328)	(5.417)

(*continua*)

Exercício fiscal	2010	2009	2008
Despesas de vendas, gerais e administrativas:			
Varejo	(2.412)	(2.109)	(2.103)
Crédito	(273)	(356)	(274)
Lucro antes de juros e imposto de renda	1.118	834	779
Despesas com juros líquidas	(127)	(138)	(131)
Lucro antes de imposto de renda	991	696	648
Despesa com imposto de renda	(378)	(255)	(247)
Lucro líquido	$ 613	$ 441	$ 401

Fonte: Nordstrom, Inc. SEC 10-K registrado em 18 de março de 2011.

Declarações consolidadas dos fluxos de caixa da Nordstrom, Inc. (em milhões)

Exercício fiscal	2010	2009	2008
Atividades operacionais			
Lucro líquido	$ 613	$ 441	$ 401
Ajustes para reconciliar lucro líquido ao caixa líquido fornecidos pelas atividades operacionais:			
Depreciação e amortização de prédios e equipamentos	327	313	302
Amortização de incentivos de propriedade diferidos e outros líquidos	(54)	(42)	(21)
Impostos de renda diferidos líquidos	2	(58)	(36)
Despesa de remuneração baseada em ações	42	32	28
Benefício fiscal da remuneração baseada em ações	15	6	3
Benefício fiscal em excesso da remuneração baseada em ações	(16)	(7)	(4)
Provisão para despesa com incobráveis	149	251	173
Mudança em ativos e passivos operacionais:			
Contas a receber	(74)	(159)	(93)
Estoques de mercadorias	(80)	(1)	53
Despesas antecipadas e outros ativos	1	(38)	38
Contas a pagar	72	168	16
Provisão para salários e benefícios relacionados	37	120	(54)
Outros passivos circulantes	42	81	(48)
Incentivos de propriedade diferidos	95	96	119
Outros passivos	6	48	(29)
Caixa líquido das atividades operacionais	1.177	1.251	848

(continua)

Exercício fiscal	2010	2009	2008
Atividades de investimento			
Gastos com investimentos de capital	(399)	(360)	(563)
Mudança nos recebíveis de cartão de crédito			
originados em terceiros	(66)	(182)	(232)
Outros líquidos	3	1	3
Caixa líquido das atividades de investimento	(462)	(541)	(792)
Atividades de financiamento			
(Reembolsos) lucros de captações de			
commercial papers	–	(275)	275
Lucros de empréstimos de longo prazo			
líquidos de descontos	498	399	150
Pagamentos do principal de empréstimos			
de longo prazo	(356)	(25)	(410)
Aumento nos saques a descoberto no livro caixa	37	9	20
Dividendos em dinheiro pagos	(167)	(139)	(138)
Recompra de ações ordinárias	(84)	–	(264)
Lucros do exercício de opção de ação	35	21	13
Lucros do plano de compra de ação de funcionário	13	13	17
Benefício fiscal em excesso da remuneração			
baseada em ações	16	7	4
Outros líquidos	4	3	(9)
Caixa líquido (usado em) das atividades financeiras	(4)	13	(342)
Aumento líquido (diminuição) de caixa e			
equivalentes de caixa	711	723	(286)
Caixa e equivalentes de caixa no início			
do exercício	795	72	358
Caixa e equivalentes de caixa no final			
do exercício	$ 1.506	$ 795	$ 72

Fonte: Nordstrom, Inc. SEC 10-K registrado em 18 de março de 2011.

2. Consulte o exemplo da Creative Technology sobre atraso nos ajustes em valores de ativos circulantes. Quanto de excesso de estoque você estima que a Creative Technology esteja mantendo em março de 2005 se o prazo ótimo de dias de estocagem da empresa é de 100 dias? Calcule a redução ao valor recuperável do estoque da Creative Technology se 50% desse excesso de estoque for considerado inútil. Registre as mudanças nas demonstrações financeiras da Creative Technology com base no ajuste dessa redução ao valor recuperável.

3. A American International Group, Inc. (AIG), baseada nos Estados Unidos, é uma das maiores companhias de seguros do mundo que oferecem seguros patrimoniais, contra acidentes, de vida e aposentadoria para clientes em mais de 130 países. No seu relatório 10-K de 2010

à SEC, ela divulga as seguintes informações sobre reservas para prejuízos criadas para obrigações originadas em 2000:

	(em milhões)
Reservas líquidas detidas em 2000:	$ 26.971
Passivo líquido cumulativo pago em:	
Um ano depois	$ 9.709
Dois anos depois	17.149
Três anos depois	21.930
Quatro anos depois	26.090
Cinco anos depois	29.473
Seis anos depois	32.421
Sete anos depois	34.660
Oito anos depois	36.497
Nove anos depois	38.943
Dez anos depois	40.153
Reservas líquidas para 2000 reestimadas em:	
Um ano depois	$ 26.979
Dois anos depois	30.696
Três anos depois	32.732
Quatro anos depois	36.210
Cinco anos depois	41.699
Seis anos depois	43.543
Sete anos depois	44.475
Oito anos depois	45.767
Nove anos depois	47.682
Dez anos depois	50.422
Redundância líquida (deficiência)	$ (23.451)

A estimativa inicial para reservas para perdas originadas em 2000 foi muito baixa ou muito alta? Como a empresa atualizou sua estimativa dessa obrigação ao longo do tempo? Qual porcentagem do passivo original permanece em aberto para reivindicações de 2000 no final de 2010? Como analista financeiro, que perguntas você faria ao CFO sobre seu passivo de 2000?

4. A AMR, a matriz da American Airlines, fornece as seguintes informações em notas explicativas sobre seus arrendamentos financeiros e operacionais:

As subsidiárias da AMR arrendam vários tipos de equipamento e propriedade, principalmente aeronaves e instalações aeroportuárias. Os futuros pagamentos mínimos de arrendamento requeridos conforme arredamentos financeiros, juntamente com o valor atual desses pagamentos, e pagamentos mínimos futuros de arrendamento requeridos, conforme arrendamentos operacionais que tenham prazos de arrendamento não canceláveis restantes acima de um ano em 31 de dezembro de 2010 foram (em milhões):

Ano encerrado em 31 de dezembro	Arrendamentos financeiros	Arrendamentos operacionais
2011	$ 186	$1.254
2012	136	1.068
2013	120	973
2014	98	831
2015	87	672
2016 e posteriormente	349	6.006
	$ 976	$ 10.804
Menos valor representando juros	$ 372	
Valor presente dos pagamentos mínimos de arrendamento líquidos	$ 604	

A AMR também divulgou que os "prazos de arrendamento variam, mas geralmente são de 6 a 25 anos para aeronaves e 7 a 40 anos para outras propriedades e equipamentos arrendados". Assumindo que todos os arrendamentos sejam para aeronaves com um prazo médio de arrendamento de 15 anos, qual taxa de juros a AMR usa para capitalizar seus arrendamentos financeiros? Use essa taxa para capitalizar os arrendamentos operacionais da AMR em 31 de dezembro de 2010. Registre o ajuste no balanço patrimonial da AMR para refletir a capitalização dos arrendamentos operacionais. Como essa alteração nos relatórios afetaria a Demonstração de Resultado da AMR em 2011?

5. Em 2011, a Tata tornou-se a primeira marca indiana a ser listada como uma das 50 maiores marcas globais do Relatório Global 500 de 2011 da *Brand Finance*, que atribuiu à marca Tata um valor de $ 15,8 bilhões. Que abordagens você usaria para estimar o valor da marca? Em quais pressupostos essas abordagens se baseiam? Como analista financeiro, o que você utilizaria para avaliar se o valor da marca atribuído pela *Brand Finance* foi um reflexo razoável dos benefícios futuros dessa marca? Quais questões você levantaria com o CFO da empresa sobre os ativos de marca da empresa?

6. Como CFO de uma empresa, quais indicadores você examinaria para avaliar se os ativos de longo prazo da sua empresa tiveram redução ao valor recuperável (*impairment*)? Que abordagens poderiam ser usadas, pela gestão ou por uma empresa de avaliação independente, para avaliar o valor em dólares de qualquer redução ao valor recuperável dos ativos? Como analista financeiro, quais indicadores você examinaria para avaliar se os ativos de longo prazo da sua empresa tiveram redução ao valor recuperável? Quais questões você levantaria com o CFO da empresa sobre quaisquer encargos assumidos pela redução ao valor recuperável?

7. A indústria de cigarros está sujeita a litígios por riscos à saúde criados por seus produtos. O setor tem estado em um processo contínuo de negociação de acerto dessas reivindicações com os governos federal e estadual. Como CFO do Altria Group, matriz da Philip Morris, uma das maiores empresas no setor, quais informações você reportaria aos investidores no relatório anual sobre os riscos de litígio da empresa? Como você avaliaria se a empresa deveria registrar um passivo para esse risco e, em caso afirmativo, qual abordagem você usaria para avaliar o valor desse passivo? Como analista financeiro acompanhando a Altria, que questões você levantaria com o CEO sobre o passivo de litígio da empresa?

8. Consulte o exemplo da Lufthansa sobre estimativas de depreciação de ativos. Quais ajustes seriam necessários se a depreciação de aeronaves da Lufthansa fosse computada usando uma vida média de 25 anos e valor recuperável de 5% (em vez dos valores relatados de 12 anos e 15%)? Mostre os ajustes para o balanço patrimonial de 2008 e 2009 e a demonstração de resultados de 2009.

9. No início de 2003, a Bristol-Myers Squibb anunciou que teria de reformular suas demonstrações financeiras como resultado do inchaço de armazéns de atacadistas de produtos no valor de $ 3,35 bilhões de 1999 a 2001. As vendas e o custo de vendas da empresa durante esse período foram conforme a seguir:

($ milhões)	2001	2000	1999
Vendas líquidas	$ 18.139	$ 17.695	$ 16.502
Custo dos produtos vendidos	5.454	4.729	4.458

A alíquota de imposto marginal da empresa durante os três anos foi de 35%. Quais ajustes são necessários para corrigir o balanço patrimonial da Bristol-Myers Squibb de 31 de dezembro de 2001? Quais pressupostos formam a base de seus ajustes? Como você acha que os ajustes afetariam o desempenho da Bristol-Myers Squibb nos próximos anos?

Notas

1. Se a principal fonte de receita de uma empresa provém de aluguéis, a renda de aluguel será classificada como Vendas, em vez de Receita de Investimento.
2. A IASB e a FASB atualmente estão considerando uma proposta de todos os compromissos de arrendamento serem capitalizados e mostrados como um ativo e um passivo sobre o balanço patrimonial do locatário.
3. N.R.T.: No Brasil, pelo CPC 04 o tratamento contábil dos ativos intangíveis e dos gastos com pesquisa e desenvovimento: "Durante a fase de pesquisa de projeto interno, a entidade não está apta a demonstrar a existência de ativo intangível que gerará prováveis benefícios econômicos futuros. Portanto, tais gastos devem ser reconhecidos como despesa quando incorridos."
4. Consulte P. Healy, S. Myers e C. Howe, Contabilidade de P&D e troca entre relevância e objetividade, *Jornal de Pesquisa de Contabilidade,* 40 (jun. 2002): 677-711, para uma análise do valor da capitalização de P&D e, em seguida, avalie a redução ao valor recuperável anualmente.
5. N.R.T.: No Brasil, o CPC 01 estabelece procedimentos que a entidade deve aplicar para assegurar que seus ativos estejam registrados contabilmente por valor que não exceda seus valores de recuperação (*impairment*).
6. J. Elliott e D. Hanna verificaram que o mercado prevê grandes ajustes em aproximadamente um quarto, consistente com a relutância dos gestores em assumir ajustes oportunamente. Consulte Depreciações

CAPÍTULO 4 IMPLEMENTAÇÃO DA ANÁLISE CONTÁBIL

contábeis repetidas e o conteúdo de informações de ganhos, *Jornal de Pesquisa de Contabilidade* 34, Suplemento, 1996.

7. J. Francis, D. Hanna e L. Vincent verificaram que é mais provável para a gestão exercer o julgamento no seu autointeresse para ajustes da expectativa de rentabilidade futura (*goodwill*) e encargos de reestruturação do que para estoque ou depreciações de imobilizado (PP&E). Consulte Causas e efeitos das depreciações discricionárias de ativos, *Jornal de Pesquisa em Contabilidade* 34, Suplemento, 1996.

8. P. Healy, K. Palepu e R. Ruback descobrem que aquisições agregaram valor para apenas um terço das 50 maiores aquisições durante o início da década de 1980, sugerindo que os compradores frequentemente não recuperam o valor da expectativa de rentabilidade futura (*goodwill*). Consulte Quais aquisições são lucrativas – estratégicas ou financeiras? *Revisão de Gestão Sloan*, verão de 1997.

9. N.R.T.: No Brasil, o CPC 06: Operações de Arrendamento Mercantil indica o tratamento contábil para as operações de arrendamento mercantil e esse pronunciamento está correlacionado às Normas Internacionais de Contabilidade – IAS 17 (BV2010)

10. Os gestores podem evitar a capitalização de arrendamentos assumindo ativos de longa vida (que se aproximam de 75% da regra de vida do ativo) e elevadas taxas de desconto (para evitar a violação de 90% da regra atual de valor). A pesquisa indica que algumas empresas responderam à adoção da SFAS 13, que alterou as regras de capitalização de arrendamento, pela habilitação de transações para evitar ter de capitalizar arrendamentos. Veja E. Imhoff e J. Thomas, Consequências econômicas das normas contábeis: mudança da regra de divulgação de arrendamento, *Jornal de Contabilidade e Economia* 10 (dez. 1988): 277-311; e S. El-Gazzar, S. Lilien e V. Pastena, Contabilidade de arrendamentos por locatários, *Jornal de Contabilidade e Economia* 8 (out. 1986): 217-238. A FASB tem respondido pela emissão de dez normas sobre arrendamento, cinco interpretações, dez boletins técnicos e 27 EITFs, muitos projetados para reduzir a capacidade dos gestores de evitar capitalização dos arrendamentos.

11. E. Imhoff, R. Lipe e D. Wright mostram que os ajustes para capitalizar os arrendamentos operacionais possuem um impacto significativo sobre a alavancagem e outros indicadores financeiros fundamentais. Consulte Arrendamentos operacionais: impacto da capitalização construtiva, *Horizontes de Contabilidade* 5 (mar. 1991): 51-64.

12. N.R.T.: A norma brasileira (CPC 06) está alinhada com o IAS-17.

13. Consulte P. Healy, S. Myers e C. Howe, Contabilidade de P&D e troca entre relevância e objetividade, *Jornal de Pesquisa de Contabilidade* 40 (jun. 2002): 677-711, que mostram que a magnitude dessa tendência é mensurável.

14. Veja B. Bublitz e M. Ettredge, As informações em desembolso discricionários: publicidade, pesquisa e desenvolvimento, *A Revisão Contábil* 64 (1989): 108-124; S. Chan, J. Martin e J. Kensinger, Gastos com pesquisa e desenvolvimento corporativos e valor de ação, *Jornal de Economia Financeira* 26 (1990): 255-276; R. Dukes, Uma investigação dos efeitos da declaração dos custos de pesquisa e desenvolvimento como despesa sobre preços de títulos, nos processos da conferência sobre pesquisa tópica em contabilidade (Universidade de Nova York, 1976); J. Elliott, G. Richardson, T. Dyckman e R. Dukes, O impacto da SFAS n. 2 sobre despesas da empresa em pesquisa e desenvolvimento: repetições e extensões, *Jornal de Contabilidade* 22 (1984): 85-102; M. Hirschey e J. Weygandt, Política de amortização para publicidade e despesas de pesquisa e desenvolvimento, *Jornal de Pesquisa em Contabilidade* 23 (1985): 326-335; C. Wasley e T. Linsmeier, Exame adicional das consequências econômicas da SFAS n. 2, *Jornal de Pesquisa em Contabilidade* 30 (1992): 156-164; E. Eccher, Discussão da relevância do valor de intangíveis: O caso de capitalização de software, *Jornal de Pesquisa em Contabilidade* 36 (1998): 193-198; B. Lev e T. Sougiannis T., A capitalização, amortização e relevância de valor de P&D, *Jornal de Contabilidade e Economia* 21 (1996): 107-138; e D. Aboody e B. Lev, A relevância de valor dos intangíveis: o caso da capitalização de software (trabalho, Universidade da Califórnia, 1998).

15. Consulte *Relatório Anual de 2009* da Lufthansa (Colônia, Alemanha: Deutsche Lufthansa AG, 2010) e *Air France-KLM 2009-10 Documento de Referência* (Paris, França: Air France-KLM, 2010).

16. *Relatório Anual 2009*, Lufthansa (Colônia, Alemanha: Deutsche Lufthansa AG, 2010).

17. M. Barth e M. McNichols discutem maneiras para os investidores estimarem o valor do passivo ambiental. Consulte Estimativa da avaliação de mercado de passivos ambientais relativa a locais de superfundos, *Jornal de Pesquisa em Contabilidade* 32, Suplemento, 1994.

18. Quando uma empresa registra um arrendamento financeiro, o Ativo Tangível de Longo Prazo é igual à Dívida de Longo Prazo apenas no início. Posteriormente, os dois números são desiguais porque o ativo é reduzido pela despesa de depreciação enquanto a dívida é reduzida pelo pagamento do arrendamento líquido de despesa com juros. Para a maioria das empresas não é possível saber o valor contábil do ativo, exigindo que o analista registre o ativo no mesmo valor que a dívida.

APÊNDICE A: A REFORMULAÇÃO DAS DEMONSTRAÇÕES FINANCEIRAS EM MODELOS PADRONIZADOS

As tabelas a seguir mostram as demonstrações financeiras para a TJX Inc. para o ano encerrado em janeiro de 2011, conforme reportadas pela empresa e conforme padronizadas usando as classificações discutidas neste capítulo. A primeira coluna em cada demonstração financeira reportada apresenta as classificações usadas para cada item de linha para padronizar as demonstrações. Observe que as classificações não são aplicadas às linhas de subtotal, como Total de ativos circulantes ou Lucro Líquido. As demonstrações financeiras reformuladas para TJX são preparadas simplesmente totalizando os saldos dos itens de linha com as mesmas classificações padrão.

Por exemplo, no balanço patrimonial existem dois itens de linha classificados como *Outros ativos circulantes – despesas antecipadas* e *Outros ativos circulantes* e *imposto de renda diferidos correntes líquidos*.

Balanço patrimonial consolidado relatado da TJX Inc. (em milhares)

Exercício fiscal encerrado		29 de janeiro de 2011	30 de janeiro de 2010
Classificações:	**Ativos**		
	Ativos circulantes:		
Caixa e títulos mobiliários comercializáveis	Caixa e equivalentes de caixa	$ 1.741.751	$ 1.614.607
Caixa e títulos mobiliários comercializáveis	Investimentos de curto prazo	76.261	130.636
Contas a receber	Contas a receber líquidas	200.147	148.126
Estoques	Estoques de mercadorias	2.765.464	2.532.318
Outros ativos circulantes	Despesas antecipadas e outros ativos circulantes	249.832	255.707
Outros ativos circulantes	Impostos de renda diferidos circulantes líquidos	66.072	122.462
	Total de ativos circulantes	5.099.527	4.803.856
	Propriedade ao custo:		
Ativos tangíveis de longo prazo	Terrenos e edifícios	320.633	281.527
Ativos tangíveis de longo prazo	Custos dos arrendamentos e benfeitorias	2.112.151	1.930.977
Ativos tangíveis de longo prazo	Mobiliário, guarnições e equipamento	3.256.446	3.087.419
	Total da propriedade ao custo	5.689.230	5.299.923
Ativos tangíveis de longo prazo	Menos amortização e depreciação acumuladas	3.239.429	3.026.041
	Propriedade líquida ao custo	2.449.801	2.273.882

Ativos tangíveis de longo prazo	Propriedade sob arrendamento financeiro líquido da amortização acumulada de $ 21.591 e $ 19.357, respectivamente	10.981	13.215
Outros ativos de longo prazo	Outros ativos	231.518	193.230
Ativos intangíveis de longo prazo	Ágio por expectativa de rentabilidade futura (*goodwill*) e marca registrada líquidos da amortização	179.936	179.794
	Total de ativos	**$ 7.971.763**	**$ 7.463.977**
	Passivos		
	Passivos circulantes		
Dívida de curto prazo	Obrigação de arrendamento financeiro devido dentro de um ano	$ 2.727	$ 2.355
Contas a pagar	Contas a pagar	$ 1.683.929	$ 1.507.892
Outros passivos circulantes	Provisão de despesas e outros passivos circulantes	$ 1.347.951	$ 1.248.002
Outros passivos circulantes	Imposto de renda federal, estrangeiro e estadual a pagar	98.514	136.737
	Total dos passivos circulantes	3.133.121	2.894.986
Outros passivos de longo prazo	Outros passivos de longo prazo	709.321	697.099
Impostos diferidos	Imposto de renda diferido não circulante líquido	241.905	192.447
Dívida de longo prazo	Obrigação de arrendamento financeiro, menos porção inferior a um ano devida	13.117	15.844
Dívida de longo prazo	Dívida de longo prazo, afora as parcelas circulantes	774.400	774.325
Outros passivos de longo prazo	Compromissos e contingências	–	–
	Patrimônio dos acionistas		
Patrimônio líquido dos acionistas ordinários	Ações ordinárias, autorizadas 1.200.000.000 de ações, valor nominal $ 1, emitidas e em circulação 389.657.340 e 409.386.126 respectivamente	389.657	409.386
Patrimônio líquido dos acionistas ordinários	Adicional pago em capital	–	–
Patrimônio líquido dos acionistas ordinários	Outra renda abrangente acumulada (prejuízo)	(91.755)	(134.124)
Patrimônio líquido dos acionistas ordinários	Lucros retidos	2.801.997	2.614.014
	Total do patrimônio dos acionistas	3.099.899	2.889.276
	Total dos passivos e patrimônio dos acionistas	**$ 7.971.763**	**$ 7.463.977**

Fonte: SEC 10-K da TJX Inc. registrado em 30 de março de 2011.

Demonstrações consolidadas relatadas de resultado da TJX Inc. (em milhares)

Exercício fiscal encerrado		29 de janeiro de 2011	30 de janeiro de 2010	31 de janeiro de 2009
Classificações:				(53 semanas)
Vendas	Vendas líquidas	$ 21.942.193	$ 20.288.444	$ 18.999.505
Custo de vendas	Custo de vendas, incluindo custos de compra e ocupação	16.040.461	14.968.429	14.429.185
SG&A	Despesas de vendas, gerais e administrativas	3.710.053	3.328.944	3.135.589
Outras despesas operacionais	Provisão (reversão) para custos relacionados à invasão de computador	(11.550)	–	(30.500)
Despesa com juros líquida (renda)	Despesa com juros líquida	39.137	39.509	14.291
	Resultado de operações continuadas antes da provisão para imposto de renda	2.164.092	1.951.562	1.450.940
Despesa fiscal	Provisão para imposto de renda	824.562	737.990	536.054
	Renda de operações continuadas	1.339.530	1.213.572	914.886
Ganhos incomuns líquidos de prejuízos incomuns	Ganho (prejuízo) com operações descontinuadas líquido de imposto de renda	3.611	–	(34.269)
	Lucro líquido	$ 1.343.141	$ 1.213.572	$ 880.617

Fonte: SEC 10-K da TJX Inc. registrado em 30 de março de 2011.

Demonstrações consolidadas relatadas de resultado da TJX Inc. (em milhares)

Exercício fiscal encerrado		29 de janeiro de 2011	30 de janeiro de 2010	31 de janeiro de 2009
Classificações:				
	Fluxos de caixa de atividades operacionais:			
Lucro líquido	Lucro Líquido	$ 1.343.141	$ 1.213.572	$ 880.617
	Ajustes para reconciliar lucro líquido para caixa líquido das atividades operacionais:			

(continua)

Exercício fiscal encerrado		29 de janeiro de 2011	30 de janeiro de 2010	31 de janeiro de 2009
Provisões operacionais de longo prazo – depreciação e amortização	Depreciação e amortização	458.052	435.218	401.707
Provisões operacionais de longo prazo – outros	Ativos de operações interrompidas vendidas	–	–	31,328
Provisões operacionais de longo prazo – outros	Prejuízo com alienação de bem e encargos de redução ao valor recuperável	96.073	10.270	23.903
Provisões operacionais de longo prazo – outros	Imposto de renda diferido	50.641	53.155	132.480
Provisões operacionais de longo prazo – outros	Remuneração baseada em ação	58.804	55.145	51.229
Provisões operacionais de longo prazo – outros	Benefícios fiscais em excesso de remuneração baseada em ação	(28.095)	(17.494)	(18.879)
	Mudanças nos ativos e passivos			
Liquidação de (investimentos em) capital de giro operacional líquido	Diminuição (aumento) em contas a receber	(23.587)	(1.862)	(8.245)
Liquidação de (investimentos em) capital de giro operacional líquido	Diminuição (aumento) do estoque de mercadoria	(211.823)	147.805	(68.489)
Liquidação de (investimentos em) capital de giro operacional líquido	Diminuição (aumento) em despesas antecipadas e outros ativos circulantes	495	21.219	(118.830)
Liquidação de (investimentos em) capital de giro operacional líquido	Aumento (diminuição) em contas a pagar	163.823	197.496	(141.580)
Liquidação de (investimentos em) capital de giro operacional líquido	Aumento (diminuição) das despesas provisionadas e outros passivos	77.846	31.046	(34.525)
Liquidação de (investimentos em) capital de giro operacional líquido	(Aumento) diminuição em imposto de renda a pagar	(11.801)	152.851	(10.488)

(*continua*)

Exercício fiscal encerrado		29 de janeiro de 2011	30 de janeiro de 2010	31 de janeiro de 2009
Provisões operacionais de longo prazo – outro	Outros	2.912	(26.495)	34.344
	Caixa líquido das atividades operacionais	$ 1.976.481	$ 2.271.926	$ 1.154.572
	Fluxo de caixa das atividades de investimento			
Liquidação de (investimentos em) ativos operacionais de longo prazo líquidos	Aquisição de propriedade	(707.134)	(429.282)	(582.932)
Liquidação de (investimentos em) ativos operacionais de longo prazo líquidos	Resultado da liquidação de *hedge* de investimento	–	–	14.379
Liquidação de (investimentos em) ativos operacionais de longo prazo líquidos	Aquisição de investimentos de curto prazo	(119.530)	(278.692)	–
Liquidação de (investimentos em) ativos operacionais de longo prazo líquidos	Vendas e vencimentos de investimentos de curto prazo	180.116	153.275	–
Liquidação (investimentos em) ativos operacionais de longo prazo líquidos	Outros	(1.065)	(5.578)	(34)
	Caixa líquido (usado em) atividades de investimento	$ (647.613)	$ (560.277)	$ (568.587)
	Fluxo de caixa de atividades de financiamento			
(Reembolso ou) emissão de dívida líquida	Lucro da emissão de dívida de longo prazo	–	774.263	–
(Reembolso ou) emissão de dívida líquida	Pagamentos de principal ou de porção circulante da dívida de longo prazo	–	(393.573)	–
(Reembolso ou) emissão de dívida líquida	Pagamentos em dinheiro das despesas de emissão de dívida	(3.118)	(7.202)	–

(continua)

Exercício fiscal encerrado		29 de janeiro de 2011	30 de janeiro de 2010	31 de janeiro de 2009
(Reembolso ou) emissão de dívida líquida	Pagamentos sobre obrigação de arrendamento financeiro	(2.355)	(2.174)	(2.008)
(Recompra ou) emissão de ações líquida	Pagamentos em dinheiro para recompra de ação ordinária	(1.193.380)	(944.762)	(751.097)
(Recompra ou) emissão de ações líquida	Lucro de emissão de ação ordinária	176.159	169.862	142.154
(Recompra ou) emissão de ações líquida	Benefícios fiscais em excesso de remuneração baseada em ação	28.095	17.494	18.879
Dividendo (pagamentos)	Dividendos em dinheiro pagos	(229.329)	(197.662)	(176.749)
	Caixa líquido (usado em) atividades de financiamento	$ (1.223.928)	$ (583.754)	$ (768.821)
Prejuízos (ganhos) não operacionais	Efeito das mudanças de taxa de câmbio sobre dinheiro	22.204	33.185	(96.249)
	Aumento líquido (diminuição) em caixa e equivalentes de caixa	127.144	1.161.080	(279.085)
	Caixa e equivalentes de caixa no início do ano	1.614.607	453.527	732.612
	Caixa e equivalentes de caixa no fim do ano	$ 1.741.751	$ 1.614.607	$ 453.527

Fonte: SEC 10-K da TJX Inc. registrado em 30 de março de 2011.

Balanços patrimoniais consolidados padronizados da TJX (em milhares)

Exercício fiscal encerrado	29 de janeiro de 2011	30 de janeiro de 2010
Ativos		
Caixa e títulos negociáveis	$ 1.818.012	$ 1.745.243
Contas a receber	200.147	148.126
Estoque	2.765.464	2.532.318
Outros ativos circulantes	315.904	378.169
Total dos ativos circulantes	5.099.527	4.803.856
Ativos tangíveis de longo prazo	2.460.782	2.287.097
Ativos intangíveis de longo prazo	179.936	179.794
Outros ativos de longo prazo	231.518	193.230
Total de ativos de longo prazo	2.872.236	2.660.121
Total dos ativos	$ 7.971.763	$ 7.463.977

(continua)

Exercício fiscal encerrado	29 de janeiro de 2011	30 de janeiro de 2010
Passivos		
Contas a pagar	$ 1.683.929	$ 1.507.892
Dívida de curto prazo	2.727	2.355
Outros passivos circulantes	1.446.465	1.384.739
Total dos passivos circulantes	3.133.121	2.894.986
Dívida de longo prazo	787.517	790.169
Impostos diferidos	241.905	192.447
Outros passivos de longo prazo	709.321	697.099
Total dos passivos não circulantes	1.738.743	1.679.715
Total dos passivos	$ 4.871.864	$ 4.574.701
Participação dos minoritários	–	–
Patrimônio dos acionistas		
Ações preferenciais	–	–
Patrimônio líquido dos acionistas ordinários	3.099.899	2.889.276
Total do patrimônio dos acionistas	3.099.899	2.889.276
Total dos passivos e patrimônio líquido dos acionistas	$ 7.971.763	$ 7.463.977

Demonstração de resultado consolidada padronizada da TJX (em milhares)

Exercício fiscal encerrado	29 de janeiro de 2011	30 de janeiro de 2011	31 de janeiro de 2009
Vendas	$ 21.942.193	$ 20.288.444	$ 18.999.505
Custo de vendas	16.040.461	14.968.429	14.429.185
Lucro bruto	5.901.732	5.320.015	4.570.320
Despesas de vendas, gerais e administrativas	3.710.053	3.328.944	3.135.589
Outras despesas operacionais	(11.550)	–	(30.500)
Receita operacional	2.203.229	1.991.071	1.465.231
Despesa líquida com juros	39.137	39.509	14.291
Lucro antes de impostos	2.164.092	1.951.562	1.450.940
Despesa fiscal	824.562	737.990	536.054
Ganhos não usuais, líquidos de prejuízos incomuns	3.611	–	(34.269)
Lucro líquido	$ 1.343.141	$ 1.213.572	$ 880.617

Demonstração de fluxo de caixa consolidada padronizada da TJX (em milhares)

Exercício fiscal encerrado	29 de janeiro de 2011	30 de janeiro de 2010	31 de janeiro de 2009
Fluxos de caixa de atividades operacionais			
Lucro líquido	$ 1.343.141	$ 1.213.572	$ 880.617
Gasto com juros após impostos (renda)	24.200	26.120	9.020
Prejuízo (ganho) não operacional	22.204	33.185	(96.249)
Provisões operacionais de longo prazo	638.387	509.799	656.112
Depreciação e amortização	458.052	435.218	401.707
Outros	180.335	74.581	254.405
Fluxo de caixa operacional antes de investimentos em capital de giro	2.027.932	1.782.676	1.449.500
Liquidação de (ou investimentos em) capital de giro operacional líquido	(5.047)	548.555	382.157
Fluxo de caixa operacional antes de investimentos em ativos de longo prazo	2.022.885	2.331.231	1.067.343
Fluxos de caixa usados em atividades de investimento			
Liquidação de (ou investimentos em) ativos de longo prazo operacionais líquidos	(647.613)	(560.277)	(568.587)
Fluxo de caixa livre disponível para dívida e patrimônio líquido	1.375.272	1.770.954	498.756
Fluxos de caixa (usados para) de atividades de financiamento			
Receita (despesa) com juros após impostos	(24.200)	(26.120)	(9.020)
Emissão (ou reembolso) de dívida líquida	(5.473)	371.314	(2.008)
Fluxo de caixa livre disponível para patrimônio líquido	1.345.599	2.116.148	487.728

(continua)

Dividendo (pagamentos)	(229.329)	(197.662)	(176.749)
Ou emissão (recompra) de ações líquida	(989.126)	(757.406)	(590.064)
Aumento líquido (diminuição) caixa	127.144	1.161.080	(279.085)

Nota: A demonstração de fluxo de caixa mostra os fluxos de caixa de atividades operacionais atribuíveis a todos os fornecedores de capital (dívida e patrimônio). Por conseguinte, a Despesa Líquida com juros após impostos (renda) é adicionada de volta ao Lucro Líquido no segmento de Fluxo de caixa operacional e relatada no segmento de Financiamento. Despesa líquida com juros após impostos (renda) é Despesa com juros líquida (renda) × (1 – Alíquota de imposto média).

APÊNDICE B: AJUSTE DE ARRENDAMENTO OPERACIONAL DA NORDSTROM, INC.

Para estimar o valor de ativos e passivos de arrendamento operacional da Nordstrom, usamos informações das notas explicativas sobre os futuros pagamentos mínimos de arrendamento operacional fornecidas pela Nordstrom nas demonstrações financeiras incluídas na sua 10-K 2010. Para os anos encerrados em 29 de janeiro de 2011 e 30 de janeiro de 2010, esses montantes foram conforme a seguir:

Ano encerrado (em milhares)	29 de janeiro de 2011	30 de janeiro de 2010
Menos de 1 ano	$ 111	$ 98
1 a 2 anos	108	101
2 a 3 anos	100	89
3 a 4 anos	96	82
4 a 5 anos	92	78
Mais do que 5 anos	524	406
Total	$ 1.031	$ 854

Enquanto no ajuste da empresa, exibido anteriormente neste capítulo, a TJX fornece uma estimativa do valor atual líquido de suas obrigações mínimas futuras de arrendamento, a Nordstrom não fornece essa estimativa. No entanto, usando a taxa de juros média relatada da Nordstrom sobre sua dívida de longo prazo de 6,3% e estimando um prazo médio de arrendamento de 18 anos, usando dados sobre prazos de arrendamento geral fornecidos no 10-K, podemos estimar o valor presente das obrigações mínimas de arrendamento da Nordstrom para o ano encerrado em 29 de janeiro de 2011 em $ 685 milhões e para o ano encerrado em 30 de janeiro de 2010, em $ 578 milhões.[1] Com essas estimativas, agora podemos fazer os seguintes ajustes nos balanços patrimoniais iniciais e finais da Nordstrom e na sua demonstração de resultado para o ano encerrado em 29 de janeiro de 2011:

1. Capitalizar o valor presente líquido estimado das obrigações mínimas de arrendamento em 30 de janeiro de 2010, aumentando os Ativos Tangíveis de Longo Prazo e Dívida de Longo Prazo em $ 578 milhões.

2. Calcular o valor de qualquer mudança em ativos e passivos de arrendamento durante o ano com base nas novas transações de arrendamento ou rescisões. Em 30 de janeiro de 2010, o valor presente estimado do passivo da Nordstrom com compromissos de arrendamento operacional em 2011 e além foi de $ 578 milhões.[5] Durante 2010, a empresa esperava reembolsar $ 98 milhões (conforme a programação acima), compostos por $ 36,4 milhões de juros (6,3% de $ 578 milhões) e os $ 61,6 milhões restantes como retirada da responsabilidade de arrendamento. Se nenhum novo compromisso de arrendamento tivesse sido adicionado durante o ano, o passivo de arrendamento operacional em 29 de janeiro de 2011, portanto, teria sido de $ 516,4 milhões ($ 578 milhões – $ 61,6 milhões). No entanto, o compromisso de arrendamento real da Nordstrom em 29 de janeiro de 2011 era de $ 685 milhões, indicando que ela aumentara sua capacidade de loja arrendada em $ 168,6 milhões. Os Ativos Tangíveis de Longo Prazo e Dívida de Longo Prazo da Nordstrom, portanto, aumentaram em $ 168,6 milhões durante 2010 como resultado de novos compromissos de arrendamento.

3. Registrar a mudança no valor do ativo arrendado e a despesa de depreciação durante o ano. Usando uma vida de 18 anos e a depreciação linear, a despesa de depreciação para 2010 (incluída no Custo de Vendas) é de $ 36,8 milhões {[$ 578 milhões + ($ 168,6 milhões/2)]/18}.

4. Adicionar de volta a despesa de arrendamento na demonstração de resultado, incluída no Custo de Vendas, e repartir o pagamento entre Despesa com Juros e a amortização da Dívida de Longo Prazo. Conforme previamente mencionado, a despesa de arrendamento é de $ 98 milhões, conforme observado acima; isso reflete $ 36,4 milhões ($ 578 milhões × 6,3%) mostrados como Despesa com Juros, e o restante de $ 61,6 milhões é alocado para retirada do passivo total de arrendamento operacional.

5. Fazer alterações no Passivo Fiscal Diferido para refletir diferenças no resultado conforme os métodos operacionais e financeiros. Se ela capitalizar arrendamentos operacionais, as despesas da Nordstrom são de $ 73,2 milhões ($ 36,8 milhões de despesa de depreciação mais $ 36,4 milhões de despesas com juros) *versus* $ 98 milhões conforme o método operacional, uma diferença de $ 24,8 milhões. A Nordstrom não alterará seus livros fiscais, mas para fins de demonstração financeira, ela mostrará ganhos maiores antes do imposto e assim uma Despesa Fiscal maior por meio de impostos diferidos. Graças a uma alíquota de imposto de renda de 35%, a Despesa Fiscal aumentará em $ 8,7 milhões ($ 24,8 milhões × 35) e o Passivo Fiscal Diferido aumentará no mesmo valor para o exercício encerrado em 29 de janeiro de 2011.

Em resumo, os ajustes nas demonstrações financeiras da Nordstrom em 30 de janeiro de 2010 e 29 de janeiro de 2011 são conforme a seguir:

($ bilhões)	Ajuste 29 de janeiro de 2011		Ajuste 30 de janeiro de 2010	
	Ativos	Passivos e patrimônio líquido	Ativos	Passivos e patrimônio líquido
Balanço patrimonial	(1) +578,0		(1) +578,0	
Ativos tangíveis de longo prazo				
	(2) +168,6			
	(3) –36,8	(1) +578,0		(1) +578,0
Dívida de longo prazo				
		(2) +168,6		
		(4) –61,6		
Impostos diferidos		(5) +8,7		
Patrimônio dos acionistas		+16,1		
Demonstração de resultado		(3) +36,8		
Custo de vendas				
		(4) –98,0		
Despesa líquida com juros		(4) +36,4		
Despesa fiscal		(5) +8,7		
Aumento total no		–16,1		
lucro líquido		+16,1		

Como observado no exemplo da TJX acima, vamos examinar o impacto desses ajustes no próximo capítulo.

Nota

1. O valor presente líquido da obrigação de arrendamento operacional futura relatada da Nordstrom é calculado utilizando 6,3% como uma taxa de desconto, que representa a média da dívida de longo prazo da Nordstrom e um prazo de arrendamento médio assumido de 18 anos. Os primeiros 5 anos são descontados por ano conforme relatado, com um *spread* de obrigação restante (relatado como um taxa fixa devida para além do ano 5) numa base linear ao longo dos anos 6-18 e descontado.

5
Análise financeira

O objetivo da análise financeira é avaliar o desempenho de uma empresa no âmbito de suas metas e estratégia. Há duas ferramentas principais de análise financeira: de índices e do fluxo de caixa. Análise por meio de índices envolve uma avaliação de como vários itens de linha nas demonstrações financeiras de uma empresa estão relacionados uns aos outros. A análise do fluxo de caixa permite que o analista examine a liquidez de uma empresa e avalie a gestão dos fluxos de caixa operacional, de investimento e de financiamento.

A análise financeira é usada em uma variedade de contextos. A análise por meio de índices, a qual compara o desempenho presente de uma empresa com seu desempenho passado e/ou com o desempenho de seus pares, fornece o fundamento para fazer previsões sobre o desempenho futuro. Como discutiremos em capítulos posteriores, a previsão financeira é útil na avaliação da empresa, na avaliação do crédito, na previsão de dificuldades financeiras, na análise de segurança e na análise de fusões e aquisições.

ANÁLISE POR MEIO DE ÍNDICES

O valor de uma empresa é determinado por sua rentabilidade e seu crescimento. Conforme mostrado na Figura 5-1, o crescimento e a rentabilidade de uma empresa são influenciados por suas estratégias de mercado de produto e de mercado financeiro. A estratégia de mercado de produto é implementada por meio da estratégia competitiva da empresa, das políticas de funcionamento e das decisões de investimento. As estratégias de mercado financeiro são implementadas mediante as políticas de financiamento e dividendos.

Assim, as quatro alavancas que os gerentes podem usar para alcançar seus objetivos de crescimento e de lucro são: (1) gestão operacional, (2) gestão de investimento, (3) estratégia de financiamento e (4) política de dividendos. O objetivo da análise por meio de índices é avaliar a eficiência das políticas da empresa em cada uma dessas áreas. Uma análise por meio de índices eficiente deve relacionar os números financeiros a fatores subjacentes da empresa o mais detalhadamente possível. Mesmo que a análise por meio de índices não possa dar a um analista todas as respostas sobre o desempenho de uma empresa, ela o ajudará a elaborar questões para uma sondagem adicional.

Na análise por meio de índices, o analista pode: (1) comparar os índices de uma empresa ao longo de vários anos (uma comparação de série temporal); (2) comparar índices da empresa e de outras empresas do setor (comparação em corte transversal); e/ou (3) comparar índices com alguns *benchmarks* absolutos. Em uma comparação temporal, o analista pode manter constantes fatores específicos da empresa e examinar a eficiência da estratégia de uma empresa ao longo do tempo. A comparação em corte transversal facilita o exame do desempenho relativo de uma empresa dentro de seu setor, mantendo constantes fatores no âmbito do setor. Para a maioria dos índices, não há referência absoluta. As exceções são medidas de taxas de retorno, que podem ser comparadas ao custo do capital associado ao investimento. Por exemplo, sujeito a distorções causadas pela contabilidade, a taxa de retorno sobre patrimônio (ROE) pode ser comparada ao custo de capital próprio. Na discussão a seguir, vamos ilustrar duas dessas abordagens usando os exemplos da TJX e da Nordstrom, as varejistas introduzidas no Capítulo 2. Conforme discutido no Capítulo 2, a TJX é uma concorrente com preços de desconto que busca uma estratégia de liderança de custo. A Nordstrom estabeleceu-se como uma concorrente

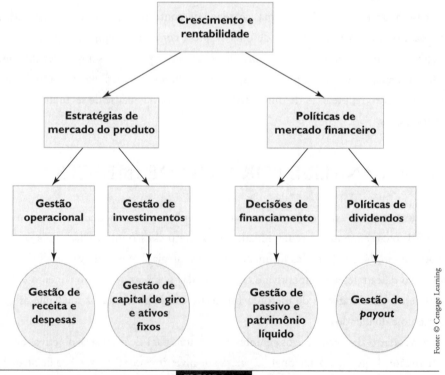

FIGURA 5-1

Direcionadores da lucratividade e do crescimento de uma empresa.

que persegue uma estratégia de diferenciação, fornecendo serviços de qualidade superior ao cliente e uma ampla seleção de produtos diferenciados. Nossa comparação nos permitirá analisar o impacto dessas duas estratégias sobre os índices financeiros das empresas.

Além de perseguir diferentes estratégias competitivas, a TJX e a Nordstrom também seguem muitas estratégias diferentes quando se trata de financiamento de suas lojas. A TJX arrenda virtualmente todas as suas lojas usando arrendamentos operacionais fora do balanço patrimonial. Em contrapartida, embora a Nordstrom também utilize arrendamentos operacionais em certa medida, ela é proprietária de, pelo menos, mais de dois terços de seu metro quadrado de loja (terrenos, edifícios ou ambos) e financia a parte própria com dívidas de longo prazo. Essas estratégias de financiamento impactam muito os índices que vamos calcular no presente capítulo.

A fim de explorar plenamente as escolhas feitas pelas duas empresas, vamos nos concentrar em dois tipos de comparação em corte transversal – comparação dos índices da TJX e da Nordstrom para o exercício fiscal encerrado em 29 de janeiro de 2011, tanto numa base "Conforme reportado" quanto "Conforme ajustado", com os ajustes na segunda comparação, levando em conta o uso diferenciado dos arrendamentos operacionais fora do balanço patrimonial mencionados. A comparação da TJX com a Nordstrom em uma base "Conforme reportado" permite-nos ver o impacto das diferentes decisões estratégicas, financeiras e operacionais sobre os índices financeiros das duas empresas. A comparação em uma base "Conforme ajustado" elimina a distorção causada pela diferente magnitude de seu arrendamento operacional para que possamos mais claramente comparar seu verdadeiro desempenho operacional.

Embora em certos casos as empresas comparadas façam diferentes opções estratégicas que impactam fortemente seu desempenho financeiro e os índices, o analista nem sempre escolherá fazer ajustes nos dados financeiros a fim de compará-los. Na comparação da TJX e com a Nordstrom, uma grande diferença entre as concorrentes diz respeito ao modo como cada uma executa sua oferta de cartão de crédito de marca própria. A TJX escolheu terceirizar suas operações de cartão de crédito, abrindo mão do controle operacional e potenciais ganhos, mas também protegendo-se contra perdas potenciais em razão de incobráveis. A Nordstrom, por outro lado, vê suas operações de cartão de crédito internas como uma vantagem estratégica e como parte de sua estratégia mais ampla de proporcionar ao cliente um serviço de qualidade superior. O resultado dessas decisões empresariais é visto principalmente no saldo de contas a receber muito maior da Nordstrom em relação à TJX e impacta muito nos cálculos de índices que discutiremos posteriormente neste capítulo. Dado que a Nordstrom vê esse segmento como parte integrante de suas operações, decidimos não removê-lo na comparação da Nordstrom com a TJX. Contudo, ele serve para estar ciente das opções feitas aqui e compreender o impacto resultante sobre qualquer análise comparativa, e, como tal, destacamos esse impacto na análise por meio de índice onde for apropriado.

Como uma consideração final, é importante assegurar que as demonstrações financeiras da empresa que está sendo analisada não incluam nenhum dado adicional que possa distorcer a análise. Uma vez que a finalidade da análise da demonstração financeira é compreender melhor o desempenho da empresa no que diz respeito à sua estratégia, é preciso tomar cuidado para que nenhuma operação ou evento estranho à estratégia alterem a imagem que o analista cria da empresa. As principais categorias dessas distorções incluem ajustes únicos de ativos e resultados de operações descontinuadas, além de ganho ou perda na alienação dessas operações. Nesses casos, é útil analisar os resultados financeiros das operações principais da empresa ajustando as demonstrações financeiras apresentadas para excluir o impacto de efeitos únicos. Por exemplo, a TJX vendeu sua participação na Bob's Stores em 2008. Como consequência, sua demonstração do resultado de 2008 continha um prejuízo de $ 34 milhões sobre operações descontinuadas. Sem ajuste desse efeito, teria sido difícil utilizar de forma expressiva os resultados de 2008 da TJX como um *benchmark* do desempenho em 2009 e além, ou compará-lo a uma concorrente como a Nordstrom. Pela mesma razão, excluímos um ganho de $ 3,6 milhões por causa das operações descontinuadas da TJX em 2010, com esse ajuste sendo incluído nas demonstrações financeiras "Conforme ajustado" para a TJX.

A fim de facilitar a duplicação dos cálculos de índices apresentados a seguir, mostramos no apêndice a este capítulo duas versões das demonstrações financeiras de 2010 da TJX e da Nordstrom.[1] O primeiro conjunto de demonstrações financeiras é apresentado no formato padronizado descrito no Capítulo 4. Essas demonstrações financeiras "padronizadas" colocam as finanças reportadas das duas empresas em um formato padrão para facilitar a comparação direta.[2] O segundo, as demonstrações financeiras "condensadas", reformula as demonstrações financeiras padronizadas para facilitar o cálculo de vários índices discutidos no capítulo. Discutiremos posteriormente no capítulo como esse processo de reformulação funciona. Esses dois formatos de demonstração são apresentados tanto numa base "Conforme reportado" quanto "Conforme ajustado" de acordo com o descrito acima.

Medida da rentabilidade geral

O ponto de partida para uma análise sistemática do desempenho de uma empresa é o retorno sobre patrimônio (ROE)[3] definido como

$$ROE = \frac{\text{Lucro líquido}}{\text{Patrimônio líquido}}$$

O ROE é um indicador abrangente do desempenho de uma empresa porque fornece uma indicação de quão bem os gerentes estão empregando os recursos investidos pelos acionistas da empresa

TABELA 5-1

Retorno de patrimônio para a TJX e a Nordstrom

Ano encerrado em 29 de janeiro de 2011	Conforme reportado		Conforme ajustado	
	TJX	Nordstrom	TJX	Nordstrom
Retorno sobre o patrimônio líquido	46,5%	39,0%	55,4%	40,0%

Fonte: © Cengage Learning, 2013.

para gerar retornos. Em média ao longo do período de vinte anos, 1991-2010, as empresas de capital aberto nos Estados Unidos geraram ROEs de um pouco mais de 10%.[4]

No longo prazo, o valor do patrimônio da empresa é determinado pela relação entre seu ROE e seu custo de capital próprio.[5] Isto é, empresas que deveriam no longo prazo gerar ROEs acima do custo de capital próprio devem ter valores de mercado acima do valor contábil e vice-versa. (Retornaremos a esse ponto com mais detalhes nos Capítulos 7 e 8).

Uma comparação do ROE com o custo do capital é útil não somente para analisar o valor da empresa, mas também para considerar o caminho de rentabilidade futura. A geração de rentabilidade supranormal consistente vai, com exceção de obstáculos significativos à entrada, atrair a concorrência. Por esse motivo, os ROEs tendem ao longo do tempo a ser conduzidos por forças competitivas no sentido de um nível "normal" – o custo de capital próprio. Assim, alguém pode pensar no custo do capital próprio como estabelecendo um valor de referência para o ROE que seria observado em um equilíbrio competitivo de longo prazo. Os desvios a partir desse nível surgem por dois motivos gerais. O primeiro são as condições do setor e a estratégia competitiva que fazem que uma empresa gere lucros econômicos supranormais (ou subnormais) pelo menos no curto prazo. O segundo são as distorções por causa da contabilidade.

A Tabela 5-1 mostra o ROE com base em ganhos reportados e ajustados para a TJX e a Nordstrom.

A TJX superou a Nordstrom em 2010, o que superficialmente talvez não seja surpreendente dado que o difícil clima financeiro no período tendia a favor das varejistas de desconto. Embora o ROE não ajustado da Nordstrom de 39,0% trilhe o caminho dos 46,5% ganhos pela TJX em 2010, o desempenho de ambas as empresas ultrapassou tanto as tendências históricas de ROE na economia quanto as estimativas razoáveis do custo do capital próprio para as empresas.[6] Quando o ROE é calculado usando dados financeiros ajustados, a diferença aumenta significativamente, refletindo o maior impacto do ajuste da TJX em razão de seu uso muito maior de arrendamentos operacionais. Vamos examinar os direcionadores por trás desses ajustes enquanto desconstruímos o ROE a seguir.

O desempenho superior da rentabilidade da TJX em relação à Nordstrom está refletido na diferença entre os índices obtidos pela divisão do valor de mercado do patrimônio líquido pelo valor contábil do patrimônio líquido (*market to book*) das duas empresas. Conforme discutiremos no Capítulo 7, o ROE é um fator determinante do índice *market to book* de uma empresa. Em 29 de janeiro de 2011, que representou o fim do exercício fiscal de 2010 de ambas as empresas, o índice *market to book* da TJX foi de 6,0 e o da Nordstrom foi de 4,4. Essa diferença na avaliação do mercado pode ser um indicativo de que os investidores esperavam que a TJX continuasse a superar a Nordstrom nos anos seguintes e ganhar um retorno superior para seus acionistas.

Decompondo a rentabilidade: abordagem tradicional

O ROE de uma empresa é afetado por dois fatores: como ela emprega seus ativos de modo rentável e em qual proporção a base de ativos da empresa está relacionada com o investimento dos acionistas. Para compreender o efeito desses dois fatores, o ROE pode ser decomposto em retorno sobre ativos (ROA)[7] e em uma medida de alavancagem financeira, conforme a seguir:

$$ROE = ROA \times \text{Alavancagem financeira}$$

$$= \frac{\text{Lucro líquido}}{\text{Ativos}} \times \frac{\text{Ativos}}{\text{Patrimônio líquido}}$$

O ROA nos diz quanto lucro uma empresa é capaz de gerar para cada dólar investido nos ativos. A alavancagem financeira indica quantos dólares dos ativos a empresa pode dispor para cada dólar investido por seus acionistas.

O retorno sobre os ativos em si pode ser decomposto em um produto de dois fatores:

$$ROA = \frac{\text{Lucro líquido}}{\text{Vendas}} \times \frac{\text{Vendas}}{\text{Ativos}}$$

O índice lucro líquido sobre vendas é chamado de margem líquida ou retorno sobre vendas (ROS),[8] e o índice resultante da divisão das vendas pelos ativos é conhecido como giro dos ativos. O índice da margem de lucro indica quanto a empresa é capaz de manter como lucro para cada dólar de vendas que ela fizer. O giro dos ativos indica quantos dólares de vendas a empresa é capaz de gerar para cada dólar de seus ativos.

A Tabela 5-2 exibe os três direcionadores de ROE para nossas empresas varejistas: margens de lucro líquido, giro dos ativos e alavancagem financeira. Ao comparar a TJX com a Nordstrom em uma base "Conforme reportado", um giro dos ativos significativamente maior é a chave para explicar como a TJX, mesmo com uma margem de lucro líquido ligeiramente inferior e uma alavancagem financeira muito menor do que a Nordstrom, foi capaz de apresentar maior retorno global sobre o patrimônio líquido de 46,5% contra 39,0% para a Nordstrom no ano fiscal de 2010.

Essa decomposição preliminar do ROE começa a nos mostrar como um exame dos elementos construtivos desses índices pode produzir um entendimento mais profundo de como decisões estratégicas de investimento tomadas pela empresa afetam seus índices. Por exemplo, ao perceber que o giro dos ativos mais alto é um direcionador essencial de um ROE da TJX mais alto, quando compa-

TABELA 5-2

Decomposição tradicional do ROE

Ano encerrado em 29 de janeiro de 2011	Conforme reportado		Conforme ajustado	
	TJX	Nordstrom	TJX	Nordstrom
Margem de lucro líquido (ROS)	6,1%	6,3%	7,3%	6,5%
× Giro dos ativos	2,94	1,47	1,84	1,36
= Retorno sobre ativos (ROA)	18,0%	9,3%	13,4%	8,8%
× Alavancagem financeira	2,58	4,19	4,12	4,55
= Retorno sobre patrimônio líquido (ROE)	46,5%	39,0%	55,4%	40,0%

Fonte: © Cengage Learning, 2013.

rado à Nordstrom, um analista lembraria da decisão da TJX de terceirizar suas operações de cartão de crédito (resultando num saldo de contas a receber muito menor comparado à Nordstrom, que mantém internas suas operações de cartão de crédito) e do uso mais extensivo por ela de arrendamentos operacionais fora do balanço patrimonial para financiar suas lojas (que reduz tanto o ativo geral relatado quanto o nível da dívida). Durante o ajuste do arrendamento operacional, o impacto para ambas as empresas aproxima o giro do ativo da TJX do da Nordstrom, a diferença em estratégias de cartão de crédito continua a direcionar um ROA maior para a TJX. O ROE amplamente aumentado para a TJX de 55,4% em uma base "Conforme ajustado" é o resultado principalmente da alavancagem financeira aumentada, resultante da adição da dívida de longo prazo ao seu balanço patrimonial como parte do ajuste de arrendamento operacional. Por último, o ROS ajustado maior para a TJX é o resultado de despesa corrente menor como consequência do ajuste de arrendamento operacional.

Decomposição da rentabilidade: abordagem alternativa

Embora essa abordagem seja popularmente utilizada para decompor o ROE de uma empresa, ela tem diversas limitações. No cálculo do ROA, o denominador inclui os ativos reclamados por todos os fornecedores de capital da empresa, mas o numerador inclui apenas os ganhos disponíveis aos detentores de participações acionárias. Os próprios ativos incluem tanto ativos operacionais quanto ativos financeiros, como caixa e investimentos de curto prazo. Além disso, a receita líquida inclui receita proveniente de atividades operacionais, bem como as receitas e as despesas de juros, que são consequências de decisões de financiamento. Muitas vezes é útil fazer a distinção entre esses dois direcionadores de desempenho. Por último, o índice de alavancagem financeira utilizado não reconhece o fato de que o caixa e os investimentos de curto prazo de uma empresa são em essência a "dívida negativa", porque podem ser utilizados para quitar a dívida no balanço patrimonial da empresa.[9] Essas questões são tratadas por uma abordagem alternativa à decomposição de ROE.[10]

Antes de discutir essa abordagem alternativa de decomposição de ROE, definimos na Tabela 5-3 uma terminologia utilizada nesta seção, bem como no restante do presente capítulo.

Usamos os termos acima definidos para reformular as demonstrações financeiras da TJX e da Nordstrom. Essas demonstrações financeiras reformuladas, mostradas no apêndice como demonstrações condensadas, são usadas para decompor o ROE da seguinte forma:

$$ROE = \frac{NOPAT}{Patrimônio\ líquido} \times \frac{(Despesa\ de\ juros\ líquida\ após\ impostos)}{Patrimônio\ líquido}$$

$$= \frac{NOPAT}{Ativos\ líquidos} \times \frac{Ativos\ líquidos}{Patrimônio\ líquido} - \frac{Despesa\ de\ juros\ líquida\ após\ impostos}{Dívida\ líquida} \times \frac{Dívida\ líquida}{Patrimônio\ líquido}$$

$$= \frac{NOPAT}{Ativos\ líquidos} \times \left(1 + \frac{Dívida\ líquida}{Patrimônio\ líquido}\right) - \frac{Despesa\ de\ juros\ líquida\ após\ impostos}{Dívida\ líquida} \times \frac{Dívida\ líquida}{Patrimônio\ líquido}$$

= ROA operacional + (ROA operacional − Taxa de juros líquida após imposto de renda) × Alavancagem financeira líquida

= ROA operacional + *spread* × alavancagem financeira líquida

O ROA operacional é uma medida sobre com qual rentabilidade uma empresa consegue dispor seus ativos operacionais para gerar lucros operacionais. Este seria o ROE de uma empresa se ela fosse financiada inteiramente com capital. O *spread* é o efeito econômico da introdução incremental da dívida na estrutura de capital. Esse efeito econômico do empréstimo é positivo desde que o retorno sobre ativos operacionais seja maior que o custo dos empréstimos. As empresas que não obtiverem retorno operacional adequado para pagar o custo dos juros reduzem seu ROE por meio da utilização de empréstimos. Tanto o efeito positivo quanto o negativo são ampliados até o ponto em que uma empresa toma emprestado em relação à sua base patrimonial. O índice dívida líquida dividido pelo patrimônio líquido fornece uma medida dessa alavancagem financeira líquida. O *spread* de uma empresa multiplicado por sua alavancagem financeira líquida, portanto, fornece uma medida do ganho da alavancagem financeira para os acionistas.

O ROA operacional pode ainda ser decomposto em margem de NOPAT e giro dos ativos operacionais conforme a seguir:

$$\text{ROA operacional} = \frac{\text{NOPAT}}{\text{Vendas}} \times \frac{\text{Vendas}}{\text{Ativos líquidos}}$$

TABELA 5-3

Definições de itens contábeis usados na análise por meio de índices

Item	Definição
Despesa de juros líquida após impostos	(Despesas de juros − Receita de juros) × (1 − alíquota de imposto de renda)[a]
Lucro operacional líquido após impostos (NOPAT)	Lucro líquido + Despesa de juros líquida após impostos
Capital de giro operacional	(Ativos circulantes − Caixa e títulos negociáveis) − (Passivos circulantes − Dívida de curto prazo e porção circulante da dívida de longo prazo)
Ativos de longo prazo líquidos	Total de ativos de longo prazo − Passivos de longo prazo sobre os quais não incidem juros (não remunerados)
Dívida líquida	Total de passivos sobre os quais incidem juros − Caixa e títulos negociáveis
Ativos líquidos	Capital de giro operacional + Ativos líquidos de longo prazo
Capital líquido	Dívida líquida + Patrimônio líquido

Fonte: © Cengage Learning, 2013.

A margem de NOPAT é uma medida de quão rentáveis as vendas de uma empresa são a partir de uma perspectiva operacional. O giro dos ativos operacionais mede até que ponto uma empresa é capaz de utilizar seus ativos operacionais para gerar vendas.

A Tabela 5-4 apresenta a decomposição alternativa do ROE para a TJX e a Nordstrom. Os índices dessa tabela mostram que, em uma base "Conforme reportado", o ROA operacional de 2010 da TJX foi quase quatro vezes maior que seu ROA tradicional, com ROA operacional de 2010 de 70,6% comparado ao ROA tradicional de 18,0%. A diferença entre o ROA operacional e o ROA tradicional é impulsionada por um giro muito maior dos ativos operacionais líquidos (11,33 em 2010) quando comparado ao seu giro dos ativos tradicionalmente definido (2,94 em 2010) mostrado na Tabela 5-2 – um resultado do grande saldo em caixa da TJX e do uso de passivos sobre os quais não incidem juros (como contas a pagar) para financiar uma parte significativa de seus ativos líquidos operacionais.

A Nordstrom também teve um ROA operacional "Conforme reportado" maior que o ROA tradicional (20,4% comparado a 9,3%). Enquanto um giro maior de ativos operacionais líquidos comparado a um giro tradicional de ativos (2,86 comparado a 1,47) tenha sido o principal direcionador do ROA operacional maior da Nordstrom, uma maior margem de lucro operacional líquida em comparação à margem de lucro líquida tradicional (7,1% em comparação a 6,3%) também foi um fator.

Comparando as duas empresas em uma base "Conforme reportado", o giro dos ativos operacionais dramaticamente maior da TJX em comparação à Nordstrom é motivado (conforme o giro dos ativos foi discutido anteriormente) por seus ativos líquidos relativamente baixos que resultam de sua estratégia de terceirização de seu cartão de crédito de marca própria (e assim não mantém um saldo elevado de contas a receber) e de arrendamento de virtualmente todas as suas lojas (mantendo assim ativos de longo prazo líquidos baixos em relação à Nordstrom).

TABELA 5-4

Distinção de componentes operacionais e de financiamento na decomposição do ROE

Ano encerrado em 29 de janeiro de 2011	Conforme reportado		Conforme ajustado	
	TJX	Nordstrom	TJX	Nordstrom
Margem de lucro operacional líquido	6,2%	7,1%	8,1%	7,5%
× Giro dos ativos operacionais líquidos	11,33	2,86	3,44	2,44
= ROA operacional	70,6%	20,4%	27,8%	18,4%
Spread	73,1%	16,1%	22,8%	14,2%
× Alavancagem financeira líquida	−0,33	1,16	1,21	1,52
= Ganho com alavancagem financeira	−24,1%	18,6%	27,6%	21,6%
ROE = ROA operacional + ganho de alavancagem financeira	46,5%	39,0%	55,4%	40,0%

Fonte: © Cengage Learning, 2013.

Continuando em uma base "Conforme reportado", a Nordstrom é capaz de criar valor para os acionistas mediante sua estratégia de financiamento. Em 2010, o *spread* entre o ROA operacional da Nordstrom e seu custo de juros após imposto foi de 16,1%, e sua alavancagem financeira líquida (dívida líquida como uma porcentagem do patrimônio líquido) foi de 116%. Esses fatores combinados contribuíram para um ganho de alavancagem financeira de 18,6% em 2010, que é a diferença incremental entre o ROA operacional de 20,4% e seu ROE de 39,0%.

A TJX, por outro lado, embora tivesse um *spread* de 73,1% entre o ROA operacional e seu custo de juros após imposto (que na verdade é calculado com a taxa negativa em razão de sua posição de dívida líquida negativa, isto é, a empresa tinha mais caixa que dívidas), teve um ganho de alavancagem financeira negativa resultante daquela posição de dívida líquida negativa. Como resultado, seu ROA operacional de 70,6% é efetivamente superior ao seu ROE de 46,5% em 2010. Lembrando mais uma vez, a utilização do financiamento fora do balanço pela TJX para suas lojas (que resulta numa alavancagem financeira artificialmente baixa) ajudará o analista a entender o impacto daquela decisão sobre o componente de financiamento de seu ROE.

Conforme observado, a TJX mostra um ROE ajustado de 55,4% – um aumento significativo em relação a seu ROE "Conforme reportado" de 46,5% e bem acima do ROE "Conforme ajustado" da Nordstrom de 40,0% (a Nordstrom como um todo geralmente verifica um impacto menor do ajuste de arrendamento operacional dada sua utilização mais limitada de arrendamentos operacionais). O impacto do ajuste de arrendamento operacional pode ser visto mais fortemente no giro dos ativos operacionais líquidos para a TJX, que cai de 11,33 para 3,44 por causa da base de ativos amplamente aumentada, abaixando o ROA operacional de 70,6% para 27,8%. Esta, por sua vez, reduz o *spread* entre o ROA operacional e o custo de juros após imposto de 73,1% para 22,8%. Mesmo assim, a mudança na alavancagem financeira líquida de –0,33 em uma base "Conforme reportado" para 1,21 em uma base "Conforme ajustado" cria um ganho de alavancagem financeira positiva de 27,6%, em comparação a um ganho percentual de –24.1 em uma base "Conforme reportado". O que isso significa é que o uso da alavancagem adicional da TJX (conforme simulado com os ajustes efetuados para os arrendamentos operacionais) contribuiu efetivamente – mediante um aumento da margem de lucro operacional líquida, mas principalmente invertendo um ganho de alavancagem financeira negativa – para criar retorno adicional aos acionistas conforme visto no ROE "Conforme ajustado" maior.

O ponto de referência adequado para avaliar o ROA operacional é o custo médio ponderado da dívida e do capital próprio, ou CMPC (WACC, sigla em inglês). No longo prazo, o valor dos ativos de uma empresa é determinado pelo modo como seu ROA operacional se compara a essa regra. Além disso, no longo prazo e com exceção de algumas barreiras para as forças competitivas, o ROA operacional tende a ser empurrado na direção do custo médio ponderado do capital. Uma vez que o CMPC (WACC) normalmente é inferior ao custo do capital próprio, o ROA operacional ao longo do tempo tende a ser empurrado na direção de um patamar mais baixo que o ROE. Vamos continuar discutindo a utilização e o cálculo do CMPC (WACC) no Capítulo 8.

O ROA operacional médio para empresas de capital aberto nos Estados Unidos no período de vinte anos (1991-2010) foi de 9%.[11] Em 2010, tanto a TJX quanto a Nordstrom ultrapassaram significativamente esse ponto de referência. O impressionante desempenho operacional de ambas as empresas teria sido obscurecido pela utilização de uma simples medida de ROA.[12]

Avaliação da gestão operacional: decomposição das margens de lucro líquido

A margem de lucro líquido de uma empresa, ou de retorno sobre as vendas (ROS), mostra a rentabilidade das atividades operacionais da empresa. A decomposição adicional do ROS permite que um analista avalie a eficiência da gestão operacional da empresa. Uma ferramenta popular usada nessa análise é a análise vertical da demonstração do resultado, em que todos os itens de linha são expressos como uma porcentagem das receitas de vendas.

Análises do tipo vertical da demonstração do resultado tornam possível comparar tendências nas relações de demonstração do resultado ao longo do tempo para a empresa e tendências entre diferentes empresas do setor. Para ilustrar como a análise de demonstração do resultado pode ser utilizada, análises verticais da TJX e da Nordstrom são mostradas na Tabela 5-5. A tabela também mostra

TABELA 5-5
Análise vertical da demonstração do resultado e índices de rentabilidade

Ano encerrado em 29 de janeiro de 2011	Conforme reportado		Conforme ajustado	
	TJX	Nordstrom	TJX	Nordstrom
Itens de linha como porcentagem de vendas				
Vendas	100,0%	100,0%	100,0%	100,0%
Custo de vendas	71,0%	57,4%	68,1%	56,8%
Despesas de vendas gerais e administrativas (SG&A)	16,9%	27,7%	16,9%	27,7%
Outras despesas operacionais	2,1%	3,4%	2,1%	3,4%
Outra receita, líquida de outras despesas	0,0%	0,0%	0,0%	0,0%
Despesa (receita) líquida de juros	0,2%	1,3%	1,3%	1,7%
Despesa fiscal	3,8%	3,9%	4,4%	4,0%
Ganhos incomuns, líquidos de prejuízos incomuns	0,0%[a]	0,0%	0,0%	0,0%
Receita líquida	6,1%	6,3%	7,3%	6,5%
Índices de lucratividade-chave				
Margem de lucro bruto	29,0%	42,6%	32,0%	43,2%
Margem EBITDA	12,1%	14,9%	15,1%	15,5%
Margem NOPAT	6,23%	7,13%	8,10%	7,53%
Margem NOPAT recorrente	6,19%	7,13%	8,10%	7,53%

Fonte: © Cengage Learning, 2013.

[a] Este dígito é arredondado para zero embora tenha realmente havido um ganho de $ 3,6 milhões aqui (que se reflete na diferença na margem NOPAT e no NOPAT recorrente abaixo).

alguns índices de lucratividade comumente usados. Utilizaremos as informações da Tabela 5-5 para investigar os direcionadores por trás das margens líquidas (ROS) da TJX e da Nordstrom em 2010.

Nesta seção, concentraremo-nos principalmente em uma análise de números "Conforme reportado". Como pode ser visto na Tabela 5-5, o ajuste de arrendamento operacional resulta em números "Conforme ajustado" revisados para ambas as empresas, com a TJX mostrando a mudança maior em razão de sua maior utilização de arrendamentos operacionais. O impacto do ajuste é diretamente sobre a demonstração do resultado, em que ambas as empresas mostram um aumento nas métricas da lucratividade (lucro bruto, EBITDA, NOPAT e ROS) por causa de um menor custo de produtos vendidos (devido ao componente de depreciação no CPV (custo dos produtos vendidos), sendo apenas uma parte da despesa de arrendamento anteriormente utilizada) e mostram despesa de juros aumentada (devido ao componente de dívida adicionado) e despesa com impostos (devido à receita líquida maior). Vamos apontar alguns dos resultados mais interessantes do ajuste sempre que tal for justificado.

Margem de lucro bruto

A diferença entre as vendas e o custo das vendas de uma empresa é o lucro bruto. A margem bruta de lucro (simplesmente "margem bruta") é uma indicação de até onde as receitas ultrapassam os custos diretos associados às vendas e ela é calculada como

$$\text{Margem bruta} = \frac{\text{Vendas} - \text{custo de vendas}}{\text{Vendas}}$$

A margem bruta é influenciada por dois fatores: (1) o preço relativo dos produtos ou dos serviços que uma empresa opera no mercado e (2) a eficiência do processo de compra e produção de uma empresa. O preço relativo dos produtos ou serviços que uma empresa pode operar é influenciado pelo grau de concorrência e quanto seus produtos são únicos. O custo das vendas da empresa pode ser baixo quando ela puder comprar seus insumos a um custo operacional mais baixo que a concorrência e/ou conduzir seus processos de produção mais eficientemente. Esse geralmente é o caso quando uma empresa possui uma estratégia de custo baixo.

A Tabela 5-5 indica que, consistente com a sua estratégia de preço relativo, a margem bruta da Nordstrom em uma base "Conforme reportado" de 42,6% em 2010 foi significativamente maior que a da TJX.

Despesas de vendas gerais e administrativas

As despesas de vendas gerais e administrativas (SG&A) de uma empresa são influenciadas pelas atividades operacionais com as quais ela deve se comprometer para implementar sua estratégia competitiva. Conforme discutido no Capítulo 2, empresas com estratégias de diferenciação devem empreender atividades para alcançar essa diferenciação. Uma empresa que competir com base na qualidade e na rápida introdução de novos produtos provavelmente terá custos de P&D maiores em relação a uma empresa que compete puramente em uma base de custo. Da mesma forma, uma empresa que tenta construir uma imagem de marca, distribuir seus produtos por meio de varejistas de serviço completo e oferecer significativo serviço ao cliente provavelmente terá custos de venda e administrativos maiores em relação a uma empresa que vender por meio de atacarejo (*wharehouse retailer*)[13] ou mala direta e não fornecer muito suporte ao cliente.

As despesas de vendas gerais e administrativas (SG&A) de uma empresa também são influenciadas pela eficiência com a qual ela administra suas despesas relativas às atividades gerais. O controle de despesas operacionais provavelmente será importante para empresas que competem com base em baixo custo. No entanto, mesmo para diferenciadores, é importante avaliar se o custo de diferenciação é proporcional ao preço relativo obtido no mercado.

Vários índices na Tabela 5-5 permitem-nos avaliar a eficácia com que a TJX e a Nordstrom gerenciam suas despesas de vendas gerais e administrativas (SG&A). Em primeiro lugar, o índice de despesas de vendas gerais e administrativas (SG&A) dividido pelas vendas revela quanto uma empresa está gastando para gerar cada dólar de vendas. Vemos que a TJX tem um índice significativamente menor de SG&A dividido pelas vendas do que a Nordstrom. Isso não deve ser surpresa, dado que a TJX busca uma estratégia de baixo custo enquanto a Nordstrom persegue uma estratégia intensivamente focada no serviço ao cliente. Dado que a TJX e a Nordstrom estão perseguindo estratégias de precificação, comercialização e serviços radicalmente diferentes, não é surpresa que elas tenham estruturas de custo muito diferentes: as margens brutas mais baixas da TJX e o índice SG&A dividido pelas vendas menor são o reflexo de sua estratégia de baixo custo, enquanto as margens mais altas da Nordstrom e também despesas de SG&A mais altas refletem seu foco no fornecimento de um serviço de alta qualidade, oferta diferenciada para os clientes mais abastados. Uma questão fundamental é, quando ambos os custos são compensados, qual empresa teve melhor desempenho? Dois índices fornecem sinais úteis aqui: margem de lucro operacional líquida (margem NOPAT) e margem EBITDA:

$$\text{Margem NOPAT} = \frac{\text{NOPAT}}{\text{Vendas}}$$

$$\text{Margem EBTIDA} = \frac{\text{Lucro antes dos juros, depreciação e amortização}}{\text{Vendas}}$$

A margem NOPAT fornece uma indicação abrangente do desempenho operacional de uma empresa porque ela reflete todos os custos operacionais e elimina os efeitos da política de financiamento. A margem EBITDA fornece informações semelhantes, exceto que exclui depreciação e despesa de amortização, uma despesa operacional significativa que não demanda movimentação de caixa. Alguns analistas preferem utilizar a margem EBITDA porque acreditam que ela se concentra nos itens operacionais em "caixa".

Embora seja verdadeiro até certo ponto, isso pode ser potencialmente enganador por dois motivos. O EBITDA não é um conceito estritamente de caixa porque vendas, custo das vendas e despesas de vendas gerais e administrativas frequentemente incluem itens que não afetam o caixa.

A depreciação também é uma despesa operacional efetiva e reflete em certa medida o consumo de recursos. Por conseguinte, ignorá-la pode ser enganador.

A Tabela 5-5 mostra que a TJX foi capaz de ganhar 6,2 centavos em lucros operacionais de cada dólar de vendas que ela gerou, enquanto a Nordstrom ganhou 7,1 centavos por dólar de vendas. É interessante notar que, em uma base "Conforme ajustado", a TJX realmente obtém uma relação entre lucro operacional e vendas maior que a Nordstrom.

Lembre-se de que, na Tabela 5-3, definimos o NOPAT como lucro líquido acrescido de despesa de juros líquida após impostos. Por conseguinte, o NOPAT é influenciado por quaisquer itens de receitas (despesas) incomuns ou não operacionais incluídos na receita líquida. Podemos calcular uma margem de NOPAT "regular" eliminando esses itens. As margens de NOPAT tradicional e regular da Nordstrom são as mesmas, indicando que nenhum item de receitas ou despesas incomuns ou não operacionais impacta a receita líquida em 2010. Para a TJX, grande parte de seus lucros também veio de seu negócio principal. A margem de NOPAT regular da TJX é ligeiramente menor que sua margem de NOPAT tradicional em 2010 (6,19% em comparação a 6,23%) devido ao pequeno ganho em operações descontinuadas em 2010 (mencionado no início do capítulo) relacionado à redução de uma reserva pelo acerto de obrigações relacionadas ao arrendamento de negócios anteriores.[14] Embora nesse exemplo particular tenha havido apenas uma pequena diferença entre a margem de NOPAT tradicional e regular, em geral, o NOPAT regular pode ser um *benchmarck* melhor de ser usado mediante extrapolação do desempenho atual para o futuro, uma vez que ele reflete as margens das atividades do negócio principal de uma empresa, especialmente se nos anos particularmente analisados a empresa obteve ganhos significativos provenientes de operações não principais ou de operações descontinuadas. A abordagem alternativa que usamos evidentemente é para ajustar os dados financeiros para remover esse item não recorrente inteiramente como fazemos em "Conforme ajustado".

A Nordstrom também tem uma margem de EBITDA melhor que a TJX numa base "Conforme reportado", apesar de a diferença estreitar quando se compara aos números "Conforme ajustado", visto que em uma base "Conforme reportado" a utilização de arrendamentos operacionais pela TJX resulta em uma despesa de arrendamento muito maior, que está incluída no EBITDA, enquanto a despesa de depreciação maior da Nordstrom resultante de sua estratégia de propriedade de loja é excluída.

Despesa fiscal

Os impostos são um elemento importante das despesas totais de uma empresa. Por meio de uma grande variedade de técnicas de planejamento fiscal, as empresas podem tentar reduzir suas despesas fiscais.[15] Há duas medidas que podem ser utilizadas para avaliar as despesas fiscais de uma empresa. Uma é a relação entre despesa fiscal relativa às vendas e a outra é a relação entre despesa fiscal e ganhos antes de impostos (também conhecida como alíquota média de imposto de renda). A nota explicativa sobre imposto da empresa fornece um detalhamento da razão pela qual sua alíquota média de imposto de renda difere da alíquota de imposto de renda nominal.

A Tabela 5-5 mostra que a Nordstrom tinha uma despesa com imposto de renda como uma porcentagem das vendas ligeiramente maior que a TJX. Dado que as duas empresas tiveram a mesma

Principais perguntas para análise

Várias questões sobre a dinâmica dos negócios serão úteis para um analista avaliar os diversos elementos da gestão operacional:

- As margens da empresa são coerentes com sua estratégia competitiva declarada? Por exemplo, uma estratégia de diferenciação deve normalmente levar a margens brutas maiores que uma estratégia de baixo custo.
- As margens da empresa estão mudando? Por quê? Quais são as causas empresariais subjacentes – mudanças na concorrência, mudanças nos custos dos insumos ou má gestão do custo indireto?
- A empresa está gerindo bem seus custos administrativos e indiretos? Quais são as atividades empresariais que direcionam esses custos? Essas atividades são necessárias?
- As políticas fiscais da empresa são sustentáveis ou a atual alíquota de imposto de renda é influenciada por créditos fiscais únicos?
- As estratégias de planejamento tributário da empresa levam a outros custos do negócio? Por exemplo, se as operações estiverem localizadas em paraísos fiscais, como isso afeta as margens de lucro da empresa e a utilização dos ativos? Os benefícios das estratégias de planejamento fiscal (impostos reduzidos) são maiores que os aumentos nos custos do negócio?

alíquota média de imposto de renda em 2010 em 38%, essa diferença pode ser atribuída aos lucros antes de impostos maiores da Nordstrom como uma porcentagem das vendas, embora a situação seja revertida em uma base "Conforme ajustado".

Em resumo, um exame dos índices da análise vertical das demonstrações do resultado pode esclarecer sobre as diferenças estratégicas e operacionais entre os concorrentes. Enquanto o posicionamento da Nordstrom como um varejista de produtos de alta qualidade permite que ela obtenha uma margem bruta sobre vendas maior que a TJX, é um controle apertado sobre as despesas que ajuda a TJX a compensar sua margem bruta inferior e finalmente obter uma margem de renda líquida semelhante.

Avaliação da gestão de investimentos: decomposição do giro dos ativos

O giro dos ativos é o segundo direcionador do retorno sobre patrimônio líquido de uma empresa. Uma vez que as empresas investem recursos consideráveis em seus ativos, a utilização produtiva deles é fundamental para a rentabilidade global. Uma análise detalhada do giro dos ativos permite que o analista avalie a eficiência da gestão dos investimentos de uma empresa. Existem duas áreas principais de gestão dos investimentos: (1) gestão de capital de giro e (2) gestão dos ativos de longo prazo, ambas discutidas em mais detalhes a seguir.

Gestão de capital de giro

O capital de giro é definido como a diferença entre os ativos circulantes e os passivos circulantes de uma empresa. No entanto, essa definição não distingue entre componentes operacionais (como contas a receber, estoques e contas a pagar) e componentes de financiamento (como caixa, títulos negociáveis e notas promissórias a pagar). Uma medida alternativa que faz essa distinção é o capital de giro operacional, definida na Tabela 5-3 como

Capital de giro operacional = (Ativos circulantes − caixa e títulos negociáveis) − (Passivos circulantes − porção circulante e de dívidas de curto e de longo prazo)

Os componentes do capital de giro operacional nos quais os analistas se concentram são contas a receber, estoques e contas a pagar. Determinada parte do investimento em capital de giro é geralmente necessária para a empresa executar suas operações normais. Por exemplo, as políticas de crédito e as políticas de distribuição de uma empresa determinam seu nível ideal de contas a receber. A natureza do processo de produção e a necessidade de estoque de reserva determinam o nível ideal de estoque. Por último, contas a pagar são uma fonte rotineira de financiamento para o capital de giro da empresa, e práticas de pagamento em um setor determinam o nível normal de contas a pagar.

Os seguintes índices são úteis na análise da gestão do capital de giro de uma empresa: capital de giro operacional como percentual das vendas, giro do capital de giro operacional, giro das contas a receber, giro de estoque e giro de contas a pagar. Os índices de giro também podem ser expressos em número de dias de atividade que o capital de giro operacional (e seus componentes) podem suportar. Esses índices são assim definidos:

$$\text{Índice de capital de giro operacional em relação às vendas} = \frac{\text{Capital de giro operacional}}{\text{Vendas}}$$

$$\text{Giro do capital de giro operacional} = \frac{\text{Vendas}}{\text{Capital de giro operacional}}$$

$$\text{Giro de contas a receber} = \frac{\text{Vendas}}{\text{Contas a receber}}$$

$$\text{Giro de estoque} = \frac{\text{Custo dos produtos vendidos}^{16}}{\text{Estoque}}$$

$$\text{Giro de contas a pagar} = \frac{\text{Compras}}{\text{Contas a pagar}} \quad \text{ou} \quad \frac{\text{Custo de produtos vendidos}}{\text{Contas a pagar}}$$

$$\text{Prazo de recebimento de recebíveis} = \frac{\text{Contas a receber}}{\text{Vendas médias por dia}}$$

$$\text{Prazo de estocagem} = \frac{\text{Estoque}}{\text{Custo médio dos produtos vendidos por dia}}$$

$$\text{Prazo de pagamentos} = \frac{\text{Contas a pagar}}{\text{Custo médio (ou produtos vendidos) por dia}}$$

O giro do capital de giro operacional indica quantos milhões de dólares de vendas uma empresa é capaz de gerar para cada dólar investido no capital de giro operacional. O giro de contas a receber, o giro de estoque e o giro de contas a pagar permitem que o analista examine quão produtivamente os três componentes principais do capital de giro estão sendo usados. Os períodos de recebimento de recebíveis, estoque e contas a pagar são outra forma de avaliar a eficiência da gestão de capital de giro de uma empresa.[17]

Gestão de ativos de longo prazo

Outra área da gestão de investimentos diz respeito à utilização dos ativos de longo prazo de uma empresa. É útil definir novamente o investimento de uma empresa em ativos de longo prazo:

$$\text{Ativos líquidos de longo prazo} = (\text{Total de ativos de longo prazo} - \text{Passivos de longo prazo sobre os quais não incorrem juros})$$

Os ativos de longo prazo geralmente consistem de imobilizados (PP&E), ativos intangíveis como ágio por expectativa de rentabilidade futura (*goodwill*) e outros ativos. Passivos de longo prazo sobre os quais não incidem juros incluem itens como impostos diferidos. Definimos os ativos de longo prazo líquidos e o capital de giro líquido de tal forma que sua soma, ativos operacionais líquidos, seja igual à soma da dívida líquida e do patrimônio líquido ou do capital líquido. Isso é consistente com a forma como definimos o ROA operacional anteriormente no capítulo.

A eficiência com a qual uma empresa utiliza seus ativos de longo prazo líquidos é medida pelos dois índices a seguir: ativos de longo prazo líquidos como uma porcentagem de vendas e giro dos ativos de longo prazo líquidos, definidos como

$$\text{Giro dos ativos de longo prazo líquidos} = \frac{\text{Vendas}}{\text{Ativos de longo prazo líquidos}}$$

O imobilizado (PP&E) é o mais importante ativo de longo prazo no balanço patrimonial de uma empresa. A eficiência com a qual o PP&E de uma empresa é usado é medida pela razão do imobilizado (PP&E) contra vendas ou pela taxa de giro de PP&E:

$$\text{Giro do imobilizado (PP\&E)} = \frac{\text{Vendas}}{\text{Imobilizado líquido}}$$

Principais perguntas para análise

Os índices discutidos nas duas seções anteriores permitem que o analista explore várias questões comerciais:

- ◆ Quão bem a empresa gerencia seu estoque? A empresa utiliza técnicas modernas de fabricação? Ela tem bons sistemas de gestão de logística e vendedores? Se os índices de estoque estão mudando, qual é a razão empresarial subjacente? Novos produtos estão sendo planejados? Existe uma incompatibilidade entre as previsões de demanda e as vendas reais?
- ◆ Quão bem a empresa gerencia suas políticas de crédito? Essas políticas são consistentes com sua estratégia de marketing? A empresa está artificialmente aumentando as vendas ao encher os canais de distribuição?
- ◆ A empresa está tirando vantagem do crédito comercial? Ela está confiando muito no crédito comercial? Em caso afirmativo, quais são os custos implícitos?
- ◆ Os investimentos da empresa em instalações e equipamentos são compatíveis com sua estratégia competitiva? A empresa tem uma boa política de aquisições e de alienações?

A Tabela 5-6 mostra os índices de giro dos ativos para a TJX e a Nordstrom em uma base "Conforme reportado" e "Conforme ajustado". O grande impacto do ajuste de arrendamento operacional vem em índices de ativos de longo prazo, com pequenos impactos secundários nos índices que usam o custo dos produtos vendidos. Em razão do estreito impacto do ajuste de arrendamento operacional nesta seção, vamos nos concentrar aqui em uma análise de números "Conforme reportado" e rapidamente resumir as principais mudanças por causa dos ajustes no final da seção.

A TJX é extremamente eficiente na gestão de suas necessidades de capital de giro, com capital de giro operacional representando menos de 1% das vendas totais em 2010. A gestão de estoque rígida, uma política de pagamento ligeiramente lenta (visto em um período de recolhimento para pagáveis de 35,3 dias), baixo nível de dívida de curto prazo e o pequeno saldo de contas a receber (reflexo da decisão da TJX de terceirizar o cartão de crédito de marca própria) contribuem para níveis baixos de capital de giro operacional da TJX.

A Nordstrom usa seus vendedores para oferecer capital de giro operacional de forma ainda mais eficaz (e está mais disposta talvez a alongar os pagamentos aos vendedores) que a TJX, com período de pagamentos de contas a pagar em 2010 de 47,6 dias. O principal direcionador do índice muito mais alto de capital de giro operacional em relação às vendas da Nordstrom (e assim giro do capital de giro operacional mais baixo) de 16,5% em 2010 (em comparação a 0,76% para a TJX) é seu grande saldo de contas a receber, que resulta de sua estratégia previamente discutida de financiamento de seus clientes mediante suas operações de cartão de crédito internas (que resulta em um alongamento no período de recebimento das contas a receber de 76,6 em 2010 em comparação a 2,5 para a TJX). A Nordstrom é bastante eficaz no gerenciamento de seu estoque, com um giro de estoque de 6,2 vezes em 2010, o mesmo que a TJX. Isso é interessante porque intuitivamente alguém poderia esperar que a TJX (como uma empresa que persegue uma estratégia de cadeia de suprimentos eficiente de custo baixo) teria muito mais sucesso na gestão eficiente de estoque do que uma empresa como a Nordstrom, que se orgulha de uma seleção ampla e diferenciada. Os índices mostram que a Nordstrom parece obter tanto uma vasta seleção quanto uma eficiente gestão de estoque ao mesmo tempo.

A TJX mostra uma utilização significativamente melhor dos ativos de longo prazo líquidos e do imobilizado do que a Nordstrom, conforme visto em seus índices mais altos de giro de ativo de longo prazo líquido e imobilizado. Esse é o reflexo da diferença nas estratégias de financiamento de lojas discutida anteriormente. Quando essa diferença é ajustada, esses índices são muito mais comparáveis, conforme visto na comparação dos números "Conforme ajustado" para ativos de longo prazo líquidos/vendas, imobilizado/vendas, giro dos ativos de longo prazo líquidos e giro de imobilizado (que são apenas o inverso dos dois primeiros índices). Existem pequenas diferenças entre os números "Conforme reportado" e "Conforme ajustado" para giro de estoque e giro de contas a pagar e seu inverso períodos de estocagem e períodos e pagamento de contas a pagar, mas essas diferenças são pequenas e podem ser atribuídas ao ajuste feito no custo de produtos vendidos.

TABELA 5-6

Índices de gestão de ativos

Ano encerrado em 29 de janeiro de 2011	Conforme reportado		Conforme ajustado	
	TJX	Nordstrom	TJX	Nordstrom
Capital de giro operacional/Vendas	0,76%	16,5%	0,76%	16,5%
Ativos de longo prazo líquidos/Vendas	8,1%	18,4%	28,4%	24,4%
Imobilizado (PP&E)/Vendas	11,3%	25,5%	31,3%	31,3%
Giro do capital de giro operacional	132,2	6,1	132,2	6,1
Giro dos ativos de longo prazo líquidos	12,4	5,4	3,5	4,1
Giro do imobilizado (PP&E)	8,9	3,9	3,2	3,2
Giro de contas a receber	148,2	4,8	148,2	4,8
Giro de estoque	6,2	6,2	5,9	6,1
Giro de contas a pagar	10,3	7,7	9,9	7,6
Prazo de recebimento de recebíveis	2,5	76,6	2,5	76,6
Prazo de estocagem	59,3	58,9	61,9	59,5
Prazo de pagamento de contas a pagar	35,3	47,6	36,9	48,1

Fonte: © Cengage Learning

Avaliação da gestão financeira: análise da alavancagem financeira

A alavancagem financeira permite que uma empresa tenha uma base de ativos maior que seu patrimônio líquido. A empresa pode aumentar seu patrimônio por meio de empréstimos e criação de outros passivos, como contas a pagar, passivos acumulados e impostos diferidos. A alavancagem financeira aumenta o ROE de uma empresa desde que o custo dos passivos seja menor que o retorno do investimento desses recursos. A esse respeito, é importante distinguir entre passivos sobre os quais incidem juros, como notas promissórias a pagar, e outras formas de dívida de curto prazo e de longo prazo sobre as quais incidem encargos explícitos de juros e outros passivos. Sobre algumas dessas outras formas de passivo, como contas a pagar ou impostos diferidos, não incide nenhum encargo de juros. Sobre outras, como obrigações de arrendamento financeiro e obrigações de planos de pensão, incide um encargo implícito de juros. Por último, algumas empresas mantêm grandes saldos de caixa ou investimentos em títulos negociáveis. Esses saldos reduzem a dívida líquida de uma empresa porque conceitualmente ela pode quitar sua dívida usando seu caixa e seus investimentos de curto prazo.

Embora a alavancagem financeira possa potencialmente beneficiar os acionistas de uma empresa, ela também pode aumentar o risco. Ao contrário do patrimônio líquido, os passivos possuem termos de pagamento predefinidos, e a empresa enfrenta risco de dificuldades financeiras se deixar de cumprir esses compromissos. Há vários índices para avaliar o grau de risco que pode surgir da alavancagem financeira de uma empresa.

Passivos correntes e liquidez de curto prazo

Os seguintes índices são úteis na avaliação do risco relacionado aos passivos circulantes de uma empresa:

$$\text{Índice de liquidez corrente} = \frac{\text{Ativos circulantes}}{\text{Passivos circulantes}}$$

$$\text{Índice de liquidez imediata} = \frac{\text{Caixa + Investimentos de curto prazo + Contas a receber}}{\text{Passivos circulantes}}$$

$$\text{Índice de liquidez de caixa} = \frac{\text{Caixa + Títulos negociáveis}}{\text{Passivos circulantes}}$$

$$\text{Índice de fluxo de caixa operacional} = \frac{\text{Fluxo de caixa das operações}}{\text{Passivos circulantes}}$$

Todos esses índices tentam medir a capacidade da empresa de saldar seus compromissos circulantes. Os três primeiros comparam os passivos circulantes de uma empresa com seus ativos de curto prazo que podem ser utilizados para saldar esses compromissos. O quarto índice concentra-se na capacidade das operações da empresa de gerar recursos necessários para saldar seus passivos circulantes.

Uma vez que tanto os ativos circulantes quanto os passivos circulantes têm prazo comparável, o índice de liquidez corrente é um índice essencial da liquidez de curto prazo de uma empresa. Os analistas visualizam um índice de liquidez corrente de mais de um para ser uma indicação de que a empresa pode saldar seus passivos circulantes com o caixa gerado pelos seus ativos correntes. No entanto, a empresa pode enfrentar um problema de liquidez de curto prazo mesmo com um índice de liquidez corrente superior a um quando alguns de seus ativos circulantes não forem fáceis de serem convertidos em caixa. O índice de liquidez imediata e o índice de liquidez de caixa capturam a capacidade da empresa de saldar seus passivos circulantes com ativos líquidos. O índice de liquidez imediata assume que as contas a receber de uma empresa são líquidas. Isso é verdadeiro em setores nos quais a reputação de crédito dos clientes é indiscutível, ou quando os recebíveis são recebidos num prazo muito curto. Quando essas condições não prevalecem, o índice de liquidez de caixa, que considera apenas caixa e títulos negociáveis, é uma melhor indicação da capacidade de uma empresa de cobrir seus passivos circulantes em uma emergência. O fluxo de caixa operacional é outra medida da capacidade da empresa de cobrir seus passivos circulantes com o caixa gerado das operações da empresa.

Os índices de liquidez para a TJX e a Nordstrom são mostrados na Tabela 5-7. Os saldos de contas a receber significativamente mais altos da Nordstrom comandam seus índices de liquidez imediata e corrente mais altos em relação à TJX. Os índices de liquidez de caixa são um pouco mais comparáveis dado que as contas a receber não estão incluídas nesse cálculo e ambas as empresas dispõem de um saldo de caixa saudável em 2010. O índice de fluxo de caixa operacional da TJX estava ligeiramente à frente daquele da Nordstrom, indicando um fluxo de caixa geral mais forte das operações relativas a seus passivos correntes. Em geral, as situações de liquidez de ambas as empresas são confortáveis e provavelmente não serão um ponto de preocupação para os credores de curto prazo. Por fim, pode ser observado que o ajuste de arrendamento operacional não teve impacto sobre esses índices.

Dívida e solvência de longo prazo

A alavancagem financeira de uma empresa é também influenciada por sua política de financiamento da dívida. O financiamento da dívida traz vários benefícios potenciais. Primeiro, a dívida normalmente é

TABELA 5-7

Índices de liquidez

Ano encerrado em 29 de janeiro de 2011	Conforme reportado		Conforme ajustado	
	TJX	Nordstrom	TJX	Nordstrom
Índice de liquidez corrente	1,66	2,01	1,66	2,01
Índice de liquidez imediata	0,65	1,41	0,65	1,41
Índice de liquidez de caixa	0,60	0,39	0,60	0,39
Índice de fluxo de caixa operacional	0,73	0,62	0,73	0,62

Fonte: © Cengage Learning

mais barata que o patrimônio líquido porque a empresa promete prazos de pagamento predefinidos aos titulares da dívida. Segundo, na maioria dos países, os juros sobre o financiamento de dívida são dedutíveis do imposto de renda, enquanto os dividendos aos acionistas não são dedutíveis do imposto de renda. Terceiro, o financiamento de dívida pode impor disciplina sobre a gestão da empresa e motivá-la a reduzir despesas inúteis. Quarto, para a dívida não pública, é provável que seja mais fácil para a gestão comunicar suas informações proprietárias sobre estratégias e prospectos aos credores privados do que aos mercados de capitais públicos. Essa comunicação pode reduzir potencialmente o custo de capital de uma empresa. Por todas essas razões, é vantajoso para as empresas utilizar pelo menos um pouco da dívida em sua estrutura de capital. O fato de recorrer demasiadamente ao financiamento da dívida, porém, é potencialmente dispendioso para os acionistas da empresa. A empresa vai enfrentar problemas financeiros se ela inadimplir os pagamentos de juros e do principal. Os titulares da dívida também impõem acordos sobre a empresa, restringindo as decisões operacionais, de investimento e financiamento da empresa.

A ótima estrutura de capital para uma empresa é determinada principalmente por seu risco de negócio. Os fluxos de caixa de uma empresa são altamente previsíveis quando há pouca concorrência ou há pouca ameaça de mudanças tecnológicas. Essas empresas têm um baixo risco operacional; daí que podem recorrer fortemente ao financiamento da dívida. Em contraste, se os fluxos de caixa operacionais de uma empresa forem altamente voláteis e suas necessidades de despesas de capital forem imprevisíveis, ela poderá ter de recorrer principalmente ao financiamento de capital. As atitudes dos gerentes com relação ao risco e à flexibilidade financeira também frequentemente determinam as políticas de financiamento de uma empresa.

Vários índices ajudam o analista nessa área. Para avaliar a combinação de dívida e de patrimônio na estrutura de capital de uma empresa, os seguintes índices são úteis:

$$\text{Índice de passivos sobre patrimônio líquido} = \frac{\text{Passivos totais}}{\text{Patrimônio líquido}}$$

$$\text{Índice de dívida sobre patrimônio líquido} = \frac{\text{Dívida de curto prazo} + \text{Dívida de longo prazo}}{\text{Patrimônio líquido}}$$

Índice de dívida líquida sobre patrimônio líquido

$$= \frac{\text{Dívida de curto prazo} + \text{Dívida de longo prazo} - \text{Caixa e títulos negociáveis}}{\text{Patrimônio líquido}}$$

Índice de dívida sobre capital total

$$= \frac{\text{Dívida de curto prazo} + \text{Dívida de longo prazo}}{\text{Dívida de curto prazo} + \text{Dívida de longo prazo} + \text{Patrimônio líquido}}$$

Índice de dívida líquida contra capital total líquido

$$= \frac{\text{Passivos sobre os quais incidem juros} - \text{Caixa e títulos negociáveis}}{\text{Passivos sobre os quais incidem juros} - \text{Caixa e títulos negociáveis} + \text{Patrimônio líquido}}$$

O primeiro índice reformula um dos três principais índices subjacentes ao ROE, o índice de ativos sobre patrimônio (é o índice de ativos dividido pelo patrimônio líquido menos um). O segundo índice fornece uma indicação de quantos dólares do financiamento da dívida a empresa está usando para cada dólar investido por seus acionistas. O terceiro índice usa a dívida líquida, que é a dívida total menos caixa e títulos negociáveis, como a medida de empréstimos de uma empresa. O quarto e o quinto índices medem a dívida como uma proporção do capital total. No cálculo de todos esses índices, é importante incluir todas as obrigações sobre as quais incidem juros,[18] se o encargo de juros for explícito ou implícito. Lembre-se de que os exemplos dos itens de linha que carregam um encargo de juros implícito incluem obrigações de arrendamento financeiro e obrigações de planos de pensão.

Os analistas às vezes incluem quaisquer obrigações fora do balanço patrimonial potenciais que uma empresa possa ter, como arrendamentos operacionais não canceláveis, na definição da dívida de uma empresa. Mostramos isso (conforme descrito anteriormente) nos números "Conforme ajustado" em nosso exemplo da TJX e da Nordstrom.

A facilidade com que uma empresa pode cumprir seus pagamentos de juros é uma indicação do grau de risco associado à sua política de financiamento. O índice de cobertura de juros fornece uma medida dessa construção:

$$\text{Cobertura de juros (base de ganhos)} = \frac{\text{Receita líquida} + \text{Despesa de juros} + \text{Despesa fiscal}}{\text{Despesa de juros}}$$

Cobertura de juros (base de fluxo de caixa)

$$= \frac{\text{Fluxo de caixa das operações} + \text{Despesa de juros} + \text{Impostos pagos}}{\text{Despesa de juros}}$$

O índice de cobertura baseado em ganhos indica os dólares de ganhos disponíveis para cada dólar do pagamento de juros requerido; o índice de fluxo de caixa baseado em cobertura indica os dólares de caixa gerados por operações para cada pagamento de juros requerido. Em ambos os índices, o denominador é a despesa de juros. No numerador, adicionamos impostos de volta porque os impostos são computados somente após a despesa de juros ser deduzida. Um índice de cobertura de uma unidade implica que a empresa está cobrindo com dificuldade sua despesa de juros por meio de suas atividades operacionais, que é uma situação muito arriscada. Quanto maior o índice de cobertura, maior a proteção que a empresa tem para cumprir obrigações com juros.

Mostramos os índices de cobertura e de dívida da TJX e da Nordstrom na Tabela 5-8. Em uma base "Conforme reportado", a TJX tem uma carga de dívida muito menor que a Nordstrom, o que é refletido nos índices de dívida "Conforme reportado" mostrados nessa tabela. Conforme discutido, isso faz sentido dado que a Nordstrom financia a propriedade de uma grande parte de suas lojas com dívida de longo prazo, enquanto a TJX evita essa dívida com o uso de arrendamentos operacionais. Além disso, a TJX mostra índices de cobertura de juros extraordinariamente altos, mas essa imagem muda quando alguém considera a sua estratégia de arrendamento de loja. Quando ambas as empresas são ajustadas para o impacto de seu uso de arrendamento operacional, os índices de dívida alinham-se de forma muito mais estreita, como visto nos índices "Conforme ajustado" na Tabela 5-8.

Se o valor presente das obrigações mínimas de arrendamento for adicionado à dívida líquida da TJX, seu índice de dívida líquida sobre patrimônio aumenta drasticamente – o que pode ser visto na dívida líquida sobre patrimônio líquido "Conforme ajustado". O impacto do ajuste de arrendamento

Principais perguntas para análise

Algumas das questões sobre o ambiente dos negócios a se fazer quando o analista está examinando as políticas de financiamento de uma empresa são:

- A empresa tem dívida suficiente? Ela está explorando os benefícios potenciais da dívida – proteções de imposto sobre juros, disciplina de gestão e comunicação mais fácil?
- A empresa tem dívida excessiva por causa de seu risco operacional? Que tipo de restrições de acordo de dívida a empresa enfrenta? Ela está arcando com os custos de uma dívida excessiva, arriscando ter problema financeiro potencial e flexibilidade comercial reduzida?
- O que a empresa está fazendo com os recursos que tomou emprestado? Investindo em capital de giro? Investindo em ativos fixos? Esses investimentos são rentáveis?
- A empresa está pedindo dinheiro emprestado para pagar dividendos? Em caso afirmativo, qual é a justificativa?

TABELA 5-8

Índices de dívida e de cobertura

Ano encerrado em 29 de janeiro de 2011	Conforme reportado		Conforme ajustado	
	TJX	Nordstrom	TJX	Nordstrom
Passivos sobre patrimônio líquido	1,58	3,19	3,12	3,55
Dívida sobre patrimônio	0,27	1,66	1,81	2,03
Dívida líquida sobre patrimônio	−0,33	1,16	1,21	1,52
Dívida sobre capital	0,22	0,62	0,64	0,67
Dívida líquida sobre capital líquido	−0,49	0,54	0,55	0,60
Cobertura de juros (baseado em ganhos)	45,2	8,5	9,7	7,0
Cobertura de juros (baseado em fluxo de caixa)	60,1	13,3	14,1	11,2

Fonte: © Cengage Learning, 2013.

operacional é semelhante, mas de menor magnitude para a Nordstrom, dada sua utilização mais limitada de arrendamentos operacionais. Além disso, observe como a despesa de juros adicional acrescentada como parte do ajuste de arrendamento operacional aproxima muito mais os índices de cobertura de juros das empresas (visto na cobertura de juros "Conforme ajustado"). Esses itens ilustram a importância de considerar as obrigações do balanço patrimonial durante análise da gestão financeira de uma empresa. Em geral, ambas as empresas estão em uma situação relativamente confortável em relação às suas obrigações fixas, mesmo depois de serem levados em conta os compromissos de arrendamento operacional.

Índices de dados desagregados

Até agora temos discutido como computar os índices usando as informações das demonstrações financeiras. Muitas vezes os analistas sondam esses índices utilizando dados financeiros e físicos desagregados. Por exemplo, para uma empresa de negócios múltiplos, alguém poderia analisar as informações por segmentos comerciais individuais. Essa análise pode revelar potenciais diferenças no desempenho de cada unidade comercial, permitindo que o analista identifique as áreas nas quais a estratégia de uma empresa está funcionando e onde não está. Também é possível sondar ainda mais os índices financeiros computando os índices de dados físicos pertencentes às operações de uma empresa. Dados físicos apropriados para analisar variam de setor para setor. Como um exemplo no varejo, alguém poderia computar as estatísticas de produtividade como vendas por loja, vendas por metro quadrado, transações de cliente por loja e quantidade média de venda por transação com o cliente. Na indústria hoteleira, taxas de ocupação de quartos fornecem informações importantes; na indústria de telefonia celular, o custo de aquisição por novo assinante e a taxa de retenção de assinantes são importantes. Esses índices desagregados são particularmente úteis para empresas e setores jovens como empresas de internet, em que dados contábeis não podem captar a economia empresarial totalmente em razão de regras contábeis conservadoras.

Juntando tudo: avaliação da taxa de crescimento sustentável

Os analistas frequentemente utilizam o conceito de crescimento sustentável como uma forma de avaliar os índices de uma empresa de uma forma abrangente. A taxa de crescimento sustentável de uma empresa é definida como

$$\text{Taxa de crescimento sustentável} = \text{ROE} \times (1 - \text{Índice de pagamento de dividendos})$$

Já discutimos a análise do ROE nas quatro seções anteriores. O índice de pagamento de dividendos é definido como

$$\text{Índice de pagamento de dividendos} = \frac{\text{Dividendos pagos}}{\text{Receita líquida}}$$

O índice de pagamento de dividendos de uma empresa é uma medida de sua política de dividendos. As empresas pagam dividendos por várias razões. Eles proporcionam uma maneira de retorno aos acionistas de qualquer caixa gerado além das necessidades de operação e de investimento da empresa. Quando houver assimetrias de informações entre os gerentes de uma empresa e seus acionistas, os pagamentos de dividendos podem servir como um sinal aos acionistas sobre as expectativas dos gerentes da empresa sobre o futuro da empresa. As empresas também podem pagar dividendos para atrair certo tipo de base de acionista.

Uma taxa de crescimento sustentável é a taxa em que uma empresa pode crescer sem alterar suas políticas financeiras e de rentabilidade. O retorno sobre patrimônio líquido da empresa e sua política de pagamento de dividendos determina o conjunto de recursos disponíveis para o crescimento. É claro que a empresa pode crescer a uma taxa diferente de sua taxa de crescimento sustentável se sua rentabilidade, sua política de pagamento ou sua alavancagem financeira mudar. Por conseguinte, a taxa de crescimento sustentável fornece um ponto de referência contra o qual os planos de crescimento de uma empresa podem ser avaliados. A Figura 5-2 mostra como a taxa de crescimento sustentável de uma empresa pode estar ligada a todos os índices discutidos neste capítulo.

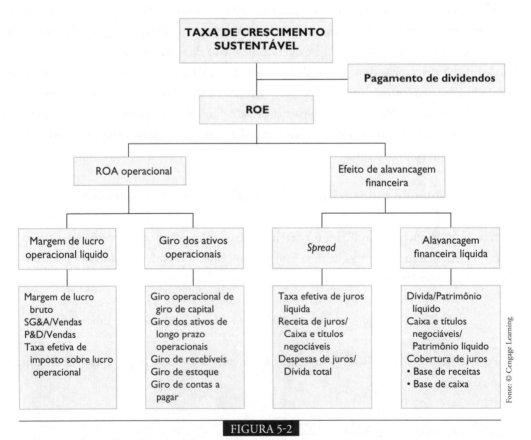

FIGURA 5-2

Estrutura da taxa de crescimento sustentável para análise de índice financeiro.

Principais perguntas para análise

A análise de crescimento sustentável pode levar aos seguintes tipos de questões de negócios:

- ◆ Como a empresa pode rapidamente crescer seus negócios sem alterar suas políticas de rentabilidade e financeiras?
- ◆ Se ela pretende crescer mais rapidamente, de onde o crescimento virá? A administração espera que a rentabilidade aumente? Ou que a produtividade dos ativos melhore? Essas expectativas são realistas? A empresa está planejando essas mudanças?
- ◆ Se a empresa está planejando aumentar sua alavancagem financeira ou cortar dividendos, qual é o impacto provável dessas mudanças de política financeira?

Essas ligações permitem que um analista examine os direcionadores da taxa de crescimento sustentável corrente de uma empresa. Se a empresa pretende crescer a uma taxa maior do que sua taxa de crescimento sustentável, uma pessoa poderia avaliar quais das taxas provavelmente mudarão no processo.

A Tabela 5-9 mostra a taxa de crescimento sustentável e seus componentes para a TJX e a Nordstrom. A TJX apresentou uma taxa de crescimento sustentável significativamente maior em relação à Nordstrom, tanto em uma base "Conforme reportado" quanto "Conforme ajustado", devido tanto aos seus ROEs maiores quanto a um índice de pagamento de dividendo menor. As taxas reais de crescimento de vendas, ativos e passivos da TJX em 2010 foram consideravelmente menores que o sugerido por sua taxa de crescimento sustentável, refletindo a abordagem equilibrada da administração para crescimento, investimento e recursos de retorno aos acionistas na forma de dividendos e de recompra de ações.

Padrões históricos de índices para as empresas dos Estados Unidos

Para fornecer um ponto de referência para análise, a Tabela 5-10 relata valores históricos dos principais índices discutidos neste capítulo. Esses índices são calculados usando dados das demonstrações

TABELA 5-9

Taxa de crescimento sustentável

Ano encerrado em 29 de janeiro de 2011	Conforme reportado		Conforme ajustado	
	TJX	Nordstrom	TJX	Nordstrom
Retorno sobre patrimônio líquido	46,5%	39,0%	55,4%	40,0%
Índice de pagamento de dividendos	17,1%	27,2%	17,1%	27,2%
Taxa de crescimento sustentável	38,6%	28,4%	45,9%	29,1%

Fonte: © Cengage Learning, 2013.

TABELA 5-10

Valores históricos dos índices financeiros essenciais

Ano	ROE	Margem NOPAT	Giro dos ativos operacionais	ROA operacional	Spread	Alavancagem financeira líquida	Taxa de crescimento sustentável
1991	6,6%	6,3%	1,55	7,2%	−0,1%	1,20	0,5%
1992	4,4%	4,4%	1,60	6,1%	−0,6%	1,14	−1,6%
1993	8,8%	5,0%	1,67	6,5%	0,7%	1,17	2,6%
1994	14,0%	7,1%	1,77	11,0%	3,9%	1,16	7,9%
1995	13,8%	6,1%	1,83	8,3%	6,8%	1,11	7,3%
1996	14,8%	6,6%	1,83	9,4%	7,5%	1,14	8,7%
1997	13,8%	7,5%	1,83	10,4%	3,7%	1,11	8,2%
1998	13,1%	7,9%	1,76	9,7%	2,3%	1,22	7,4%
1999	13,5%	7,8%	1,69	9,9%	3,8%	1,25	8,4%
2000	10,1%	7,0%	1,71	8,0%	1,8%	1,31	5,2%
2001	1,4%	4,0%	1,47	3,0%	−3,0%	1,34	−2,7%
2002	−2,2%	1,7%	1,31	−2,7%	−7,9%	1,51	−4,4%
2003	13,3%	8,3%	1,57	9,5%	3,5%	1,58	8,7%
2004	13,3%	8,0%	1,70	10,1%	3,4%	1,49	8,3%
2005	13,8%	9,0%	1,78	11,9%	3,7%	1,21	8,2%
2006	16,7%	10,3%	1,88	14,1%	7,4%	1,23	11,1%
2007	12,1%	8,8%	1,75	12,4%	5,2%	1,23	6,6%
2008	0,1%	3,4%	1,68	6,8%	−0,7%	1,33	−4,7%
2009	8,9%	7,6%	1,49	9,8%	3,3%	1,31	4,4%
2010	12,4%	10,3%	1,65	12,9%	5,6%	1,04	7,9%
Média	**10,3%**	**6,9%**	**1,68**	**9,0%**	**2,5%**	**1,23**	**4,9%**

Os índices são baseados nos dados iniciais do balanço patrimonial.
Fonte: dados de declaração financeira para todas as empresas com títulos negociados publicamente nos Estados Unidos entre 1991 e 2010, listadas no banco de dados da Standard & Poor's Compustat.

financeiras para todas as empresas publicamente listadas nos Estados Unidos. A tabela mostra os valores do ROE, seus principais componentes e a taxa de crescimento sustentável para cada um dos anos de 1991 a 2010, e a média para esse período de 20 anos. Os dados mostram que o ROE médio durante esse período de tempo foi de 10,3%, o ROA operacional médio foi de 9,0% e o *spread* médio entre o ROA operacional e os custos de empréstimo líquidos após impostos foi de 2,5%. A taxa de crescimento sustentável média para as empresas dos Estados Unidos durante esse período foi de 4,9%. Evidentemente, os índices de uma empresa individual podem se afastar dessas médias em toda a economia por vários motivos, como efeitos do setor, estratégias da empresa e a eficiência do gerenciamento. No entanto, os valores médios na tabela servem como pontos de referência úteis na análise financeira.

ANÁLISE DO FLUXO DE CAIXA

A discussão da análise por meio de índices concentrou-se na análise da demonstração do resultado de uma empresa (análise da margem de lucro líquido) ou seu balanço patrimonial (giro de ativos e alavancagem financeira). O analista pode obter *insights* adicionais sobre as políticas operacionais, de investimento e de financiamento da empresa examinando seus fluxos de caixa. A análise do fluxo de caixa também fornece uma indicação da qualidade das informações na demonstração do resultado e no balanço patrimonial da empresa. Conforme mencionado, vamos ilustrar os conceitos discutidos nesta seção usando os fluxos de caixa da TJX e da Nordstrom.

Fluxo de caixa e demonstrações de fluxo de fundos (demonstração de origens e aplicações de recursos)

Todas as empresas dos Estados Unidos são obrigadas a incluir uma demonstração de fluxo de caixa em suas demonstrações financeiras conforme norma de Declaração de Contas Financeiras nº 95 (SFAS 95). Na demonstração de fluxo de caixa, as empresas relatam seus fluxos de caixa em três categorias: fluxo de caixa das operações, fluxo de caixa das atividades de investimento e fluxo de caixa das atividades de financiamento. O fluxo de caixa das operações é o caixa gerado pela empresa oriundo da venda de bens e serviços após pagamento do custo dos insumos e das operações. O fluxo de caixa relacionado às atividades de investimento mostra o dinheiro pago em despesas de capital, investimentos entre empresas, aquisições e o dinheiro recebido das vendas de ativos de longo prazo. O fluxo de caixa relacionado às atividades de financiamento mostra o dinheiro levantado com (ou pago aos) acionistas e detentores de dívida da empresa.

As empresas usam dois métodos de demonstração de fluxo de caixa: o método direto e o método indireto. A principal diferença entre os dois métodos é a maneira como eles relatam o fluxo de caixa das atividades operacionais. Pelo método do fluxo de caixa direto, que é utilizado apenas por um pequeno número de empresas, recebimentos de caixa operacional e desembolsos são relatados diretamente. Pelo método indireto, as empresas derivam seus fluxos de caixa operacionais ajustando o lucro líquido. Pelo fato de o método indireto conectar a demonstração de fluxo de caixa à demonstração do resultado da empresa e ao balanço patrimonial, muitos analistas e gerentes consideram esse método mais útil. Como resultado, a FASB exige que as empresas que usam o método direto relatem fluxos de caixa operacionais pelo método indireto também.

Lembrem-se que no Capítulo 3 foi dito que o lucro líquido difere de fluxos de caixa operacionais porque as receitas e as despesas são medidas com base no regime de competência. Há dois tipos de efeitos da contabilidade pelo regime de competência embutidos na receita líquida. Primeiro, há o efeito corrente referente a vendas a crédito e despesas não pagas. Os efeitos da contabilidade pelo regime de competência corrente resultam em alterações nos ativos circulantes de uma empresa (como contas a receber, estoque, despesas pré-pagas) e nos passivos circulantes (como contas a pagar e passivos acumulados). O segundo tipo de efeito da contabilidade pelo regime de competência incluído na demonstração do resultado são efeitos não circulantes, como depreciação, impostos diferidos e resultado de equivalência patrimonial de subsidiárias não consolidadas. Para derivar fluxo de caixa de operações com base no lucro líquido, devem ser feitos ajustes nesses dois tipos de efeitos. Além disso, os ajustes devem ser feitos para resultados não operacionais incluídos no lucro líquido, como lucros na venda de ativos.

Algumas empresas fora dos Estados Unidos fazem uma demonstração de fluxo de fundos (origem e aplicações de recursos) em vez de uma demonstração de fluxo de caixa do tipo descrito acima. Antes da SFAS 95, as empresas norte-americanas também entregavam uma demonstração semelhante. As demonstrações de fluxo de fundos mostram fluxos de capital de giro, não fluxos de caixa. É útil que os analistas saibam como converter uma demonstração de fluxo de fundos em uma demonstração de fluxo de caixa.

As demonstrações de fluxo de fundos tipicamente fornecem informações sobre o capital de giro de uma empresa oriundo de operações, definido como receita líquida ajustada para efeito da contabilidade pelo regime de competência não circulante e ganhos da venda de ativos de longo prazo. Conforme discutido, o fluxo de caixa das operações essencialmente envolve um terceiro ajuste, o ajuste para efeito da contabilidade pelo regime de competência circulante. Assim, a conversão de capital de giro de operações em fluxo de caixa de operações é relativamente direta, fazendo os ajustes relevantes para efeito no circulante da contabilidade pelo regime de competência relacionado às operações.

Informações sobre efeitos no circulante da contabilidade pelo regime de competência podem ser obtidas examinando mudanças nos ativos e passivos circulantes de uma empresa. Tipicamente, os efeitos operacionais da contabilidade pelo regime de competência representam mudanças em todas as contas de ativos circulantes que não sejam caixa e equivalentes de caixa e mudanças em todos os passivos circulantes que não sejam duplicatas a pagar e a porção circulante da dívida de longo prazo.[19] O caixa gerado pelas operações pode ser calculado conforme a seguir:

Capital de giro das operações
– Aumento (ou + diminuição) nas contas a receber
– Aumento (ou + diminuição) no estoque
– Aumento (ou + diminuição) em outros ativos circulantes excluindo caixa e equivalentes de caixa
+ Aumento (ou – diminuição) em contas a pagar
+ Aumento (ou – diminuição) em outros passivos circulantes excluindo dívida.

Demonstrações de fluxo de fundos muitas vezes também não classificam fluxos de investimento e financiamento. Nesse caso, o analista deve classificar os itens de linha na demonstração de fluxo de fundos dentro dessas duas categorias, avaliando a natureza das transações comerciais que dão origem ao fluxo representado pelos itens de linha.

Análise das informações de fluxo de caixa

A análise de fluxo de caixa pode ser usada para discutir uma variedade de questões sobre a dinâmica de fluxo de caixa de uma empresa:

- Quão forte é a geração de fluxo de caixa interno de uma empresa? O fluxo de caixa das operações de uma empresa é positivo ou negativo? Se for negativo, por quê? Será que é porque a empresa está crescendo? Será que é porque suas operações não são rentáveis? Ou ela está tendo dificuldade para gerir seu capital de giro corretamente?
- A empresa tem a capacidade de cumprir suas obrigações financeiras de curto prazo, como os pagamentos de juros, com seu fluxo de caixa das atividades operacionais? Ela pode continuar a cumprir essas obrigações sem reduzir sua flexibilidade operacional?
- Quanto dinheiro a empresa investiu em crescimento? Esses investimentos são consistentes com sua estratégia de marketing? A empresa usou o fluxo de caixa interno para financiar o crescimento ou ela recorreu a financiamento externo?
- A empresa pagou dividendo com fluxo de caixa livre interno ou ela teve que recorrer a financiamento externo? Se a empresa teve de financiar seus dividendos por meio de fontes externas, a política de dividendo da empresa é sustentável?
- A empresa recorreu a qual tipo de financiamento externo? Patrimônio, dívida de curto prazo ou dívida de longo prazo? O financiamento é consistente com o risco operacional geral da empresa?
- A empresa tem excedente de fluxo de caixa após fazer investimentos de capital? É uma tendência de longo prazo? Quais planos a administração tem para distribuir o fluxo de caixa livre?

Embora as informações nas demonstrações de fluxo de caixa reportadas possam ser usadas para responder a essas perguntas diretamente no caso de algumas empresas, nem sempre será fácil fazer isso por uma série de razões. Em primeiro lugar, embora a SFAS 95 forneça diretrizes gerais sobre o formato de uma demonstração de fluxo de caixa, ainda existe variação significativa entre as empresas sobre como os dados de fluxo de caixa são divulgados. Portanto, para facilitar uma análise sistemática e a comparação entre empresas, os analistas muitas vezes reformulam as informações na demonstração de fluxo de caixa usando seus próprios modelos de fluxo de caixa. Segundo, as empresas incluem despesas e receitas de juros no cômputo de seu fluxo de caixa a partir de atividades operacionais. No entanto, esses dois itens não estão estritamente relacionados às operações de uma empresa. A despesa de juros é uma função da alavancagem financeira e a renda de juros deriva de ativos financeiros em vez de ativos operacionais. Portanto, é útil refazer a demonstração de fluxo de caixa para levar esse fato em conta.

Os analistas usam diferentes abordagens para reformulação dos dados de fluxo de caixa. Um desses modelos é mostrado na Tabela 5-11. Ele apresenta fluxo de caixa das operações em duas fases. O primeiro passo calcula o fluxo de caixa das operações antes de operar os investimentos de capital de giro. Durante o cômputo desse fluxo de caixa, o modelo exclui despesa de juros e receita de juros. Para calcular esse número começando com a lucro líquido de uma empresa, um analista adiciona de

TABELA 5-11

Análise de fluxo de caixa

Ano encerrado em 29 de janeiro de 2011	Conforme reportado		Conforme ajustado	
	TJX	Nordstrom	TJX	Nordstrom
Lucro líquido	1.343,1	613,0	1.600,3	629,1
Despesa (receita) líquida de juros após impostos	24,2	78,6	176,0	101,2
Perdas (ganhos) não operacionais	158,4	0,0	162,0	0,0
Provisões operacionais de longo prazo	587,8	465,0	1.087,6	510,5
Fluxo de caixa operacional antes de investimentos em capital de giro	**2.113,5**	**1.156,6**	**3.025,9**	**1.240,8**
Liquidação ou (investimentos em) de capital de giro operacional líquidos	(5,0)	99,0	(5,0)	99,0
Fluxo de caixa operacional antes de investimento em ativos de longo prazo	**2.108,5**	**1.255,6**	**3.020,9**	**1.339,8**
Liquidação ou (investimento em) de ativos de longo prazo operacionais líquidos	(708,2)	(462,0)	(2.591,2)	(630,6)
Fluxo de caixa livre disponível para dívida e patrimônio líquido	**1.400,3**	**793,6**	**429,7**	**709,2**
Receita (despesa) de juros após impostos	(24,2)	(78,6)	(176,0)	(101,2)
Amortização (ou emissão de) Dívida líquida	(2,4)	179,0	1.120,0	286,0
Fluxo de caixa livre disponível para patrimônio líquido	**1.373,7**	**894,0**	**1.373,7**	**894,0**
Dividendo (pagamentos)	(229,3)	(167,0)	(229,3)	(167,0)
Emissão de ação (recompra) líquida e outras mudanças de patrimônio líquido	(1.017,2)	(16,0)	(1.017,2)	(16,0)
Aumento (diminuição) líquido em saldo de caixa	**127,2**	**711,0**	**127,2**	**711,0**

Fonte: © Cengage Learning. 2013.

volta três tipos de itens: (1) despesa de juros líquida após imposto, porque este é um item de financiamento que será considerado posteriormente; (2) ganhos ou perdas não operacionais normalmente decorrentes de alienações ou depreciações de ativos, porque esses itens estão relacionados aos investimentos e serão considerados posteriormente; e (3) efeitos da contabilidade pelo regime de competência operacional de longo prazo como depreciação e impostos diferidos, porque estes são encargos operacionais que não representam movimentação de caixa.

Vários fatores afetam a capacidade da empresa de gerar fluxo de caixa positivo nas operações. Empresas saudáveis estáveis devem gerar mais caixa por meio de seus clientes do que elas gastam em despesas operacionais. Em contraste, empresas em fase de crescimento – especialmente aquelas com pesados gastos com pesquisa e desenvolvimento, publicidade e marketing, ou construindo um empreendimento para sustentar crescimento futuro – podem experimentar fluxo de caixa operacional negativo. A gestão de capital de giro das empresas também afeta sua capacidade de gerar fluxo de caixa positivo de operações. As empresas em estágio de crescimento normalmente usam o fluxo de caixa para itens de capital de giro operacional, como financiamento dos clientes (contas a receber) e compra de estoques (líquida de financiamento de contas a pagar a partir de fornecedores). Investimentos líquidos em capital de giro são uma função das políticas de crédito de uma empresa (contas a receber), das políticas de pagamento (pagáveis, despesas antecipadas e passivos provisionados) e do crescimento esperado nas vendas (estoques). Assim, durante a interpretação do fluxo de caixa das operações das empresas após capital de giro, é importante ter em mente sua estratégia de crescimento, características do setor e políticas de crédito.

O modelo de análise de fluxo de caixa a seguir concentra-se em fluxos de caixa relacionados aos investimentos de longo prazo. Esses investimentos tomam a forma de investimentos de capital (*capital expenditres*), investimentos referentes a incorporações e fusões e aquisições de empresas. Qualquer fluxo de caixa operacional positivo após a realização de investimentos em capital de giro operacional permite que a empresa busque oportunidades de crescimento de longo prazo. Se os fluxos de caixa operacionais de uma empresa após a realização de investimentos em capital de giro não forem suficientes para financiar seus investimentos de longo prazo, ela deverá recorrer a financiamento externo para financiar seu crescimento. Essas empresas têm menos flexibilidade para buscar os investimentos de longo prazo que aquelas que podem financiar seu crescimento internamente. A capacidade de financiar crescimento internamente traz tanto custos quanto benefícios. O custo é que os gerentes podem usar o fluxo de caixa livre gerado internamente para financiar investimentos não rentáveis. Esses gastos ineficazes com capital provavelmente serão menores se os gerentes forem forçados a recorrer a fornecedores de capital externo. No entanto, o fato de recorrer a mercados de capitais externos poderá dificultar que os gerentes realizem investimentos arriscados de longo prazo se não for fácil comunicar aos mercados de capitais os benefícios desses investimentos.

Qualquer excesso de fluxo de caixa após esses investimentos de longo prazo é fluxo de caixa livre disponível, tanto para os detentores de dívida quanto para detentores de participações acionárias. Transações de caixa envolvendo dívida incluem pagamentos de juros e pagamentos de principal, bem como novos empréstimos contraídos. O fluxo de caixa após pagamentos aos detentores de dívida é fluxo de caixa livre disponível aos detentores de participações acionárias. As transações de caixa envolvendo acionistas incluem os pagamentos de dividendos e as recompras de ação, bem como as emissões de novas ações.

As empresas com fluxo de caixa livre negativo, tanto para dívida quanto para capital, devem tomar emprestado recursos adicionais para cumprir suas obrigações com juros e com amortização de dívida, cortar pagamentos de dividendos ou emitir capital adicional. Os gerentes de empresas nessa situação frequentemente relutam em cortar dividendos por receio de que isso seja visto negativamente pelos investidores. Embora isso possa ser viável no curto prazo, não é prudente para uma empresa continuar a pagar dividendos aos acionistas a menos que ela tenha um fluxo de caixa livre positivo numa base duradoura. Em contraste, as empresas com grandes fluxos de caixa livres para dívida e capital correm o risco de fazer investimentos improdutivos para buscar crescimento por conta própria. Um analista, portanto, deve examinar cuidadosamente os planos de investimento dessas empresas.

O modelo na Tabela 5-11 sugere que o analista deve se concentrar em várias medidas de fluxo de caixa: (1) fluxo de caixa das operações antes de investimento em capital de giro e pagamento de juros, para examinar se a empresa é capaz ou não de gerar um excedente de tesouraria pelas operações; (2) fluxo de caixa das operações após investimento em capital de giro, para avaliar como o capital de giro da empresa está sendo gerenciado e se ela tem flexibilidade ou não para investir em ativos de longo prazo para crescimento futuro; (3) fluxo de caixa livre disponível para os detentores de dívida e de capital, para avaliar a capacidade financeira de uma empresa de realizar seus pagamentos de juros e do principal; e (4) fluxo de caixa livre disponível para detentores de capital, para avaliar a capacidade financeira da firma de sustentar sua política de dividendos e identificar potenciais problemas de agência a partir do excesso de fluxo de caixa livre. Essas medidas devem ser avaliadas no contexto do negócio da empresa, de sua estratégia de crescimento e de sua política financeira. Além disso, alterações nessas medidas de ano para ano fornecem informações valiosas sobre a estabilidade da dinâmica de fluxo de caixa da empresa.

Por fim, conforme discutiremos no Capítulo 7, o fluxo de caixa livre disponível para dívida e capital e o fluxo de caixa livre disponível para capital são entradas críticas para avaliação baseada em fluxo de caixa de ativos e capital das empresas, respectivamente.

Principais perguntas para análise

O modelo de fluxo de caixa na Tabela 5-11 também pode ser utilizado para avaliar a qualidade dos lucros de uma empresa. A reconciliação do lucro líquido de uma empresa com seu fluxo de caixa das operações facilita esse exercício. A seguir estão algumas das perguntas com que um analista pode sondar a esse respeito:

- Há diferenças significativas entre o lucro líquido de uma empresa e seu fluxo de caixa das atividades operacionais? É possível identificar claramente as fontes dessa diferença? Quais políticas contábeis contribuem para essa diferença? Há quaisquer eventos únicos que contribuem para essa diferença?

- A relação entre o fluxo de caixa e o lucro líquido está mudando com o tempo? Por quê? É por causa das mudanças nas condições do ambiente dos negócios ou por causa das mudanças nas políticas contábeis e nas estimativas da empresa?

- Qual é o lapso de tempo entre o reconhecimento de receitas e despesas e o recebimento e desembolso dos fluxos de caixa? Que tipo de incertezas precisam ser resolvidas nesse meio tempo?

- As mudanças em recebíveis, estoques e contas a pagar são normais? Em caso negativo, há explicação adequada para as mudanças?

Análise do fluxo de caixa da TJX e da Nordstrom

Tanto a TJX quanto a Nordstrom relataram seus fluxos de caixa usando a demonstração de fluxo de caixa pelo método indireto. A Tabela 5-11 reformula essas demonstrações usando a abordagem discutida anteriormente para que possamos analisar as duas dinâmicas de fluxo de caixa das empresas.

A análise do fluxo de caixa apresentada na Tabela 5-11 mostra que, em uma base "Conforme reportado", a TJX teve um fluxo de caixa operacional antes dos investimentos de capital de giro de $ 2,114 bilhões em 2010. A diferença entre seus ganhos e esse fluxo de caixa é atribuível principalmente aos encargos de depreciação e amortização, que é uma despesa que não afeta o caixa incluída na demonstração do resultado da empresa. A TJX fez um pequeno investimento líquido no capital de giro operacional (o resultado dos aumentos nas contas a receber e no estoque compensado contra aumentos em contas a pagar, impostos de renda a pagar e estoque) resultando em fluxo de caixa operacional antes de investimento em ativos de longo prazo de $ 2,109 bilhões para 2010. Investimento em renovações de lojas e melhorias, adequações de novas lojas e expansão do escritório e centros de distribuição compreendem o volume do investimento líquido nos ativos de longo prazo operacionais de $ 708,2 milhões, resultando em um fluxo de caixa livre disponível para dívida e capital de $ 1,4 bilhão em 2010. A compensação de uma pequena quantidade de receita de juros líquida após imposto e amortização de dívida resultou em um fluxo de caixa livre disponível para capital de $ 1,37 bilhão. Como parte de um programa contínuo de recompra de ações, a TJX adquiriu aproximadamente $ 1,0 bilhão em ações. Isto, combinado com um dividendo de $ 229,3 milhões resultou em um aumento líquido de caixa de $ 127,2 milhões em 2010. Geralmente, a TJX tinha uma situação forte de fluxo de caixa em 2010, visto que ela era capaz de financiar sua rápida expansão, um dividendo crescente para os acionistas e um programa agressivo de recompra de ações enquanto aumentava seu saldo de tesouraria.

O fluxo de caixa operacional da Nordstrom "Conforme reportado" antes de investimentos em capital de giro foi de $ 1,16 bilhão em 2010. Ao liquidar $ 99 milhões do capital operacional principalmente por meio de aumentos em contas a pagar e outros passivos (parcialmente compensados por aumentos em contas a receber e estoque), a Nordstrom foi capaz de gerar $ 1,26 bilhão em fluxo de caixa operacional antes de investimento em ativos de longo prazo. Como a TJX, a Nordstrom investiu pesadamente em sua expansão, deixando fluxo de caixa livre disponível para dívida e capital de $ 793,6 milhões em 2010. Lucro líquido por meio de uma emissão de dívida de $ 500 milhões, um aumento em empréstimos de curto prazo e a redução em despesa de juros líquida após impostos resultaram em um fluxo de caixa livre disponível para capital de $ 894 milhões. Como a TJX, a Nordstrom distribuiu dividendos e recomprou uma pequena quantidade de ações, resultando em um aumento líquido em seu saldo de caixa de $ 711 milhões.

Conforme discutido no Capítulo 4 e mostrado na Tabela 5-11, o fato de trazer os arrendamentos operacionais para o balanço patrimonial como arrendamentos financeiros aumenta a receita líquida. Isso também aumenta fluxos de caixa operacionais, uma vez que os ajustes para depreciação e os aumentos no passivo fiscal diferido são incluídos nos efeitos operacionais de longo prazo decorrentes da contabilização pelo regime de competência. No segmento de investimentos, aqueles em ativos de longo prazo aumentam enquanto novos contratos de arrendamento entram e são capitalizados. Por fim, na seção financiamento, a emissão de dívida líquida aumenta à medida que a dívida é adicionada a partir de novos arrendamentos recém-capitalizados e os pagamentos anuais são feitos para principal e juros (após impostos).

RESUMO

Este capítulo apresentou duas principais ferramentas de análise financeira: análise de índices e análise de fluxo de caixa. Ambas permitem que o analista examine o desempenho de uma empresa e sua condição financeira em decorrência de sua estratégia e seus objetivos. A análise por meio de índice envolve a avaliação dos dados da demonstração de resultados da empresa e do balanço patrimonial. A análise do fluxo de caixa depende da demonstração de fluxo de caixa da empresa.

Neste capítulo, aplicamos essas ferramentas à TJX e à Nordstrom a fim de comparar o desempenho das duas empresas tanto em uma base "Conforme reportado" como "Conforme ajustado" (para uso dos arrendamentos operacionais fora do balanço).

O ponto de partida para a análise por meio de índice é o ROE da empresa. O próximo passo é avaliar os três direcionadores do ROE, que são a margem de lucro líquida, o giro dos ativos e a alavancagem financeira. A margem de lucro líquida reflete a gestão operacional de uma empresa, o giro dos ativos reflete sua gestão de investimentos e a alavancagem financeira reflete suas políticas de financiamento. Cada uma dessas áreas pode ser mais profundamente explorada pelo exame de vários índices. Por exemplo, a análise vertical da demonstração do resultado permite um exame detalhado das margens líquidas de uma empresa. Do mesmo modo, o giro das principais contas do capital de giro, como contas a receber, estoque e contas a pagar, e o giro dos ativos fixos da empresa permitem um exame adicional da utilização dos ativos de uma empresa. Por fim, índices de liquidez de curto prazo, índices de políticas de financiamento e índices de cobertura fornecem um meio de examinar a alavancagem financeira de uma empresa.

A taxa de crescimento sustentável de uma empresa – a taxa na qual ela pode crescer sem alterar suas políticas de operação, investimento e financiamento – é determinada por seu ROE e sua política de dividendos. O conceito de crescimento sustentável fornece uma maneira de integrar os diferentes elementos de análise por meio de índices e avaliar se a estratégia de crescimento de uma empresa é sustentável ou não. Se os planos de uma empresa requerem um crescimento a uma taxa acima de sua taxa sustentável real, então alguém poderá analisar quais índices da empresa provavelmente mudarão no futuro.

A análise do fluxo de caixa suplementa a análise por meio de índices ao analisar as atividades operacionais de uma empresa, a gestão de investimentos e os riscos financeiros. São exigidas atualmente das empresas nos Estados Unidos a elaboração uma demonstração de fluxo de caixa resumindo seus fluxos de caixa das atividades operacionais, de investimento e de financiamento. Empresas em outros países geralmente relatam os fluxos de capital de giro, mas é possível usar essas informações para criar uma demonstração de fluxo de caixa.

Uma vez que há muitas variações entre as empresas na forma como dados de fluxo de caixa são reportados, os analistas muitas vezes usam um formato padrão para a reformulação de dados do fluxo de caixa. Discutimos um desses modelos de fluxo de caixa neste capítulo. Esse modelo permite que o analista avalie se as operações de uma empresa geram fluxo de caixa antes de investimentos em capital de giro operacional e quanto dinheiro está sendo investido no capital de giro da empresa. Ele também permite que o analista calcule o fluxo de caixa livre da empresa depois de fazer investimentos de longo prazo, que é uma indicação da capacidade da empresa de realizar seus pagamentos de dívida e de dividendos. Por fim, a análise do fluxo de caixa mostra como a empresa está se financiando e se seus padrões de financiamento são muito arriscados.

Os achados feitos com a análise dos índices financeiros de uma empresa e seus fluxos de caixa são valiosos para a previsão das perspectivas de futuro da empresa.

QUESTÕES PARA DISCUSSÃO

1. Qual dos seguintes tipos de empresa você espera que tenha giro dos ativos particularmente alto ou baixo? Explique o porquê.
   - Um supermercado
   - Uma empresa farmacêutica
   - Um varejista de joias
   - Uma siderúrgica

2. Qual dos seguintes tipos de empresa você espera que tenha margens de vendas altas ou baixas? Por quê?
   - Um supermercado
   - Uma empresa farmacêutica
   - Um varejista de joias
   - Uma empresa de software

3. James Broker, um analista com uma corretora estabelecida, comenta: "O número crítico que olho em qualquer empresa é o fluxo de caixa das atividades operacionais. Se os fluxos de caixa forem menores que os lucros, considero a empresa com desempenho ruim e com fraca perspectiva de investimento". Você concorda com essa avaliação? Por que ou por que não?

4. Em 2005, a IBM teve um retorno sobre o patrimônio líquido de 26,7%, enquanto o retorno da Hewlett-Packard foi de apenas 6,4%. Utilize o quadro ROE decomposto para fornecer razões possíveis para essa diferença com base nos dados abaixo:

	IBM	HP
NOPAT/Vendas	9,0%	2,7%
Vendas/Ativos líquidos	2,16	2,73
Taxa de juros efetiva após impostos	2,4%	1,1%
Alavancagem financeira líquida	0,42	−0,16

Fonte: © Thomson One

5. Joe Investor afirma: "A empresa não pode crescer mais rápido que sua taxa de crescimento sustentável". Verdadeiro ou falso? Explique o porquê.

6. Quais são as razões para uma empresa ter caixa proveniente de operações menor que capital de giro proveniente de operações. Quais são as possíveis interpretações dessas razões?

7. A ABC Company reconhece a receita no ponto de embarque. A administração decide aumentar as vendas para o trimestre corrente pelo preenchimento de todos os pedidos de clientes. Explique qual o impacto esta decisão terá sobre:

   • Prazo de recebimentos de recebíveis para o trimestre em curso
   • Prazo de recebimentos de recebíveis para o próximo trimestre
   • Crescimento das vendas para o trimestre atual
   • Crescimento das vendas para o próximo trimestre
   • Retorno sobre as vendas para o trimestre atual
   • Retorno sobre as vendas para o próximo trimestre

8. Quais índices você usaria para avaliar a alavancagem operacional de uma empresa?

9. Quais possíveis *benchmarks* você poderia usar para comparar os índices financeiros de uma empresa? Quais são os prós e os contras dessas alternativas?

10. Em um período de aumento de preços, como os índices a seguir seriam afetados pela decisão contábil de selecionar UEPS, em vez de PEPS, para avaliação de estoque?

    • Margem de lucro bruto
    • Índice de liquidez corrente
    • Giro dos ativos
    • Índice de dívida sobre patrimônio
    • Alíquota de imposto de renda média

Notas

1. Tanto a TJX quanto a Nordstrom encerraram seus exercícios fiscais no último sábado de janeiro. A TJX chama o exercício fiscal encerrado em 30 de janeiro de 2011 de exercício fiscal 2011, enquanto a Nordstrom chama esse mesmo período de exercício de 2010. Para maior clareza, vamos chamar o exercício fiscal encerrado em 30 de janeiro de 2010 de exercício fiscal de 2009 e o exercício fiscal encerrado em 29 de janeiro de 2011 de exercício fiscal de 2010.

2. Demonstrações financeiras da TJX e da Nordstrom usadas como fonte para criação de demonstrações padronizadas acessadas via Thomson ONE.

3. N.R.T.: Sigla em português para "retorno sobre o patrimônio líquido" (RSPL). Também é usada, no entanto, a sigla ROE, relativa a *return on equity*, amplamente usada no ambiente brasileiro.

4. Dados da demonstração financeira para todas as empresas com títulos negociados publicamente nos Estados Unidos entre 1991 e 2010, listados no banco de dados da Standard & Poor's Compustat, acessados em outubro de 2011.

5. Ao computar o ROE, alguém pode usar o patrimônio líquido inicial, o patrimônio líquido final ou uma média dos dois. Conceitualmente, o patrimônio líquido médio é apropriado, especialmente para empresas com rápido crescimento. No entanto, para a maioria das empresas, essa escolha computacional faz pouca diferença desde que o analista seja coerente. Portanto, na prática a maioria dos analistas usa balanços finais para simplificar. Essa observação se aplica a todos os índices discutidos neste capítulo em que um dos itens no índice é uma variável de fluxo (itens da demonstração do resultado ou demonstração de fluxo de caixa)

CAPÍTULO 5 ANÁLISE FINANCEIRA

e o outro item é uma variável de ação (itens no balanço patrimonial). Por todo este capítulo utilizamos os balanços iniciais para variáveis que usam ações.

6. Discutiremos em maiores detalhes no Capítulo 8 como estimar o custo de capital próprio de uma empresa.

7. N.R.T.: Sigla em português para "retorno sobre ativos" (RSA). Também é usada, no entanto, a sigla ROA, relativa a *return on assets*, amplamente usada no ambiente brasileiro.

8. N.R.T.: No Brasil, o indicador resultado da divisão do lucro líquido pela receita líquida é chamado de margem líquida, sendo pouco usual se referir a esse indicador como retorno sobre vendas (ROS).

9. Estritamente falando, parte de um saldo de caixa é necessária para executar as operações da empresa, então somente o excesso de saldo de caixa deve ser visto como dívida negativa. No entanto, as empresas não fornecem informações sobre o excesso de dinheiro, então subtraímos todos os saldos de caixa em nossas definições e em nossos cálculos. Uma possível alternativa é subtrair apenas os investimentos de curto prazo e ignorar o saldo de caixa completamente.

10. Veja D. Nissim e S. Penman: Análise por meio de índices e avaliação: da pesquisa à prática, *Revisão de Estudos de Contabilidade 6* (2001): 109-154, para uma descrição mais detalhada dessa abordagem.

11. Dados da demonstração financeira de todas as empresas com títulos negociados publicamente nos Estados Unidos entre 1991 e 2010, listados no banco de dados da Standard & Poor's Compustat, acessados em outubro de 2011.

12. Tanto a TJX quanto a Nordstrom possuem uma sólida classificação de crédito e um custo de dívida relativamente baixo. Discutiremos no Capítulo 8 como estimar o custo médio ponderado de capital de uma empresa.

13. N.R.T.: Loja de atacado, voltada para o público varejista.

14. TJX Companies, Inc., 29 de janeiro de 2011, Formulário 10-K (apresentado em 30 de março de 2011), p. 25, http://www.tjx.com/investor_landing.asp, acessado em maio de 2011.

15. Veja Impostos e Estratégia Comercial por M. Scholes e M. Wolfson (Englewood Cliffs, NJ: Prentice-Hall, 1992).

16. Se as empresas analisadas utilizarem diferentes métodos de avaliação de estoque, o analista pode se ajustar a um método comum para computar o giro do estoque e prazo de estocagem. Isso pode ser feito pelo ajuste de estoque UEPS e pelo custo de vendas UEPS para valores PEPS usando divulgações sobre o efeito da avaliação de estoque UEPS na divulgação das notas explicativas de estoque.

17. Há uma série de questões relacionadas ao cálculo desses índices na prática. Em primeiro lugar, ao calcular todos os índices de giro, os ativos utilizados nos cálculos podem ser valores do início do ano, valores do final do ano ou uma média dos saldos do início e do fim do ano. Usamos os valores do início do ano em nossos cálculos. Segundo, estritamente falando, alguém deveria usar vendas a prazo para calcular o giro de contas a receber e o prazo de recebimento de recebíveis. Contudo, uma vez que geralmente é difícil obter dados sobre vendas a prazo, em vez disso as vendas totais são usadas. Da mesma forma, ao calcular o giro de contas a pagar ou o prazo de pagamento de contas a pagar, o custo dos produtos vendidos é substituído por compras por motivos de disponibilidade de dados.

18. N.R.T.: Dívidas sobre as quais incidem juros também são denominadas "passivos financeiros".

19. Mudanças em caixa e títulos negociáveis são excluídos porque este é o montante a ser explicado pela demonstração de fluxo de caixa. Mudanças na dívida de curto prazo e na porção circulante da dívida de longo prazo são excluídas porque essas contas representam fluxos de financiamento, e não fluxos operacionais.

APÊNDICE A: DEMONSTRAÇÕES FINANCEIRAS DA TJX COMPANIES, INC.

Apresentamos aqui para referência as demonstrações financeiras condensadas e padronizadas da TJX, tanto em uma base "Conforme reportado" quanto "Conforme ajustado" (como foi detalhado no capítulo). É importante observar que "Conforme reportado" e "Conforme ajustado" referem-se aos números incluídos nas demonstrações – como observado anteriormente, os formatos de demonstração financeira padronizada e condensada têm sido desenvolvidos como uma forma de facilitar a comparação e a previsão e diferem do formato apresentado por uma empresa específica em seus registros. Observe também que as demonstrações padronizadas mostradas a seguir são geradas pela ferramenta de software BAV e baseadas em dados relatados pelo banco de dados Thomson ONE, que faz pequenas modificações nos dados conforme reportado pela empresa. Como consequência, as demonstrações padronizadas mostradas não terão uma correspondência exata com as demonstrações padronizadas mostradas no apêndice do Capítulo 4, que foram compiladas manualmente para ilustrar a metodologia geral de criação de demonstrações padronizadas. Por fim, demonstrações "Conforme ajustado" mostram diferenças das demonstrações "Conforme reportado" somente nos anos em que os ajustes foram feitos (FY 2010 para demonstrações do resultado e de fluxo de caixa, FY 2011 e 2010 para balanços patrimoniais inicias).

Demonstrações do resultado padronizadas da TJX Companies, Inc. ($ milhões)

CONFORME REPORTADO

Exercício fiscal	2010	2009	2008
Vendas	**21.942,2**	**20.288,4**	**18.999,5**
Custo das vendas	15.576,8	14.538,2	13.993,0
Lucro bruto	**6.365,4**	**5.750,2**	**5.006,5**
SG&A	3.712,6	3.319,7	3.170,0
Outras despesas operacionais	458,1	435,2	371,2
Receita operacional	**2.194,7**	**1.995,3**	**1.465,3**
Receita de investimento	0,0	0,0	0,0
Outra receita líquida de outras despesas	8,5	(1,7)	0,0
Outras receitas	15,3	7,5	0,0
Outras despesas	6,8	9,2	0,0
Despesa (receita) líquida de juros	39,1	42,0	14,3
Receita de juros	9,9	9,8	22,2
Despesa de juros	49,0	51,8	36,5
Participação dos minoritários	0,0	0,0	0,0

(continua)

Exercício fiscal	2010	2009	2008
Lucro antes de impostos	2.164,1	1.951,6	1.451,0
Despesa fiscal	824,6	738	536,1
Ganhos incomuns, líquidos de prejuízos incomuns (após impostos)	3,6	0,0	(34,3)
Lucro líquido	1.343,1	1.213,6	880,6
Dividendos preferenciais	0,0	0,0	0,0
Lucro líquido dos acionistas ordinários	1.343,1	1.213,6	880,6

Fonte: Banco de dados Thomson ONE e Análise Comercial e Avaliação (BAV) Modelo V.5.

Balanço patrimonial inicial padronizado da TJX Companies, Inc. ($ milhões)

CONFORME REPORTADO

Exercício fiscal	2011	2010	2009
Ativos			
Caixa e títulos negociáveis	1.821,5	1.745,2	453,5
Contas a receber	200,1	148,1	143,5
Estoque	2.765,5	2.532,3	2.619,3
Outros ativos circulantes	312,4	378,2	409,8
Total de ativos circulantes	5.099,5	4.803,8	3.626,1
Ativos tangíveis de longo prazo	2.689,9	2.478,4	2.372,6
Ativos intangíveis de longo prazo	182,3	181,7	179,5
Outros ativos de longo prazo	0,0	0,0	0,0
Total de ativos de longo prazo	2.872,2	2.660,1	2.552,1
Total de ativos	7.971,8	7.464,0	6.178,2
Passivos			
Contas a pagar	1.683,9	1.507,9	1.276,1
Dívida de curto prazo	2,7	2,4	395,0
Outros passivos circulantes	1.446,4	1.384,7	1.096,8
Total dos passivos circulantes	3.133,0	2.895,0	2.767,9
Dívida de longo prazo	787,5	790,2	383,8
Impostos diferidos	241,9	192,4	127,0
Outros passivos de longo prazo (sobre os quais não incidem juros)	709,3	697,1	765,0
Total de passivos de longo prazo	1.738,7	1.679,7	1.275,8
Total de passivos	4.871,9	4.574,7	4.043,7

(continua)

Exercício fiscal	2011	2010	2009
Participação dos minoritários	0,0	0,0	0,0
Patrimônio dos acionistas			
Ações preferenciais	0,0	0,0	0,0
Patrimônio dos acionistas ordinários	3.099,9	2.889,3	2.134,6
Total do patrimônio líquido	**3.099,9**	**2.889,3**	**2.134,6**
Total do passivo e patrimônio líquido	**7.971,8**	**7.464,0**	**6.178,2**

Rubricas do balanço patrimonial são mostradas como saldos do início do período.
Fonte: Banco de dados Thomson ONE e Análise Comercial e Avaliação (BAV) Modelo V.5.

Demonstrações de fluxo de caixa padronizadas da TJX Companies, Inc. ($ milhões)

CONFORME REPORTADO

Exercício fiscal	2010	2009	2008
Resultado líquido	**1.343,1**	**1.213,6**	**880,6**
Despesa (receita) de juros líquida após os impostos	24,2	26,1	9,0
Perdas (ganhos) não operacionais	158,4	(21,5)	55,2
Provisões e efeitos operacionais de longo prazo referentes à contabilidade pelo regime de competência	587,8	456,6	489,3
Depreciação e amortização	458,1	435,2	401,7
Outros	129,7	21,4	87,6
Fluxo de caixa das atividades operacionais antes de investimentos em capital de giro	**2.113,5**	**1.674,8**	**1.434,1**
Liquidação (ou investimentos em) de capital de giro operacional líquido	(5,0)	548,6	(347,8)
Fluxo de caixa das atividades operacionais antes do investimento em ativos de longo prazo	**2.108,5**	**2.223,4**	**1.086,3**
Liquidação (ou investimentos em) de ativos de longo prazo operacionais líquidos	(708,2)	(434,9)	(568,6)
Fluxo de caixa livre disponível para dívida e capital	**1.400,3**	**1.788,5**	**517,7**
Receita (despesa) líquida de juros após impostos	(24,2)	(26,1)	(9,0)
Dívida líquida (amortização) ou emissão	(2,4)	371,4	(2,0)
Fluxo de caixa livre disponível para proprietários	**1.373,7**	**2.133,8**	**506,7**
Dividendos (pagamentos)	(229,3)	(197,7)	(176,7)
Emissão de ação líquida (recompra) e outras mudanças no capital	(1.017,2)	(774,9)	(608,9)
Aumento (diminuição) líquido no saldo de caixa	**127,2**	**1.161,2**	**(278,9)**

Fonte: Banco de dados Thomson ONE e Análise Comercial e Avaliação (BAV) Modelo V.5.

CAPÍTULO 5 ANÁLISE FINANCEIRA 173

Demonstrações do resultado condensadas da TJX Companies, Inc. ($ milhões)

CONFORME REPORTADO

Exercício fiscal	2010	2009	2008
Vendas	**21.942,2**	**20.288,4**	**18.999,5**
Lucro operacional líquido após impostos	1.367,3	1.239,7	889,6
Lucro líquido	1.343,1	1.213,6	880,6
+ Despesa líquida de juros após impostos	24,2	26,1	9,0
= **Lucro operacional líquido após impostos**	**1.367,3**	**1.239,7**	**889,6**
– Despesa líquida de juros após impostos	24,2	26,1	9,0
Despesas de juros	49,0	51,8	36,5
– Receita de juros	9,9	9,8	22,2
= Despesa (receita) líquida de juros	39,1	42,0	14,3
× (1 – Despesa fiscal/Receita antes de imposto)	0,62	0,62	0,63
= **Despesa (receita) líquida de juros**	**24,2**	**26,1**	**9,0**
= **Lucro líquido**	**1.343,1**	**1.213,6**	**880,6**
– Dividendos de ações preferenciais	0,0	0,0	0,0
= **Lucro líquido dos acionistas ordinários**	**1.343,1**	**1.213,6**	**880,6**

Fonte: Banco de dados Thomson ONE e Análise Comercial e Avaliação (BAV) Modelo V.5.

Balanço patrimonial inicial condensado da TJX ($ milhões)

CONFORME REPORTADO

Exercício fiscal	2011	2010	2009
Capital de giro líquido inicial	147,7	166,0	799,7
Contas a receber	200,1	148,1	143,5
+ Estoque	2.765,5	2.532,3	2.619,3
+ Outros ativos circulantes	312,4	378,2	409,8
– Contas a pagar	1.683,9	1.507,9	1.276,1
– Outros passivos circulantes	1.446,4	1.384,7	1.096,8
= **Capital de giro líquido inicial**	**147,7**	**166,0**	**799,7**
+ **Ativos de longo prazo líquidos iniciais**	1.921,0	1.770,6	1.660,1
Ativos tangíveis de longo prazo	2.689,9	2.478,4	2.372,6
+ Ativos intangíveis de longo prazo	182,3	181,7	179,5
+ Outros ativos de longo prazo	0,0	0,0	0,0
– Participação dos minoritários	0,0	0,0	0,0
– Impostos diferidos	241,9	192,4	127,0
– Outros passivos de longo prazo (sobre os quais não incidem juros)	709,3	697,1	765,0

(continua)

Exercício fiscal	2011	2010	2009
= Ativos de longo prazo líquidos iniciais	1.921,0	1.770,6	1.660,1
= Total de ativos líquidos iniciais	2.068,7	1.936,6	2.459,8
Dívida líquida inicial	(1.031,3)	(952,6)	325,3
Dívida de curto prazo	2,7	2,4	395,0
+ Dívida de longo prazo	787,5	790,2	383,8
− Caixa	1.821,5	1.745,2	453,5
= Dívida líquida inicial	(1.031,3)	(952,6)	325,3
+ Ações preferenciais iniciais	0,0	0,0	0,0
+ Patrimônio líquido inicial	3.099,9	2.889,3	2.134,6
= Patrimônio líquido total	2.068,6	1.936,7	2.459,9

Fonte: Banco de dados Thomson ONE e Análise Comercial e Avaliação (BAV) Modelo V.5.

Demonstrações do resultado padronizadas da TJX ($ milhões)

CONFORME AJUSTADO

Exercício fiscal	2010	2009	2008
Vendas	21.942,2	20.288,4	18.999,5
Custo das vendas	14.930,8	14.538,2	13.993,0
Lucro bruto	7.011,4	5.750,2	5.006,5
SG&A	3.712,6	3.319,7	3.170,0
Outras despesas operacionais	458,1	435,2	371,2
Receita operacional	2.840,7	1.995,3	1.465,3
Receita de investimento	0,0	0,0	0,0
Outra receita, líquida de outras despesas	8,5	(1,7)	0,0
Outras receitas	15,3	7,5	0,0
Outras despesas	6,8	9,2	0,0
Despesa (receita) líquida de juros	283,9	42,0	14,3
Receita de juros	9,9	9,8	22,2
Despesa de juros	293,8	51,8	36,5
Participação dos minoritários	0,0	0,0	0,0
Resultado antes de impostos	2.565,3	1.951,6	1.451,0
Despesa fiscal	965,0	738	536,1
Ganhos incomuns, líquidos de perdas incomuns (após impostos)	0,0	0,0	(34,3)

(continua)

Exercício fiscal	2010	2009	2008
Resultado líquido	1.600,3	1.213,6	880,6
Dividendos preferenciais	0,0	0,0	0,0
Resultado líquido para acionistas ordinários	1.600,3	1.213,6	880,6

Fonte: Banco de dados Thomson ONE e Análise Comercial e Avaliação (BAV) Modelo V.5.

Balanço patrimonial inicial padronizado da TJX Companies, Inc. ($ milhões)

CONFORME REPORTADO

Exercício fiscal	2011	2010	2009
Ativos			
Caixa e títulos negociáveis	1.821,5	1.745,2	453,5
Contas a receber	200,1	148,1	143,5
Estoque	2.765,5	2.532,3	2.619,3
Outros ativos circulantes	312,4	378,2	409,8
Total de ativos circulantes	5.099,5	4.803,8	3.626,1
Ativos tangíveis de longo prazo	8.663,7	6.928,6	2.372,6
Ativos intangíveis de longo prazo	182,3	181,7	179,5
Outros ativos de longo prazo	0,0	0,0	0,0
Total de ativos de longo prazo	8.846,0	7.110,3	2.552,1
Total de ativos	13.945,5	11.914,1	6.178,2
Passivos			
Contas a pagar	1.683,9	1.507,9	1.276,1
Dívida de curto prazo	2,7	2,4	395,0
Outros passivos circulantes	1.450,0	1.384,7	1.096,8
Total dos passivos circulantes	3.136,6	2.895,0	2.767,9
Dívida de longo prazo	6.360,1	5.240,4	383,8
Impostos diferidos	382,3	192,4	127,0
Outros passivos de longo prazo (sobre os quais não incidem juros)	709,3	697,1	765,0
Total de passivos de longo prazo	7.451,7	6.129,9	1.275,8
Total de passivos	10.588,3	9.024,9	4.043,7
Participação dos minoritários	0,0	0,0	0,0

(continua)

Exercício fiscal	2011	2010	2009
Patrimônio líquido			
Ações preferenciais	0,0	0,0	0,0
Patrimônio dos acionistas ordinários	3.357,1	2.889,3	2.134,6
Total do patrimônio líquido	3.357,1	2.889,3	2.134,6
Total dos passivos e patrimônio líquido	13.945,5	11.914,1	6.178,2

As rubricas do balanço patrimonial são mostradas como saldos no início do período.
Fonte: Banco de dados Thomson ONE e Análise Comercial e Avaliação (BAV) Modelo V.5.

Demonstrações de fluxo de caixa padronizadas da TJX Companies, Inc. ($ milhões)

CONFORME AJUSTADO

Exercício fiscal	2010	2009	2008
Lucro líquido	**1.600,3**	**1.213,6**	**880,6**
Despesa (receita) de juros líquida após os impostos	176,0	26,1	9,0
Perdas (ganhos) não operacionais	162,0	(21,5)	55,2
Provisões e efeitos operacionais de longo prazo referentes à contabilidade pelo regime de competência de longo prazo	1.087,6	456,6	489,3
Depreciação e amortização	817,5	435,2	401,7
Outros	270,1	21,4	87,6
Fluxo de caixa das atividades operacionais antes de investimentos em capital de giro	**3.025,9**	**1.674,8**	**1.434,1**
Liquidação (ou investimentos em) de capital de giro operacional líquido	(5,0)	548,6	(347,8
Fluxo de caixa das atividades operacionais antes de ativos de longo prazo operacional	**3.020,9**	**2.223,4**	**1.086,3**
Liquidação (ou investimentos em) de ativos de longo prazo operacionais líquidos	(2.591,2)	(434,9)	(568,6)
Fluxo de caixa livre disponível para dívida e capital	**429,7**	**1.788,5**	**517,7**
Receita (despesa) líquida de juros após impostos	(176,0)	(26,1)	(9,0)
Dívida líquida (amortização) ou emissão	1.120,0	371,4	(2,0)
Fluxo de caixa livre disponível para capital	**1.373,7**	**2.133,8**	**506,7**
Dividendo (pagamentos)	(229,3)	(197,7)	(176,7)
Emissão de ação (recompra) e outras mudanças líquidas de capital	(1.017,2)	(774,9)	(608,9
Aumento (diminuição) líquido em saldo de caixa	**127,2**	**1.161,2**	**(278,9)**

Fonte: Banco de dados Thomson ONE e análise de cálculo.

Demonstrações do resultado condensadas da TJX Companies, Inc. ($ milhões)

CONFORME AJUSTADO

Exercício fiscal	2010	2009	2008
Vendas	21.942,2	20.288,4	18.999,5
Lucro operacional líquido após impostos	1.777,4	1.239,7	889,6
Lucro líquido	1.600,3	1.213,6	880,6
+ Despesa de juros líquida após impostos	177,1	26,1	9,0
= Lucro operacional líquido após impostos	1.777,4	1.239,7	889,6
− Despesa de juros líquida após impostos	177,1	26,1	9,0
Despesa de juros	293,8	51,8	36,5
− Receita de juros	9,9	9,8	22,2
= Despesa (receita) líquida com juros	283,9	42,0	14,3
× (1 − Despesa fiscal/Receita antes de imposto)	0,62	0,62	0,63
= Despesa de juros líquida após impostos	177,1	26,1	9,0
= Lucro líquido	1.600,3	1.213,6	880,6
− Dividendos de ações preferenciais	0,0	0,0	0,0
= Lucro líquido para acionistas ordinários	1.600,3	1.213,6	880,6

Fonte: Banco de dados Thomson ONE e Análise Comercial e Avaliação (BAV) Modelo V.5.

Balanço patrimonial inicial condensado da TJX Companies, Inc. ($ milhões)

CONFORME AJUSTADO

Exercício fiscal	2011	2010	2009
Capital de giro líquido inicial	144,1	166,0	799,7
Contas a receber	200,1	148,1	143,5
+ Estoque	2.765,5	2.532,3	2.619,3
+ Outros ativos circulantes	312,4	378,2	409,8
− Contas a pagar	1.683,9	1.507,9	1.276,1
− Outros passivos circulantes	1.450,0	1.384,7	1.096,8
= Capital de giro líquido inicial	144,1	166,0	799,7
+ Ativos de longo prazo líquidos iniciais	7.754,4	6.220,8	1.660,1
Ativos tangíveis de longo prazo	8.663,7	6.928,6	2.372,6
+ Ativos intangíveis de longo prazo	182,3	181,7	179,5
+ Outros ativos de longo prazo	0,0	0,0	0,0
− Participação dos minoritários	0,0	0,0	0,0
− Impostos diferidos	382,3	192,4	127,0

(continua)

Exercício fiscal	2011	2010	2009
– Outros passivos de longo prazo (sobre os quais não incidem juros)	709,3	697,1	765,0
= Ativos de longo prazo líquidos iniciais	7.754,4	6.220,8	1.660,1
= Total de ativos líquidos inicial	7.898,5	6.386,9	2.459,8
Dívida líquida inicial	4.541,3	3.497,6	325,3
Dívida de curto prazo	2,7	2,4	395,0
+ Dívida de longo prazo	6.360,1	5.240,4	383,8
– Caixa	1.821,5	1.745,2	453,5
= Dívida líquida inicial	4.541,3	3.497,6	325,3
+ Ações preferenciais iniciais	0,0	0,0	0,0
+ Patrimônio líquido inicial	3.357,1	2.889,3	2.134,6
= Capital líquido total	7.898,4	6.386,9	2.459,9

Fonte: Banco de dados Thomson ONE e Análise Comercial e Avaliação (BAV) Modelo V.5.

APÊNDICE B: DEMONSTRAÇÕES FINANCEIRAS DA NORDSTROM, INC.

Apresentamos as demonstrações financeiras condensadas e padronizadas para Nordstrom, tanto na base "Conforme reportado" como "Conforme ajustado" (como detalhado no capítulo). Os lembretes "Conforme reportado" e "Conforme ajustado" referem-se a números apresentados nos demonstrativos, os quais são usados para facilitar a comparação e a previsão e não são especificamente representativos do formato apresentado nos protocolamentos da empresa. Por fim, os demonstrativos "Conforme ajustado" mostram diferenças dos demonstrativos "Conforme reportado" somente nos anos em que os ajustes foram feitos (FY 2010 para demonstrações do resultado e de fluxo de caixa, FY 2011 e 2010 para balanços patrimoniais iniciais).

Demonstrações do resultado padronizadas da Nordstrom, Inc. ($ milhões)

CONFORME REPORTADO

Exercício fiscal	2010	2009	2008
Vendas	9.700,0	8.627,0	8.573,0
Custo de vendas	5.570,0	5.015,0	5.115,0
Lucro bruto	4.130,0	3.612,0	3.458,0
SG&A	2.685,0	2.465,0	2.386,0

(continua)

Exercício fiscal	2010	2009	2008
Outras despesas operacionais	327,0	313,0	302,0
Receita operacional	**1.118,0**	**834,0**	**770,0**
Receita de investimento	0,0	0,0	0,0
Outras receitas, líquidas de outras despesas	0,0	0,0	9,0
Outras receitas	0,0	0,0	9,0
Outras despesas	0,0	0,0	0,0
Despesa (receita) líquida de juros	127,0	138,0	131,0
Receita de juros	6,0	10,0	14,0
Despesa de juros	133,0	148,0	145,0
Participação dos minoritários	0,0	0,0	0,0
Lucro antes de impostos	**991,0**	**696,0**	**648,0**
Despesa fiscal	378,0	255,0	247,0
Ganhos incomuns, líquidos de perdas incomuns (após imposto)	0,0	0,0	0,0
Lucro líquido	**613,0**	**441,0**	**401,0**
Dividendos preferenciais	0,0	0,0	0,0
Lucro líquido para acionistas ordinários	**613,0**	**441,0**	**401,0**

Fonte: Banco de dados Thomson ONE e Análise Comercial e Avaliação (BAV) Modelo V.5.

Balanço patrimonial inicial padronizado da Nordstrom, Inc. ($ milhões)

CONFORME REPORTADO

Exercício fiscal	2011	2010	2009
Ativos			
Caixa e títulos negociáveis	1.506,0	795,0	72,0
Contas a receber	2.026,0	2.035,0	1.942,0
Estoque	977,0	898,0	900,0
Outros ativos circulantes	315,0	326,0	303,0
Total de ativos circulantes	**4.824,0**	**4.054,0**	**3.217,0**
Ativos tangíveis de longo prazo	2.585,0	2.472,0	2.391,0
Ativos intangíveis de longo prazo	53,0	53,0	53,0
Outros ativos de longo prazo	0,0	0,0	0,0
Total de ativos de longo prazo	**2.638,0**	**2.525,0**	**2.444,0**
Total de ativos	**7.462,0**	**6.579,0**	**5.661,0**

(continua)

Exercício fiscal	2011	2010	2009
Passivos			
Contas a pagar	846,0	726,0	563,0
Dívida de curto prazo	6,0	356,0	299,0
Outros passivos circulantes	1.027,0	932,0	739,0
Total dos passivos circulantes	**1.879,0**	**2.014,0**	**1.601,0**
Dívida de longo prazo	2.775,0	2.257,0	2.214,0
Impostos diferidos	0,0	0,0	0,0
Outros passivos de longo prazo (sobre os quais não incidem juros)	787,0	736,0	636,0
Total de passivos de longo prazo	**3.562,0**	**2.993,0**	**2.850,0**
Total de passivos	**5.441,0**	**5.007,0**	**4.451,0**
Participação dos minoritários	0,0	0,0	0,0
Patrimônio líquido			
Ações preferenciais	0,0	0,0	0,0
Patrimônio dos acionistas ordinários	2.021,0	1.572,0	1.210,0
Total do patrimônio líquido	**2.021,0**	**1.572,0**	**1.210,0**
Total de passivos e patrimônio líquido	**7.462,0**	**6.579,0**	**5.661,0**

Fonte: Banco de dados Thomson ONE e Análise Comercial e Avaliação (BAV) Modelo V.5.

Demonstrações de fluxo de caixa padronizadas da Nordstrom, Inc. ($ milhões)

CONFORME REPORTADO

Exercício fiscal	2010	2009	2008
Lucro líquido	**613,0**	**441,0**	**401,0**
Despesa (receita) de juros líquida após os impostos	78,6	87,4	81,1
Perdas (ganhos) não operacionais	0,0	0,0	0,0
Provisões e efeitos operacionais de longo prazo referentes à contabilidade pelo regime de competência	465,0	495,0	445,0
Depreciação e amortização	327,0	313,0	302,0
Outros	138,0	182,0	143,0
Fluxo de caixa das atividades operacionais antes de investimentos em capital de giro	**1.156,6**	**1.023,4**	**927,1**
Liquidação (ou investimentos em) de capital de giro operacional líquido	99,0	315,0	2,0
Fluxo de caixa das atividades operacionais antes de investimento em ativos de longo prazo	**1.255,6**	**1.338,4**	**929,1**

(continua)

Exercício fiscal	2010	2009	2008
Liquidação (ou investimentos em) de ativos de longo prazo operacionais líquidos	(462,0)	(541,0)	(792,0)
Fluxo de caixa livre disponível para dívida e patrimônio	**793,6**	**797,4**	**137,1**
Receita (despesa) líquida de juros após impostos	(78,6)	(87,4)	(81,1)
(Amortização ou) emissão de dívida líquida	179,0	108,0	35,0
Fluxo de caixa livre disponível para patrimônio	**894,0**	**818,0**	**91,0**
Dividendos (pagamentos)	(167,0)	(139,0)	(138,0)
Emissão de ações (recompra) e outras mudanças líquidas no capital	(16,0)	44,0	(239,0)
Aumento (diminuição) líquido em saldo de caixa	**711,0**	**723,0**	**(286,0)**

Fonte: Banco de dados Thomson ONE e Análise Comercial e Avaliação (BAV) Modelo V.5.

Demonstrações do resultado condensadas da Nordstrom, Inc. ($ milhões)

CONFORME REPORTADO

Exercício fiscal	2010	2009	2008
Vendas	**9.700,0**	**8.627,0**	**8.573,0**
Lucro operacional líquido após impostos	691,6	528,4	482,1
Lucro líquido	613,0	441,0	401,0
+ Despesa de juros líquida após impostos	78,6	87,4	81,1
= Lucro operacional líquido após impostos	**691,6**	**528,4**	**482,1**
– Despesa de juros líquida após impostos	78,6	87,4	81,1
Despesa de juros	133,0	148,0	145,0
– Receita de juros	6,0	10	14,0
= Despesa (receita) líquida de juros	127,0	138,0	131,0
× (1 – Despesa fiscal/Receita antes de impostos)	0,62	0,63	0,62
= Despesa líquida de juros após impostos	**78,6**	**87,4**	**81,1**
= Lucro líquido	**613,0**	**441,0**	**401,0**
– Dividendos de ações preferenciais	0,0	0,0	0,0
= Lucro líquido para acionistas ordinários	**613,0**	**441,0**	**401,0**

Fonte: Banco de dados Thomson ONE e Análise Comercial e Avaliação (BAV) Modelo V.5.

Balanço patrimonial inicial condensado da Nordstrom, Inc. ($ milhões)
CONFORME REPORTADO

Exercício fiscal	2011	2010	2009
Capital de giro líquido inicial	1.445,0	1.601,0	1.843,0
Contas a receber	2.026,0	2.035,0	1.942,0
+ Estoque	977,0	898,0	900,0
+ Outros ativos circulantes	315,0	326,0	303,0
– Contas a pagar	846,0	726,0	563,0
– Outros passivos circulantes	1.027,0	932,0	739,0
= Capital de giro líquido inicial	**1.445,0**	**1.601,0**	**1.843,0**
+ Ativos de longo prazo líquidos iniciais	**1.851,0**	**1.789,0**	**1.808,0**
Ativos tangíveis de longo prazo	2.585,0	2.472,0	2.391,0
+ Ativos intangíveis de longo prazo	53,0	53,0	53,0
+ Outros ativos de longo prazo	0,0	0,0	0,0
– Participação dos minoritários	0,0	0,0	0,0
– Impostos diferidos	0,0	0,0	0,0
– Outros passivos de longo prazo (sobre os quais não incidem juros)	787,0	736,0	636,0
= Ativos de longo prazo líquidos iniciais	**1.851,0**	**1.789,0**	**1.808,0**
= Total de ativos líquidos iniciais	**3.296,0**	**3.390,0**	**3.651,0**
Dívida líquida inicial	1.275,0	1.818,0	2.441,0
Dívida de curto prazo	6,0	356,0	299,0
+ Dívida de longo prazo	2.775,0	2.257,0	2.214,0
– Caixa	1.506,0	795,0	72,0
= Dívida líquida inicial	**1.275,0**	**1.818,0**	**2.441,0**
+ Ações preferenciais iniciais	**0,0**	**0,0**	**0,0**
+ Patrimônio líquido inicial	**2.021,0**	**1.572,0**	**1.210,0**
= Capital líquido total	**3.296,0**	**3.390,0**	**3.651,0**

Fonte: Banco de dados Thomson ONE e Análise Comercial e Avaliação (BAV) Modelo V.5.

Demonstrações do resultado padronizadas da Nordstrom, Inc. ($ milhões)
CONFORME AJUSTADO

Exercício fiscal	2010	2009	2008
Vendas	9.700,0	8.627,0	8.573,0
Custo de vendas	5.508,0	5.015,0	5.115,0
Lucro bruto	4.191,2	3.612,0	3.458,0
SG&A	2.685,0	2.465,0	2.386,0
Outras despesas operacionais	327,0	313,0	302,0
Receita operacional	1.179,2	834,0	770,0
Receita de investimento	0,0	0,0	0,0
Outras receitas, líquidas de outras despesas	0,0	0,0	9,0
Outras receitas	0,0	0,0	9,0
Outras despesas	0,0	0,0	0,0
Despesa (receita) líquida de juros	163,4	138,0	131,0
Receita de juros	6,0	10,0	14,0
Despesa de juros	169,4	148,0	145,0
Participação dos minoritários	0,0	0,0	0,0
Receita antes de impostos	1.015,8	696,0	648,0
Despesa fiscal	386,7	255,0	247,0
Ganhos incomuns, líquidos de prejuízos incomuns (após impostos)	0,0	0,0	0,0
Lucro líquido	629,1	441,0	401,0
Dividendos preferenciais	0,0	0,0	0,0
Lucro líquido dos acionistas ordinários	629,1	441,0	401,0

Fonte: Banco de dados Thomson ONE e Análise Comercial e Avaliação (BAV) Modelo V.5.

Balanço patrimonial inicial padronizado da Nordstrom, Inc. ($ milhões)
CONFORME AJUSTADO

Exercício fiscal	2011	2010	2009
Ativos			
Caixa e títulos negociáveis	1.506,0	795,0	72,0
Contas a receber	2.026,0	2.035,0	1.942,0
Estoque	977,0	898,0	900,0
Outros ativos circulantes	315,0	326,0	303,0

(continua)

Exercício fiscal	2011	2010	2009
Total de ativos circulantes	**4.824,0**	**4.054,0**	**3.217,0**
Ativos tangíveis de longo prazo	3.294,8	3.050,0	2.391,0
Ativos intangíveis de longo prazo	53,0	53,0	53,0
Outros ativos de longo prazo	0,0	0,0	0,0
Total de ativos de longo prazo	**3.347,8**	**3.103,0**	**2.444,0**
Total de ativos	**8.171,8**	**7.157,0**	**5.661,0**
Passivos			
Contas a pagar	846,0	726,0	563,0
Dívida de curto prazo	6,0	356,0	299,0
Outros passivos circulantes	1.027,0	932,0	739,0
Total dos passivos circulantes	**1.879,0**	**2.014,0**	**1.601,0**
Dívida de longo prazo	3.460,0	2.835,0	2.214,0
Impostos diferidos	8,7	0,0	0,0
Outros passivos de longo prazo (sobre os quais não incidem juros)	787,0	736,0	636,0
Total dos passivos de longo prazo	**4.255,7**	**3.571,0**	**2.850,0**
Total dos passivos	**6.134,7**	**5.585,0**	**4.451,0**
Participação dos minoritários	0,0	0,0	0,0
Patrimônio líquido			
Ações preferenciais	0,0	0,0	0,0
Patrimônio líquido dos acionistas ordinários	2.037,1	1.572,0	1.210,0
Total do patrimônio líquido	**2.037,1**	**1.572,0**	**1.210,0**
Total dos passivos e patrimônio líquido	**8.171,8**	**7.157,0**	**5.661,0**

Fonte: Banco de dados Thomson ONE e Análise Comercial e Avaliação (BAV) Modelo V.5.

Demonstrações de fluxos de caixa padronizadas da Nordstrom, Inc. ($ milhões)

CONFORME AJUSTADO

Exercício fiscal	2010	2009	2008
Receita líquida	**629,1**	**441,0**	**401,0**
Despesa (receita) líquida de juros após impostos	101,2	87,4	81,1
Perdas (ganhos) não operacionais	0,0	0,0	0,0
Acúmulos operacionais de longo prazo	510,5	495,0	445,0
Depreciação e amortização	363,8	313,0	302,0
Outros	146,7	182,0	143,0

(continua)

Exercício fiscal	2010	2009	2008
Fluxo de caixa operacional antes de investimentos em capital de giro	**1.240,8**	**1.023,4**	**927,1**
Liquidação (ou investimentos em) de capital de giro operacional	99,0	315,0	2,0
Fluxo de caixa operacional antes de investimento em ativos de longo prazo	**1.339,8**	**1.338,4**	**929,1**
Liquidação (ou investimentos em) de ativos de longo prazo operacionais	(630,6)	(541,0)	(792,0)
Fluxo de caixa livre disponível para dívida e capital	**709,2**	**797,4**	**137,1**
Receita (despesa) líquida de juros após impostos	(101,2)	(87,4)	(81,1)
Dívida líquida (amortização) ou emissão	286,0	108,0	35,0
Fluxo de caixa livre disponível para capital	**894,0**	**818,0**	**91,0**
Dividendos (pagamentos)	(167,0)	(139,0)	(138,0)
Emissão de ações líquida (recompra) e outras alterações de capital	(16,0)	44,0	(239,0)
Aumento (diminuição) líquido em saldo de caixa	**711,0**	**723,0**	**(286,0)**

Fonte: Banco de dados Thomson ONE e cálculo do analista.

Demonstrações do resultado condensadas da Nordstrom, Inc. ($ milhões)

CONFORME AJUSTADO

Exercício fiscal	2010	2009	2008
Vendas	**9.700,0**	**8.627,0**	**8.573,0**
Lucro operacional líquido após impostos	730,3	528,4	482,1
Receita líquida	629,1	441,0	401,0
+ Despesa de juros líquida após impostos	101,2	87,4	81,1
= Lucro operacional líquido após impostos	**730,3**	**528,4**	**482,1**
– Despesa de juros líquida após impostos	101,2	87,4	81,1
Despesa de juros	169,4	148,0	145,0
– Receita de juros	6,0	10	14,0
= Despesa (receita) líquida de juros	163,4	138,0	131,0
× (1 – despesa com imposto/receita antes dos impostos)	0,62	0,63	0,62
= Despesa de juros líquida após impostos	**101,2**	**87,4**	**81,1**
= Receita líquida	**629,1**	**441,0**	**401,0**
– Dividendos de ações preferenciais	0,0	0,0	0,0
= Lucro líquido dos acionistas ordinários	**629,1**	**441,0**	**401,0**

Fonte: Banco de dados Thomson ONE e Análise Comercial e Avaliação (BAV) Modelo V.5.

Balanço patrimonial inicial condensado da Nordstrom, Inc. ($ milhões)

CONFORME REPORTADO

Exercício fiscal	2011	2010	2009
Capital de giro líquido inicial	1.445,0	1.601,0	1.843,0
Contas a receber	2.026,0	2.035,0	1.942,0
+ Estoque	977,0	898,0	900,0
+ Outros ativos correntes	315,0	326,0	303,0
– Contas a pagar	846,0	726,0	563,0
– Outros passivos correntes	1.027,0	932,0	739,0
= Capital de giro líquido inicial	1.445,0	1.601,0	1.843,0
+ Ativos de longo prazo líquidos iniciais	2.552,1	2.367,0	1.808,0
Ativos tangíveis de longo prazo	3.294,8	3.050,0	2.391,0
+ Ativos intangíveis de longo prazo	53,0	53,0	53,0
+ Outros ativos de longo prazo	0,0	0,0	0,0
– Participação minoritária	0,0	0,0	0,0
– Impostos diferidos	8,7	0,0	0,0
– Outros passivos de longo prazo (sobre os quais não incidem juros)	787,0	736,0	636,0
= Ativos de longo prazo líquidos iniciais	2.552,1	2.367,0	1.808,0
= Total de ativos líquidos iniciais	3.997,1	3.968,0	3.651,0
Dívida líquida inicial	1.960,0	2.396,0	2.441,0
Dívida de curto prazo	6,0	356,0	299,0
+ Dívida de longo prazo	3.460,0	2.835,0	2.214,0
– Caixa	1.506,0	795,0	72,0
= Dívida líquida iniciais	1.960,0	2.396,0	2.441,0
+ Ações preferenciais iniciais	0,0	0,0	0,0
+ Patrimônio líquido inicial	2.037,1	1.572,0	1.210,0
= Capital líquido total	3.997,1	3.968,0	3.651,0

Fonte: Banco de dados Thomson ONE e Análise Comercial e Avaliação (BAV) Modelo V.5.

6

Análise prospectiva: projeções

A maioria das tarefas de análise financeira de balanços é decidida com um olhar no futuro – e muito do tempo é usado para resumir as ideias desenvolvidas nas análises com uma projeção explícita. Os gerentes precisam dessa projeção para formular planos de negócios e estipular objetivos de desempenho; os analistas precisam da projeção para que esta os ajudem a transmitir a visão sobre perspectivas da empresa para os investidores; e os banqueiros e participantes do mercado de dívida precisam dessas projeções para avaliar a probabilidade de receber o reembolso de um empréstimo. Além disso, existe uma variedade de contextos (que incluem e não se limitam à análise de valores mobiliários) em que a projeção é utilmente resumida na forma de uma estimativa do valor da empresa. Essa estimativa pode ser vista como uma tentativa para melhor refletir em um único sumário estatístico a visão do gerente ou do analista sobre as perspectivas da empresa.

A análise prospectiva inclui duas tarefas – projeções e valoração (*valuation*) – que juntas representam abordagens para explicitamente resumir uma visão prospectiva do analista. Neste capítulo, focaremos a projeção; a valoração (*valuation*) será o tópico dos próximos dois capítulos. Projeção não é apenas uma análise separada, mas sim uma forma de resumir o que foi aprendido por meio de análises estratégicas de negócios, análises contábeis e análises financeiras. Existem, porém, certas técnicas e conhecimento que podem ajudar um gerente ou analista a estruturar a melhor forma possível de projeção baseada no que foi aprendido anteriormente. A seguir, um resumo da abordagem para estruturar a projeção, oferecendo informações úteis adicionais sobre como começar e explorar o relacionamento entre outros passos analíticos e projeções, e um passo a passo detalhado é dado para prever lucros, dados do balanço patrimonial e fluxos de caixa. Os conceitos-chave discutidos neste capítulo são ilustrados usando uma projeção para a TJX, o varejista de lojas de desconto examinado no Capítulo 5.

UMA VISÃO GERAL DA ESTRUTURA DA PROJEÇÃO

A melhor forma de prever o desempenho futuro é fazê-lo de forma detalhada – produzindo não apenas uma projeção dos lucros, mas também dos fluxos de caixa e do balanço patrimonial. A abordagem detalhada é útil, mesmo nos casos em que se esteja interessado principalmente em uma única faceta de desempenho, porque é possível se proteger de pressupostos implícitos irrealistas. Por exemplo, se um analista estimar crescimento das vendas e lucros para vários anos sem explicitamente considerar os aumentos necessários em capital de giro e nos ativos referentes às instalações fabris, e o financiamento a eles relacionados, a projeção pode possivelmente incluir hipóteses injustificadas sobre giro de ativos, alavancagem ou aportes de capital de acionistas.

Um enfoque detalhado envolve diversas projeções, mas, na maioria dos casos, estão todas ligadas ao comportamento de alguns direcionadores-chave. Os direcionadores variarão de acordo com o tipo de negócio, mas, para empresas fora do setor de serviços financeiros, as projeções de venda são quase sempre um dos direcionadores-chave; margem de lucro é outro. Quando se estima estabilidade no giro dos ativos – frequentemente uma hipótese realista –, contas de capital de giro e investimento em instalações deveriam seguir de perto o crescimento em vendas. A maioria das grandes despesas também acompanha vendas, sujeitas a esperar mudanças nas margens de lucro. Quando relacionamos projeções dessas quantidades às estimativas de vendas, podemos evitar inconsistências internas e pressupostos implícitos irreais.

Em alguns contextos, o gerente ou o analista estão primordialmente interessados nas projeções de fluxos de caixa, e não nos lucros propriamente ditos. Todavia, na prática, mesmo as projeções de fluxos de caixa tendem a ser baseadas em projeções contábeis, que incluem vendas, lucros, ativos e dívidas. É claro que seria possível em princípio voltar diretamente para as projeções de fluxo de caixa – entrada de clientes, pagamento para fornecedores e trabalhadores e assim por diante – e em algumas empresas essa é uma forma conveniente de prosseguir. No entanto, na maioria dos casos, as perspectivas de crescimento, a rentabilidade, o investimento e as necessidades financeiras da empresa são prontamente estruturadas em termos de reconhecimento das vendas pelo regime de competência, lucros operacionais, ativos e passivos. Esses montantes podem ser convertidos em medidas de fluxo de caixa por meio de seu ajuste para os efeitos de despesas que não afetam o caixa e os gastos com o capital de giro e o imobilizado.

Uma estrutura prática para a projeção

A abordagem mais prática para projetar as demonstrações financeiras de uma empresa é focar a projeção das demonstrações financeiras "condensadas", como foi utilizado na relação da análise no Capítulo 5, em vez de tentar projetar as demonstrações financeiras detalhadas na mesma complexidade que a empresa apresenta. Existem muitos motivos para essa recomendação. A projeção das demonstrações financeiras condensadas envolve um pequeno conjunto de suposições sobre o futuro da empresa, e, portanto, o analista terá mais habilidade para pensar sobre cada suposição cuidadosamente. Uma projeção detalhada dos itens individuais terá mais chance de ser entediante, e o analista pode não ter uma boa base para fazer todas as suposições necessárias para essas projeções. Além disso, para a maior parte das finalidades, as demonstrações financeiras condensadas são tudo o que se necessita para fazer uma análise e tomar uma decisão. Portanto, a função da projeção financeira será abordada nessa estrutura.

Lembre-se de que a demonstração de resultado condensada, utilizada no Capítulo 5, consiste nos seguintes elementos: vendas, lucros operacionais líquidos após os impostos (NOPAT), despesas de juros líquidos dos impostos, impostos e lucro líquido. O balanço patrimonial condensado consiste em capital de giro operacional líquido, ativos líquidos de longo prazo, dívida líquida e patrimônio líquido. Lembre-se também de que se começa com o balanço patrimonial no início do período de projeção. Suposições sobre como o balanço patrimonial inicial é utilizado e como seguem as operações da empresa nos levarão à demonstração de resultado para o período de projeção; suposições sobre investimento com capital de giro e ativos de longo prazo e sobre como financiamos esses ativos resultam no balanço patrimonial no final do período de projeção. Para projetar a demonstração de resultado condensada, é necessário começar com uma suposição sobre o próximo período de vendas. Além disso, suposições sobre a margem NOPAT, a taxa de juros sobre a dívida inicial e a alíquota de imposto são tudo o que se precisa para preparar a demonstração de resultados condensada para o período. Para prever o balanço patrimonial condensado para o final do período (ou o equivalente ao início do período seguinte), é necessário fazer as seguintes suposições adicionais: (1) a relação entre o capital de giro líquido operacional e as vendas para estimar o nível de capital de giro necessário para sustentar essas vendas; (2) a relação entre ativos operacionais líquidos de longo prazo e as vendas para o ano seguinte a fim de calcular o nível esperado de ativos operacionais líquidos de longo prazo; e (3) a relação entre dívida líquida e o capital, para estimar os níveis de dívida e capital próprio necessários para financiar a quantidade estimada de ativos no balanço patrimonial.

Uma vez que a demonstração de resultados e o balanço patrimonial condensados estão prontos, é relativamente simples computar as demonstrações de fluxos de caixa condensadas, incluindo fluxo de caixa de operações que antecedem os investimentos de capital de giro e fluxo de caixa livre disponível para dívida e capital próprio.

Em seguida, será discutida a melhor forma de fazer suposições para projetar a demonstração de resultados condensada, o balanço patrimonial e as demonstrações de fluxo de caixa.

Comportamento do desempenho: um começo

Toda projeção tem, pelo menos implicitamente, um *benchmark* inicial – alguma noção de como uma montante específico, como vendas ou lucros, teria um comportamento esperado na ausência de informação detalhada. Por exemplo, inicialmente para contemplar a rentabilidade do ano fiscal de 2011 para a TJX, o desempenho de 2010 pode ser um começo. Outro ponto em potencial para iniciar pode ser o desempenho de 2010 ajustado para as tendências recentes. Uma terceira possibilidade considerada razoável – mas que geralmente não é muito prática – é o desempenho médio dos anos anteriores. Quando se completam uma análise estratégica de negócios, uma análise contábil e uma análise financeira detalhada, a projeção que resulta pode ter diferenças significativas do ponto inicial de partida. No entanto, com o propósito de ter um ponto de partida que pode ajudar a ancorar a análise detalhada, é útil saber como certas estatísticas financeiras se comportam "em média" para todas as empresas.

No caso de algumas estatísticas-chave, como lucros, um ponto de partida baseado apenas em comportamento anterior do número é mais poderoso que se pode esperar. Pesquisas mostram que alguns, como *benchmark* para lucros, são quase tão precisos quanto as projeções de analistas de investimentos profissionais, que têm acesso a um grupo rico de informação (falaremos sobre isso mais tarde). Além disso, o *benchmarck* é frequentemente não apenas um bom ponto de partida, mas também próximo à quantidade projetada depois da análise detalhada. Grandes distanciamentos do *benchmark* podem ser justificados apenas em casos em que a situação da empresa é claramente incomum.

Razoáveis pontos de partida para projeção de números-chave contábeis podem ser baseados na evidência resumida a seguir. Essa evidência pode ser útil para verificar a razoabilidade de uma projeção completa.

Comportamento de crescimento de vendas

As taxas de crescimento de vendas tendem a ser "reversão à média": empresas com taxas de crescimento de vendas acima ou abaixo da média tendem a reverter a um nível "normal" com o tempo (historicamente na faixa dos 7%-9% para empresas norte-americanas) no período de 3-10 anos. A Figura 6-1 documenta esse efeito de reversão à média no período de 1993 a 2010 para todas as empresas norte-americanas que tiveram transações no mercado aberto e foram acompanhadas pelo banco de dados da Compustat. Todas as empresas foram ranqueadas em termos de crescimento de vendas em 1993 (ano 1) e foram colocadas em cinco carteiras baseadas na posição relativa de seu crescimento de venda naquele ano. As empresas da carteira 1 estão entre os 20% que tiveram maior crescimento de venda em 1993; as empresas da carteira 2 são os 20% seguintes, enquanto as empresas da carteira 5 estão entre os últimos 20% quando posicionadas de acordo com o crescimento de vendas. As taxas de crescimento de vendas das empresas em cada uma das cinco carteiras estão traçadas de 1993 até os nove anos subsequentes (anos 2-10). O mesmo experimento é repetido em 1997 e depois em 2001 com base no ano (ano 1). Os resultados são medianos em três experimentos, e a taxa resultante do crescimento de vendas de cada uma das cinco carteiras dos anos 1 ao 10 está traçada na Figura 6-1.

A figura mostra que o grupo de empresas com o maior crescimento inicial – taxa de crescimento de venda de um pouco mais de 70% – experimenta uma queda de 8% na taxa de crescimento em três anos e nunca fica acima dos 20% nos sete anos seguintes.

Aquelas com as taxas iniciais de crescimento de vendas mais baixas, negativas em 10%, melhoram imediatamente para um ligeiro crescimento de vendas positivo no ano 2 e mostram crescimento positivo no ano 10. Uma explicação para o padrão de crescimento de vendas, visto na Figura 6-1, é que as indústrias e as empresas amadurecem, e as taxas de crescimento diminuem em razão da saturação da demanda e da competição entre indústrias. Portanto, mesmo quando uma empresa está crescendo rapidamente no presente, em geral é irreal pressupor que o atual crescimento persistirá indefinidamente. E quão rápido a taxa de crescimento de uma empresa regredirá à média dependerá das características de seu setor e da própria posição competitiva dentro da indústria.

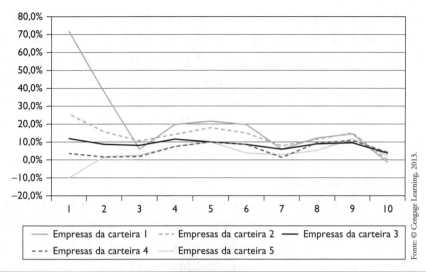

FIGURA 6-1

Comportamento de crescimento de vendas para empresas norte-americanas, 1993–2010.

Comportamento dos lucros

Os lucros têm mostrado seguir, na média, um processo que pode ser aproximado de um "passeio aleatório" ou "passeio aleatório com desvio". Isso implica que os resultados (lucros ou prejuízos) do ano anterior são um bom ponto de partida para considerar potenciais resultados futuros. Mesmo uma simples projeção no passeio aleatório – aquela que prevê que os ganhos futuros serão iguais aos ganhos do ano anterior – é surpreendentemente útil. Um estudo documentou que as projeções de um ano feitas por analistas profissionais são apenas 22% mais precisas, em média, que uma simples projeção aleatória.[1] Dessa maneira, uma projeção de resultados finais não será tão diferente de um *benchmark* aleatório. Além disso, é razoável ajustar esse *benchmark* simples para as mudanças de resultado do bimestre mais recente, por exemplo, mudanças relativas ao trimestre comparativo para o ano anterior depois de controlar a tendência de longo prazo da série.

Embora o nível médio de lucros sobre os anos anteriores não seja útil, tendências de longo prazo em lucros tendem a ser sustentadas em média, então vale a pena ser consideradas. Se dados trimestrais também são incluídos, então deve-se considerar para qualquer partida a tendência de longo prazo que ocorreu no trimestre mais recente. Para a maioria das empresas, essas mudanças recentes tendem a se repetir parcialmente em trimestres subsequentes.[2]

Comportamento do retorno sobre o patrimônio líquido

Dado que os lucros prévios servem como um *benchmark* útil para lucros futuros, provavelmente espera-se que o mesmo seja verdadeiro para medidas de retorno de investimento, como o ROE (ou retorno sobre o patrimônio líquido). Isso, porém, não é o caso por dois motivos. Primeiro, embora a empresa média tenha a tendência de manter o atual nível de lucro, isso não se aplica a empresas com níveis incomuns do ROE. Empresas com ROE altos (baixo) anormais tendem a experimentar reduções de lucros (aumentos).[3] Em segundo lugar, empresas com ROE mais altos tendem a expandir suas bases de investimento mais rapidamente que outras, o que causa o aumento do denominador ROE. É claro que se empresas pudessem obter o retorno em novos investimentos que correspondessem aos antigos, então o nível ROE seria mantido. As empresas, porém, têm dificuldade de continuar a gerar esses ROE impressionantes. Empresas com ROE mais altos tendem a descobrir que, com o tempo, o crescimento de ganho não mantém o ritmo com a base de investimento, e o ROE finalmente cai.

O comportamento resultante do ROE e de outras medidas de retorno de investimento é caracterizado como reversão à média, um padrão similar ao que foi observado anteriormente na taxa de crescimento de vendas. Empresas com taxas de retorno acima ou abaixo da média tendem a reverter a um nível "normal" com o passar do tempo (historicamente na média de 10%-15% para empresas estadunidenses) no período de não mais que dez anos.[4] A Figura 6-2 documenta esse efeito de reversão à média em empresas norte-americanas entre os anos de 1993 e 2010. Todas as empresas foram posicionadas em relação ao ROE em 1993 (ano 1) e divididas em cinco carteiras de forma similar da análise de crescimento das vendas. As empresas da carteira 1 estão entre os 20% com melhor ROE em 1993, as empresas da carteira 2 estão nos próximos 20% e aquelas da carteira 5 estão entre os 20% piores. A média do ROE de cada empresa nessas cinco carteiras é, então, traçada nos nove anos subsequentes (anos 2-10). A mesma experiência é repetida em 1997 e 2001 como o ano-base (ano 1). A Figura 6-2 traça a média ROE de cada uma das cinco carteiras nos anos de 1-10, mediados nesses três experimentos.

Embora as cinco carteiras comecem o ano 1 com uma grande amplitude de ROE (−60% a +30%), no ano 10 o padrão de reversão à média é claro. O grupo mais lucrativo de empresas – inicialmente com um ROE médio de 30% – experimenta um declínio abaixo de 20% nos cinco anos seguintes. Até o ano 10 esse grupo de empresas tem um ROE de 12%. Aqueles com ROE inicial mais baixo (−60%) experimentam um aumento dramático de ROE nos primeiros três anos e são ligeiramente lucrativos ou pelo menos próximos de um ponto de equilíbrio até os últimos quatro anos.

O padrão na Figura 6-2 não é uma coincidência – é exatamente o que a economia da concorrência preveria. A tendência de altos ROE caírem é um reflexo da alta lucratividade atraindo concorrência; a tendência de baixos ROE subirem reflete a mobilidade do capital afastada de empreendimentos improdutivos e em direção a outros mais lucrativos.[5] Apesar da tendência geral documentada na Figura 6-2, existem algumas empresas cujos ROE podem permanecer acima ou abaixo de níveis normais por longos períodos. Em alguns casos, esse fenômeno reflete a força de uma vantagem competitiva sustentável, mas em outros casos é puramente um artefato de métodos contábeis conservadores. Um bom exemplo é o último fenômeno nas empresas farmacêuticas norte-americanas, cujos maiores ativos econômicos, o valor intangível de pesquisa e desenvolvimento, não são registrados no balanço patrimonial e, portanto, excluídos de um denominador do ROE. Para essas empresas, poderia esperar-se altos ROE – mais de 20% – durante um longo prazo, mesmo lidando com forças competitivas fortes.

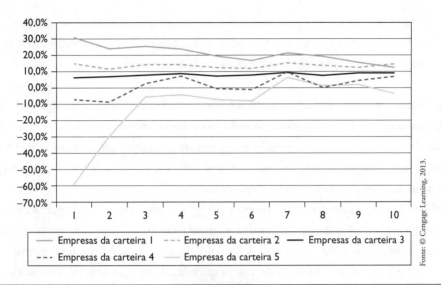

FIGURA 6-2

Comportamento de crescimento de vendas para empresas norte-americanas, 1993–2010.

O comportamento dos componentes de ROE

O comportamento das taxas de retorno sobre o patrimônio líquido pode ser analisado mais profundamente quando olhamos para o comportamento de seus componentes-chave. Lembre-se do Capítulo 5 que ROE e margens de lucros são ligados da seguinte forma:

ROE = ROE operacional + (ROA operacional − taxa de juros líquida após imposto de renda) × alavancagem financeira líquida

= margem NOPAT × giro do ativo operacional + *Spread* × alavancagem financeira líquida

O comportamento das séries de tempo dos componentes básicos do ROE para empresas norte-americanas de 1993 a 2010 é mostrado na série de figuras no apêndice deste capítulo. Algumas conclusões importantes podem ser extraídas dessas figuras:

1. O giro do ativo operacional tende a ser bastante estável, em parte porque é amplamente uma função da tecnologia da indústria. A única exceção é para esse conjunto de empresas com alto giro de ativos que tende a diminuir de alguma forma antes de estabilizar;
2. A alavancagem financeira líquida também tende a ser estável, simplesmente porque políticas de gestão em estrutura de capital não são frequentemente alteradas; e
3. As margens NOPAT destacam-se como o componente mais variável do ROE. Se as forças competitivas movem ROE anormais em direção a níveis mais normais, a mudança é mais

provável de ocorrer na forma de mudanças de margens de lucro. A mudança em margens NOPAT conduzirá mudanças no *spread*, desde que o custo da captação esteja propenso a continuar estável, porque a alavancagem tende a ser estável.

Para resumir, margens de lucro e ROE tendem a ser direcionados pela competição para níveis normais com o tempo. O que constitui normal varia grandemente de acordo com a tecnologia utilizada num setor e qual estratégia corporativa a empresa busca, ambos os fatores que influenciam o giro e a alavancagem.[6] Em um equilíbrio altamente competitivo, margens de lucro devem permanecer altas para empresas que operam com baixo giro e vice-versa.

A discussão acima sobre taxas de retorno e margens sugere um ponto de partida razoável para fazer projeções de como essas estatísticas devem considerar mais que apenas as observações recentes. Deve-se também considerar se a taxa de retorno ou as margens estão acima ou abaixo do nível normal. Caso estejam, com a ausência de informações detalhadas que provam o contrário, espera-se algum movimento ao longo do tempo em direção à normalidade. É claro que essa tendência central pode ser superada em alguns casos, por exemplo quando a empresa tenha erguido barreiras à competição que podem proteger suas margens, mesmo por longos períodos. A lição baseada em evidência, porém, mostra que esses casos são incomuns.

Em contraste em relação às taxas de retorno e às margens, é razoável supor que o giro dos ativos, a alavancagem financeira e a taxa de juros líquida permanecem relativamente constantes durante um longo tempo. A menos que haja uma mudança tecnológica ou de política financeira sendo contemplada para períodos futuros, um ponto de partida razoável para suposições para essas variáveis é o nível do período atual. As únicas exceções para isso parecem ser empresas com alto giro de ativos que experimentam uma queda nessa relação antes de estabilizar ou empresas com baixíssimo (geralmente negativo) índice de dívida líquida sobre capital próprio que parecem aumentar a alavancagem antes de estabilizar. Além disso, empresas com altos níveis de alavancagem tendem a sobreviver com taxa menor do que empresas que são mais conservadoras em relação às decisões de financiamento, baixando as médias com o passar do tempo.

À medida que avançamos com os passos para a elaboração de uma projeção detalhada, o leitor notará que tiramos proveito de conhecimentos sobre o comportamento de números contábeis em certo ponto. É importante, porém, ter em mente que o conhecimento de comportamento médio não se encaixará bem em todas as empresas. A arte da análise das demonstrações financeiras requer não apenas conhecer os padrões "normais", mas também saber identificar aquelas empresas que não seguirão a normalidade.

OUTRAS CONSIDERAÇÕES SOBRE AS PROJEÇÕES

Em geral, o comportamento de reversão à média do crescimento de vendas e do retorno sobre o patrimônio líquido que é demonstrado pelo mercado mais amplo deveria manter-se para empresas individuais com o passar do tempo. O ponto de partida para qualquer projeção deve, portanto, ser o comportamento da série de tempo de várias medidas do desempenho da empresa, como discutido. No entanto, existem outros fatores que os analistas deveriam considerar ao fazer previsões. Estes incluem uma compreensão das implicações de três níveis de análises que precedem análises em potencial – estratégica, contábil e de desempenho financeiro – e de considerações macroeconômicas.[7]

Estratégia, contabilidade, análise financeira e projeção

A análise da estratégia, da contabilidade e do desempenho financeiro de uma empresa discutida durante todo este livro pode gerar questões importantes e *insights* sobre o desempenho futuro de uma empresa. A projeção do desempenho futuro de qualquer empresa deve, portanto, ser baseada na compreensão das questões levantadas por essas análises, como:

- Da análise da estratégica do negócio: quais são as características do setor em que a empresa opera? Existem algumas barreiras de entrada significativas que são prováveis para deter concorrentes futuros? Em caso positivo, espera-se que elas durem por quanto tempo? Quais são as perspectivas de crescimento do setor? Qual é a probabilidade de afetar a concorrência futura? A empresa em questão tem uma estratégia clara que a posiciona para o sucesso futuro? Por exemplo, continuando a discussão da estratégia de negócios da TJX no Capítulo 2, o analista deve se perguntar: a TJX teve sucesso ao criar uma infraestrutura de varejo que permitirá que continue a ter sucesso no mercado norte-americano? Será possível replicar esse sucesso de mercado internacionalmente? A qual taxa a TJX conseguirá aumentar suas vendas, tanto no curto quanto no longo prazo, sem sacrificar suas margens? Os concorrentes conseguirão replicar a eficiência da TJX ao competir com um produto diferenciado oferecido?

- Da análise contábil: a análise contábil discutida nos Capítulos 3 e 4 oferece ao analista a compreensão de como a contabilidade da empresa afeta o desempenho financeiro relatado. Os ativos são sobrestimados e requerem depreciações? A empresa tem bens e elementos fora do balanço, como a P&D, que exagerou as índices de retorno reportados? Em caso positivo, quais são as implicações para futuras demonstrações contábeis? Para a TJX, salientamos que a contabilidade da empresa resultou no valor e nos passivos associados aos arrendamentos operacionais sendo excluídos dos ativos e dos passivos da empresa.

- Da análise financeira: quais são as fontes do bom ou do mau desempenho recente de uma empresa? Esse desempenho é sustentável? Há alguns padrões discerníveis no desempenho passado da empresa? Em caso afirmativo, quais são as razões para essa tendência continuar ou mudar?

Esses *insights* auxiliam o analista a responder às questões de se e por quanto tempo a empresa será capaz de manter qualquer vantagem competitiva e níveis de desempenho atuais, que são críticos para as projeções. As respostas para essas perguntas determinam a velocidade com que o desempenho da empresa segue a tendência geral de reversão à média discutida.

Fatores macroeconômicos e projeções

Para empresas cujo desempenho financeiro é altamente sensível ao ciclo econômico, o analista também desejará considerar condições macroeconômicas quando fizer projeções. Este é o caso da TJX, que, na primeira metade de 2011, enfrentou uma demorada recuperação econômica depois da crise de 2008. Apesar do aumento dos gastos do consumidor, os gastos gerais ainda não haviam se recuperado aos níveis que antecedem a recessão. O foco da TJX no valor tinha ajudado a manter o crescimento durante o difícil período econômico, com as vendas crescendo em uma média de 5% por ano, dos anos fiscais de 2007 até 2010.[8] Diversos fatores, no entanto, podem afetar a perspectiva de crescimento da TJX. O aumento do preço da gasolina poderia moderar o entusiasmo do consumidor de dirigir para lojas do subúrbio e reduzir seus gastos. Além disso, o ritmo lento da recuperação econômica, com o desemprego que continua pairando o nível de 10% e um fraco mercado imobiliário, combinado com preocupações sobre os níveis de dívida do governo norte-americano e o impasse legislativo, aumentou as preocupações do potencial para uma "dupla" recessão nos Estados Unidos. Essas condições econômicas geralmente favorecem varejistas de descontos como a TJX, mas também levam o consumidor a reduzir os gastos gerais.[9] Por fim, os planos de expansão da TJX na Europa provavelmente serão afetados por um clima de economia deteriorada que surge das crises financeiras na Grécia, em Portugal, na Espanha, na Irlanda e na Itália.

Enquanto fatores macroeconômicos certamente terão um impacto no desempenho da TJX em curto, médio e longo prazos, esses fatores não podem ser projetados com um alto grau de certeza. Consequentemente, com o propósito de prever, é geralmente aconselhável supor que o impacto das mudanças no ciclo dos negócios será nivelado a longo prazo.

FAZENDO PROJEÇÕES

A análise do desempenho da TJX no Capítulo 5 e as discussões anteriores sobre o comportamento do mercado geral e o posicionamento estratégico da TJX nos levam à conclusão que, enquanto a TJX consistentemente gerou retornos acima da média para seus *stakeholders*, a longo prazo é provável que uma parte dos lucros anormais da empresa se dissipará entre seus concorrentes. O desempenho da empresa regredirá à média, como vem sendo a tendência geral que vimos no início deste capítulo.

A Tabela 6-1 mostra a projeção das hipóteses que fizemos para a TJX para os anos de 2011 a 2020. Usamos como nossa base as demonstrações financeiras ajustadas, detalhadas no Capítulo 5, para que pudéssemos incorporar completamente o impacto dos arrendamentos operacionais fora do balanço da TJX em nossas projeções. Escolhemos um período de projeção de dez anos porque acreditamos que a empresa deve atingir um estado de desempenho relativamente constante até lá (discutido em mais detalhes no Capítulo 8). Discutiremos as hipóteses de projeções a seguir.

As projeções para os primeiros dois ou três anos da TJX são simples extrapolações de desempenhos recentes, que são altamente influenciados pelo posicionamento estratégico da empresa, gestão financeira existente e outras métricas específicas da empresa. Essa é uma abordagem geralmente válida para uma

TABELA 6-1

Hipóteses de projeção para a TJX

Ano de projeção	2011	2012	2013	2014	2015	2016	2017	2018	2019	2020
Taxa de crescimento de vendas	5,7%	6,6%	7,1%	6,9%	6,7%	6,5%	6,3%	6,1%	5,9%	5,7%
Margens NOPAT	7,9%	7,5%	7,1%	6,7%	6,3%	5,9%	5,5%	5,0%	4,5%	4,0%
Capital de giro líquido inicial/vendas	0,6%	1,0%	1,0%	1,0%	1,0%	1,0%	1,0%	1,0%	1,0%	1,0%
Ativos operacionais líquidos de longo prazo/vendas	33,4%	34,0%	34,3%	34,5%	34,8%	35,0%	35,3%	35,5%	35,8%	36,0%
Quota de dívida líquida inicial/ patrimônio líquido	57,5%	57,5%	57,5%	57,5%	57,5%	57,5%	57,5%	57,5%	57,5%	57,5%
Custo da dívida após impostos	2,73	2,73	2,73	2,73	2,73	2,73	2,73	2,73	2,73	2,73

Fonte: © Cengage Learning, 2013.

empresa estabilizada como a TJX por poucas razões. Primeiro, o gerenciamento da empresa não dá indicação alguma de qualquer grande reestruturação ou mudanças em suas políticas operacionais e financeiras de curto prazo. Segundo, o balanço patrimonial inicial para qualquer período de projeção coloca restrições em atividades de operação durante o período de projeção. Por exemplo, estoques no início do ano determinarão em parte as atividades de venda durante o ano; lojas em operação no início do ano também determinarão em parte o nível de vendas possível durante o ano. Dito de outra maneira, uma vez que nossa discussão mostra que o giro de ativos de uma empresa geralmente não muda de forma significativa em um curto período, vendas em qualquer período são em parte limitadas pelos ativos do início do período existentes no balanço patrimonial da empresa (embora uma empresa como a TJX com planos explícitos de expandir ativos por meio da abertura de novas lojas conseguirá atingir um pouco de flexibilidade nesse respeito).

Em contrapartida, quando a análise muda o foco para os últimos anos da projeção, o analista deveria incorporar cada vez mais a influência do comportamento da reversão à média demonstrado pela análise do comportamento da série de tempo discutido anteriormente.

Desenvolvendo uma projeção de crescimento de vendas

Apesar da intensa competição no varejo, a TJX construiu um impressionante histórico de lucros estável e crescimento de vendas, com 15 anos consecutivos de lucro por ação em 2010 e com vendas anuais consolidadas de lojas comparáveis que crescem todo ano, com exceção de um, em seus 34 anos de negócios.[10] Dada essa história, é razoável esperar que a TJX continuará a crescer dentro do período de projeção. A TJX tem três segmentos geográficos – o mercado doméstico nos Estados Unidos, que mostra sinais de estagnação como resultado da intensa competição e da saturação de mercado; o mercado canadense, que neste ponto parece estar se comportando de forma parecida com a do mercado estadunidense; e o mercado europeu, onde a expansão inicial da TJX fora da América do Norte nos mercados do Reino Unido, da Irlanda, da Alemanha e da Polônia são componentes críticos para expansão contínua, com a saturação dos mercados norte-americano e canadense.

No começo de 2011, a TJX operou mais de 2 mil lojas nos Estados Unidos com os formatos T.J. Maxx, Marshalls e Home Goods, com as vendas contábeis de aproximadamente 77% do total da receita da TJX. As vendas das lojas T.J. Maxx e Marshalls (que se referem coletivamente como Marmaxx) cresceram 6% no exercício findo em janeiro de 2011, comparadas com os 7,4% do exercício anterior. A venda de lojas semelhantes cresceu em 4%. As vendas das lojas Home Goods (responsáveis por 12% do total de vendas nos Estados Unidos) cresceram 9% no exercício findo em janeiro de 2011, com a mesma venda em lojas aumentando 6%. Dado que a TJX tem uma rede de varejo bastante abrangente (a empresa estimou que havia atingido aproximadamente 70% de penetração no mercado estadunidense até 2011), seria esperado que a abertura de novas lojas gradualmente canibalizasse as vendas de lojas existentes na mesma área à medida que a completa penetração no mercado se aproxima, reduzindo o crescimento das vendas em lojas semelhantes.[11] É provável que também diminua a abertura de novas lojas, uma vez que locais especialmente atraentes se tornam frequentemente escassos. Ao mesmo tempo, a TJX viu a recente recessão econômica como uma oportunidade de aumentar sua base de clientes, identificando um consumidor duradouro que "muda por valor", e trabalhou para atrair e reter clientes mais abastados com melhorias em lojas e propaganda direcionada.[12] Contudo, não está claro se essa mudança no sentimento do consumidor será permanente e se essa iniciativa será bem-sucedida para compensar a próxima desaceleração nas vendas em lojas semelhantes. A TJX também enfrenta um aumento da competição de prestigiadas lojas de departamento que estabeleceram seus próprios formatos em lojas de desconto (Nordstrom Rack, Off 5th), assim como o crescimento de vendas *on-line*. Além disso, é razoável esperar que o crescimento geral de vendas da TJX estadunidense seguirá uma tendência de queda, embora provavelmente a um ritmo mais lento que o sugerido pela tendência de reversão à média de crescimento de vendas para o mercado global.

As vendas da TJX canadense (que foi responsável por 12% do total de vendas da TJX) aumentaram 16% no exercício findo em janeiro de 2011, comparadas com o exercício anterior, embora aproximadamente 9% se deu pela conversão cambial – o crescimento de vendas do ano anterior havia sido apenas 1%, incluindo o impacto da conversão cambial, o que reduziu aquele nível em 3%. A venda de lojas semelhantes aumentou em 4% no exercício findo em janeiro de 2011 e 2% para o exercício anterior. Na ausência do efeito da conversão cambial, a TJX canadense parece estar se comportando de maneira similar ao segmento estadunidense. A TJX espera uma penetração no mercado canadense em cerca de 70% no começo de 2011, e, portanto, é razoável esperar que a TJX canadense exiba características de crescimento de vendas como o do mercado estadunidense, que foi discutido acima.[13] As operações da TJX europeia apresentam um desafio mais interessante para a projeção. As sutilezas de gostos locais e as complexidades burocráticas no mercado imobiliário local tornou extremamente desafiador para empresas de varejo estrangeiras estabilizarem liderança de mercado fora de seus mercados domésticos. Desde a entrada no Reino Unido em 1994, a TJX tem trabalhado para estabelecer sua posição como a maior varejista de desconto na Europa, com operações no Reino Unido, na Alemanha e na Polônia em 2011. As vendas cresceram em 10%, de 2009 a 2010, e 13%, quando se exclui o impacto da conversão cambial negativa.[14]

Enquanto a TJX continua a ver um forte potencial de crescimento na Europa, no início de 2011 a empresa anunciou um plano de retardar sua expansão para tratar de preocupações de execução que, no exercício findo em janeiro de 2011, resultou na diminuição do lucro do segmento e em uma queda nas vendas das mesmas lojas.[15] Dado que a TJX estimou que teria 41% de penetração em seu segmento europeu, é razoável concluir que, uma vez que a empresa resolva suas questões operacionais, ela experimentará uma taxa de crescimento que ultrapassará aquelas de mercados em que nos Estados Unidos e no Canadá a empresa tem maior penetração. Entretanto, de forma geral, uma taxa de crescimento maior na Europa provavelmente não será suficiente para superar o lento crescimento nos Estados Unidos e no Canadá, visto que em 2011 o segmento europeu contribuiu apenas com 11% do total de receita de vendas e, no nosso período de projeção de dez anos, cresce apenas para 14% da receita de vendas total da TJX.

As projeções na Tabela 6-2 refletem a análise dos três segmentos geográficos da TJX discutidos. Combinamos os segmentos estadunidense e canadense, dado que eles parecem ter crescimento e características de saturação similares. Para a TJX global mostramos uma melhoria gradual no crescimento de vendas em um período de alguns anos, seguida de uma lenta diminuição no crescimento conforme o impacto das pressões da reversão à média fosse sentido. Enquanto esse padrão é baseado na mistura de inteligência de negócios e em um conhecimento em tendências de longo prazo no mercado, é importante notar que um analista poderia capturar muito da dinâmica das projeções apenas presumindo que a TJX não ficaria imune às forças competitivas de longo prazo e à reversão à média.

TABELA 6-2
Projeção do crescimento de vendas para a TJX

Ano de projeção	2011	2012	2013	2014	2015	2016	2017	2018	2019	2020
TJX EUA/Canadá	5,7%	6,4%	6,7%	6,5%	6,2%	6,0%	5,8%	5,7%	5,5%	5,3%
TJX Europa	5,0%	8,0%	10,0%	10,0%	10,0%	10,0%	10,0%	9,0%	8,5%	8,0%
Crescimento das vendas totais	**5,7%**	**6,6%**	**7,1%**	**6,9%**	**6,7%**	**6,5%**	**6,3%**	**6,1%**	**5,9%**	**5,7%**

Fonte: © Cengage Learning, 2013.

Desenvolvendo uma projeção da margem NOPAT

Nos mercados estadunidese e canadense, é provável que a TJX enfrente uma pressão competitiva direta das lojas de departamento de prestígio, como a Nordstrom e a Saks, com a expansão de suas marcas de desconto nos Estados Unidos, e de concorrentes domésticos como Target, Walmart, Nordstrom e Hudson's Bay, enquanto esses concorrentes se estabelecem ou expandem sua presença no mercado

TABELA 6-3

Projeção de margens NOPAT para a TJX

Ano de projeção	2011	2012	2013	2014	2015	2016	2017	2018	2019	2020
Margem NOPAT global	7,9%	7,5%	7,1%	6,7%	6,3%	5,9%	5,5%	5,0%	4,5%	4,0%

Fonte: © Cengage Learning, 2013.

canadense. Além disso, uma melhoria na economia estadunidense seria esperada para mudar uma parte da base dos consumidores mais abastados da TJX para as lojas de departamento de prestígio, com a melhoria da posição dos consumidores. A TJX acredita que seu programa de melhoria de lojas e propaganda direcionada será bem-sucedida na retenção da maior parte da sua base de clientes à medida que a economia se recupera. Além disso, a TJX espera que sua infraestrutura global de cadeia de fornecedores ajude a continuar o aumento da rotatividade do estoque e a redução da necessidade de remarcações pelo atraso nas compras em relação ao ciclo de vendas. Isso melhorou o *merchandising* e a retenção de clientes abastados; se executada de forma bem-sucedida, poderia levar a um estreitamento na diferença de margem vista no comparativo entre a TJX e a Nordstrom no Capítulo 5. Contudo, com o passar do tempo, é provável que as pressões competitivas terão um impacto maior, levando a uma queda constante nas margens NOPAT, mas talvez a uma taxa mais lenta do que os competidores menos sucedidos.

A demora na aceitação dos clientes, as despesas pré-operacionais e a infraestrutura menos desenvolvida resultaram em margens baixas das operações da TJX europeia em relação aos negócios estadunidenses e canadenses. Além disso, problemas de execução no ambiente europeu acompanhados de baixos resultados financeiros em 2011 levaram a empresa a atrasar seus planos de expansão até que os problemas fossem resolvidos.[16] Antecipamos que no curto prazo as margens da TJX europeia continuarão menores do que as margens nos Estados Unidos e no Canadá, enquanto a empresa resolve seus problemas de execução e estabelece uma presença maior no mercado. Portanto, as margens na Europa mostrarão uma lenta melhoria enquanto cresce a aceitação dos consumidores e atinge-se eficiência operacional. Entretanto, dado que se espera um crescimento maior nos custos gerenciais na Europa e um contínuo nível de aceitação baixo dos consumidores comparado com os Estados Unidos, espera-se que as margens na Europa continuem mais baixas que aquelas dos mercados estadunidense e canadense durante o período de projeção, baixando em seguida as margens globais NOPAT da empresa. A Tabela 6-3 mostra nossa projeção da média das margens NOPAT daqui para frente. Enquanto preferiríamos projetar as margens NOPAT por segmentos, a TJX não dispõe de dados completamente alocados para que pudéssemos fazê-lo. Como resultado, nossa projeção global de margem NOPAT leva em consideração a análise acima.

Construindo o capital de giro com base na projeção de vendas

Como discutido no Capítulo 5, a TJX tinha uma taxa de capital de giro operacional de menos de 1,0 no exercício findo em janeiro de 2011. Os fatores primários dessa baixa taxa eram o foco em motivar um maior giro de estoque e seus baixos níveis de contas a receber, resultado da decisão estratégica de terceirizar as operações de cartão de crédito de marca própria da TJX. Enquanto a TJX se orgulha do pagamento em dia para seus fornecedores, como refletido em seus razoáveis 35,3 dias de contas a pagar em 2010, essa baixa taxa implica que a TJX consegue suprir sua própria necessidade de capital de giro – primeiramente para estoque – com suas vendas e outros credores e outras provisões (*accruals*) de curto prazo.

A TJX continua a ver sua estratégia oportunista de compra como crítica para seu sucesso em manter baixos níveis de estoque e criou seu próprio fornecedor global para facilitar essa estratégia.[17] As necessidades de capital de giro também têm a probabilidade de diminuir à medida que a TJX melhore as operações na Europa e tenha vantagem de sua presença no crescimento internacional para negociar termos mais favoráveis com seus fornecedores. Portanto, é razoável esperar que sua taxa de capital de giro operacional líquido permanecerá no mesmo nível ou próximo a ele enquanto o poder de mercado da empresa cresce e ela continua a investir em sua própria rede de fornecedores.

Construindo uma projeção de vendas para ativos de longo prazo

Com o ritmo mais demorado para a abertura de novas lojas da TJX nos Estados Unidos e no Canadá, o crescimento de vendas de lojas semelhantes deveria melhorar, uma vez que poucas lojas serão abertas próximas às lojas existentes, reduzindo o risco de canibalização de clientes. Isso deve ter um impacto positivo nos ativos de longo prazo da empresa nos Estados Unidos e no Canadá. Contrariar essa melhoria é o foco mais recente da TJX em atrair e reter clientes mais abastados com lojas aprimoradas. Além disso, com o crescimento no segmento europeu intensivo em capital superando os investimentos em capital dos negócios estadunidenses, é provável que a proporção de ativos de longo prazo da TJX gradualmente se deteriore no horizonte da projeção.

Construindo uma projeção para a estrutura de capital

Como discutido anteriormente (e que pode ser visto nos dados da estrutura de capital encontrados no apêndice), espera-se que a estrutura de capital de uma empresa permaneça constante durante o período de projeção, simplesmente porque as políticas gerenciais da estrutura de capital demoram para mudar. Espera-se que isso se aplique à TJX também depois de olhar as ações recentes da empresa relacionadas à estrutura de capital. Por exemplo, o conselho de administração da TJX autorizou um programa de recompra de ações no valor de $1 bilhão em fevereiro de 2010, dos quais $594 milhões foram usados para a recompra em janeiro de 2011. Além disso, o conselho de administração aprovou um novo programa de recompra de ações em fevereiro de 2011, autorizando um adicional de $1 bilhão na recompra de ações ordinárias da TJX. Não havia, porém, um tempo limite no qual essas três compras tinham de ser finalizadas, e as decisões de recompra de ações foram feitas baseadas na avaliação da empresa de "vários fatores, incluindo um excesso de fluxo de caixa antecipado, liquidez, condições do mercado, cenário econômico e perspectivas para o negócio e outros fatores".[18] Assim, supomos ser improvável que a TJX fará alguma mudança fundamental em sua estrutura de capital para que a alavancagem da empresa e o custo da dívida (5,5% sem imposto e 3,4% depois do imposto) permaneçam relativamente estáveis.

Depois de fazer esse conjunto de hipóteses detalhado, é uma tarefa simples derivar a demonstração de resultados projetada e o balanço patrimonial inicial para os anos de 2011 até 2020, como mostrado na Tabela 6-4. De acordo com essas projeções, as vendas da TJX crescerão para $40,6 bilhões, quase dobrando o nível de 2010. Até 2020, a empresa terá uma base de ativos operacionais líquido de $15,0 bilhões e patrimônio líquido de acionistas de $6,4 bilhões. Consistente com os grandes padrões de mercado de reversão à média em retornos, o retorno sobre patrimônio líquido e o retorno sobre os ativos operacionais da TJX cairão constantemente – ROE de 55,4% em 2010 para 21,7% em 2020, e ROA operacional de 27,8% para 10,8% no mesmo período.

Projeções do fluxo de caixa

Uma vez que projetamos as demonstrações de resultado e o balanço patrimonial, podemos derivar os fluxos de caixa para os anos de 2011 a 2020. Note que é preciso projetar o balanço patrimonial inicial para 2021 para computar os fluxos de caixa para 2020. Esse balanço patrimonial não é mostrado na Tabela 6-4. Para ilustrar, pressupõem-se que o crescimento de vendas e as proporções do balanço patrimonial permanecerão os mesmos em 2020 e 2021. Baseado nisso, projeta-se o balanço patrimonial inicial e computam-se os fluxos de caixa para 2020. O fluxo de caixa dos fornecedores de capital é igual a NOPAT menos aumentos em capital de giro líquido e ativos líquidos de longo prazo. Como mostra a Tabela 6-4, o fluxo de caixa livre para todos os fornecedores de capital[19] diminui de $1,1 bilhão em 2011 para $0,8 bilhão até 2020, enquanto o fluxo de caixa para os acionistas, que adiciona/deduz a entrada/saída de caixa para os credores, diminui de $1,4 bilhão para $1,0 bilhão durante o mesmo período.

ANÁLISE DE SENSIBILIDADE

As projeções discutidas não representam mais que uma estimativa dos mais prováveis cenários para a TJX. Os gerentes e os analistas em geral estão interessados em um grupo de possibilidades mais amplo. Um analista ao estimar o valor da TJX geralmente consideraria a sensibilidade das projeções para as hipóteses-chave sobre o crescimento de vendas, as margens de lucro e a utilização de ativos. E se a TJX conseguir reter mais de sua vantagem competitiva nos Estados Unidos do que o que foi imaginado nessas projeções? Alternativamente, e se não conseguir direcionar de forma bem-sucedida suas questões operacionais na Europa nem replicar seu sucesso obtido nos Estados Unidos em outros mercados? É sensato gerar também projeções baseadas em uma variedade de hipóteses para determinar a sensibilidade das projeções para essas hipóteses.

Não existe limite para o número de possíveis cenários que podem ser considerados. Uma abordagem sistemática para a análise de sensibilidade é começar com as hipóteses-chave subjacentes a um grupo de projeções e então examinar a sensibilidade das hipóteses com mais incertezas em determinada

TABELA 6-4

Projeção de balanços financeiros para TJX

Ano de projeção	2011	2012	2013	2014	2015	2016	2017	2018	2019	2020
Início do Balanço										
Início capital de giro líquido	144,1	247,2	264,8	283,1	302,0	321,7	341,9	362,8	384,2	406,1
+ Início ativos de longo prazo líquidos	7.754,4	8.406,0	9.069,1	9.765,6	10.495,4	11.258,0	12.052,7	12.878,7	13.734,5	14.618,9
= ativos líquidos operacionais	7.898,5	8.653,3	9.333,9	10.048,7	10.797,4	11.579,7	12.394,7	13.241,4	14.118,7	15.025,0
Dívida líquida	4.541,4	4.975,3	5.366,6	5.777,6	6.208,1	6.657,9	7.126,5	7.613,4	8.117,8	8.638,9
+ Ações preferenciais	0,0	0,0	0,0	0,0	0,0	0,0	0,0	0,0	0,0	0,0
+ Capital próprio	3.357,1	3.677,6	3.967,2	4.271,0	4.589,3	4.921,8	5.268,2	5.628,1	6.001,0	6.386,2
= Capital líquido	7.898,5	8.653,3	9.333,9	10.048,7	10.797,4	11.579,7	12.394,7	13.241,4	14.118,7	15.025,0
Balanço de rendimentos										
Vendas	23.192,9	24.723,6	26.479,0	28.306,1	30.202,6	32.165,7	34.192,2	36.277,9	38.418,3	40.608,2
Lucros operacionais líquidos depois de impostos	1.832,2	1.854,3	1.880,0	1.896,5	1.902,8	1.897,8	1.880,6	1.813,9	1.728,8	1.624,3
− Despesa de juros líquida depois de impostos	123,9	135,7	146,4	157,6	169,4	181,6	194,4	207,7	221,5	235,7
= Lucro líquido	1.708,4	1.718,6	1.733,6	1.738,9	1.733,4	1.716,2	1.686,2	1.606,2	1.507,4	1.388,7
− Dividendos preferenciais	0	0	0	0	0	0	0	0	0	0
= Lucro líquido dos acionistas ordinários	1.708,4	1.718,6	1.733,6	1.738,9	1.733,4	1.716,2	1.686,2	1.606,2	1.507,4	1.388,7
Retorno operacional sobre ativos	23,2%	21,4%	20,1%	18,9%	17,6%	16,4%	15,2%	13,7%	12,2%	10,8%
Retorno sobre capital próprio	50,9%	46,7%	43,7%	40,7%	37,8%	34,9%	32,0%	28,5%	25,1%	21,7%

(continua)

TABELA 6-4

Projeção de balanços financeiros para TJX (continuação)

Ano de projeção	2011	2012	2013	2014	2015	2016	2017	2018	2019	2020
Valor contábil da taxa de crescimento de ativos	23,7%	9,6%	7,9%	7,7%	7,5%	7,2%	7,0%	6,8%	6,6%	6,4%
Taxa de crescimento dos ativos contábeis	16,2%	9,6%	7,9%	7,7%	7,5%	7,2%	7,0%	6,8%	6,6%	6,4%
Taxa de crescimento do capital próprio	2,9	2,9	2,8	2,8	2,8	2,8	2,8	2,7	2,7	2,7
Dados do Fluxo de Caixa										
Lucro Líquido	1.708,4	1.718,6	1.733,6	1.738,9	1.733,4	1.716,2	1.686,2	1.606,2	1.507,4	1.388,7
– Mudança em capital de giro líquido	103,1	17,6	18,3	19,0	19,6	20,3	20,9	21,4	21,9	23,2
– Mudança em ativos líquidos de longo prazo	651,6	663,0	696,5	729,8	762,6	794,7	825,9	855,9	884,4	833,3
+ Mudança na dívida líquida	434,0	391,3	411,0	430,5	449,8	468,6	486,9	504,4	521,1	492,4
= Fluxo de caixa livre do capital próprio	1.387,6	1.429,3	1.429,8	1.420,6	1.400,9	1.369,8	1.326,3	1.233,3	1.122,2	1.024,7
Lucro de operação líquido dos impostos	1.832,2	1.854,3	1.880,0	1.896,5	1.902,8	1.897,8	1.880,6	1.813,9	1.728,8	1.624,3
– Mudança em capital de giro líquido	103,1	17,6	18,3	19,0	19,6	20,3	20,9	21,4	21,9	23,2
– Mudança em ativos de longo prazo	651,6	663,0	696,5	729,8	762,6	794,7	825,9	855,9	884,4	833,3
= Fluxo de caixa livre para capital	1.077,5	1.173,7	1.165,2	1.147,7	1.120,5	1.082,8	1.033,8	936,6	822,5	767,9

situação. Por exemplo, se a empresa experimentou um padrão variável de margens brutas no passado, é importante fazer projeções usando uma variedade de margens. Alternativamente, se a empresa anunciou uma mudança significativa em sua estratégia de expansão, hipóteses de utilização de ativos podem ser mais incertas. Para determinar onde investir mais tempo para desenvolver a análise de sensibilidade, é, portanto, importante considerar padrões históricos de desempenho, mudanças nas condições da indústria e na estratégia competitiva da empresa.

No caso da TJX, duas alternativas prováveis na projeção podem ser prontamente visualizadas. A projeção apresentada espera que o sucesso acima da média da TJX no mercado dos Estados Unidos gradualmente diminua, enquanto a divisão europeia trata de suas questões operacionais e contribui para um forte crescimento e melhoria no desempenho. Em um caso positivo, a TJX atingiria bons resultados nos Estados Unidos, resistindo às tendências de reversão à média que caracterizam o mercado em geral, além do aumento das contribuições das operações europeias. Em um caso negativo, as melhorias projetadas no mercado europeu poderiam falhar em materializar-se, acelerando o declínio do desempenho geral da TJX em direção às médias de mercado.

Sazonalidade e projeções provisórias

Até agora, preocupamo-nos com projeções anuais. Contudo, especialmente para os analistas de investimentos dos Estados Unidos, as projeções são para períodos trimestrais. Fazendo projeções a cada trimestre, surge um novo conjunto de perguntas. Quão importante é a sazonalidade? Qual é o ponto de partida útil – o desempenho do trimestre mais recente? O trimestre comparativo do ano anterior? A combinação dos dois? Como os dados trimestrais devem ser usados para fazer uma projeção anual? A abordagem item por item para projeções usada nos dados anuais aplica-se igualmente bem aos dados trimestrais? Plenas considerações dessas questões estão fora do âmbito deste capítulo, mas podemos responder a algumas delas.

Sazonalidade é o fenômeno mais importante em vendas e comportamento de vendas que se pode imaginar. Está presente em não apenas empresas de setores de varejo que se beneficiam de vendas de datas comemorativas. Sazonalidade também resulta do fenômeno relacionado ao clima (por exemplo, para distribuidoras de eletricidade e gás, empresas de construção e fábricas de motocicletas), da introdução de novos padrões de produtos (por exemplo, para a indústria automobilística) e de outros fatores. A análise do comportamento de uma série de tempo dos lucros para empresas norte-americanas sugere que, pelo menos, um pouco de sazonalidade está presente em quase todas as grandes indústrias.

A implicação para projeção é que não se pode focar apenas no desempenho do trimestre mais recente como ponto de partida. Na verdade, a evidência sugere que, em projeções de lucros, se fosse necessário escolher apenas o desempenho de um trimestre como base da projeção, seria o trimestre comparativo do ano anterior, e não o trimestre mais recente. Note que esse achado é consistente com os relatórios dos analistas da imprensa financeira; quando discutem o anúncio dos lucros trimestrais, são quase sempre avaliados em relação ao desempenho do trimestre comparativo do ano anterior, e não do trimestre mais recente.

Pesquisas produziram modelos para projeções de vendas, lucros ou lucro por ação – LPA (EPS – *Earning Per Share*,) baseados apenas na observação do trimestre anterior. Esses modelos não são usados por muitos analistas, pois eles têm acesso a mais informação que tais simples modelos contêm. Os modelos, porém, são úteis para ajudar aqueles que não estão familiarizados com os comportamento dos dados de lucros usados para compreender como tendem a evoluir com o passar do tempo. Essa compreensão pode fornecer as bases gerais, um ponto de partida para projeções que podem ser ajustadas para refletir detalhes não revelados pelo histórico dos lucros, ou uma "razoável" verificação de uma projeção detalhada.

Um processo de modelo de lucros que se encaixa bem em uma grande variedade de setores é o chamado modelo Foster.[20] Usando Q_t para denotar lucros (ou LPA) por trimestre t e $E(Q_t)$ como seu valor esperado, o modelo Foster prevê que

$$E(Q_t) = Q_{t-4} + \delta + \varphi(Q_{t-1} - Q_{t-5})$$

Foster mostra que um modelo do mesmo formato também funciona bem com os dados de vendas trimestrais.

A fórmula do modelo Foster confirma a importância da sazonalidade porque mostra que o ponto de partida para uma projeção de trimestre t são os lucros de quatro trimestres atrás, Q_{t-4}. Isso afirma que, quando limitados a usar apenas os dados de lucros anteriores, uma projeção razoável dos lucros para o trimestre t inclui os seguintes elementos:

- os lucros do trimestre comparativo do ano anterior (Q_{t-4});
- uma tendência de aumento de lucros trimestrais de longo prazo ano a ano (δ); e
- uma fração (φ) do aumento dos lucros trimestrais ano a ano mais recente ($Q_{t-1} - Q_{t-5}$).

Os parâmetros δ e φ podem ser facilmente estimados por determinada empresa com um modelo de regressão linear simples disponível na maioria das planilhas eletrônicas.[21] Para a maioria das empresas, o parâmetro φ tende a variar de 0,25 a 0,50, indicando que de 25% a 50% de um aumento em lucros trimestrais tende a persistir na forma de outro aumento no trimestre seguinte. O parâmetro δ reflete em parte a média da mudança ano a ano em lucros trimestrais dos anos recentes e varia consideravelmente de empresa para empresa.

A pesquisa indica que o modelo Foster produz projeções de um quarto à frente que varia dos atuais resultados até $0,30 a $0,35 por ação, em média. Esse grau de acurácia se alinha surpreendentemente bem com o modelo dos analistas de investimentos, pessoas que obviamente tem acesso a muita informação ignorada no modelo. Como se pode esperar, a maior parte das evidências indica que as projeções dos analistas são mais precisas, mas os modelos são bons o suficiente para serem uma aproximação razoável na maior parte das circunstâncias. Enquanto seria certamente imprudente confiar completamente nesse modelo mecanicista, é útil uma compreensão do comportamento típico dos lucros refletidos no modelo.

RESUMO

Fazer projeções representa o primeiro passo da análise prospectiva e serve para resumir a visão adiante que emana da análise de estratégia de negócio, da análise contábil e da análise financeira. Embora nem toda análise das demonstrações financeiras seja acompanhada de tal resumo de uma visão do futuro, fazer projeções é ainda uma ferramenta-chave para gestores, consultores, analistas de investimento, bancos de investimento, bancos comerciais e analistas de crédito, entre outros.

O melhor enfoque para a projeção do desempenho futuro é fazê-la de forma detalhada – produzindo não apenas uma projeção de vendas, mas também uma projeção de fluxos de caixa e balanço patrimonial. Essa abordagem detalhada fornece uma proteção contra inconsistências internas e hipóteses implícitas pouco realistas. A abordagem descrita aqui envolve uma análise condensada, linha por linha, para que se reconheçam os diferentes itens na demonstração de resultados e no balanço patrimonial que são influenciados por diferentes fatores. Entretanto, este continua o caso em que poucas projeções-chave – como crescimento de vendas e margens de lucro – normalmente influenciam a maior parte dos números projetados.

O processo de projeção deve ser incorporado na compreensão de como várias estatísticas financeiras tendem a se comportar em média, e o que se desviar dessa média pode causar a uma empresa. Com a falta de informações contrárias, seria esperado que os números de vendas e lucros persistissem em seus níveis atuais, ajustados para tendências gerais dos anos recentes. As taxas de retorno sobre investimento (ROE), no entanto, tendem, com o passar dos anos, a mover de níveis anormais para níveis normais – próximo do custo do capital próprio – enquanto as forças competitivas entram em jogo. As margens de lucro tendem a mudar para níveis normais, mas para isso a estatística "normal" varia amplamente em empresas e indústrias, dependendo dos níveis de giro de ativos e alavancagem. Algumas empresas são capazes de criar barreiras de entrada que permitem que elas lutem contra essas tendências em relação aos retornos normais, mesmo que por muitos anos, mas essas empresas são os casos incomuns.

As projeções deveriam ser antecedidas por um detalhamento da estratégia de negócios, pela contabilidade e pela análise financeira. É importante compreender a dinâmica do setor em que a empresa opera e seu posicionamento competitivo dentro de tal setor. Portanto, enquanto a tendência geral do mercado fornece uma referência útil, é fundamental que o analista incorpore as visões desenvolvidas sobre a perspectiva da empresa para guiar o processo de projeção.

Para alguns propósitos, incluindo o planejamento de curto prazo e análise de investimentos, projeções trimestrais são desejáveis. Uma importante característica dos dados trimestrais é a sazonalidade; pelo menos alguma sazonalidade existe nos dados de vendas e lucros de qualquer indústria. Uma compreensão dos altos e baixos da empresa ao longo do ano é um ingrediente necessário para uma boa projeção de desempenho trimestral.

As projeções fornecem o material para estimar o valor de uma empresa, que pode ser visto como a melhor tentativa de refletir em um único resumo estatístico o ponto de vista do gestor ou do analista da perspectiva da empresa. O processo de conversão da projeção em um valor estimado é denominado *valuation* e será discutido no próximo capítulo.

Questões para discussão

1. Merck é uma das maiores empresas farmacêuticas do mundo; durante um extenso período de tempo no passado recente, a empresa obteve ROE mais altos de forma mais consistente que a indústria farmacêutica no geral. Como um analista farmacêutico, quais fatores você consideraria serem importantes para fazer projeções dos futuros ROE para Merck? Especificamente, quais fatores levariam você a esperar que a Merck continue com um desempenho superior em seu setor e quais fatores levariam você a esperar que o desempenho futuro da Merck reverta àquele da indústria no geral?

2. John Right, um analista da Stock Pickers, Inc., diz: "não vale a pena perder meu tempo detalhando projeções de crescimento de vendas, margens de lucro etc., para fazer certas projeções de lucros. Posso ter quase a mesma certeza, virtualmente sem custo, usando um modelo de passeio aleatório para projetar ganhos". Qual é o modelo de passeio aleatório? Você concorda ou discorda da estratégia de projeção de John Right? Por quê?

3. Qual dos seguintes tipos de empresa você espera que demonstre um alto nível de sazonalidade em lucros trimestrais? Explique o porquê.
    - Supermercado
    - Empresa farmacêutica
    - Empresa de *software*
    - Fabricante de automóveis
    - Varejista de roupas

4. Quais fatores são suscetíveis a direcionar os gastos de uma empresa para novo investimento em capital (como imobilizado) e para capital de giro (como contas a receber e inventário)? Quais índices você usaria para ajudar a criar projeções dessas despesas?

5. Como os seguintes eventos (reportados este ano) afetariam suas projeções de um futuro lucro líquido da empresa?
    - Um ajuste em ativos
    - Uma fusão ou aquisição
    - A venda de uma grande divisão operacional
    - O pagamento de dividendos inicial

6. Considere os seguintes modelos de projeções de ganhos:

$$E(EPS_{t+1}) = EPS_t$$

Modelo 2:

$$E(EPS_{t+1}) = \frac{1}{5} \sum_{t=1}^{5} EPS_t$$

$E(EPS_{t+1})$ é a projeção esperada de lucros por ação para o ano $t + 1$, dada a informação disponível no t. O modelo 1 é geralmente chamado de um passeio aleatório para lucros, enquanto o modelo 2 é chamado de reversão à média. Os ganhos por ação da TJX para os anos fiscais findos em janeiro de 2006 (ano fiscal de 2005) até janeiro de 2010 (ano fiscal de 2009) são os seguintes:

Ano fiscal	2005	2006	2007	2008	2009
EPS	$1,40	$1,60	$1,70	$2,00	$2,80

Fonte: © Cengage Learning

a. Qual seria a projeção de lucros por ação no ano fiscal de 2010 para cada modelo?

b. Os lucros por ação da TJX no ano fiscal de 2010 foram $3,30. Dada essa informação, qual seria a projeção de lucros por ação para o ano fiscal de 2011 em cada modelo? Por que os dois modelos geram projeções tão diferentes? Qual você acha que melhor descreve os padrões de lucros por ação? Por quê?

7. Joe Fatcat, um banqueiro investidor, diz: "não vale a pena me preocupar com projeções de longo prazo detalhadas. Em vez disso, uso a seguinte abordagem ao projetar os fluxos de caixa por mais de três anos: suponho que as vendas crescem na taxa de inflação, as despesas de capital sejam iguais para depreciação e que novas margens de lucro líquido e capital de giro para as relações de vendas se mantenham constantes". Qual padrão de retorno em ações está implícito nessas hipóteses? Isso é razoável?

Notas

1. Veja P. O'Brien, Analyst's Forecasts as Earnings Expectations, *Journal of Accounting and Economics* (janeiro 1988): 53-83.

2. Veja G. Foster, Quaterly Accounting Data: Time Series Properties and Predictive Ability Results, *The Accounting Review* (janeiro 1977): 1-21.

3. Veja R. Freeman, J. Ohlson e S. Pennman, Book Rate-of-Return and Prediction of Earnings Changes: An Empiral Investigation, *Journal of Accounting Research* (outono 1982): 639-53.

4. Veja S. Penman, An Evaluation of Accounting Rate-of-Return, *Journal of Accounting, Auditing, and Finance* (primavera 1991): 233-56; E. Fama e K. French, Size and Book-to-Market Factors in Earnings and Returns, *Journal of Finance* (março 1995): 131-156; e V. Bernard, Accounting-Based Valuation Methods: Evidence on the Market-to-Book Anomaly and Implications for Financial Statement Analysis (documento de trabalho, Universidade de Michigan, 1994). Ignorando os efeitos de artifícios contábeis, os ROE deveriam ser direcionados a um equilíbrio competitivo em um nível que se aproxime do custo do capital próprio.

5. O padrão de reversão à média do ROE não é apenas um fenômeno estadunidense. Também é comum entre empresas não estadunidenses. Pesquisas mostram que o padrão persiste em uma grande variedade de países e que a reversão à média é mais rápida em países com produtos mais competitivos e mercados de capitais e com governos menos eficientes. Veja P. Healy, G. Serafein, S. Srinivasan e G. Yu, Market Competition, Government Efficiency, and Profitability Around the World, *HBS Working Paper*, n. 12-010, 2011.

6. Uma margem de lucro "normal" é aquela que, quando multiplicada pelo giro factível em um setor e com uma estratégia corporativa viável, produz um retorno sobre o investimento que cobre o custo do capital. No entanto, como mencionado, artifícios contábeis podem gerar desvios dos retornos sobre o investimento em relação ao custo de capital por longos períodos, mesmo com um equilíbrio competitivo.

7. Um artigo recente de B. Groysberg, P. Healy, N. Nohria e G. Serafeim, What Factors Drive Analyst Forecasts?, *Financial Analysts Journal 67*, nº 4 (julho – agosto 2011), encontrou que, controlando pelo desempenho do ano anterior, os fatores mais importantes que explicam as projeções de receitas e lucros são as avaliações da perspectiva de crescimento do setor, seguidos de suas avaliações da qualidade de seus gerentes superiores, da habilidade da empresa de executar sua estratégia, se existe uma cultura de motivação, e da competitividade do setor.

8. Thomson ONE, acessado em maio de 2011.

9. Por exemplo, veja Tim Fernholz, With Debt Ceiling Reached, Tensions Rise First in Washington, *National Journal*, 26 de maio de 2011, <http://nationaljournal.com/budget/with-debt-limit-reached-tensions-rise--first-in-washington-20110516>, acessado em maio de 2011, e Simon Constable, Economist Shiller Sees Potential for "Double Dip" Recession, *Wall Street Journal*, 28 de agosto de 2010, <http://online.wsj.com/article/SB SB10001424052748704147804575455370525902224.html>, acessado em maio de 2011.
10. TJX Companies, Inc., Relatório Anual de 2010, p. 1, <http://www.tjx.com/investor_landing.asp>, acessado em maio de 2011.
11. TJX Companies, Inc., 29 de janeiro de 2011, Formulário 10-K (preenchido em 30 de março de 2011), p. 5-6, <http://www.tjx.com/investor_landing.asp>, acessado em maio de 2011.
12. TJX Companies, Inc., Relatório Anual de 2009, p. 3-4, <http://www.tjx.com/investor_landing.asp>, acessado em maio de 2011.
13. TJX Companies, Inc., 29 de janeiro de 2011, Formulário 10-K (preenchido em 30 de março de 2011), p. 27–28, <http://www.tjx.com/investor_landing.asp>, acessado em maio de 2011.
14. TJX Companies, Inc., Relatório Anual de 2009, p. 8, <http://www.tjx.com/investor_landing.asp>, acessado em maio de 2011.
15. TJX Companies, Inc., 29 de janeiro de 2011, Formulário 10-K (preenchido em 30 de março de 2011), p. 28, <http://www.tjx.com/investor_landing.asp>, acessado em maio de 2011.
16. Ibid, p. 28.
17. TJX Companies, Inc., Relatório Anual de 2009, <http://www.tjx.com/investor_landing.asp>, acessado em maio de 2011.
18. TJX Companies, Inc., Relatório Anual de 2010, p. 31, <http://www.tjx.com/investor_landing.asp>, acessado em maio de 2011.
19. N.R.T.: Proprietários (acionistas no caso de empresas de capital aberto) e fornecedores de crédito como instituições financeiras e investidores em títulos de dívida da empresa.
20. Veja Foster, op. cit. Um modelo mais preciso é fornecido por Brown e Rozeff, mas requer uma técnica de estatística interativa para cálculo. Veja L. Brown e M. Rozeff, Univariate Time Series Models of Quaterly Accounting Earnings per Share, *Journal of Accounting Research* (primavera 1979): 179-89.
21. Para estimar o modelo, escrevemos em termos de lucros obtidos (contrário dos lucros esperados) e movemos Q_{t-4} para o lado esquerdo:

$$Q_t - Q_{t-4} = \delta + \phi(Q_{t-1} - Q_{t-5}) + e_t$$

Agora temos uma regressão em que $(Q_t - Q_{t-4})$ é uma variável dependente e seu valor defasado – $(Q_{t-1} - Q_{t-5})$ – é a variável independente. Portanto, para estimar a equação, os dados de lucros anteriores devem ser primeiro expressos em termos de mudanças ano a ano; a mudança para um trimestre é então regredida contra a mudança para o trimestre mais recente. A intercepção fornece uma estimativa de δ, e a inclinação é uma estimativa de ϕ. A equação é geralmente estimada usando de 24 a 40 trimestres de dados de ganhos anteriores.

Apêndice: O comportamento dos componentes do ROE

Na Figura 6-2, mostramos que os ROE tendem a ter reversão à média. Neste apêndice, mostraremos o comportamento dos elementos-chave do ROE – ROA operacional, margem operacional, giro de ativos operacionais e alavancagem financeira líquida. Essas taxas são computadas usando a mesma abordagem de carteiras mencionada no capítulo, baseada nos dados de todas as empresas estadunidenses de capital aberto para o período de 1993 a 2010, como listadas no banco de dados da Compustat.

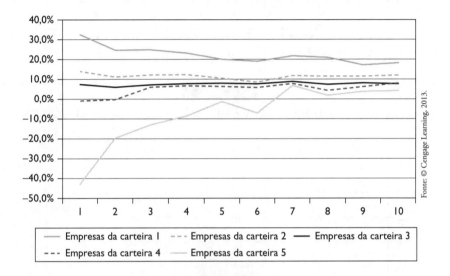

FIGURA A-1

Comportamento do ROA operacional em empresas norte-americanas, 1993-2010.

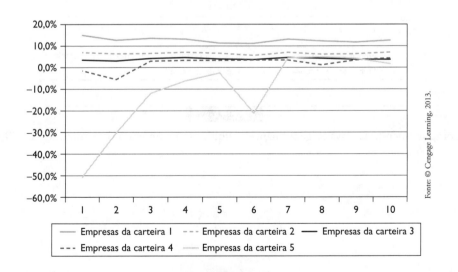

FIGURA A-2

Comportamento da margem NOPAT em empresas norte-americanas, 1993-2010.

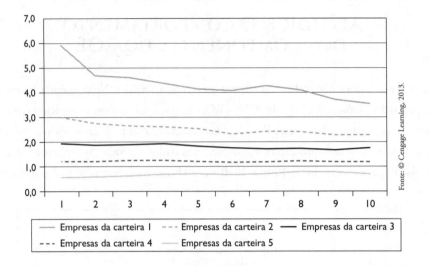

FIGURA A-3

Comportamento do giro de ativos operacionais em empresas norte-americanas, 1993-2010.

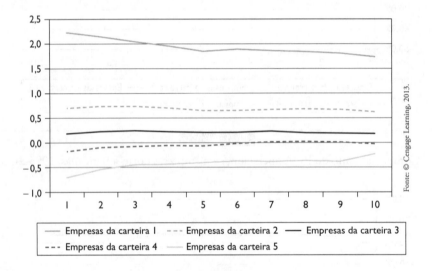

FIGURA A-4

Comportamento da alavancagem financeira líquida em empresas norte-americanas, 1993-2010.

7

Análise prospectiva:
Teoria de *valuation* e seus conceitos

O capítulo anterior apresentou a previsão, o primeiro estágio da análise prospectiva. Neste capítulo e no seguinte, descreveremos a *valuation*, o segundo e último estágio da análise prospectiva. Este capítulo foca a teoria de *valuation* e seus conceitos e o capítulo seguinte discute os problemas de implementação.

Valuation (ou "valoração", em um equivalente próximo em português) é o processo de conversão de previsões em estimativas do valor dos ativos e do patrimônio líquido da empresa. Em algum nível, quase todas as decisões de negócios envolvem *valuation*, pelo menos de maneira implícita. Dentro da empresa, o orçamento do capital envolve a consideração de como um projeto particular afetará o valor da empresa, e o planejamento estratégico foca como o valor é influenciado por um grande conjunto de ações. Fora da empresa, os analistas de valores mobiliários conduzem a *valuation* para dar suporte às suas recomendações de compra/venda, e potenciais compradores (geralmente com assistência de corretores de investimento) estimam o valor das empresas-alvo e as sinergias que elas possam oferecer. Mesmo os analistas de crédito, que geralmente não fazem uma estimativa explícita do valor da empresa, devem, pelo menos implicitamente, considerar o valor de "colchão" do patrimônio líquido da empresa no caso de eles manterem uma visão completa do risco associado com a atividade de empréstimo.

Na prática, uma larga variedade de abordagens de *valuation* é empregada. Por exemplo, ao avaliar a imparcialidade de uma oferta pública de aquisição, os corretores de investimento comumente utilizam entre cinco e dez métodos diferentes de *valuation*. Entre os métodos de *valuation*, estão os seguintes:

- *Valuation baseada em índices de preço de ação*. Nessa abordagem, uma medida atual ou uma previsão única do desempenho é convertida em valor por meio da aplicação de um múltiplo de preço apropriado derivado do valor de empresas comparáveis. Por exemplo, o valor da empresa pode ser estimado pela aplicação do índice preço da ação/lucro por ação (índice

P/E) para prever o lucro da empresa para o ano seguinte. Outros índices comumente usados incluem *price-to-book*[1] e preço da ação/receita de vendas por ação.

- *Dividendos descontados.* Essa abordagem expressa o valor patrimonial da empresa como o valor presente de dividendos futuros projetados.
- *Lucro anormal descontado.* Nessa abordagem, o valor patrimonial da empresa é expresso como a soma de seu valor contábil atual e o valor presente de lucros anormais previstos.
- *Análise de fluxo de caixa descontado* (FCD). Essa abordagem envolve a produção de projeções detalhadas de diversos anos dos fluxos de caixa. As projeções são então descontadas pelo custo de capital estimado da empresa a fim de chegar em um valor estimado.

Esses métodos são desenvolvidos ao longo deste capítulo, com a discussão de seus prós e contras. Para simplificar a nossa discussão, ilustramos a *valuation* de uma empresa que é exclusivamente financiada por capital próprio. O Capítulo 8 discute os desafios da implementação de *valuation*, incluindo a *valuation* de empresas que são financeiramente alavancadas.

Valuation baseada em índices de preço de ação

As valorações com base em índices de preço de ação são amplamente utilizadas pelos analistas. A principal razão de sua popularidade é a simplicidade. A abordagem geralmente envolve os seguintes passos:

Passo 1: Selecione a medida de desempenho ou valor (por exemplo, lucro, receita de vendas, fluxo de caixa, patrimônio líquido, ativo contábil) como base para o múltiplo. As duas medidas de desempenho mais comumente usadas são lucro e patrimônio líquido.

Passo 2: Para empresas que são comparáveis à empresa analisada, deflacione os preços da ação pela medida de desempenho selecionada para gerar índices, como o índice preço da ação/lucro por ação (P/E) ou o índice *price-to-book*.

Passo 3: Aplique o índice médio das empresas comparáveis ao desempenho ou à medida de valor da empresa que está sendo analisada.

Nessa abordagem, o analista confia no mercado para que este assuma a difícil tarefa de considerar as perspectivas de curto e longo prazos para o crescimento e a lucratividade e suas implicações para os valores das empresas comparáveis. Então, o analista *assume* que o preço das empresas comparáveis é aplicável à empresa em questão.

Questões-chave com *valuation* baseada em índices

Superficialmente, o uso de índices parece fácil. Infelizmente, na prática não é tão simples quanto parece. A identificação "empresas comparáveis" é geralmente bem difícil. Há também algumas escolhas a serem feitas em relação a como os múltiplos serão calculados. Por fim, explicar o porquê dos valores dos índices variarem de empresa para empresa e quão aplicável é a comparação do valor do índice de outra empresa para a empresa em questão exige um entendimento sólido dos determinantes de cada índice.

Selecionando empresas comparáveis

Idealmente, os índices de preço da ação usados em uma análise de empresa comparável são aqueles para empresas com características operacionais e financeiras similares. As empresas da mesma indústria são as candidatas mais óbvias. Mas mesmo em setores econômicos bem definidos, ainda assim é geralmente difícil identificar empresas comparáveis. Muitas empresas estão concomitantemente em diversos setores, dificultando a identificação de referências representativas para a empresa em análise. Além disso, empresas do mesmo setor frequentemente possuem estratégias, oportunidades de crescimento e lucros diferentes, criando problemas de comparabilidade.

Uma forma de lidar com essas questões é fazer uma média de *todas* as empresas do setor. O analista espera de maneira implícita que as várias fontes de não comparabilidade se anulem, para que a empresa que está sendo avaliada seja comparável a um membro do setor considerado como "típico". Outra abordagem é focar apenas aquelas empresas que são as mais similares entre si dentro do setor.

Por exemplo, considere o uso de índices para avaliar a TJX. Os bancos de dados de negócios como o OneSource e o Hoover's classificam a TJX como pertencente a setores como confecção varejista, lojas de departamento e lojas de roupas para toda a família. Conforme discutido no Capítulo 2, em razão de sua base demográfica de clientes ampla, seus concorrentes incluem Neiman Marcus, Saks Fifth Avenue e Nordstrom no topo; Sears, Dillards, Macy's e J.C. Penney no mercado intermediário; e Walmart e Target no patamar de desconto. O índice médio do preço de ação/lucro por ação dos concorrentes da TJX listados em Bolsa de Valores em 2010 era de 23,7 e o índice médio de *price-to-book* era de 2,1. Entretanto, não está claro se esses índices são pontos de referências úteis para a *valuation* da TJX. A TJX atrai uma população demograficamente mais ampla do que lojas de linha completa de seus principais concorrentes mais especializados, oferece uma proposta de valor mais específica (mercadoria de alta qualidade com desconto no preço) que participantes de nível intermediário do mercado como a Sears e a J.C. Penney, bem como apresenta uma oferta de produto mais específica (vestuário e produtos para casa) que seus concorrentes em patamar de desconto (Walmart e Target). Além disso, ela concorre com confecção varejista e produtos para casa especializados tanto *on-line* quanto presencial.

Índices para empresas com desempenho fraco

Os índices de preço de ação podem ser afetados quando a variável do denominador estiver temporariamente com desempenho ruim. Isso é especialmente comum quando o denominador é uma medida de fluxo, como resultado do exercício (lucro ou prejuízo) ou fluxo de caixa. Por exemplo, a Sears Holding Corp., um dos concorrentes intermediários da TJX, era pouco lucrativa nos anos fiscais findos em janeiro de 2009, 2010 e 2011. Seu índice de preço de ação/lucro por ação em 2010 de 63,9 – o qual estava bem acima da média da indústria – indicava que os investidores esperavam da empresa uma virada de desempenho. Consequentemente, incluir a Sears como uma das empresas de referência para computar um índice setorial de preço de ação/lucro por ação para a TJX seria provavelmente enganador.

Os analistas têm numerosas opções para lidar com o problema de índices criados por choques transitórios ao denominador. Uma opção é simplesmente excluir empresas com grandes efeitos transitórios da lista de empresas comparáveis. Se a Sears Holding Corp. fosse excluída do grupo de pares da TJX, o índice médio de preço da ação/lucro por ação (P/E) para o agrupamento da indústria utilizado diminuiria de 23,7 para 17,9, o que está muito mais próximo do valor do índice mediano de 15,0 para o setor. A magnitude desse efeito ilustra como índices de preço da ação/lucro por ação (P/E) podem ser sensíveis a choques transitórios. Se o desempenho fraco transitório se deve a um registro único ou a um item especial, os analistas podem simplesmente excluir o efeito de seu cálculo do índice comparável. Por fim, os analistas podem reduzir o efeito de problemas temporários em desempenho anterior sobre índices por meio do uso de um denominador que seja uma projeção futura em vez da medida passada em si. Os índices com base em projeções são denominados índices *"condutores"*, enquanto aqueles com base em dados históricos são chamados de índices *"puxados"*. Os índices "condutores" são menos possíveis de incluir ganhos e perdas únicas no denominador, simplesmente porque esses itens são difíceis de antecipar.

Ajustando índices para alavancagem
Os índices de preço de ação deveriam ser calculados de forma que preservassem a consistência entre o numerador e o denominador. A consistência é uma questão para aqueles índices nos quais o denominador reflete o desempenho *antes* dos encargos da dívida. Os exemplos incluem o índice de preço de ação/receita de vendas por ação e qualquer índice que considere receita operacional ou fluxo de caixa operacional. Ao calcular esses índices, o numerador deve incluir não apenas o valor de mercado do capital próprio, mas também o valor da dívida.

O MÉTODO DE VALUATION PELO DIVIDENDO DESCONTADO

A teoria de Finanças determina que o valor de qualquer reivindicação financeira é o valor presente (VP) de desembolsos de caixa que seus reclamantes recebem. Uma vez que os acionistas recebem desembolsos de caixa de uma empresa na forma de dividendos, o valor de seu patrimônio é o valor presente dos dividendos futuros (incluindo qualquer dividendo de liquidação da empresa).

Valor patrimonial = VP (Dividendos futuros esperados)

O conceito de valor presente é utilizado para que seja possível somar dividendos futuros que foram recebidos em períodos de tempo diferentes. Um dólar de dividendo recebido hoje vale mais que um dólar no futuro, porque o dólar recebido hoje pode ser reinvestido, permitindo que o investidor receba o dólar reinvestido mais um retorno sobre esse investimento no futuro. Por exemplo, suponhamos que um dólar recebido hoje possa ser investido para ganhar um retorno anual de 10%. Depois de um ano, o dólar original vale $1,10 ($1 + $1 * 10%) e depois de dois anos vale $1,21 ($1,10 + $1,10 * 10%). Esse processo de conversão de dólares hoje em dólares futuros é chamado de juros compostos.

A conversão dos dólares futuros em dólares de hoje é chamada de desconto. Usando o exemplo anterior, $1 recebido ao longo de um ano é equivalente a $0,909 hoje ($1/$1,10). Um dólar recebido em dois anos vale $0,826 ($1/$1,21). O Apêndice A fornece uma revisão mais detalhada do conceito de valor presente.

Para entender melhor como a abordagem do dividendo descontado funciona, considere o seguinte exemplo simplificado. No início do ano 1, a Down Under Company levanta $60 milhões de capital próprio e usa esse valor adquirido para comprar ativos fixos. Espera-se que os lucros operacionais antes da depreciação (recebidos à vista) sejam de $40 milhões no ano 1, $50 milhões no ano 2 e $60 milhões no ano 3. A empresa paga todos os lucros operacionais como dividendos e não paga impostos. Ao final do ano 3, a empresa acaba e não tem valor remanescente. Se os acionistas da empresa esperam ter um retorno de 10%, o valor patrimonial da empresa (após o patrimônio líquido inicial ter sido levantado e o ativo fixo ter sido comprado) é de $122,8 milhões, computado da seguinte forma:

Ano	Dividendo (1)	Fator de VP (2)	VP do dividendo (1 × 2)
1	$ 40 m	0,909	$ 36,4 m
2	$ 50 m	0,826	$ 41,3 m
3	$ 60 m	0,751	$ 45,1 m
Valor patrimonial			$ 122,8 m

Obviamente, considerando o mundo real, a vida das empresas não se restringe a três anos, mas é indefinida. Como o modelo de desconto de dividendos capta uma corrente indefinida de dividendos futuros? A maneira mais comum é supor que, após algum tempo, o proprietário venda as ações, gerando o encerramento do dividendo ou valor terminal. Mas quanto esse valor terminal da ação valeria? Muitos pressupostos simplificadores podem ser usados para responder a essa pergunta e serão discutidos no capítulo seguinte.

Em resumo, o modelo de dividendo descontado é a base das abordagens teóricas mais populares para a *valuation* de ações. Ele resolve muitas das limitações discutidas no item de índices. Mas também tem suas próprias falhas, particularmente para as empresas que não pagam dividendos ou pagam dividendos muito baixos, nas quais é difícil prever dividendos futuros. Entretanto, nós nos voltamos para as modificações do modelo de desconto de dividendos.

O MÉTODO DE *VALUATION* DE LUCROS ANORMAIS DESCONTADOS

Há uma ligação direta entre dividendos e lucros. Se todo patrimônio (em vez de transações de capital) flui por meio da demonstração de resultados,[2] o valor contábil patrimonial final para os acionistas existentes é simplesmente o valor contábil inicial mais a receita líquida menos os dividendos.[3] Essa relação pode ser reescrita conforme segue:

Dividendos = Lucro líquido + Patrimônio líquido inicial – Patrimônio líquido final

Utilizando-se essa identidade, podemos reescrever a fórmula do desconto de dividendos para que o valor patrimonial seja o seguinte:[4]

Valor patrimonial = Patrimônio líquido + VP (Lucros anormais esperados)

O patrimônio líquido é simplesmente o seu último valor contábil constante em balanço patrimonial. Os lucros anormais são o lucro líquido menos um encargo de capital e são computados conforme segue:

Lucros anormais = Lucro líquido – (Retorno esperado * Patrimônio líquido inicial)

O encargo de capital reconhece que os acionistas têm um custo de oportunidade para os fundos de capital próprio investidos no negócio. No início do ano (ou trimestre), fundos com valor contábil igual ao patrimônio líquido inicial são investidos na empresa em nome dos acionistas. Eles esperam receber um ganho sobre esse investimento. Os lucros anormais aumentam quando a empresa é capaz de produzir lucros que excedem esse encargo de capital.

A formulação com base nos lucros parece intuitiva. Se uma empresa pode ganhar apenas a taxa de retorno exigida sobre seu valor contábil, então os investidores devem querer pagar mais que o valor contábil pela ação. Os investidores devem pagar mais ou menos que o valor contábil se os lucros estiverem acima ou abaixo desse nível normal. Por isso, o desvio do valor de mercado de uma empresa de seu valor contábil depende da habilidade dela em gerar "lucros anormais". A formulação também implica que o valor da ação da empresa reflete o custo de seus ativos líquidos existentes (por exemplo, seu patrimônio líquido) mais o valor presente de opções de crescimento futuro (representado por lucros anormais cumulativos).

Para ilustrar a abordagem de *valuation* com base em lucros, retornemos ao exemplo dos três anos da Down Under Company. Supondo que a empresa deprecie seus ativos fixos por meio do método de depreciação linear, seu lucro contábil será $20 milhões menor que os dividendos em cada um dos três anos. Espera-se, portanto, que o lucro do ano 1 seja de $20 milhões (as entradas de caixa projetadas/dividendos em caixa projetados de $40 milhões líquidos de depreciação). O encargo de capital é de $6 milhões, representando o retorno exigido dos investidores de 10% vezes o valor contábil dos ativos no início do ano 1 ($60 milhões, o custo de ativos fixos). Consequentemente, os lucros anormais esperados para o ano 1 são de $14 milhões ($20 milhões menos o encargo de capital de $6 milhões). O patrimônio contábil inicial da empresa, os lucros, os encargos de capital, os lucros anormais e *valuation* serão como segue:

Ano	Valor contábil inicial esperado	Lucros esperados	Encargo capital	Lucros anormais esperados	Fator VP	VP de lucros anormais esperados
1	$60 m	$20 m	$6 m	$14 m	0,909	$12,7 m
2	$40 m	$30 m	$4 m	$26 m	0,826	$21,5 m
3	$20 m	$40 m	$2 m	$38 m	0,751	$28,6 m
VP cumulativo de lucros anormais + valor contábil inicial						$62,8 m $60,0 m
= Valor patrimonial						$122,8 m

Essa *valuation* de ação de $122,8 milhões é idêntica ao valor estimado quando os dividendos futuros esperados são descontados diretamente.

Métodos contábeis e lucros anormais descontados

Uma pergunta que surge quando a *valuation* é baseada diretamente em lucros e valores contábeis é como a estimativa é afetada pela escolha de métodos contábeis e estimação dos *accruals* feita pelos gestores da empresa. As estimativas de valor seriam diferentes para duas empresas idênticas se uma usar métodos contábeis mais conservadores que a outra? Nós veremos que, apesar de os analistas reconhecerem o impacto de diferenças entre métodos contábeis sobre lucros futuros (e, consequentemente, suas projeções de lucros), os efeitos contábeis *por si* não deveriam ter influência sobre suas estimativas de valores. Há duas razões para isso. Primeiro, o registro de transações pelas partidas dobradas se autocorrige. Os lucros inflacionados para um período, em última análise, têm que ser revertidos em períodos subsequentes. Segundo, as escolhas contábeis que afetam os lucros atuais de uma empresa também afetam seu valor contábil e, por isso, afetam os encargos de capital usados para estimar os lucros anormais futuros. Por exemplo, a contabilidade conservadora diminui os lucros atuais de uma empresa e o patrimônio líquido, mas também reduz encargos de capital futuros e infla seus lucros anormais futuros.

Para ver como esses dois efeitos desfazem o efeito de diferenças em métodos contábeis ou estimação de *accruals*, vamos retornar à Down Under Company e ver o que acontece se os gestores escolherem ser conservadores e compensarem alguns custos não usuais que poderiam ser capitalizados como estoque no ano 1. Essa decisão contábil faz que os lucros e o valor contábil final sejam reduzidos em $10 milhões. O estoque é, então, vendido no ano 2. Por ora, vamos dizer que a escolha contábil não exerce nenhuma influência na visão do analista em relação ao desempenho real da empresa.

A escolha da administração reduz os lucros anormais no ano 1 e valor contábil no início do ano 2 em $10 milhões. Entretanto, os lucros futuros serão mais altos por duas razões. Em primeiro lugar, os lucros futuros aumentarão em $10 milhões quando o estoque for vendido no ano 2. Em segundo lugar, o encargo de capital para os lucros normais no ano 2 será $1 milhão a menos, representando 10% (retorno exigido dos investidores) vezes o declínio de $10 milhões no valor contábil do patrimônio líquido no início do ano 2. O declínio de $10 milhões nos lucros anormais no ano 1 é, portanto, perfeitamente compensado (sobre uma base a valor presente) pelos $11 milhões de lucros anormais mais altos no ano 2. Como resultado, o valor da Down Under Company sob um reporte conservador é idêntico ao valor sob o método contábil anterior ($122,8 milhões).

Ano	Valor contábil inicial esperado	Lucros esperados	Lucros anormais esperados	Fator VP	VP de lucros anormais esperados
1	$60 m	$10 m	$4 m	0,909	$3,6 m
2	$30 m	$40 m	$37 m	0,826	$30,6 m
3	$20 m	$40 m	$38 m	0,751	$28,6 m
VP cumulativo de ganhos anormais + valor contábil inicial					$62,8 m $60,0 m
= Valor patrimonial					$122,8 m

Entendendo que o analista está ciente das parcialidades em dados contábeis que surjam de escolhas contábeis agressivas e conservadoras dos gestores, as valorações com base em lucros anormais não são afetadas pela variação das decisões contábeis. Isso mostra que as análises estratégicas e contábeis são precursoras críticas à *valuation* de lucros anormais. As ferramentas de análise estratégica e contábil ajudam os analistas a identificar se os lucros anormais se originam da vantagem competitiva sustentável ou de manipulações contábeis insustentáveis. Por exemplo, considere as implicações da falha em entender os motivos do declínio nos lucros por causa de uma mudança na política de estoques da Down Under Company. Se um analista erroneamente interpretasse o declínio como indicativo de que a empresa estava tendo dificuldade em vender seu estoque, em vez de usar a contabilidade conservadora, o analista poderia reduzir as expectativas de lucros futuros da empresa. O valor estimado da empresa *seria* então menor que o relatado em nosso exemplo.

Revisitando *Valuation* baseada em índices de preço de ação

Conforme notado anteriormente neste capítulo, apesar de sua relativa simplicidade e popularidade, os índices de *valuation* são difíceis de implementar dadas as grandes diferenças em índices mesmo para empresas que estão no mesmo setor. O método de *valuation* de lucros anormais dá uma ideia dos fatores que levam às diferenças nos índices "condutores" (baseados em valores projetados), *value-to-book* e *value-to-earnings*, entre empresas.

Índice de patrimônio *value-to-book*

Se a fórmula de *valuation* de ganhos anormais for escalada para o valor contábil, o lado esquerdo torna-se a proporção do *value-to-book* do patrimônio ao contrário do valor patrimonial por si. As

Perguntas-chave para análise

A *valuation* de patrimônio sob os métodos dos lucros anormais descontados exige que o analista responda às seguintes questões:

- Os relatórios contábeis da empresa estão usando contabilidade conservadora ou agressiva, que serão revertidas nos anos subsequentes? Quais deveriam ser refletidas nas previsões do analista em relação ao lucro líquido e ao patrimônio líquido contábil?

- Quais são o lucro líquido esperado, os valores contábeis esperados do patrimônio líquido, e, portanto, os lucros anormais sob um horizonte de previsão finita (geralmente de 5 a 10 anos) dada a competitividade do setor da empresa, o posicionamento da empresa e seu conservadorismo contábil?

- Qual é o lucro líquido futuro esperado além do ano terminal do horizonte de previsão (chamado de "ano de encerramento") baseado em algum pressuposto simplificador? Se for esperado que persistam os retornos anormais, quais são as barreiras de entrada que desencorajam a competição?

- Qual é o custo do capital próprio da empresa utilizado para calcular o valor presente dos lucros anormais?

---

variáveis do lado direito podem ser reorganizadas para refletir três direcionadores de índices: (i) lucros futuros esperados deflacionados pelo valor contábil inicial, ou nosso velho amigo retorno sobre o patrimônio líquido (ou *Return on Equity*, ROE), discutido no Capítulo 5; (ii) o crescimento esperado em valor contábil do patrimônio líquido ao longo do tempo; e (iii) o retorno do capital próprio exigido pelos investidores. Segue a fórmula de *valuation* atual:

$$\frac{\text{Valor patrimonial}}{\text{Patrimônio líquido}} = 1 + \text{VP (ROE esperado anormal} \times \text{Crescimento do patrimônio líquido inicial esperado)}$$

O ROE anormal é o ROE da empresa menos o retorno do capital próprio exigido pelos investidores. Conforme discutido em análises financeiras (Capítulo 5), os ROEs podem ser expressos como produto de três componentes (margens de lucro, volume de vendas e alavancagem). As projeções de ROE usadas para computar a proporção *value-to-book* do patrimônio, entretanto, refletem esses mesmos componentes.

As empresas com ROEs anormais positivos são capazes de investir seus ativos líquidos para criar valor para os acionistas e terão proporções *value-to-book* do patrimônio maiores que um. Por outro lado, as empresas com ROEs anormais negativos são incapazes de investir os fundos dos acionistas em uma taxa maior que o retorno exigido pelos acionistas e têm índices menores do que um.

A magnitude de um índice *value-to-book* de empresa também depende do crescimento esperado do patrimônio líquido, definido como patrimônio líquido inicial previsto deflacionado pelo atual valor do patrimônio líquido. As empresas podem aumentar sua base de patrimônio líquido pela emissão de novo capital ou pelo reinvestimento de lucros. Se esse novo capital for investido em projetos de valores positivos para os acionistas, ou seja, projetos com ROEs que excedem o custo de capital, a empresa aumenta seu índice *value-to-book* do patrimônio. Reciprocamente, para as empresas com ROEs que são menores que o custo do capital, um crescimento posterior do patrimônio líquido diminui o índice.

A tarefa de *valuation* pode agora ser construída nos termos de duas perguntas-chave sobre os "direcionadores de valores" da empresa:

- A empresa será capaz de gerar ROEs que excedam seu retorno exigido pelos acionistas e, em caso afirmativo, por quanto tempo?
- Quão rápido a base de investimento da empresa (valor contábil) crescerá?

Ao retornar para o exemplo de três anos da Down Under Company, o índice *value-to-book* do patrimônio implicado pode ser estimado conforme segue:

	Ano 1	Ano 2	Ano 3
Valor inicial do patrimônio líquido	$60 m	$40 m	$20 m
Lucros	$20 m	$30 m	$40 m
ROE	0,33	0,75	2,00
− Custo do capital	0,10	0,10	0,10
= ROE anormal	0,23	0,65	1,90
× (Crescimento do patrimônio líquido inicial)	1,00	0,67	0,33
= ROE anormal escalado pelo crescimento de valor do patrimônio líquido	0,23	0,43	0,63
× Fator VP	0,909	0,826	0,751
= VP de ROE anormal escalado pelo crescimento do valor do patrimônio líquido	0,212	0,358	0,476
VP acumulado do ROE anormal escalado pelo crescimento do valor do patrimônio líquido	1,046		
+1,00	1,000		
= Índice *value-to-book* do patrimônio	2,046		

Há muitos pontos para serem notados nesses cálculos. Em primeiro lugar, o ROE refere-se a lucros deflacionados pelo patrimônio líquido inicial, não pelo valor do patrimônio líquido final ou médio. O ROE do ano 1 é, portanto, 33%, computado como lucro de $20 milhões deflacionado pelo valor do patrimônio líquido inicial de $60 milhões. O ROE cresce ao longo do tempo, refletindo o aumento de lucros e a redução do patrimônio líquido inicial. Em segundo lugar, o crescimento do patrimônio líquido inicial é projetado pelo patrimônio líquido inicial deflacionado pelo valor atual do patrimônio líquido. Para a Down Under, o valor atual do patrimônio líquido e do patrimônio líquido inicial para o ano 1 são ambos $60 milhões, o que significa que o crescimento do índice do ano 1 é 1. O patrimônio líquido inicial do ano 2 é de $40 milhões, 67% dos atuais $60 milhões. E no ano 3 esse valor é de $20 milhões, 33% do valor atual do patrimônio líquido. O declínio no crescimento do patrimônio líquido inicial ao longo do tempo reflete a vida finita do projeto. Por fim, o índice *value-to-book* patrimonial para a Down Under de 2,046 implica que o valor da ação é de $122,8 (valor atual do patrimônio líquido de $60 vezes 2,046), mais uma vez idêntico ao valor do modelo de dividendos descontados.

Índice *value-to-earnings*

A formulação *value-to-earnings* do patrimônio pode também ser usada para construir o índice *value--earnings* do patrimônio, conforme segue:

$$\text{Índice } value\text{-}to\text{-}earnings = \text{Índice } value\text{-}to\text{-}book \text{ do patrimônio} \times \frac{\text{Valor do patrimônio líquido}}{\text{Lucro}}$$

$$= \frac{\text{Índice } value\text{-}to\text{-}book \text{ do patrimônio}}{\text{ROE}}$$

Em outras palavras, os mesmos fatores que direcionam o índice *value-to-book* do patrimônio de uma empresa também explicam seu índice *value-earnings* do patrimônio. A diferença-chave entre os dois índices é que o índice de *value-earnings* é afetado pelo atual nível de desempenho do ROE da empresa, enquanto o índice *value-to-book* não é. As empresas que têm ROEs atuais baixos relativamente às expectativas dos investidores refletidas no índice *value-to-book* do patrimônio, que são empresas com previsão de terem fortes aumentos no ROE, terão índices *value-earnings* muito altos e vice-versa. Se uma empresa tem ROE zero ou negativo, seu índice preço da ação/lucro por ação não é definido. Os índices *value-earnings* são, portanto, mais voláteis que os índices *value-to-book*.

Os seguintes dados para um subconjunto de empresas no setor de lojas de departamento/confecção varejista ilustram a relação entre retorno sobre patrimônio inicial (ROE), crescimento do patrimônio líquido, o índice *price-to-book* e o índice preço da ação/lucro por ação:

Empresa	ROE	Crescimento do patrimônio líquido	Índice *price-to-book*	Índice preço da ação/ lucro por ação (P/E)
TJX Companies, Inc.	46,5%	10,5%	6,0	14,5
Nordstrom, Inc.	39,0%	28,6%	4,4	14,9
Sears Holding Corp.	1,5%	−1,2%	1,0	63,9
Target Corp.	19,0%	6,3%	2,5	13,6

> ## Perguntas-chave para análise
>
> Para avaliar uma empresa usando índices, um analista tem de avaliar a qualidade da variável usada como base de índices e determinar as empresas apropriadas para incluir na comparação do índice. Os analistas, portanto, tendem a se interessar em responder às seguintes questões:
>
> - Com que qualidade o denominador usado no índice reflete o desempenho da empresa? Por exemplo, se os lucros ou o patrimônio líquido são usados como denominadores, a empresa fez escolhas contábeis conservadoras ou agressivas, que afetam essas variáveis e tendem a desenrolar nos anos seguintes? A empresa tende a mostrar um crescimento forte nos lucros e no patrimônio líquido? Se os lucros são o denominador, a empresa apresenta temporariamente um desempenho fraco ou forte?
> - Qual é a sustentabilidade do crescimento da empresa e de seu ROE baseada na dinâmica competitiva do seu setor e do mercado do seu produto e da sua própria posição competitiva?
> - Quais são as empresas mais adequadas para incluir no cálculo de índices de comparação? Essas empresas tinham crescimento (lucros ou valores contábeis), lucratividade e qualidade dos lucros comparáveis à empresa que está sendo analisada? Elas têm as mesmas características de risco?

A TJX e a Nordstrom têm altos índices *price-to-book*, ambas em relação aos seus pares e a outras empresas listadas nos Estados Unidos, implicando que os investidores esperam que elas continuarão a gerar ROEs que excedam seu retorno exigido e a mostrar forte crescimento. A Target tem um índice *price-to-book* respeitável que excede a um, indicando que também se espera que ela continue a gerar ROEs anormais positivos e crescimento, embora menor do que o esperado da TJX e da Nordstrom. Os índices comparáveis preço da ação/lucro por ação (P/E) das três empresas implicam que os investidores não anteciparam nenhuma diferença importante no futuro crescimento do ROE em relação ao atual.

Por outro lado, a Sears tem, de longe, o menor índice *price-to-book*. Seu valor (1,0) indica que os investidores esperam que ela gere ROEs futuros que apenas cumpram com o retorno exigido. O valor alto do índice preço da ação/lucro por ação (P/E) da Sears de 63,9 implica que os investidores esperam que o ROE atual de 1,5% (certamente menor que o retorno requerido) tenderá a aumentar no futuro para atingir o retorno requerido.

FORMAS DE ATALHO DE *VALUATION* COM BASE EM LUCROS

A fórmula de *valuation* de lucros anormais descontados pode ser simplificada pelas suposições sobre a relação entre ganhos anormais atuais e futuros de uma empresa. De maneira similar, a fórmula *value-to-book* do patrimônio pode ser simplificada pelas suposições sobre ROEs e crescimento de longo prazo.

Simplificação de lucros anormais

Muitas suposições sobre a relação entre o lucro líquido atual e o futuro são populares para simplificar o modelo de lucros anormais. Primeiro, os lucros anormais podem ser pressupostos para seguir o que é conhecido como um passeio aleatório. Isso implica que o melhor palpite do analista sobre os lucros anormais esperados são os lucros anormais atuais. O modelo assume que os choques passados aos lucros anormais continuem para sempre, mas que os choques futuros sejam aleatórios ou imprevisíveis. O modelo de passeio aleatório pode ser escrito conforme segue:

Lucros anormais previstos = Lucros anormais atuais

Nesse modelo, o melhor palpite de lucros anormais em qualquer ano futuro é apenas os lucros anormais atuais. Também é possível incluir um termo de direção ao modelo, permitindo que os lucros anormais cresçam ou diminuam a uma quantia constante, ou a uma taxa constante em cada período.

Como esses pressupostos sobre os lucros anormais futuros simplificam o modelo de *valuation* de lucros anormais descontados? Se os lucros anormais seguem um passeio aleatório, todas as previsões de lucros anormais são simplesmente os lucros anormais atuais. Consequentemente, o valor presente de lucros anormais futuros pode ser calculado pela *valuation* do nível atual de lucros anormais como uma perpetuidade. Então, é possível escrever o valor conforme segue:

$$\text{Valor patrimonial} = \text{Patrimônio líquido} + \frac{\text{Lucros anormais atuais}}{\text{Retorno esperado}}$$

O valor patrimonial é o valor do patrimônio líquido atual mais os lucros anormais atuais divididos pelo retorno esperado do capital próprio para os investidores. A fórmula da perpetuidade pode ser ajustada para incorporar expectativas de crescimento constante em lucros anormais futuros.

Na realidade, obviamente, os choques nos lucros anormais não tendem a persistir para sempre. As empresas que têm choques positivos tendem a atrair competidores que reduzirão oportunidades para o desempenho anormal futuro. As empresas com choques de lucros anormais negativos tendem a falhar ou ser adquiridas por outras empresas que podem gerenciar recursos de forma mais efetiva. A persistência de desempenho anormal dependerá, portanto, de fatores estratégicos como barreiras de entradas e custos de mudanças, discutidos no Capítulo 2. Para refletir sobre isso, os analistas frequentemente pressupõem que os choques atuais em lucros anormais declinam ao longo do tempo. Com esse pressuposto, eles dizem que os lucros anormais seguem um modelo autorregressivo. Os lucros anormais previstos são então:

Lucros anormais previstos = β Lucros anormais atuais

β é um parâmetro que capta a velocidade com a qual os lucros anormais declinam ao longo do tempo. Se não houver declínio, β é um, e os ganhos anormais seguem um passeio aleatório. Se β for zero, os lucros anormais diminuem completamente em um ano. As estimativas de β usando dados de empresas reais indicam que, para uma empresa típica dos Estados Unidos, β é aproximadamente 0,6, implicando que, na média, os ROEs anormais declinam em cerca de 40% por ano. Entretanto, a taxa de declínio varia por setor e é menor para as empresas com *accruals* altos e custos contábeis únicos.[5]

O modelo autorregressivo implica que os valores das ações podem, novamente, ser escritos como uma função de lucros anormais atuais e valores contábeis:[6]

$$\text{Valor patrimonial} = \text{Patrimônio líquido} + \frac{\beta \text{ Lucros anormais atuais}}{\text{Retorno esperado} - (1 - \beta)}$$

Essa fórmula sugere que os valores das ações são simplesmente a soma do valor contábil atual mais os lucros atuais anormais ponderados pelo custo do capital próprio e pela persistência dos lucros anormais.

Simplificações de ROE e crescimento

Também é possível fazer simplificações sobre ROEs de longo prazo e crescimento do patrimônio líquido para reduzir horizontes de previsões a fim de estimar o índice *value-to-book* do patrimônio. Os ROEs de longo prazo de uma empresa são afetados por fatores como barreiras de entrada nos setores, mudança em tecnologias de produção ou entrega e qualidade de gestão. Conforme discutido no Capítulo 6, esses fatores tendem a forçar os ROEs anormais a decair ao longo do tempo. Uma forma de modelar esse declínio é pressupor que os ROEs revertem à média. O ROE previsto após um período, então, leva à seguinte forma:

ROE previsto = ROE atual + β (ROE atual + ROE em estado estável)

O ROE em estado estável poderia ser o retorno exigido do capital próprio da empresa aos investidores ou o ROE de longo prazo do seu setor. β é uma "aceleração de fator de ajuste" que reflete quão rápido o ROE reverte ao seu estado estável.[7]

As taxas de crescimento do patrimônio líquido são guiadas por muitos fatores. Em primeiro lugar, o tamanho da empresa é importante. As empresas pequenas podem sustentar taxas de crescimento bastante altas por um período estendido, enquanto as empresas grandes acham mais difícil de fazer isso. Em segundo lugar, as empresas com altas taxas de crescimento tendem a atrair competidores, o que reduz suas taxas de crescimento. Como resultado, as taxas estáveis de crescimento do patrimônio líquido tendem a ser similares às taxas de crescimento na economia geral, o que nos Estados Unidos têm uma média de 3% a 4% por ano.

Os padrões de longo prazo no ROE e nas taxas de crescimento de patrimônio líquido indicam que para a maior parte das empresas há um valor limitado ao fazer previsões para a *valuation* além de um horizonte relativamente curto, geralmente de cinco a dez anos. Forças econômicas poderosas tendem a levar empresas com desempenho superior ou inferior no início do horizonte de previsão a reverter a um nível que seja comparável àquele de outras empresas do setor ou da economia. Para uma empresa em estado estável, ou seja, que se espera que tenha um ROE e uma taxa de crescimento do patrimônio líquido estável, a fórmula do índice do valor contábil simplifica o seguinte:

$$\frac{\text{Valor patrimonial}}{\text{Patrimônio líquido}} = 1 + \frac{\text{ROE esperado} - \text{Retorno exigido}}{\text{Retorno exigido} - \text{crescimento do valor contábil}}$$

Consistente com esse modelo simplificado, há uma forte relação entre aos índices *price-to-book* e os ROEs atuais. A Figura 7-1 mostra a relação entre essas variáveis para empresas do setor de confecções varejistas/lojas de departamentos que discutimos anteriormente. A correlação entre as duas variáveis é de 0,97.

Evidentemente, os analistas podem fazer uma série de suposições simplificadas sobre o ROE e o crescimento de uma empresa. Por exemplo, podem sugerir que eles declinem lenta ou rapidamente ao custo do capital e à taxa de crescimento da economia. Eles podem supor que as taxas decaiam para o setor ou os ROEs médios da economia e as taxas de crescimento do valor contábil. A fórmula de *valuation* pode ser facilmente modificada para acomodar essas suposições.

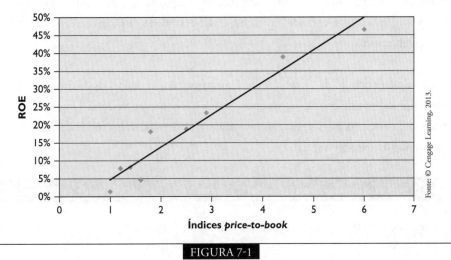

FIGURA 7-1

Relação entre o ROE e os índices *price-to-book*.

O MODELO DE FLUXO DE CAIXA DESCONTADO

O último método de *valuation* discutido aqui é a abordagem de fluxo de caixa descontado. Esse é o método de *valuation* ensinado na maioria das aulas de finanças. Como a abordagem de lucros anormais, ele é derivado do modelo de dividendos descontados. Ele é baseado na ideia de que os dividendos podem ser refeitos de acordo com os fluxos de caixa:[8]

Dividendos = Fluxo de caixa operacional – Gastos de capital + Fluxos de caixa líquidos de credores

Conforme discutido no Capítulo 5, os fluxos de caixa operacionais para detentores de capital próprio são simplesmente lucro líquido mais depreciação menos mudanças nos *accruals* de capital de giro. Os gastos de capital são despesas de capital menos vendas de ativos. Finalmente, os fluxos de caixa líquidos de credores são novas dívidas emitidas menos o custo de juros após a impostos.[9]

O modelo de dividendos descontados pode, então, ser escrito como o valor presente de fluxos de caixa livres para capital próprio. Sob essa formulação, o valor para os acionistas é estimado conforme segue:

Valor patrimonial = VP (Fluxos de caixa esperados para o capital próprio)

A *valuation* sobre o método de fluxo de caixa descontado, então, envolve os seguintes passos:

Passo 1: Prever os fluxos de caixa livres disponíveis para os detentores de capital próprio em um horizonte de previsões finitas (geralmente de cinco a dez anos);

Passo 2: Prever os fluxos de caixa livres além do ano terminal com base em alguma suposição simplificadora; e

Passo 3: Descontar os fluxos de caixa livres para os detentores de capital próprio no custo do capital próprio. A quantia descontada representa o valor estimado de fluxos de caixa livres disponíveis para capital próprio.

Retornando ao exemplo da Down Under Company, não há dívida, os fluxos de caixa livres para os proprietários são simplesmente lucros operacionais antes da depreciação. Uma vez que se assume que o retorno da empresa exigido para os acionistas é de 10%, o valor presente dos fluxos de caixa livres é calculado da seguinte forma:

Ano	Fluxos de caixa livres esperados	Fator VP	VP dos fluxos de caixa livres esperados
1	$40 m	0,909	$36,4 m
2	$50 m	0,826	$41,3 m
3	$60 m	0,751	$45,1 m
Valor patrimonial			$122,8 m

Note que o valor patrimonial da Down Under é exatamente o mesmo que o estimado usando o método de lucros anormais descontados. Isso não deveria ser surpreendente. Ambos os métodos são derivados do modelo de dividendos descontados. E para estimar o valor de acordo com as duas abordagens, usamos os mesmos pressupostos fundamentais para prever lucros e fluxos de caixa.

Comparando métodos de *valuation*

Discutimos três métodos de *valuation* que derivaram do modelo de dividendos descontados: dividendos descontados, lucros anormais descontados (ou ROEs anormais) e fluxos de caixa descontados. Visto que os métodos são todos derivados do mesmo modelo básico, nenhum deles pode ser considerado superior aos outros. Enquanto os analistas fazem as mesmas suposições sobre os fundamentos da empresa, as estimativas de valor sob todos os três métodos serão idênticas. Entretanto, há diferenças importantes entre os modelos que são discutidos a seguir:

Diferenças em foco

Os métodos enquadram a tarefa de *valuation* de modos diferentes e na prática podem focar a atenção do analista em questões diferentes. As abordagens com base no lucro enquadram as questões em termos de dados contábeis como lucros e valores contábeis em vez de fluxos de caixa. Os analistas gastam um tempo considerável analisando as demonstrações de resultado do exercício (DRE) e os balanços patrimoniais de períodos anteriores, e suas previsões primárias geralmente são para essas variáveis contábeis.

Definir valores nos termos de ROEs tem a vantagem de focar a atenção dos analistas sobre ROE, a mesma medida-chave de desempenho que é decomposta em uma análise financeira padrão. Além disso, por causa do controle de ROEs para a escala da empresa, é possível ser mais fácil para os analistas avaliarem a razoabilidade de suas previsões por compará-los com ROEs de outras empresas no setor e na economia. Esse tipo de comparação é mais desafiadora para os fluxos de caixa livres e os lucros anormais.

Diferenças em estrutura exigida

Os métodos diferem na quantidade de análise e na estrutura exigida para *valuation*. Os métodos de lucros anormais descontados e de ROE exigem que os analistas construam tanto demonstrações de resultado do exercício *pro forma* quanto balanços patrimoniais para prever lucros futuros e valores contábeis. Por outro lado, o método de fluxo de caixa descontado exige que os analistas prevejam as demonstrações de resultado do exercício e as mudanças no capital de giro e os ativos não circulantes (ou seja, de longo prazo) para gerar os fluxos de caixa livres. Finalmente, o método de dividendos descontados exige que os analistas prevejam os dividendos.

Os lucros anormais descontados, o ROE e os modelos de fluxo de caixa livre requerem mais estrutura para análise que a abordagem de dividendos descontados. Eles, portanto, ajudam que os analistas evitem inconsistências estruturais em suas previsões de dividendos futuros por requererem especificamente uma previsão de desempenho futuro e oportunidades de investimento das empresas.

De maneira similar, o método de lucros anormais descontados/método ROE exige mais estrutura e trabalho que o método de fluxo de caixa descontado para elaborar os balanços patrimoniais *pro forma* completos. Isso permite que os analistas evitem inconsistências na estrutura financeira da empresa.

Diferenças em implicações de valor terminal

A terceira diferença entre os métodos está no esforço exigido para estimar valores terminais. As estimativas de valor terminal para os lucros anormais e os métodos de ROE tendem a representar uma fração muito menor do valor total do que sob o fluxo de caixa descontado ou os métodos de dividendos. Superficialmente, isso pode parecer minimizar as preocupações sobre o aspecto de *valuation* que deixa o analista mais desconfortável. Essa vantagem aparente é real? Conforme explicado a seguir, a resposta depende da qualidade do valor que já está refletido no valor contábil gerado pelo contador.

A *valuation* dos lucros anormais não elimina o problema do valor terminal do fluxo de caixa descontado, mas o reformula. Os valores terminais do fluxo de caixa descontado incluem o valor presente de *todos* os fluxos de caixa esperados além do horizonte da previsão. Sob *valuation* de lucros anormais, esse valor está dividido em duas partes: os valores presentes de lucros *normais* e lucros *anormais* além do ano terminal. O valor terminal na técnica de lucros anormais inclui apenas os lucros *anormais*. O valor presente de lucros *normais* já está refletido no valor contábil original.

A abordagem de lucros anormais, então, reconhece que o valor contábil atual e os lucros além do horizonte de previsão já refletem muitos dos fluxos de caixa esperados para depois do horizonte da previsão. A abordagem constrói-se diretamente sobre a contabilidade baseada em regime de competência. Por exemplo, sob regime contábil de competência, o patrimônio líquido pode ser pensado como mínimos benefícios futuros recuperáveis atribuíveis aos ativos líquidos da empresa. Além disso, as receitas geralmente são reconhecidas quando ocorridas, não quando há o recebimento de caixa. A abordagem do fluxo de caixa descontado, por outro lado, "desvenda" todas as transações via regime de competência, espalha os fluxos de caixa resultantes por horizontes mais amplos e, então, reconstrói as próprias diferenças por regime de competência (os chamados "*accruals*") na forma de expectativas descontadas de fluxos de caixa futuros. A diferença essencial entre as duas abordagens é que a *valuation* de lucros anormais reconhece que o processo do regime de competência pode já ter desempenhado uma parte da tarefa de *valuation*, enquanto a abordagem de fluxo de caixa descontado por fim retorna aos fluxos de caixa primitivos fundamentais aos *accruals*.

A utilidade da perspectiva com base na contabilidade, portanto, articula sobre quão bem o processo do regime de competência reflete os fluxos de caixa futuros. A abordagem é mais conveniente quando o processo de *accruals* é "imparcial", para que os lucros possam ser anormais apenas como o resultado de rendas econômicas e não como um produto contábil por si só.[10] O horizonte de previsão, então, estende-se ao ponto de onde é esperado que a empresa atinja um equilíbrio competitivo e tenha apenas lucros normais sobre seu projeto. Os lucros anormais subsequentes seriam zero e o valor terminal nesse ponto seria zero. Nesse caso, *todo* o valor da empresa é refletido no valor contábil e nos ganhos projetados no horizonte previsto.

Obviamente, a contabilidade raramente trabalha tão bem. Por exemplo, na maioria dos países, os custos com pesquisas e desenvolvimento (P&D) são tratados como despesas, e os valores contábeis falham em refletir quaisquer ativos oriundos de pesquisa e desenvolvimento. Consequentemente, as empresas que gastam muito em pesquisa e desenvolvimento – como as empresas farmacêuticas – tendem, em média, a gerar altos lucros de maneira anormal mesmo diante de competição rígida.

Simplesmente como um artefato da contabilidade de pesquisa e desenvolvimento, seria esperado que os lucros anormais permanecessem positivos indefinidamente em tais empresas, e o valor terminal poderia representar uma fração substancial do valor total.

Caso deseje, o analista pode alterar a abordagem contábil usada pela empresa nas próprias projeções. Uma "melhor" contabilidade seria vista como aquela que reflete uma fração maior do valor da empresa nos valores contábeis e nos lucros ao longo do horizonte previsto.[11] Essa mesma visão constitui a base de tentativas dos analistas de "normalizar" os lucros; os números ajustados têm a pretensão de fornecer melhores indicações de valor, apesar de refletirem o desempenho somente em um curto horizonte de tempo.

Pesquisas recentes têm focado no desempenho de *valuation* baseado em lucros em relação ao fluxo de caixa descontado e aos métodos de dividendos descontados. Os resultados indicam que, ao longo de horizontes previstos relativamente curtos, de dez anos ou menos, as estimativas de *valuation* que usam a abordagem de lucros anormais geram estimativas de valor mais precisas que a abordagem de dividendos descontados ou os modelos de fluxo de caixa descontado. Essa vantagem para a abordagem baseada em lucros mantém-se nas empresas com contabilidade conservadora ou agressiva, in-

Perguntas-chave para análise

Essa discussão sobre o *trade-off* entre os diferentes métodos de *valuation* de uma empresa levanta diversas questões para os analistas sobre como comparar métodos e considerar quais são possíveis de serem mais confiáveis para sua análise:

- ◆ Quais são os principais parâmetros de desempenho previstos pelo analista? É dada mais atenção à previsão de variáveis contábeis, como lucro e valores contábeis, ou à previsão de variáveis de fluxo de caixa?

- ◆ O analista relacionou as demonstrações de resultado do exercício previstas com os balanços patrimoniais previstos? Em caso negativo, há alguma inconsistência entre as duas demonstrações, ou nas implicações das suposições para o desempenho futuro? Caso haja, qual é a fonte dessa inconsistência? Ela afeta de maneira similar o método com base em lucros descontados e o método de fluxo de caixa descontado?

- ◆ Quão bem a contabilidade da empresa capta seus ativos e suas obrigações contingentes? Ela faz seu trabalho bem o suficiente para que possamos confiar nos valores contábeis como base para previsões de longo prazo? De maneira alternativa, a empresa confia muito nos ativos "fora do balanço", como P&D, os quais fazem com que os valores contábeis tenham uma fraca ligação no desempenho de longo prazo?

- ◆ Os analistas fazem suposições diferentes sobre o desempenho de longo prazo nos cálculos de valores terminais sob os diferentes métodos de *valuation*? Em caso positivo, qual conjunto de suposições é mais plausível considerando o setor e o posicionamento competitivo da empresa?

dicando que a contabilidade baseada em regime de competência nos Estados Unidos faz um trabalho razoavelmente bom de refletir os fluxos de caixa futuros.[12]

As pesquisas também indicam que as estimativas de valor de lucros anormais superam os índices tradicionais, como o de preço da ação/lucro por ação, o de *price-to-book* e o de *dividend yield* ("rendimentos de dividendos"), para prever movimentações futuras de ações.[13] As empresas com altas estimativas do modelo de lucros anormais do valor relativo ao preço atual da ação demonstram retornos futuros positivos e anormais de ações, enquanto as empresas com baixos valores do índice *value-to-price* estimados têm desempenho anormal negativo das ações.

Resumo

A *valuation* é o processo pelo qual as previsões de desempenho são convertidas em estimativas de preço. As diversas técnicas de *valuation* são empregadas na prática e não há um único método que domina claramente os outros. Na verdade, uma vez que cada técnica envolve diferentes vantagens e desvantagens, há ganhos em considerar muitas abordagens simultaneamente.

Para os acionistas, um valor de ação é o valor presente de dividendos futuros. Este capítulo descreveu três técnicas de *valuation* diretamente baseadas nessa definição de valor de desconto de dividendo: dividendos descontados, lucros anormais descontados/ROEs e fluxos de caixa livres descontados. O método de dividendos descontados tenta prever diretamente dividendos. A abordagem de lucros anormais expressa o valor patrimonial de uma empresa como valor contábil mais expectativas descontadas de futuros lucros anormais. Por fim, o método de fluxo de caixa descontado representa o valor da ação de uma empresa pelos fluxos de caixa livres futuros descontados pelo custo de capital.

Apesar de esses três métodos serem derivados do mesmo modelo de desconto de dividendos, eles enquadram a tarefa de *valuation* de maneira diferente. Na prática, eles focam a atenção do analista em diferentes questões e exigem diferentes níveis de estrutura no desenvolvimento de previsões dos dividendos futuros primitivos subjacentes.

Os métodos de *valuation* de índices de preços também foram discutidos. Nessas abordagens, os analistas estimam índices dos preços atuais para medidas históricas ou previstas de desempenho para empresas comparáveis. As referências são, então, usadas para valorar o desempenho da empresa que está sendo analisada. Os índices são tradicionalmente populares, primariamente, porque não requerem dos analistas que sejam feitas previsões de desempenho para múltiplos anos. Entretanto, pode ser difícil identificar empresas comparáveis para utilizar como referências. Mesmo entre as empresas altamente relacionadas, há diferenças no desempenho que possivelmente afetam seus índices.

Este capítulo discutiu a relação entre dois índices populares, as proporções *value-to-book* e *value-earnings* e a *valuation* de lucros anormais descontados. As formulações resultantes indicam que os índices *value-to-book* são uma função de ROEs anormais futuros, crescimento do valor contábil e do custo de capital próprio da empresa. O índice *value-earnings* é uma função dos mesmos fatores e também do atual ROE.

QUESTÕES PARA DISCUSSÃO

1. Joe Watts, um analista da EMH Securities, afirma: "Não sei por que alguém ainda tentaria avaliar os lucros. Obviamente, o mercado sabe que os lucros podem ser manipulados e por isso só se avaliam os fluxos de caixa". Discuta.

2. Explique por que os valores terminais na *valuation* com base na contabilidade são significativamente menores que aqueles para a *valuation* pelo fluxo de caixa descontado.

3. A Manufactured Earnings é uma "queridinha" dos analistas de Wall Street. Seu preço de mercado corrente é de $15 por ação e seu valor contábil é de $5 por ação. Os analistas preveem que o valor contábil da empresa crescerá 10% por ano indefinidamente e o custo do capital próprio é de 15%. Em razão desses fatos, qual é a expectativa do mercado do ROE médio de longo prazo da empresa?

4. Dadas as informações da Pergunta 3, qual será o preço da ação da Manufactured Earnings se o mercado revisar suas expectativas de ROE médio de longo prazo para 20%?

5. Os analistas reavaliam o desempenho futuro da Manufactured Earnings conforme a seguir: o crescimento no valor contábil aumenta para 12% ao ano, mas o ROE do valor contábil incremental é de apenas 15%. Qual é o impacto no índice *market-to-book*?

6. Como uma empresa com um ROE alto pode ter um índice de preço por ação/lucro por ação (P/E) baixo?

7. Que tipo de empresa possui:
   - um índice de preço por ação/lucro por ação (P/E) alto e um índice *market-to-book* baixo?
   - um índice de preço por ação/lucro por ação (P/E) alto e um índice *market-to-book* alto?
   - um índice de preço por ação/lucro por ação (P/E) baixo e um índice *market-to-book* alto?
   - um índice de preço por ação/lucro por ação (P/E) baixo e um índice *market-to-book* baixo?

8. Os fluxos de caixa livres (FCF) usados em *valuation* pelo modelo de fluxo de caixa descontado (FCD) discutidos no capítulo são definidos conforme a seguir:

   FCF para capital de terceiros e capital próprio = Lucro antes de juros e impostos $\times$ (1 – taxa do imposto) + Depreciação e impostos diferidos – Despesas de capital –/+ Aumento/redução no capital de giro

   FCF para capital próprio = Lucro líquido + Depreciação e impostos diferidos – Despesas de capital +/– Aumento/redução no capital de giro +/– Aumento/redução da dívida.

   Quais dos seguintes itens afetam os fluxos de caixa livres para detentores de dívida (credores) e capital próprio (acionistas)? O que afeta apenas os fluxos de caixa livres para capital próprio? Explique o porquê e como.

   - Um aumento em contas a receber
   - Uma redução na margem bruta
   - Um aumento no imobilizado

- Um aumento no estoque
- Despesa com juros
- Um aumento em despesas antecipadas
- Um aumento em duplicatas a pagar ao banco

9. A Starite Company é avaliada em $20 por ação. Os analistas esperam que ela venha a gerar fluxos de caixa livres para o capital próprio de $4 por ação para o futuro previsível. Qual é o custo de capital próprio implícito da empresa?

10. Janet Stringer argumenta que "o método de *valuation* pelo fluxo de caixa descontado (FCD) aumentou o foco do gerente em desempenho de curto prazo em vez de longo prazo, visto que o processo de desconto coloca um peso muito maior nos fluxos de caixa de curto prazo do que em fluxos de caixa de longo prazo". Comente.

Notas

1. N.R.T.: Termo mais utilizado em inglês. Refere-se à relação entre o preço de mercado da ação e patrimônio líquido por ação.

2. A incorporação de todas as transações de patrimônio de não capital na renda é chamada de contabilidade de lucro limpo. Isso é análogo para o resultado abrangente, o conceito definido na FAS 130. No Brasil, resultado abrangente é trazido pelo CPC 00 e CPC 26.

3. As mudanças no valor contábil também incluem novas contribuições de capital. Entretanto, o modelo de desconto de dividendos assume que o novo capital seja emitido a valor justo. Como resultado disso, qualquer valor de incremento no valor contábil com origem nas questões de capital é exatamente compensado pelo valor descontado dos dividendos futuros para os novos acionistas. As transações de capital, portanto, não afetam a *valuation* da empresa.

4. O Apêndice C deste capítulo fornece uma prova simples de fórmula de *valuation* com base em lucros.

5. Veja P. M. Dechow, A. P. Hutton e R. G. Sloan, "An empirical assessment of the residual income valuation model", *Journal of Accounting and Economics*. 23 de janeiro de 1999.

6. Essa formulação é uma variação de um modelo proposto por J. Ohlson, "Earnings, book values, and dividends in security valuation", *Contemporary Accounting Research* 11. Primavera de 1995. Ohlson inclui em suas previsões de lucros anormais futuros uma variável que reflete as informações relevantes além dos lucros anormais atuais. Essa variável, então, também aparece na fórmula de *valuation* de ações. As pesquisas empíricas feitas por Dechow, Hutton e Sloan, "An empirical assessment of the residual income valuation model", *Journal of Accounting and Economics,* 23 de janeiro de 1999, indicam que as previsões de analistas financeiros de lucros anormais de fato refletem informações consideráveis além dos lucros anormais atuais e que essas informações são úteis para a *valuation*.

7. Essa especificação é similar ao modelo para dividendos desenvolvido por J. Lintner, "Distribution of incomes of corporations among dividends, retained earnings, and taxes", *American Economic Review* 46 (maio de 1956): 97-113.

8. Na prática, as empresas não têm de pagar todos os seus fluxos de caixa livres como dividendos; elas podem reter o excesso de caixa no negócio. As condições sob as quais a decisão de dividendo de uma empresa afeta seu valor são discutidas por M. H. Miller e F. Modigliani em "Dividend Policy, Growth and the Valuation of Shares", *Journal of Business* 34 (outubro de 1961): 411-433.

9. A maior parte dos textos de finanças aplica o modelo de fluxo de caixa descontado usando fluxos de caixa atribuíveis a todos os investidores da empresa, tanto credores (capital de terceiros) quanto investidores (capital próprio). Isso gera o valor dos ativos da empresa em vez do valor de seu patrimônio líquido. Entretanto, o valor patrimonial pode ser facilmente computado usando essa abordagem pela dedução do valor das dívidas a pagar do valor estimado dos ativos. Na verdade, todas as abordagens de *valuation* discutidas neste capítulo podem ser estruturadas para estimar o valor dos ativos de uma empresa em vez de seu patrimônio. Mais discussões sobre esses métodos encontram-se no Apêndice D.

10. A contabilidade imparcial é aquela que, em um equilíbrio competitivo, produz um ROE esperado igual ao custo de capital. O ROE verdadeiro revela assim a presença de rendas econômicas. A contabilidade a valor de mercado é um caso especial de contabilidade imparcial que produz um ROE esperado igual ao custo de capital, mesmo quando a empresa *não* está em um ambiente competitivo. Ou seja, a contabilidade a valor de mercado reflete o valor presente de rendas econômicas futuras pelo valor contábil, conduzindo os ROEs esperados a um nível normal. Para uma discussão de contabilidade imparcial e parcial, veja G. Feltham e J. Ohlson, "Valuation and Clean Surplus Accounting for Operating and Financial Activities", *Contemporary Accounting Research* 11, n. 2 (primavera de 1995): 689-731.

11. No livro de Bennett Stewart sobre *valuation* com EVA, *The Quest for Value* (Nova York: Harper Business, 1999), ele recomenda uma série de ajustes contábeis, incluindo a capitalização de pesquisa e desenvolvimento.

12. S. Penman e T. Sougiannis, "A Comparison of Dividend, Cash Flow, and Earnings Approaches to Equity Valuation", *Contemporary Accounting Research* (outono de 1998): 343-383, compara os métodos de valuation usando realizações de lucros atuais, fluxos de caixa e dividendos para estimar preços. J. Francis, P. Olsson e D. Oswald, "Comparing Accuracy and Explainability of Dividend, Free Cash Flow and Abnormal Earnings Equity Valuation Models", *Journal of Accounting Research* 38 (primavera de 2000): 45-70, estimam valores usando a previsão *Value Line*.

13. Veja C. Lee, J. Myers e B. Swaminathan, "What is the Intrinsic Value of the Dow?", *Journal of Finance* (outubro de 1999): 1693-1741.

APÊNDICE A: VALOR DO DINHEIRO AO LONGO DO TEMPO: VALORES PRESENTE E FUTURO

A noção de que $1 hoje vale mais que $1 recebido em um ano é fundamental para as finanças. Você pode ver essa noção como óbvia – afinal de contas, a inflação reduz o valor de dólares nominais ao longo do tempo e a incerteza sobre o recebimento de dólares futuros aumenta o valor de dólares já recebidos hoje. O conceito de finanças, porém, não para nesses princípios. Em vez disso, ele surge do fato de que o $1 recebido hoje pode ser investido a uma taxa de juros positiva para gerar uma quantia maior que $1 em um ano. Esse conceito é conhecido como o valor do dinheiro ao longo do tempo e é refletido em cálculos de valor futuro e presente.

Valores futuros e juros compostos

Para entender os valores futuros, considere uma oportunidade para investir $1 em um banco (um investimento livre de risco) que gera um retorno anual de 10%. A quantia que você pode esperar receber em um ano é chamada de valor futuro de $1 em um ano a 10%, VF ($1, 10%, 1), e é computada conforme segue:

$$VF\ (\$1,\ 10\%,\ 1) = \$1 + \$1 \times 10\%$$
$$= \$1 \times (1 + 10\%)$$
$$= \$1,10$$

De maneira similar, o valor futuro de um dólar a uma taxa de 10% em dois anos é

$$FV (\$1, 10\%, 2) = \$1 + \$1 \times 10\% + (\$1 + \$1 \times 10\%) \times 10\%$$
$$= \$1 \times (1 \times 10\%)^2$$
$$= \$1,121$$

De maneira mais geral, podemos escrever o valor futuro de $1 em qualquer taxa de juros R para qualquer número de períodos N, conforme segue:

$$FV (\$1, R, N) = \$ \times (1 + R)^N$$

Esse processo de conversão de dólares de hoje em dólares futuros é chamado de juros compostos. Entre outras coisas, é útil para nos ajudar a calcular quanto nossas poupanças valerão na aposentadoria. Por exemplo, se tenho a intenção de me aposentar em um prazo de cinco anos, minha poupança que atualmente tem um saldo de $10.000 com rendimento de 5% ao ano terá aumentado para:

$$FV (\$10.000, 5\%, 5) = \$10.000 \times (1 + 5\%)^5$$
$$= \$10.000 \times 1,2763 = \$12.763$$

Note que, com o aumento das taxas de juros, os valores futuros também aumentam. Por exemplo, se as taxas sobem de 5% para 10%, o valor futuro de minha poupança aumentará de $12.763 para $16.051, uma vez que agora sou capaz de ter um retorno mais alto com minha poupança.

Valores presentes e descontos

O processo de conversão de dólares futuros em dólares de hoje é chamado de desconto. Usando os exemplos anteriores, $1,10 recebido em um ano tem um valor presente de $1 e $1,21 recebido em dois anos, um valor presente de $1. O valor presente de $1 recebido em um ano, VP ($1, 10%, 1), é, portanto, a quantia que, quando investida hoje para um ano a 10%, geraria exatamente $1, ou VP ($1, 10%, 1) $\times$ (1 + 10%) = $1. Isso implica que o valor presente por si só seja:

$$VP (1, 10\%, 1) = \$1/(1 + 10\%) = \$0,909$$

De maneira similar, o valor presente de $1 recebido em dois anos é VP ($1, 10%, 2) $\times$ (1 + 10%)^2 = $1, então, o valor presente por si só é:

$$VP (\$1, 10\%, 2) = \$1/(1 + 10\%)^2 = \$0,826$$

De maneira mais geral, podemos escrever o valor presente de $1 em qualquer taxa de juros R para qualquer período N, conforme segue:

$$VP (\$1, R, N) = \$1/(1+R)^N$$

O conceito de valor presente também pode nos ajudar a planejar nossa aposentadoria. Por exemplo, se decidimos que queremos uma reserva de $1.000.000 para nossa aposentadoria planejada em 20 anos, isso pode nos ajudar a determinar quanto precisamos separar na poupança hoje para atingir esse objetivo. Isso é apenas o valor presente de $1.000.000 recebido em 20 anos. Se as taxas de juros são de 10%, essa quantia é

$$VP (\$1.000.000, 10\%, 20) = \$1.000.000/(1 + 10\%)^{20} = \$148,644$$

Isso significa que, se investirmos $148.644 hoje, os juros que compõem nosso investimento o farão valer $1.000.000 em 20 anos.

Note que, quando as taxas de juros diminuem, o valor presente de dólares recebidos no futuro aumenta. Por exemplo, se a taxa de juros cai de 10% para 5%, o valor presente de $1.000.000 em 20 anos aumenta de $148.644 para $376.889. Ele aumenta porque taxas de juros menores exigem que invistamos uma grande quantia hoje para gerar $1.000.000 no futuro.

Conforme discutido neste capítulo, o conceito de valor presente permite-nos que precifiquemos as ações por meio do desconto de dividendos, dos fluxos de caixa ou dos lucros que se espera que a ação gere para os acionistas. Isso também nos permite valorar títulos pelos recebimentos futuros descontados dos juros dos títulos e pagamentos principais.

Valor presente de uma perpetuidade

Alguns títulos (como os títulos da British Consol) pagam uma quantia idêntica a cada ano. Isso é chamado de perpetuidade. Como mensuramos uma perpetuidade? Na verdade, é extraordinariamente simples. O valor da perpetuidade (P) é simplesmente a quantia da perpetuidade (X) dividida pelos juros (ou taxa descontada, como geralmente é chamada).

$$P = X/R$$

Por exemplo, se a taxa de juros é 10%, um título perpétuo que paga juros de $10 ao ano vale $100 ($10/0,10). O investidor recebe $10 ao ano de juros do título, gerando um retorno de 10% sobre o valor do investimento de $100.

O valor da perpetuidade também é muito útil na *valuation* de ações, em especial para os cálculos de valor terminal. Quando uma empresa se encontra em um estado estável, seus dividendos, fluxo de caixa ou lucros podem ser comparados à perpetuidade. As perpetuidades de ações também podem incorporar uma taxa de crescimento constante ao longo do tempo. Por exemplo, uma empresa pode gerar fluxos de caixa de $10 no primeiro ano, e eles crescem 4% ao ano, consequentemente, talvez refletindo a taxa nominal de crescimento na economia. A perpetuidade com uma taxa de crescimento constante também é relativamente simples de valorar. Se o primeiro pagamento for X e a taxa de crescimento g, a perpetuidade é valorada como:

$$P = X/(R - g)$$

Consequentemente, a perpetuidade com um primeiro pagamento de $10 e uma taxa de crescimento constante de 4% vale $10/(10% – 4%) ou $166,67. Isso implica que o valor do componente de crescimento da perpetuidade vale $66,67, uma vez que a perpetuidade de não crescimento valha $100.

Note que o denominador para a perpetuidade do crescimento é $R - g$, a taxa de desconto líquida da taxa de crescimento. Se a taxa de crescimento for igual ou exceder a taxa de desconto, o denominador é zero ou negativo, e o valor da perpetuidade é indefinido ou não significativo. Entretanto, na prática, uma vez que a empresa alcançou seu estado estável, não se espera que isso aconteça, já que as empresas que crescem indefinidamente a uma taxa que é muito mais alta que o crescimento geral da economia logo dominarão a economia.

APÊNDICE B: FÓRMULAS DE *VALUATION*

Todas as abordagens de *valuation* discutidas neste capítulo podem ser expressas matematicamente. As fórmulas para várias abordagens são apresentadas abaixo:

Valuation de lucros anormais

Sob a abordagem com base em lucros, o valor patrimonial é

$$\text{Valor patrimonial} = BE_0 + \frac{NI_1 - R_e * BE_0}{(1 + R_e)} + \frac{NI_2 - R_e * BE_1}{(1 + R_e)^2} + \ldots$$

BE_0 é o patrimônio líquido atual da empresa, BE_t é o patrimônio líquido inicial esperado no período t, NI_t é o lucro líquido esperado para o período t e R_e é o retorno exigido pelos investidores do patrimônio da empresa.

Valuation usando índices de preço

A *valuation* de lucros anormais pode ser reestruturada no índice *value-to-book* do patrimônio pela deflação do valor patrimonial pelo patrimônio líquido pela escala. A fórmula de *valuation*, então, torna-se:

$$\frac{\text{Valor patrimonial}}{\text{Patrimônio líquido}} = 1 + \frac{(ROE_1 - R_e) * GBE_0}{(1 + R_e)} + \frac{(ROE_2 - R_e) * GBE_1}{(1 + R_e)^2} + \frac{(ROE_3 - R_e) * GBE_2}{(1 + R_e)^3} + \ldots$$

ROE_t é o lucro líquido no ano t deflacionado pelo patrimônio líquido inicial; GBE_t é o crescimento esperado do patrimônio líquido, definido como patrimônio líquido inicial esperado no ano t (BE_t) deflacionado pelo patrimônio líquido atual (BE_0); e R_e é o retorno exigido para investidores do capital próprio.

Modelo de fluxo de caixa descontado

De acordo com o método de fluxo de caixa livre, o valor patrimonial será conforme segue:

Valor patrimonial = VP (Fluxos de caixa livre esperados para o patrimônio)

$$= \frac{NI_1 - \Delta BVA_1 + \Delta BVND_1)}{(1 + R_e)} + \frac{NI_2 - \Delta BVA_2 + \Delta BVND_2}{(1 + R_e)^2} + \ldots$$

NI é o lucro líquido esperado, ΔBVA é a mudança no valor contábil esperada dos ativos operacionais líquidos (incluindo mudanças no capital de giro mais despesas com capital menos despesas de depreciação), $\Delta BVND$ é a mudança no valor contábil esperada da dívida líquida (juros com débitos menos o excesso de caixa) e R_e é o retorno exigido para investidores do capital próprio.

Apêndice C: Reconciliação dos modelos de dividendos descontados e lucros anormais descontados

Para derivar a *valuation* com base nos ganhos do modelo de dividendos descontados, considere a seguinte *valuation* de dois períodos:

$$\text{Valor patrimonial} = \frac{DIV_1}{(1 + r_e)} + \frac{DIV_2}{(1 + r_e)^2}$$

Com a contabilidade de lucro limpo, os dividendos (DIV) podem ser expressos como uma função do lucro líquido (NI) e o valor do patrimônio líquido (BVE):

$$DIV_t = NI_t + BVE_{t-1} - BVE_t$$

Substituindo essa expressão no modelo de dividendos descontados, produz-se o seguinte:

$$\text{Valor patrimonial} = \frac{NI_1 - BVE_0 - BVE_1}{(1 + r_e)} + \frac{NI_2 - BVE_1 - BVE_2}{(1 + r_e)^2}$$

Isso pode ser reescrito conforme segue:

$$\text{Valor patrimonial} = \frac{NI_1 - r_e\,BVE_0 + BVE_0\,(1 + r_e) - BVE_1}{(1 + r_e)}$$

$$= \frac{NI_2 - r_e\,BVE_1 + BVE_1\,(1 + r_e) - BVE_2}{(1 + r_e)^2}$$

$$= BVE_0 + \frac{NI_1 - r_e\,BVE_0}{(1 + r_e)} + \frac{NI_2 - r_e\,BVE_1}{(1 + r_e)^2} - \frac{BVE_2}{(1 + r_e)^2}$$

Conforme o horizonte previsto se expande, o período terminal (o valor presente do valor contábil de liquidação) torna-se sem importância. O valor patrimonial é, portanto, o seu valor contábil atual mais o valor presente de lucros futuros anormais.

APÊNDICE D: METODOLOGIAS DE *VALUATION* DE ATIVOS

Todas as abordagens de *valuation* discutidas neste capítulo podem ser estruturadas para estimar o valor dos ativos de uma empresa (ou a combinação de capital próprio e de terceiros) em vez de seu patrimônio. A mudança de *valuation* do patrimônio para *valuation* de ativos é geralmente tão simples quanto a substituição de medidas financeiras relacionadas ao patrimônio por medidas financeiras relacionadas à empresa completa. Por exemplo, no modelo de *valuation* com base em lucros, o lucro líquido (os lucros transitam para o patrimônio líquido) é trocado pelo NOPAT (o resultado disponível para capital de terceiros e capital próprio) e os valores contábeis dos ativos operacionais líquidos substituem o valor do patrimônio líquido. Os índices de valor são baseados nos ROEs para a formulação do patrimônio líquido e nos ROAs para *valuation* de índices de ativos. E a taxa de desconto para modelos de capital próprio é o retorno exigido para detentores de capital próprio (acionistas) comparado ao custo médio ponderado de detentores de capital de terceiros e próprio, chamado de custo de capital médio ponderado (ou WACC) para modelos de *valuation* de ativos.

As fórmulas usadas para *valuation* de ativos sob várias abordagens são apresentadas a seguir.

Valuation de lucros anormais

Sob a abordagem com base em lucros, o valor dos ativos é

Valor do ativo = Ativos pelo valor contábil + VP (NOPAT anormal esperado)

$$= BA_0 + \frac{NOPAT_1 - WACC * BA_0}{(1 + WACC)} + \frac{NOPAT_2 - WACC * BA_1}{(1 + WACC)^2}$$

BA é o valor contábil dos ativos da empresa, NOPAT é o lucro operacional líquido (antes dos juros) após os impostos e WACC é o custo médio ponderado do capital de terceiros e do capital próprio. A partir desse valor do ativo, o analista pode deduzir o valor de mercado da dívida líquida para gerar uma estimativa do valor patrimonial.

Valuation usando índices de preço

A *valuation* por índices pode ser estruturada como a dívida mais o índice de ativos *value-to-book* do patrimônio pela escala da fórmula NOPAT anormal pelo valor contábil de ativos operacionais líquidos. A fórmula de *valuation* então se torna:

$$\frac{\text{Valor dos ativos}}{\text{Ativo (valor contábil)}} = 1 + VP \ (\text{ROA anormal esperado} \times \text{Crescimento esperado do ativo inicial})$$

$$= 1 + \frac{(ROA_1 - WACC) \times GBA_0}{(1 + WACC)} + \frac{(ROA_2 - WACC) \times GBA_1}{(1 + WACC)^2} + ...$$

em que ROA = Retorno operacional esperado sobre o ativo esperado = NOPAT/(Capital de giro operacional + Ativos de longo prazo líquidos)
WACC = Custo de capital médio ponderado (do capital de terceiros e do capital próprio)
GBA = Fator de crescimento dos ativos, definido conforme o patrimônio líquido esperado inicial no ano t (BE_t) deflacionado pelo patrimônio líquido atual (BE_0).

O valor do capital de terceiros e do capital próprio de uma empresa para os índices de ativos operacionais líquidos depende consequentemente da habilidade de gerar retornos de ativos que excedam seu WACC e da habilidade de crescer a base de seu ativo. O valor patrimonial sob essa abordagem é, então, o índice estimado vezes o valor atual de ativos menos o valor de mercado da dívida.

Modelo de fluxo de caixa descontado

A formulação do fluxo de caixa livre pode ser estruturada pela estimativa do valor de títulos da dívida e do capital próprio e, então, deduzindo o valor de mercado da dívida líquida. Essa abordagem tem uso mais amplo na prática porque não exige previsões explícitas de mudanças nos balanços da dívida. O valor da dívida mais o capital próprio é computado conforme segue:

Valor do ativo = VP (Fluxos de caixa livres esperados para dívida líquida e detentores do capital próprio)

$$= \frac{NOPAT_1 - \Delta BVA_1}{(1 + WACC)} + \frac{NOPAT_2 - \Delta BVA_2}{(1 + WACC)^2} + \ldots$$

A *valuation* de ativos da empresa, consequentemente, depende dos fluxos de caixa livres esperados para débitos e detentores do capital próprio durante o horizonte de previsão, o valor terminal previsto de fluxos de caixa e o custo de capital médio ponderado.

8
Análise prospectiva: implementação da *valuation*

Para partir da teoria de *valuation* discutida no capítulo anterior em direção à tarefa real de valorar uma empresa, temos que lidar com várias questões. Primeiro, temos que fazer previsões do desempenho financeiro declarado em termos de lucros anormais e valores contábeis, ou fluxos de caixa livres durante o período de vida da empresa. A tarefa de previsão em si é dividida em dois subcomponentes: (1) previsões detalhadas durante um número limitado de anos e (2) uma previsão do "valor terminal", que representa um resumo do desempenho além do horizonte de previsão detalhado. Segundo, temos que estimar o custo do capital próprio para descontar nossas previsões.

Continuando com nosso exemplo da TJX, este capítulo é elaborado com base nas previsões desenvolvidas no Capítulo 6 e fornece orientação sobre a estimativa do valor patrimonial de uma empresa computando um valor terminal, calculando o custo do capital próprio e sintetizando as diferentes partes do processo analítico para estimar o valor patrimonial. Nós nos concentramos na avaliação do patrimônio diretamente, uma vez que este é o objetivo principal do analista. Contudo, conforme discutimos no Apêndice do Capítulo 7 e no Apêndice deste capítulo, reconhecemos que uma abordagem similar pode ser usada para avaliar os ativos de uma empresa (tanto da dívida quanto do capital próprio).

PREVISÕES DETALHADAS DE DESEMPENHO

O horizonte no qual as previsões devem ser feitas é, em si, uma variável de escolha. Discutiremos posteriormente neste capítulo como o analista pode fazer essa escolha. Uma vez feita, o próximo passo é considerar o conjunto de suposições relativas ao desempenho de uma empresa que sejam necessárias para chegar às previsões. Descrevemos no Capítulo 6 a estrutura geral da previsão financeira e ilustramos a abordagem usando a TJX.

A chave para previsões sensatas é que as suposições subjacentes estejam baseadas na realidade do negócio de uma empresa. A análise da estratégia proporciona um entendimento crítico da proposição de valor de uma empresa e se o desempenho atual provavelmente será sustentável no futuro. A análise contábil e a análise por meio de índices oferecem um entendimento profundo do desempenho atual de uma empresa e se os próprios índices são indicadores confiáveis do desempenho. Portanto, é importante ver as previsões de *valuation* como uma continuação dos passos iniciais na análise do negócio em vez de um exercício discreto e desconectado do restante da análise.

Visto que a *valuation* envolve uma previsão em um horizonte de longo prazo, não é prático prever todos os itens de linha das demonstrações financeiras de uma empresa. Em vez disso, o analista deve se concentrar nos elementos cruciais do desempenho de uma empresa. Especificamente, previmos a demonstração do resultado do exercício condensada da TJX, o balanço patrimonial inicial e os fluxos de caixa livres para um período de dez anos com início no exercício fiscal de 2011 (ano iniciando em fevereiro de 2011), usando como base as demonstrações financeiras ajustadas detalhadas no Capítulo 5. Usaremos essas mesmas suposições de previsão e previsões financeiras, que são repetidas aqui nas Tabelas 8-1 e 8-2, como um ponto de partida para avaliação da TJX em 1º de fevereiro de 2011.

TABELA 8-1

Suposições de previsão para a TJX

Ano da previsão	2011	2012	2013	2014	2015	2016	2017	2018	2019	2020
Taxa de crescimento de vendas	5,7%	6,6%	7,1%	6,9%	6,7%	6,5%	6,3%	6,1%	5,9%	5,7%
Margem NOPAT	7,9%	7,5%	7,1%	6,7%	6,3%	5,9%	5,5%	5,0%	4,5%	4,0%
Capital de giro líquido operacional inicial/vendas	0,6%	1,0%	1,0%	1,0%	1,0%	1,0%	1,0%	1,0%	1,0%	1,0%
Ativos de longo prazo operacionais líquidos iniciais/vendas	33,4%	34,0%	34,3%	34,5%	34,8%	35,0%	35,3%	35,5%	35,8%	36,0%
Dívida líquida inicial/capital	57,5%	57,5%	57,5%	57,5%	57,5%	57,5%	57,5%	57,5%	57,5%	57,5%
Custo da dívida após impostos	2,73	2,73	2,73	2,73	2,73	2,73	2,73	2,73	2,73	2,73

Fonte: © Cengage Learning. 2013.

Realização de previsões de desempenho para avaliação da TJX

Como discutido no Capítulo 7, sob as diferentes abordagens para *valuation*, as previsões essenciais necessárias para converter as previsões financeiras mostradas em estimativas de valor patrimonial são:

- Lucros anormais: lucro líquido menos patrimônio dos acionistas no início do ano vezes o retorno exigido pelos acionistas, chamado de custo do capital próprio;
- ROE anormal: ROE anormal, ou a diferença entre o ROE e o custo do capital próprio, ajustado pelo crescimento no patrimônio líquido; ou
- Fluxos de caixa livres para capital próprio: lucro líquido menos quaisquer aumentos no capital de giro operacional e nos ativos de longo prazo mais qualquer aumento na dívida líquida.

Para gerar as previsões de lucros anormais e ROE anormal, precisamos estabelecer um custo de capital próprio estimado para a empresa. Para os fins desta discussão, tomaremos o custo de capital próprio da TJX como dado em 8,8%; o cálculo detalhado dessa estimativa será discutido posteriormente neste capítulo.

A Tabela 8-3 mostra previsões de desempenho da TJX para essas três variáveis oriundas de demonstrações financeiras para o período de dez anos, de 2011 a 2020.

Conforme discutido anteriormente, para derivar os fluxos de caixa em 2020, precisamos fazer suposições sobre a taxa de crescimento de vendas e os índices do balanço patrimonial em 2021. As previsões do fluxo de caixa mostradas na Tabela 8-3 baseiam-se na suposição de que os índices de crescimento de vendas e os índices do balanço patrimonial inicial em 2021 permanecem os mesmos que os de 2020. Discutiremos a sensibilidade dessa suposição e a suposição de valor terminal posteriormente neste capítulo.

O ROE anormal projetado da TJX declina regularmente no horizonte da previsão, de 42,1%, em 2011, para 13,0%, em 2020, de acordo com o atrito gradual em razão das forças da concorrência. Um padrão similar é visto para os lucros anormais, o qual declina regularmente durante o curso do período previsto.

VALORES TERMINAIS

As previsões explícitas dos vários elementos do desempenho de uma empresa geralmente se estendem por um período de cinco a dez anos. O último ano desse período de previsão é chamado de "ano terminal". A escolha de um ano terminal apropriado será discutida posteriormente nesta seção.

O valor terminal é, então, o valor presente tanto dos lucros anormais ou quanto dos fluxos de caixa livres que ocorrem após o ano terminal. Uma vez que isso envolve previsão do desempenho durante o restante da vida da empresa, o analista deve adotar certa suposição que simplifique o processo de previsão. Uma pergunta crucial é se seria razoável assumir uma continuação do desempenho do exercício terminal ou se algum outro padrão é esperado.

TABELA 8-2

Demonstrações financeiras projetadas para a TJX

Ano da previsão	2011	2012	2013	2014	2015	2016	2017	2018	2019	2020
Balanço patrimonial inicial										
Capital de giro líquido inicial	144,1	247,2	264,8	283,1	302,0	321,7	341,9	362,8	384,2	406,1
+ Ativos líquidos de longo prazo iniciais	7.754,4	8.406,0	9.069,1	9.765,6	10.495,4	11.258,0	12.052,7	12.878,7	13.734,5	14.618,9
= Ativos operacionais líquidos	**7.898,5**	**8.653,3**	**9.333,9**	**10.048,7**	**10.797,4**	**11.579,7**	**12.394,7**	**13.241,4**	**14.118,7**	**15.025,0**
Dívida líquida	4.541.4	4.975,3	5.366.6	5.777,6	6.208,1	6.657.9	7.126,5	7.613.4	8.117,8	8.638,9
+ Ação preferencial	0,0	0,0	0,0	0,0	0,0	0,0	0,0	0,0	0,0	0,0
+ Patrimônio dos acionistas	3.357,1	3.677,6	3.967,2	4.271,0	4.589,3	4.921,8	5.268,2	5.628,1	6.001,0	6.386,2
= Capital líquido	**7.898,5**	**8.653,3**	**9.333,9**	**10.048,7**	**10.797,4**	**11.579,7**	**12.394,7**	**13.241,4**	**14.118,7**	**15.025,0**
Demonstração do resultado do exercício										
Vendas	23.192,9	24.723,6	26.479,0	28.306,1	30.202,6	32.165,7	34.192,2	36.277,9	38.418,3	40.608,2
Lucro operacional líquido após impostos	1.832,2	1.854,3	1.880,0	1.896,5	1.902,8	1.897,8	1.880,6	1.813,9	1.728,8	1.624,3
– Despesa líquida de juros após impostos	123,9	135,7	146,4	157,6	169,4	181,6	194,4	207,7	221,5	235,7
= Lucro líquido	1.708,4	1.718,6	1.733,6	1.738,9	1.733,4	1.716,2	1.686,2	1.606,2	1.507,4	1.388,7
– Dividendos preferenciais	0	0	0	0	0	0	0	0	0	0
= Lucro líquido para acionistas ordinários	**1.708,4**	**1.718,6**	**1.733,6**	**1.738,9**	**1.733,4**	**1.716,2**	**1.686,2**	**1.606,2**	**1.507,4**	**1.388,7**
Retorno operacional sobre ativos	23,2%	21,4%	20,1%	18,9%	17,6%	16,4%	15,2%	13,7%	12,2%	10,8%
Retorno sobre capital próprio dos acionistas ordinários	50,9%	46,7%	43,7%	40,7%	37,8%	34,9%	32,0%	28,5%	25,1%	21,7%
Valor contábil da taxa de crescimento de ativos	23,7%	9,6%	7,9%	7,7%	7,5%	7,2%	7,0%	6,8%	6,6%	6,4%
Valor contábil do capital próprio dos acionistas ordinários	16,2%	9,6%	7,9%	7,7%	7,5%	7,2%	7,0%	6,8%	6,6%	6,4%

(continua)

TABELA 8-2

Demonstrações financeiras projetadas para a TJX – Continuação

Ano da previsão	2011	2012	2013	2014	2015	2016	2017	2018	2019	2020
Taxa de crescimento										
Giro de ativo operacional líquido	2,9	2,9	2,8	2,8	2,8	2,8	2,8	2,7	2,7	2,7
Dados de fluxo de caixa										
Lucro líquido	1.708,4	1.718,6	1.733,6	1.738,9	1.733,4	1.716,2	1.686,2	1.606,2	1.507,4	1.388,7
– Mudança no capital de giro líquido	103,1	17,6	18,3	19,0	19,6	20,3	20,9	21,4	21,9	23,2
– Mudança nos ativos líquidos de longo prazo	651,6	663,0	696,5	729,8	762,6	794,7	825,9	855,9	884,4	833,3
+ Mudança na dívida líquida	434,0	391,3	411,0	430,5	449,8	468,6	486,9	504,4	521,1	492,4
= Fluxo de caixa livre para o capital próprio	1.387,6	1.429,3	1.429,8	1.420,6	1.400,9	1.369,8	1.326,3	1.233,3	1.122,2	1.024,7
Lucro operacional líquido após impostos	1.832,2	1.854,3	1.880,0	1.896,5	1.902,8	1.897,8	1.880,6	1.813,9	1.728,8	1.624,3
– Mudança no capital de giro líquido	103,1	17,6	18.3	19,0	19,6	20,3	20,9	21,4	21,9	23,2
– Mudança nos ativos líquidos de longo prazo	651,6	663,0	696,5	729,8	762,6	794,7	825,9	855,9	884,4	833,3
= Fluxo de caixa livre para o capital	1.077,5	1.173,7	1.165,2	1.147,7	1.120,5	1.082,8	1.033,8	936,6	822,5	767,9

Fonte: © Cengage Learning, 2013.

TABELA 8-3

Previsão de desempenho para a TJX

Ano da previsão	2011	2012	2013	2014	2015	2016	2017	2018	2019	2020
Valuation do capital próprio										
Lucros anormais	1.413,9	1.396,0	1.385,7	1.364,3	1.330,9	1.284,5	1.224,1	1.112,6	981,1	828,6
ROE anormal	42,1%	38,0%	34,9%	31,9%	29,0%	26,1%	23,2%	19,8%	16,4%	13,0%
Fluxo de caixa livre para o capital próprio	1.387,6	1.429,3	1.429,8	1.420,6	1.400,9	1.369,8	1.326,3	1.233,3	1.122,2	1.024,7
Fator de desconto de capital próprio	0,92	0,85	0,78	0,71	0,66	0,60	0,56	0,51	0,47	0,43
Fator de crescimento de capital próprio	1,00	1,10	1,18	1,27	1,37	1,47	1,57	1,68	1,79	1,90

Fonte: © Cengage Learning, 2013.

É claro que uma continuação do crescimento das vendas que seja significativamente maior que a taxa de crescimento médio da economia não seja realista em um horizonte muito longo. Essa taxa provavelmente ultrapassaria a inflação no dólar e a taxa de crescimento real da economia mundial. Ao longo de muitos anos, isso implicaria que a empresa crescesse a um tamanho maior do que todas as demais empresas no mundo combinadas. Mas qual seria uma suposição alternativa apropriada? Deveríamos esperar que a taxa de crescimento de vendas da empresa por fim estabilizasse ao nível da taxa de inflação? Ou em uma taxa mais alta, como a taxa de crescimento do PIB nominal? E talvez igualmente importante, uma empresa que obtém lucros anormais continuará mantendo suas margens de lucro em uma base de vendas crescente ou até mesmo existente?

Por fim, para responder a essas perguntas, devemos considerar quanto tempo mais a taxa de crescimento nas vendas do setor pode ultrapassar o crescimento econômico geral e quanto tempo as vantagens competitivas de uma empresa podem ser sustentadas. Claramente, quando se olha 11 anos ou mais no futuro, qualquer previsão provavelmente estará sujeita a erros consideráveis.

Abaixo discutiremos uma variedade de abordagens alternativas para a tarefa de calcular um valor terminal.

Valores terminais com a suposição de equilíbrio competitivo

Felizmente, em muitas situações – se não na maioria –, a forma como lidamos com as perguntas aparentemente imponderáveis sobre o crescimento de vendas em longo prazo simplesmente _não im-_

porta muito! De fato, sob hipóteses econômicas plausíveis, não há necessidade prática de considerar o crescimento de vendas além do exercício terminal. Tal crescimento pode ser *irrelevante*, até o ponto em que o valor do patrimônio atual da empresa estiver envolvido!

Como um crescimento em longo prazo pode *não* importar? O raciocínio gira em torno das forças da concorrência. Um impacto da concorrência é que ela tende a restringir a capacidade da empresa de identificar, em uma base consistente, oportunidades de crescimento que gerem lucros supernormais. A outra dimensão que a concorrência tende a impactar são as margens de uma empresa. Por fim, esperaríamos que os altos lucros atraíssem concorrência suficiente para empurrar para baixo as margens de uma empresa e, portanto, seus retornos, até um nível normal. Nesse ponto, a empresa alcançará seu custo de capital, sem retornos anormais ou valor terminal. (Lembre-se da evidência no Capítulo 6 relativa à reversão dos ROEs até níveis normais durante um horizonte de cinco a dez anos).

Certamente, uma empresa poderá em determinado momento manter uma vantagem competitiva que lhe permita alcançar retornos além do custo de capital. Quando essa vantagem for protegida por patentes ou um forte nome de marca, a empresa até poderá ser capaz de mantê-la durante muitos anos, talvez indefinidamente. Numa visão retrospectiva, sabemos que algumas dessas empresas – como Coca-Cola e Walmart – conseguiram não só manter sua vantagem competitiva, mas também expandi-la por meio de uma base de investimento dramaticamente crescente. Contudo, com poucas exceções, é razoável assumir que o valor terminal da empresa será zero sob a suposição de equilíbrio competitivo, tornando óbvia a necessidade de fazer suposições sobre taxas de crescimento de longo prazo.

Suposição do equilíbrio competitivo somente sobre vendas incrementais

Uma versão alternativa da suposição do equilíbrio competitivo é assumir que uma empresa continuará a obter lucros anormais para sempre sobre as vendas que ela tinha no exercício terminal, mas não obterá lucros anormais sobre quaisquer vendas incrementais além desse nível. Se invocarmos a suposição do equilíbrio competitivo sobre vendas incrementais além do ano terminal, então não importa qual taxa de crescimento de vendas usaremos após esse ano e podemos também simplificar nossa aritmética tratando as vendas *como se* fossem constantes no nível do ano terminal. Então ROE, lucro líquido e fluxo de caixa livre para o capital próprio permanecerão todos constantes no nível do ano terminal.

Por exemplo, ao tratar a TJX como se sua vantagem competitiva pudesse ser mantida somente no nível das vendas *nominais* alcançadas no exercício de 2020, estaremos assumindo que em termos *reais* sua vantagem competitiva encolherá. Sob esse cenário, é simples avaliar o valor terminal a partir da divisão do nível de 2020 dos lucros anormais, ROEs anormais ou fluxo de caixa livre para o capital próprio pela taxa de desconto apropriada. Conforme se poderia esperar, os valores terminais nesse cenário serão maiores que aqueles sem nenhum retorno anormal em todas as vendas no exercício de 2021 e além. Isso ocorre inteiramente pelo fato de que agora estamos assumindo que a TJX pode reter indefinidamente seu desempenho superior sobre sua base existente de vendas.

Valor terminal com desempenho anormal e crescimento persistentes

Cada uma das abordagens descritas apela de alguma forma à suposição de equilíbrio competitivo. Entretanto, há circunstâncias nas quais o analista está disposto a assumir que a empresa pode desafiar forças competitivas e obter taxas anormais de retorno sobre novos projetos durante muitos anos. Se o analista acreditar que uma rentabilidade supernormal pode ser estendida a mercados maiores por muitos anos, isso pode ser aceito dentro do contexto de uma análise de *valuation*.

Uma possibilidade é projetar lucros e fluxos de caixa em um horizonte mais longo, por exemplo: até que a suposição de equilíbrio competitivo possa ser razoavelmente invocada. No caso da TJX, por exemplo, poderíamos assumir que a rentabilidade supernormal continuasse por cinco anos após 2020 (para um horizonte de previsão total de 15 anos desde o início do período de previsão), mas, após esse período, o ROE da empresa se igualaria ao seu custo do capital próprio.

Outra possibilidade é projetar crescimento em lucros anormais ou fluxos de caixa numa certa taxa constante. Por exemplo, poderíamos esperar que a TJX mantivesse sua vantagem em uma base de vendas que permanecesse constante em termos *reais*, implicando que as vendas crescessem além do ano de 2020 a uma taxa média de inflação de longo prazo dos Estados Unidos de 3,0%. Após nosso ano terminal, 2020, enquanto a taxa de crescimento de vendas permanecesse constante em 3,0%, os lucros anormais, os fluxos de caixa livre e o valor do patrimônio líquido também cresceriam nessa mesma taxa constante. Isso ocorre simplesmente porque mantivemos constantes todos os outros índices de desempenho nesse período. Como resultado, o ROE anormal permaneceria constante ao mesmo nível que o do ano terminal.

Essa abordagem é mais agressiva que as suposições anteriores sobre o valor terminal, mas pode ser mais realista. Afinal de contas, não há motivo óbvio para que o tamanho *real* da base de investimento sobre a qual a TJX obtém retornos anormais devesse depender das taxas de inflação. A abordagem, contudo, ainda depende até certo ponto da suposição de equilíbrio competitivo. A suposição agora é invocada para sugerir que a rentabilidade supernormal pode ser estendida somente até uma base de investimento que permaneça constante em termos reais. Em raras situações, se a empresa tiver estabelecido uma dominação no mercado que o analista acredita estar imune à ameaça da concorrência, o valor terminal pode ser baseado tanto no crescimento de vendas positivo real quanto nos lucros anormais. Quando assumimos que o desempenho anormal persiste no mesmo nível que o do ano terminal, o ato de projetar lucros anormais e fluxos de caixa livre é um simples problema de fazê-los crescer à taxa assumida de crescimento de vendas. Visto que a taxa de lucros anormais e de crescimento de fluxos de caixa é constante no início do ano após o exercício terminal, também é fácil de entender o desconto desses fluxos. O valor presente da vazão do fluxo é o fluxo no fim do primeiro exercício dividido pela diferença entre a taxa de desconto e a taxa de crescimento estável, desde que a taxa de desconto ultrapasse a taxa de crescimento. Não há nada nesse método de *valuation* que exija *qualquer* dependência na suposição de equilíbrio competitivo; ele poderia ser usado com *qualquer* taxa de crescimento de vendas que seja menor que a taxa de desconto. A pergunta não é se a aritmética está disponível para lidar com essa abordagem, mas quão realista ela é.

Valor terminal com base em um índice de preço

Uma abordagem popular ao cálculo de valor terminal é aplicar um índice aos lucros anormais, aos fluxos de caixa ou aos valores contábeis do período terminal. A abordagem não é tão *ad hoc* como inicialmente poderia parecer. Observe que, sobre a suposição de nenhum crescimento de vendas, os lucros anormais ou os fluxos de caixa após o ano terminal permanecem constantes. Capitalizar esses fluxos em perpetuidade dividindo pelo custo de capital é o equivalente a multiplicá-los pelo inverso do custo de capital. Por exemplo, no caso da TJX, capitalizar os fluxos de caixa livres para o capital próprio em seu custo de capital próprio de 8,8% é o equivalente a assumir um índice de fluxo de caixa terminal de 11,4. Assim, aplicar um índice nessa faixa para a TJX é similar a descontar todos os fluxos de caixa livres após 2020 enquanto se invoca a suposição de equilíbrio competitivo sobre as vendas incrementais.

O erro a evitar aqui é capitalizar os lucros anormais ou os fluxos de caixa futuros usando um índice que seja muito alto. Os índices de lucro ou os de fluxo de caixa poderão ser altos atualmente porque o mercado antecipa crescimento anormal de rentabilidade. Contudo, uma vez que o crescimento for realizado, o índice preço por ação/lucro por ação (P/E) deve cair a um nível normal. É esse P/E normal, aplicável a uma empresa estável ou a uma que possa crescer somente por meio de investimentos que gerem o custo de capital, que deveria ser usado no cálculo do valor terminal. Assim, os índices na faixa de 11,4 – perto do recíproco de custo do capital próprio – deveriam ser usados aqui. Índices mais altos são justificáveis somente quando ainda houver oportunidades rentáveis anormais de crescimento após o ano terminal. Uma lógica similar é aplicada à estimativa de valores terminais usando índices de valor contábil.

Seleção do ano terminal

Uma pergunta crítica posta pela discussão anterior é quanto tempo deve ter o horizonte de previsão detalhado. Quando a suposição de equilíbrio competitivo é usada, a resposta é qualquer tempo necessário para que os retornos da empresa sobre projetos de investimento incremental alcancem esse equilíbrio – um problema que atinge a sustentabilidade da vantagem competitiva da empresa. Conforme indicado no Capítulo 6, a evidência histórica indica que a maioria das empresas nos Estados Unidos deveria esperar que os ROEs revertam para níveis normais entre cinco a dez anos. Contudo, para a empresa típica, podemos justificar o encerramento do horizonte de previsão até mesmo mais cedo – observe que o retorno sobre investimento *incremental* pode ser normal, mesmo enquanto o retorno sobre investimento *total* (e, portanto, o ROE) permanecer anormal. Assim, um horizonte de previsão de cinco a dez anos deve ser mais do que suficiente para a maioria das empresas. Exceções incluiriam empresas tão bem isoladas da concorrência (talvez por causa do poder de um nome de marca) que elas conseguem estender sua base de investimento a novos mercados durante muitos anos e ainda esperam gerar retornos supernormais.

Estimativas do valor terminal da TJX

Escolhendo um ano terminal

Com base na avaliação estratégica da TJX, vimos que a empresa está enfrentando desafios tanto em seu mercado estabelecido nos Estados Unidos quanto em novos mercados onde ela vê seu potencial para expansão de longo prazo. Apesar desses desafios, argumentamos que a TJX criou uma vantagem competitiva que resistirá a uma reversão completa à média em um prazo próximo. Com isso em mente, escolhemos um período de previsão de dez anos após o qual acreditamos que o desempenho da empresa terá alcançado um estado estável. A expansão do horizonte de previsão, portanto, não fornecerá percepções adicionais sobre como a dinâmica do mercado impactará o desempenho de longo prazo da TJX. A Tabela 8-2 mostra que o ROE é previsto para decair gradualmente durante esses dez anos, de 50,9%, em 2011, até 21,7%, até 2020. No nível de 2020, a empresa obterá um retorno anormal sobre o patrimônio líquido de aproximadamente 13%, uma vez que seu custo de capital próprio é estimado em 8,8%.

Valor terminal sob suposições diferentes

A Tabela 8-4 mostra o valor terminal da TJX conforme as várias abordagens teóricas que discutimos anteriormente. O Cenário 1 dessa tabela mostra o valor terminal se assumirmos que a TJX continuará a crescer suas vendas em 5,7% após o ano fiscal de 2020 e a obter o mesmo nível de retornos

---

TABELA 8-4

Valores terminais conforme várias suposições (usando metodologia de lucros anormais)

Abordagem	Cenário	Crescimento de vendas terminal	Margens NOPAT terminais	Valor após o horizonte de previsão (valor terminal $ em bilhões)
Desempenho anormal persistente	Crescimento de vendas e margens com base em análise detalhada e previsão	5,7%	4,0%	12,3
Retornos anormais sobre vendas constantes (termos reais)	Crescimento de vendas à taxa de inflação, margens mantidas	3,0%	4,0%	6,4
Retornos anormais sobre vendas constantes (termos nominais)	Crescimento de vendas essencialmente zero, margens mantidas	0,0%	4,0%	4,1
Equilíbrio competitivo	Margens reduzidas a ponto de não haver lucros anormais	5,7%	2,0%	0,0

Fonte: © Cengage Learning, 2013.

anormais que em 2020 (isto é, assumimos que todas as outras suposições de previsão serão as mesmas que em 2020). Esse cenário resume essencialmente o cenário da TJX em pepetuidade, conforme a suposição de que a empresa continuará a obter retornos anormais persistentes, e conduz a um valor terminal de $12,3 bilhões. O Cenário 2 assume que a TJX é capaz de manter seus retornos anormais somente sobre uma base de vendas constante em termos reais. O Cenário 2 calcula o valor terminal, assumindo que a TJX manterá suas margens somente sobre vendas que cresçam na taxa esperada de inflação de longo prazo, assumida em 3,0%, reduzindo o valor terminal para $6,4 bilhões. O Cenário 3 mostra o valor terminal se assumirmos que a vantagem competitiva da empresa pode ser mantida somente no nível de vendas nominais alcançadas em 2020. Como resultado, assume-se que o crescimento de vendas após o ano terminal é zero, o que é equivalente a assumir que as vendas incrementais não produzem nenhum retorno anormal. O valor terminal conforme esse cenário cai para $4,1 bilhões. O cenário final invoca a suposição de equilíbrio competitivo: as margens serão corroídas de modo que a empresa não terá nenhum retorno anormal independentemente da taxa de crescimento de vendas, levando a nenhum valor terminal. Para fins de ilustração, o crescimento de vendas esperado de 5,7% é mantido. Para representar o equilíbrio competitivo, as margens são reduzidas para eliminar qualquer vantagem competitiva da TJX.

CALCULANDO UMA TAXA DE DESCONTO

Para avaliar o patrimônio de uma empresa, o analista desconta os lucros anormais e os fluxos de caixa disponíveis para detentores de capital próprio (acionistas) usando o custo de capital próprio, que é o retorno requerido pelos investidores de capital próprio. Em nossos cálculos anteriores de retornos anormais, ROE anormal e valor terminal, assumimos um custo de capital próprio para a TJX de 8,8%.

Estimar o custo de capital próprio pode ser difícil, e uma discussão completa do tópico vai além do escopo deste capítulo. Mesmo uma discussão prolongada não forneceria respostas a todas as perguntas que podem ser levantadas nessa área, porque o campo das finanças está em um estado de fluxo sobre o que se constitui uma medida apropriada do custo de capital próprio.

Uma abordagem comum é usar o Modelo de Precificação de Ativo de Capital (CAPM), que expressa o custo de capital próprio como a soma de um retorno exigido sobre ativos sem risco mais um prêmio para risco beta ou risco sistemático:

Custo de capital próprio = Taxa de retorno sem risco + (Risco beta $\times$ Prêmio de risco de mercado)

Para estimar o retorno exigido sobre os ativos sem risco, os analistas frequentemente usam a taxa sobre títulos do tesouro de prazo intermediário, com base na observação de que eles são os fluxos de caixa além do curto prazo que estão sendo descontados.[1]

O risco sistemático ou beta de uma ação reflete a sensibilidade de seus fluxos de caixa e lucros (e consequentemente o preço da ação) para movimentos de mercado de toda a economia.[2] Uma empresa cujo desempenho aumenta ou diminui na mesma taxa que as mudanças na economia como um todo terá um beta de um. As empresas cujo desempenho é altamente sensível a mudanças de toda a economia, como produtores de bens de luxo, fabricantes de bens de capital e empresas de construção, terão betas que ultrapassam a um. E as empresas cujos lucros e fluxos de caixa forem sensíveis às mudanças econômicas, como utilidades regulamentadas ou supermercados, terão betas menores que um. As empresas de serviços financeiros, como a Standard & Poor's e a Value Line, fornecem estimativas de beta para empresas listadas em Bolsa de Valores que são baseadas na relação histórica entre seus retornos de ações e os retornos sobre índice de mercado. Essas estimativas, que também são divulgadas nos sites financeiros on-line padrão, como Yahoo Finance e Google Finance, fornecem uma maneira útil de avaliar riscos beta de empresas de capital aberto.[3] Para empresas que não têm capital aberto, os analistas podem usar betas para empresas de capital aberto nas mesmas indústrias como um indicador de seus riscos beta prováveis.

Finalmente, o prêmio de risco de mercado é o valor que os investidores demandam como retorno adicional para arcarem com um risco beta. Ele é o excesso do retorno esperado no índice de mercado em relação à taxa sem risco. Durante o período de 1926-2010, os retornos conforme o índice Standard & Poor's 500 ultrapassaram a taxa sobre títulos do tesouro de prazo intermediário em 6,7%.[4] Como resultado, muitos analistas assumem que o prêmio do risco de mercado está em torno de 7%. Outros argumentam que várias mudanças na economia dos Estados Unidos fazem com que o prêmio de risco histórico seja uma base não válida para previsão do prêmio de risco esperado daqui para frente. Evidência de algumas pesquisas acadêmicas recentes sugere que o prêmio de risco esperado no mercado em anos recentes declinou substancialmente para entre 3% e 5%, levando alguns analistas a usarem essas taxas menores em suas *valuations*.[5] Contudo, perguntas surgiram sobre essas abordagens. Em nosso cálculo do custo de capital próprio da TJX, nós, portanto, usamos o prêmio histórico de risco de mercado de 6,7%.

Embora o CAPM seja frequentemente utilizado para avaliar o custo de capital próprio, evidências indicam que o modelo é incompleto. Assumindo que as ações sejam precificadas competitivamente, espera-se que retornos sobre ações devam apenas remunerar os investidores pelo custo de seu capital. Assim, os retornos médios de longo prazo devem estar próximos do custo de capital próprio e deveriam (conforme o CAPM) variar entre as ações conforme seu risco sistemático. Contudo, os fatores além do risco sistemático parecem desempenhar algum papel na explicação da variação em retornos médios de longo prazo. O mais importante desses fatores é chamado de "efeito tamanho": empresas menores (medidas pela capitalização de mercado) tendem a gerar retornos maiores em períodos subsequentes. O porquê de isso acontecer é obscuro. Isso poderia indicar tanto que empresas menores correm mais risco do que o indicado pelo CAPM ou que estão subprecificadas no ponto em que sua capitalização de mercado é medida, ou uma combinação de ambos. Os retornos médios de ações de empresas dos Estados Unidos (incluindo empresas na NYSE, AMEX e NASDAQ) variaram entre decis de tamanho de 1926 a 2010, conforme mostrado na Tabela 8-5. A tabela mostra que, historicamente, os investidores das empresas nos dois decis superiores da distribuição de tamanho realizaram retornos de 10,9% e 12,9% em comparação aos retornos significativamente maiores de empresas nos dois menores decis de tamanho, 17,2% a 21,0%, respectivamente. Não surpreendentemente, as ações maiores têm corrido significativamente menos risco que as ações menores. As ações no maior decil possuem um beta de menos de um comparado a 1,41 para o menor decil. Após

TABELA 8-5
Retornos de ação, volatilidade e tamanho da empresa

Tamanho do decil	Valor de mercado da maior empresa no decil em 2010 ($ milhões)	Fração do valor de mercado total representado por decil em 2010 (%)	Retorno anual médio da ação 1926-2010 (%)	Beta, 1926-2010	Prêmio pelo tamanho (retorno além do CAPM – %)
1 – menor	235,6	1,0	21,0	1,41	6,4
2	477,5	1,3	17,2	1,35	2,9
3	771,8	1,7	16,5	1,30	2,7
4	1.212,3	2,2	15,4	1,24	1,9
5	1.776,0	2,6	15,0	1,19	1,8
6	2.509,2	3,5	14,8	1,16	1,8
7	3.711,0	4,3	13,9	1,12	1,2
8	6.793,9	7,4	13,6	1,10	1,0
9	15.076,5	13,6	12,9	1,03	0,8
10 – maior	314.622,6	62,3	10,9	0,91	–0,4

Fonte: Ibbotson and Associates, *Market Results for Stocks, Bonds, Bills, and Inflation*, 1926-2010 (2011).

controlar essa diferença no risco beta, vemos que as empresas no decil menor obtiveram uma média de 6,4% maior que o retorno teórico de CAPM com o passar do tempo. Teóricos de finanças não desenvolveram uma explicação bem aceita para o motivo desse resultado.

Em reconhecimento à importância deles, podemos usar tanto o CAPM quanto os "fatores de tamanho" para estimar o custo de capital próprio de uma empresa. A abordagem ajusta o custo de capital próprio com base no CAPM, usando a diferença entre o retorno médio no índice de mercado usado no CAPM (o Standard & Poor's 500) e o retorno médio de empresas de um tamanho comparável à empresa que está sendo avaliada. O custo de capital próprio resultante é o seguinte:

Custo de capital próprio = Taxa de retorno sem risco + (Risco beta $\times$ Prêmio de risco de mercado) + Prêmio pelo tamanho

À luz do debate contínuo sobre como medir o custo de capital próprio, não é surpresa que gerentes e analistas frequentemente considerem uma gama de estimativas. Os debates continuam sobre se o prêmio de risco histórico de aproximadamente 7% é válido para hoje em dia ou não, se o beta é uma medida de risco relevante ou não e se outras métricas, como tamanho, deveriam ser refletidas nas estimativas do custo de capital próprio. Visto que esses debates ainda não estão resolvidos, é prudente que os analistas usem uma gama de estimativas de prêmio de risco durante o cálculo do custo de capital próprio de uma empresa.

Estimando o custo de capital próprio da TJX

Para estimar o custo de capital próprio da TJX, observamos que o beta da empresa foi declarado pela Value Line como sendo de 0,8, e o título do tesouro de dez anos, em fevereiro/março de 2011, estava rendendo grosseiramente 3,4%. Usando o prêmio de risco histórico para capital próprio de 6,7% discutido anteriormente, podemos calcular o custo de capital próprio da TJX como sendo de 8,8% conforme a seguir:

$$\text{Custo de capital próprio} = \text{Taxa de retorno sem risco} + (\text{Risco beta} \times \text{Prêmio de risco de mercado})$$
$$8,8 \quad = \quad 3,4 \quad + \quad (0,8 \quad \times \quad 6,7)$$

Não incluímos um fator de tamanho para o cálculo do custo de capital próprio da TJX, uma vez que sua capitalização de mercado se encaixa no décimo decil, em que o prêmio pelo tamanho é modesto. Contudo, é importante lembrar que o custo de capital próprio de 8,8% usado para descontar previsões de lucros anormais e fluxos de caixa disponíveis para os detentores de capital próprio (acionistas) da TJX é somente um ponto de partida e que o analista pode mudar a estimativa alterando o prêmio de risco de mercado assumido ou fazendo ajustes de efeitos de tamanho.

Ajustando o custo de capital próprio para mudanças na alavancagem

O custo de capital próprio muda como uma função da alavancagem de uma empresa. Conforme a alavancagem aumenta, a dívida e o capital próprio tornam-se mais arriscados e, portanto, mais caros. Se um analista estiver pensando em fazer mudanças significativas na estrutura de capital da empresa durante o período de previsão relativas à estrutura histórica de capital, é importante reavaliar o custo da dívida e do capital próprio para levar essas medidas em conta.[6]

Essa não é uma tarefa simples. Ela requer a avaliação de mudanças nos custos da dívida e do capital próprio que provavelmente surgirão da mudança da estrutura de capital da empresa. A mudança no custo da dívida pode ser estimada pelo exame do custo da dívida de empresas em setores iguais ou comparáveis que possuam a estrutura revisada de capital.

A mudança no custo de capital próprio pode ser estimada pelo cálculo do beta dos ativos da empresa, isto é, o risco beta médio ponderado de sua dívida e seu capital próprio, e depois pelo realavancamento da empresa usando sua nova estrutura de capital. O primeiro passo nesse processo é inferir os betas de dívida antigos e revisados usando o Modelo de Precificação do Ativo de Capital (CAPM) e as informações dadas nos custos de dívida anteriores e revisados, prêmio de risco e taxa livre de risco. Para calcular o custo de dívida revisado, o analista pode estimar como a estrutura revisada de capital mudaria sua classificação de dívida (como discutido no Capítulo 10). Uma dívida com classificação mais alta ou mais baixa aumentaria ou reduziria o custo de dívida da empresa.

O segundo passo é estimar o beta dos ativos da empresa conforme a estrutura de capital atual (ou antiga), usando os betas atuais para dívida e capital próprio e os pesos da dívida e do capital próprio em seu valor de mercado:

Risco beta dos ativos = Risco beta de capital próprio $\times$ % Capital próprio$_{antigo}$ +Risco beta de dívida$_{antigo}$ $\times$ % Dívida$_{antiga}$ $\times$ (1 – Taxa de imposto)

O risco beta de ativos representa o ponto no qual os fluxos de caixa gerados pelos ativos da empresa flutuam com os ciclos econômicos. O %Capital Próprio$_{antigo}$ e o %Dívida$_{antiga}$ são a parcela do valor justo ou de mercado da empresa atualmente financiado pelo capital próprio e pela dívida, respectivamente, com um ajuste para o tratamento de imposto diferencial dos custos de financiamento da dívida (1 – taxa de imposto).

Então, estamos na posição de inferir o beta de capital próprio revisado conforme a nova estrutura de capital. Para isso, assumimos que o beta de ativos da empresa não foi alterado pela mudança na estrutura de capital. Uma vez que conhecemos o beta dos ativos, o beta da dívida revisado e a nova estrutura de capital, podemos resolver o novo beta de capital próprio conforme a seguir:

Risco beta de capital próprio$_{novo}$ = [Risco beta de ativos – Risco beta de dívida$_{novo}$ $\times$ % Dívida$_{nova}$ $\times$ (1 – Taxa de imposto)]/(%Capital próprio$_{novo}$)

Finalmente, usamos o CAPM e o beta de capital próprio revisado para calcular o novo custo de capital próprio conforme a estrutura de capital revisada.

Considerando a complexidade desse processo, recomendamos seu uso somente quando seja provável que mudanças significativas ocorreram na estrutura de capital de uma empresa.

CÁLCULO DO VALOR PATRIMONIAL

A Tabela 8-6 mostra o valor estimado do capital próprio da TJX usando os três diferentes métodos discutidos no Capítulo 7 (lucros anormais, ROE anormal e fluxos de caixa livre para capital próprio). Para calcular esses valores, o custo de capital próprio da TJX de 8,8% é usado primeiramente para descontar as previsões de desempenho na Tabela 8-3 e o valor terminal previsto utilizando os quatro cenários apresentados na Tabela 8-4. Essas previsões descontadas são, então, adicionadas junto com o valor do patrimônio líquido inicial (exceto no cálculo de fluxos de caixa livres para capital próprio, que não depende do valor contábil inicial) para chegar a um valor estimado total do patrimônio da TJX conforme os vários cenários que discutimos. Dependendo de qual suposição de comportamento dos lucros da TJX durante o longo prazo que estamos examinando, podemos ver que as estimativas do preço de ação da TJX vão de $29,78 a $61,36.

Conforme discutido no Capítulo 7, os métodos de lucros anormais, ROE anormal e fluxos de caixa livres geram os mesmos valores patrimoniais. Observe também que o valor terminal da TJX representa uma fração maior do valor total do patrimônio conforme o método de fluxo de caixa relativamente a outros métodos. Conforme discutido no Capítulo 7, isso ocorre porque os métodos de lucros anormais e ROE dependem de um valor do patrimônio líquido de uma empresa, então as previsões do valor terminal são para o valor incremental em relação ao valor contábil. Em contraste,

TABELA 8-6

Resumo de *valuation* de capital próprio para a TJX conforme cenários variados

($000.000)	Valor contábil inicial	Valor das previsões para 2011-2020	Valor das previsões após 2020 (valor terminal)	Valor total	Valor por ação ($)[1]
Cenário 1 – Desempenho anormal persistente					
Lucros anormais	3.357,1	8.246,7	12.308,0	23.911,8	61,36
ROE anormal	3.357,1	8.246,7	12.308,0	23.911,8	61,36
Fluxos de caixa livres para capital próprio	N/A	8.691,6	15.220,2	23.911,8	61,36
Cenário 2 – Retornos anormais sobre vendas constantes (termos reais)					
Lucros anormais	3.357,1	8.246,7	6.381,3	17.985,1	46,15
ROE anormal	3.357,1	8.246,7	6.381,3	17.985,1	46,15
Fluxos de caixa livres para capital próprio	N/A	8.766,0	9.219,2	17.985,1	46,15
Cenário 3 – Retornos anormais sobre vendas constantes (termos nominais)					
Lucros anormais	3.357,1	8.246,7	4.076,1	15.680,0	40,24
ROE anormal	3.357,1	8.246,7	4.076,1	15.680,0	40,24
Fluxos de caixa livres para capital próprio	N/A	8.848,6	6.831,3	15.680,0	40,24
Cenário 4 – Equilíbrio competitivo					
Lucros anormais	3.357,1	8.246,7	0,0	11.603,8	29,78
ROE anormal	3.357,1	8.246,7	0,0	11.603,8	29,78
Fluxos de caixa livres para capital próprio	N/A	8.691,6	2.912,2	11.603,8	29,78

Fonte: © Cengage Learning, 2013.

[1] Ações da TJX em circulação usadas no cálculo do patrimônio líquido por ação – 389,7 milhões, por Thomson ONE database, acessado em julho de 2011.

a abordagem de fluxo de caixa livre ignora o valor contábil, implicando que as previsões de valor terminal representam o valor total durante esse período.

Como comentário final, os cálculos primários nessas estimativas tratam todos os fluxos como se chegassem ao fim do exercício. Na realidade, eles geralmente chegarão no exercício todo. Se escolhermos assumir, por uma questão de simplicidade, que os fluxos de caixa chegam na metade do ano, então deveríamos ajustar nossas estimativas de valor para cima em $[1 + (R/2)]$, em que R é a taxa de desconto. Isso aumentaria as estimativas de valor de patrimônio para uma faixa de $31,09 a $64,06.

Estimativas de valor *versus* valores de mercado

Conforme a discussão anterior mostra, a *valuation* envolve um número substancial de suposições feitas pelos analistas. Portanto, as estimativas de valor variarão de um analista para outro. A única maneira de garantir que as estimativas de um deles sejam confiável é se certificar de que as suposições estejam baseadas na economia da empresa avaliada. Também é útil verificar as suposições contra as tendências de série temporal para os índices de desempenho discutidos no Capítulo 6. Embora seja bastante legítimo para um analista fazer suposições que difiram significativamente dessas tendências em um desses casos, é importante que ele seja capaz de articular os motivos do negócio e estratégicos para fazer essas suposições.

Quando uma empresa avaliada possui capital aberto, é possível comparar o valor estimado próprio de uma pessoa com o valor de mercado de uma empresa. Quando um valor estimado difere substancialmente do valor de mercado de uma empresa, é útil para o analista entender por que essas diferenças surgem. Uma maneira de realizar isso é reestruturar o cálculo de *valuation* para entender quais suposições de *valuation* são necessárias para chegar ao preço da ação observado. E, então, pode--se examinar se as suposições de mercado são mais ou menos relativas às próprias suposições. Conforme discutiremos no próximo capítulo, essa análise pode ser inestimável quando se usa *valuation* para tomar decisões de compra ou venda no contexto de análise de valores mobiliários.

No caso da TJX, o valor da ação da empresa observado em 1º de fevereiro de 2011 (o início do ano fiscal da TJX de 2011) era de $47,94, colocando-o muito perto do nosso valor do Cenário 2 de $46,15 mostrado na Tabela 8-6.

Análise de sensibilidade

A ampla faixa de valores patrimoniais estimados mostrados na Tabela 8-6 demonstra que as mudanças nas suposições podem significativamente afetar a *valuation* do patrimônio de uma empresa feita por um analista. Conforme observado, a *valuation* de mercado da TJX, no início de 2011, fica próxima da *valuation* do Cenário 2, indicando que o mercado esperava que a TJX fosse capaz de continuar a gerar retornos anormais além do horizonte de previsão. Contudo, no Capítulo 6, reconhecemos que o futuro da empresa pode se desenrolar de várias maneiras. Se, por exemplo, a TJX for capaz de resistir à pressão de longo prazo para que seus ROEs revertam à média em seus mercados nos Estados Unidos e no Canadá, de lidar com seus problemas na Europa e replicar seu sucesso norte-americano em outros mercados novos, seus retornos reais anormais ou até mesmo os retornos anormais gerais poderão perdurar além do ano terminal, levando a uma *valuation* muito mais alta (veja Tabela 8-6). Alternativamente, se os mercados nos Estados Unidos e no Canadá reverterem à média, o negócio europeu deixar de se recuperar e seu modelo deixar de ser traduzido com sucesso para novos mercados, o desempenho do ano terminal da TJX poderá ser mais bem refletido pela reversão ao equilíbrio competitivo. As diferenças em valores desses cenários foram primariamente comandadas por diferenças de longo prazo no crescimento de vendas e margens, medidas de desempenho que são fortemente afetadas pelas forças da concorrência.

ALGUNS PROBLEMAS PRÁTICOS NA *VALUATION*

A discussão anterior fornece um guia para fazer uma *valuation*. Na prática, o analista deve lidar com vários outros problemas que tenham um efeito importante sobre a tarefa de *valuation*. Discutiremos a seguir três complicações frequentemente encontradas – distorções contábeis, valores contábeis negativos e excesso de caixa.

Lidando com distorções contábeis

Sabemos, pela discussão no Capítulo 7, que os métodos contábeis por si não deveriam ter nenhuma influência sobre o valor da empresa, apesar de as abordagens aqui usadas de *valuation* de retornos e lucros anormais serem baseadas em números que variam com as escolhas de métodos contábeis.

Visto que as escolhas contábeis devem afetar *tanto* lucros *quanto* o valor contábil, e por causa da natureza autocorretiva das partidas dobradas (todas as "distorções" da contabilidade devem por fim reverter), os valores estimados não serão afetados por escolhas contábeis *desde que o analista reconheça as distorções contábeis*.[7] Quando uma empresa usa uma contabilidade "parcial" – conservadora ou agressiva –, o analista precisa reconhecer a parcialidade para garantir que as estimativas de valor não sejam parciais. Se uma análise completa não for realizada, as escolhas contábeis de uma empresa podem influenciar as percepções dos analistas do desempenho real da empresa e consequentemente as previsões para desempenho futuro. A escolha contábil afetará as expectativas de lucros futuros e fluxos de caixa e distorcerá a *valuation*, independentemente se ela se basear no FCD ou em lucros anormais descontados.[8] Por exemplo, se uma empresa superestimar o crescimento de receita atual por meio do reconhecimento agressivo de receita, a falha em avaliar o efeito provavelmente levará o analista a superestimar receitas futuras, afetando tanto previsões de lucros quanto de fluxos de caixa. Um analista que encontra contabilidade parcial tem duas escolhas: ajustar lucros atuais e valores contábeis para eliminar parcialidades contábeis dos gestores, ou reconhecer essas parcialidades e ajustar futuras previsões de acordo com a parcialidade. Embora ambas as abordagens levem à mesma estimativa de valor de empresa, a escolha terá um impacto importante sobre qual fração do valor da empresa será capturada dentro do horizonte previsto e o que permanece no valor terminal.

Ao manter constantes o horizonte de previsão e as oportunidades de crescimento futuro, contabilidade de qualidade superior geralmente permite que uma fração maior do valor de uma empresa seja capturada pelo valor contábil atual e pelos lucros anormais dentro do horizonte de previsão. A contabilidade pode ser de baixa qualidade quer porque não é confiável, quer porque é extremamente conservadora. Se a confiança na contabilidade for uma preocupação, o analista tem que investir recursos nos "ajustes contábeis". Se a contabilidade for conservadora, o analista é forçado a aumentar o horizonte de previsão para capturar determinada fração do valor da empresa ou depender de estimativas de valores terminais relativamente mais incertos para uma grande fração do valor estimado.

No caso da TJX, relatamos no Capítulo 5 o impacto sobre os índices financeiros e outras medidas de desempenho da empresa para ajuste do uso de contabilidade de *leasing* fora do balanço patrimonial feito pela empresa. Vimos que os grandes efeitos do ajuste dessa escolha contábil deveriam aumentar os lucros no período atual (em razão da depreciação menor dos ativos recém-"adquiridos" *versus* os arrendamentos previamente feitos), e significativamente aumentar tanto os ativos de longo prazo quanto a dívida (com impacto resultante nos índices relacionados). Ao avaliar a TJX, reconhecemos esses efeitos ao estimar previsões para ela usando financiamentos ajustados que refletem o impacto total dos arrendamentos operacionais. Outra forma que o analista poderá escolher para abordar o problema será pelo reconhecimento de que, com sua base de ativos baixa, seria esperado que a TJX tivesse que manter um retorno sobre os ativos operacionais que resista a uma reversão completa à média. Nesse caso, esse desempenho forte de prazo próximo também resultaria em menos do valor da TJX sendo refletido em seu valor terminal.

Lidando com valores contábeis negativos

Várias empresas possuem lucros e/ou valores negativos de patrimônio líquido. As empresas na fase de abertura possuem patrimônio líquido negativo, assim como aquelas nos setores de alta tecnologia. Essas empresas incorrem em grandes investimentos cujo retorno é incerto. Os contadores escrituram esses investimentos por questão de conservadorismo, levando a um patrimônio líquido negativo. Exemplos de empresas nessa situação incluem empresas de biotecnologia, de internet, de telecomunicação e outras de alta tecnologia. Uma segunda categoria de empresas com patrimônio líquido negativo são aquelas com péssimo desempenho, resultando em prejuízos acumulados que ultrapassam o investimento original feito pelos acionistas.

O patrimônio líquido negativo dificulta o uso da abordagem contábil para avaliar o patrimônio de uma empresa. Há várias maneiras de contornar esse problema. A primeira é avaliar os ativos da empresa (usando, por exemplo, ROA operacional anormal ou NOPAT anormal) em vez do patrimônio líquido. Então, com base em uma estimativa do valor da dívida da empresa, pode-se estimar o valor do capital próprio. Outra alternativa é "desfazer" o conservadorismo dos contadores pela capitalização dos gastos com investimentos amortizados. Isso é possível se o analista for capaz de estabelecer que esses gastos são capazes de criar valor. Uma terceira alternativa, exequível para empresas de capital aberto, é começar a partir do preço de ação observado e retroceder. Usando estimativas razoáveis de custo de capital próprio e taxa de crescimento estável, o analista pode calcular o nível médio de lucros anormais de longo prazo necessário para justificar o preço de ação observado. Então, a tarefa analítica pode ser estruturada em termos do exame da factibilidade em alcançar essa "meta" de lucros anormais.

É importante observar que o valor das empresas com patrimônio líquido negativo frequentemente consiste de um valor de opção significante. Por exemplo, o valor de empresas de alta tecnologia não é apenas impulsionado pelos lucros esperados de suas tecnologias atuais, mas também pelo retorno das opções de tecnologia embutidas em seus esforços de pesquisa e desenvolvimento. De modo similar, o valor das empresas com problemas é impulsionado até certo ponto pela "opção de abandono" – os acionistas com responsabilidade limitada podem entregar a empresa para detentores de dívidas e credores. Uma pessoa pode usar a estrutura de teoria de opções para avaliar o valor dessas "opções reais".

Lidando com excedente de caixa e de fluxo de caixa

As empresas com excesso de saldos de caixa, ou grandes fluxos de caixa livres, também apresentam um desafio de *valuation*. Em nossas projeções para a TJX, implicitamente assumimos que o caixa além do nível exigido para financiar as operações da empresa será pago aos acionistas da empresa quer na forma de dividendos, quer como recompras de ações. Observe que esses fluxos de caixa já estão incorporados no processo de *valuation* quando forem reconhecidos, então não há necessidade de levá-los em conta quando forem pagos.

É importante reconhecer que tanto a *valuation* contábil quanto a avaliação de fluxo de caixa descontado assumem um pagamento de dividendos que pode potencialmente variar de período para período. Essa suposição da política de dividendos é exigida desde que alguém deseje assumir um nível constante de alavancagem financeira e risco de capital próprio estável usado para calcular o custo de capital próprio nos cálculos de *valuation*. As empresas raramente possuem uma política variável de dividendo na prática. Contudo, isso em si não invalida as abordagens de *valuation* desde que a política de dividendos de uma empresa não afete seu valor. Isto é, as abordagens de avaliação assumem o bem conhecido teorema Modigliani-Miller com relação à irrelevância da posse de dividendos.

A política de dividendos de uma empresa pode afetar seu valor se os gerentes não investirem otimamente os fluxos de caixa livres. Por exemplo, se os gerentes de uma empresa usarem o excesso de caixa para realizar aquisições que destroem valor, então nossa abordagem superestimará o valor da empresa. As empresas que sofrem de tais custos de "agência" provavelmente terão gestão corporativa ineficiente (discutida no Capítulo 12). Uma abordagem que o analista pode usar para refletir esses tipos de preocupações em uma avaliação é primeiramente estimar o valor da empresa de acordo com a abordagem descrita anteriormente e depois ajustar o valor estimado para quaisquer custos de agência que os gerentes da empresa possam impor aos investidores.

RESUMO

Ilustramos neste capítulo como aplicar a teoria de *valuation* discutida no Capítulo 7. O capítulo explica o conjunto de suposições de negócio e financeiras que uma pessoa precisa fazer para conduzir o exercício de *valuation*. Ele também ilustra a mecânica de fazer previsões detalhadas de *valuation* e valores terminais de lucros, fluxos de caixa livres e taxas contábeis de retorno. Discutimos como calcular o custo de capital próprio. Usando um exemplo detalhado, mostramos como o valor patrimonial de uma empresa pode ser calculado usando lucros, fluxos de caixa e taxas de retorno. Finalmente, oferecemos maneiras de lidar com alguns problemas práticos comumente encontrados, incluindo distorções contábeis, valores contábeis negativos e excesso de saldos de caixa.

QUESTÕES PARA DISCUSSÃO

1. Como as previsões na Tabela 8-2 mudariam se a TJX mantivesse uma taxa de crescimento de vendas de 10% por ano de 2011 a 2020 (e todas as outras suposições fossem mantidas inalteradas)?

2. Recalcule as previsões na Tabela 8-2, assumindo que a margem de lucro NOPAT seja mantida estável pelos primeiros cinco anos da previsão e depois decline em 0,1 ponto percentual por ano em seguida (mantendo todas as outras suposições inalteradas).

3. Recalcule as previsões na Tabela 8-3, assumindo que o índice do capital de giro operacional líquido para vendas é de 3% e o índice de ativos líquidos de longo prazo se mantém estável em 33,4% para todos os anos do exercício fiscal de 2011 até 2020. Mantenha todas as outras suposições inalteradas.

4. Calcule as saídas de caixa da TJX a seus acionistas nos exercícios 2011-2020 que são implicitamente assumidas nas projeções na Tabela 8-2.

5. Como os cálculos de lucros anormais na Tabela 8-3 mudariam se a suposição de custo de capital próprio fosse alterada para 12%?

6. Qual seria o valor total do patrimônio (conforme calculado para cenários na Tabela 8-6 usando lucros anormais) se o crescimento das vendas nos exercícios 2021 e posteriores fosse 8,5% e a empresa fosse capaz de gerar retornos anormais para sempre no mesmo nível que o do ano fiscal de 2020 (mantendo todas as outras suposições na tabela inalteradas)?

7. Calcule a proporção do valor terminal em relação ao valor estimado do patrimônio conforme o método de lucros anormais e o método de fluxo de caixa descontado para os resultados do Cenário 2 mostrados na Tabela 8-6. Por que essas proporções são diferentes?

8. Qual será o custo de capital próprio da TJX se o prêmio de risco de mercado do capital próprio for 5%?

9. Suponha que a TJX mude sua estrutura de capital para que seu peso de valor de mercado da dívida para capital aumente para 30%, e sua taxa de juros após impostos sobre a dívida nesse novo nível de alavancagem seja 3,5%. Assuma também que o prêmio de risco de mercado do capital próprio seja 6,7%. Qual será o custo de capital próprio no novo nível de dívida? Qual será o novo custo de capital médio ponderado?

10. Nancy Smith diz que não se sente confortável em fazer uma suposição de que o pagamento de dividendo da TJX variará ano a ano. Se ela fizer uma suposição de pagamento de dividendo constante, quais mudanças ela tem que fazer em suas outras suposições de *valuation* para torná-las internamente consistentes umas com as outras?

Notas

1. Veja T. Copeland, T. Koller e J. Murrin, *Valuation: Measuring and Managing the Value of Companies*, 2ª edição (Nova York: John Wiley & Sons, 1994). A teoria exige o uso de uma taxa de curto prazo, mas se essa taxa for usada aqui, uma pergunta de dificuldade prática surge: como alguém reflete o prêmio necessário para inflação esperada em longos horizontes? Embora o prêmio pudesse, em princípio, ser tratado como uma porção do prazo $[E(rm) - rf]$, provavelmente é mais fácil usar uma taxa sem risco intermediária ou de longo prazo que presumivelmente reflita a inflação esperada.

2. Uma maneira de avaliar o risco sistemático é regredir os retornos de ações da empresa durante certo período recente de tempo contra os retornos no índice de mercado. O coeficiente de inclinação representa uma estimativa de β. De maneira mais fundamental, o risco sistemático depende de quão sensível os lucros operacionais da empresa são às mudanças na atividade em toda a economia e do grau de alavancagem da empresa. A análise financeira que avalia esses riscos operacionais e financeiros deveria ser útil para chegar a estimativas razoáveis de β.

3. Esses betas são tipicamente estimados regredindo cinco anos de retornos diários de ações da empresa sobre o retorno em um índice de mercado, como o Standard & Poor's 500. Essas estimativas podem ser fortemente influenciadas por notícias extremamente positivas ou negativas específicas da empresa (e retornos de ações) durante o período de avaliação de cinco anos, gerando betas altos e baixos que não sejam implausíveis. Visto que se usa uma abordagem de estimativa mais complexa, os betas do Value Line provavelmente estarão menos sujeitos a essas parcialidades e são usados em todo este livro.

4. O retorno médio relatado aqui é a média aritmética como oposta à média geométrica. Ibbotson e Associates explicam por que essa estimativa é apropriada neste contexto (veja "Stocks, Bonds, Bills, and Inflation 2010 Yearbook", Chicago).

5. Veja W. Gebhardt, C. Lee e B. Swaminathan, "Toward an Implied Cost of Capital", *Journal of Accounting Research* 39, n. 1 (2001): 135-176; e J. Claus e J. Thomas, "The Equity Premium Is Much Lower Than You Think It Is: Empirical Estimates from a New Approach", *Journal of Finance* 56 (2001): 1.629-1.666.

6. Para a TJX, os ajustes para colocar os *leasings* operacionais no balanço patrimonial mudam a alavancagem da empresa e outros índices de estrutura de capital daqueles relatados. Contudo, não consideramos necessário reavaliar o custo de dívida e o capital próprio da TJX para essas mudanças, visto que os ajustes são feitos para prover um melhor quadro econômico da estrutura de capital atual da empresa, não para mudar a estrutura de capital da TJX. A suposição implícita subjacente dessa abordagem é que as avaliações dos riscos beta do capital próprio e dívida da empresa refletem sua estrutura de capital econômico atual em vez daquela relatada. Considerando que as agências de classificação geralmente fazem ajustes para aumentar a alavancagem para efeito de dívida dos *leasings* operacionais, isso parece uma suposição razoável.

7. A *valuation* com base em lucros anormais descontados exige uma propriedade das previsões: que sejam consistentes com a "contabilidade do lucro limpo (*clean surplus*)". Essa contabilidade requer a seguinte relação:

Valor contábil do final do período = Valor contábil inicial $\times$ ganhos – dividendos $\pm$ contribuições/retiradas de capital

A contabilidade de lucro limpo exclui situações em que certo lucro ou prejuízo é excluído dos ganhos, mas ainda é usado para ajustar o valor do patrimônio líquido. Por exemplo, conforme o GAAP estadunidense, os lucros e os prejuízos em conversões de moeda estrangeira são manuseados dessa maneira. Ao aplicar a técnica de *valuation* descrita aqui, o analista precisaria afastar-se do GAAP ao produzir previsões e tratar esses lucros/prejuízos como parte dos lucros. Contudo, a técnica não exige que a contabilidade de lucro limpo tenha sido aplicada no passado – então o valor contábil existente, com base no GAAP estadunidense ou em qualquer outro conjunto de princípios, pode ainda servir como ponto de partida. Tudo que o analista tem que fazer é aplicar a contabilidade de lucro limpo em suas previsões, que não é apenas a coisa mais fácil, mas também normalmente é a coisa natural a fazer de qualquer forma.

8. É importante reconhecer que, quando o analista usar o método de previsão de fluxo de caixa "indireto", as parcialidades contábeis não detectadas podem influenciar não somente previsões de lucros futuros, mas também as previsões de fluxos de caixa livres futuros. No exemplo atual, uma vez que as contas a receber são superestimadas, o analista assumirá que serão recebidas como caixa em certo período futuro, levando a uma estimativa mais alta de fluxos de caixa futuros.

APÊNDICE: Estimando o valor total de ativos da TJX

Nosso foco primário neste capítulo tem sido a *valuation* do patrimônio da TJX. Contudo, também pode ser útil para o analista avaliar os ativos da empresa. Como discutido no Capítulo 7, conforme as diferentes abordagens de *valuation*, as previsões cruciais exigidas para converter as previsões financeiras mostradas nas Tabelas 8-1 e 8-2 em estimativas de valor de ativos são as seguintes:

- NOPAT anormal: NOPAT menos capital líquido total no início do ano vezes o custo de capital médio ponderado;
- ROA operacional anormal: a diferença entre o ROA operacional e o custo de capital médio ponderado; ou
- Fluxos de caixa livres para o capital: NOPAT menos o aumento no capital de giro operacional menos o aumento em ativos novos de longo prazo.

Da mesma maneira que usamos o custo de capital próprio para descontar o desempenho de capital próprio previsto da TJX e avaliar seu patrimônio, precisamos apresentar um custo de todo capital fornecido, chamado de Custo de Capital Médio Ponderado (WACC), para descontar as previsões do desempenho de ativos e avaliar seus ativos. Conforme discutido no Apêndice D do Capítulo 7, o custo de capital médio ponderado (WACC) é usado para descontar os ganhos anormais ou os fluxos de caixa livres para todos os investidores na empresa. O WACC é o custo médio de obtenção de capital para uma empresa, tanto de fontes de capital de terceiros quanto de capital próprio. Literalmente, é o custo de financiamento de dívida ponderado após impostos (isto é, o retorno exigido pelos provedores de dívida para a empresa em uma base após impostos) e o retorno ponderado exigido pelos provedores de capital próprio, em que os pesos são as porcentagens de capital de terceiros e capital próprio (em valores justos ou de mercado) para os valores de mercado da empresa.

Para avaliar o WACC para a TJX, começamos com a suposição de que seu custo de capital de terceiros antes dos impostos seja de 4,4%, com base no rendimento médio da capital de terceiros de uma empresa similarmente classificada durante 2010 (discutiremos isso com mais detalhes no Capítulo 10). Considerando a taxa fiscal marginal da TJX de 38%, o custo de capital de terceiros após impostos é de 2,7% [4,4% $\times$ (1 – 38%)]. Conforme discutido no capítulo, o custo de capital próprio da TJX é estimado em 8,8%, refletindo o beta de capital próprio da empresa de 0,8, o rendimento dos títulos do tesouro de dez anos de 3,4% e o prêmio de risco histórico para capital próprio de 6,7%.

O valor patrimonial estimado da TJX visto na estimativa de Cenário 2 detalhado anteriormente (que rastreia mais de perto o valor verdadeiro de mercado do patrimônio durante o mesmo período de tempo) foi de $18,0 bilhões; sua dívida contábil líquida (usando nossos números ajustados) foi de $4,5 bilhões. Utilizando-se esses números, podemos calcular os pesos de "valor de mercado" da dívida e do capital próprio na estrutura de capital da empresa como 20% e 80%, respectivamente.

Considerando essas pesagens e os custos de capital próprio e de terceiros, o WACC da TJX em fevereiro de 2011 é estimado em 7,6%.

Custo de capital médio ponderado da TJX

	Custo dos fundos	**× Peso de mercado**	**= Custo ponderado**
Capital de terceiros (dívida)	2,7%	20,0%	0,6%
Capital próprio	8,8%	80,0%	7,0%
Capital			7,6%

Agora que avaliamos o WACC da TJX, podemos prever as variáveis necessárias para calcular um valor geral de ativos para a TJX. A Tabela A-1 mostra previsões para as três variáveis de demonstração financeira – NOPAT anormal, ROA operacional anormal e fluxo de caixa livre para o capital – para o período de dez anos de 2011 a 2020.

Para derivar os fluxos de caixa em 2020, precisamos fazer suposições sobre a taxa de crescimento de vendas e os índices de balanço patrimonial em 2021. As previsões de fluxo de caixa mostradas na Tabela A-1 baseiam-se na suposição de que as taxas de crescimento de vendas e os índices do balanço patrimonial inicial seguirão aqueles mostrados no Cenário 2, o qual assume uma taxa de crescimento de 3,0% com outros índices de balanço patrimonial inicial permanecendo os mesmos que em 2020.

Para concluir nossa análise, a Tabela A-2 mostra o valor estimado dos ativos da TJX usando os três métodos discutidos no Capítulo 7 para o Cenário 2 (retornos anormais sobre vendas constantes) mostrados neste capítulo. Para calcular esse valor, as previsões de desempenho da TJX na Tabela A-1 e sua previsão de valor terminal para o Cenário 2 são descontadas no custo de capital médio ponderado de 7,6%.

TABELA A-1

Previsões de desempenho da *valuation* de ativos para a TJX

Ano de previsão	2011	2012	2013	2014	2015	2016	2017	2018	2019	2020
NOPAT anormal	1.235,0	1.200,0	1.174,2	1.136,7	1.086,3	1.022,2	943,3	812,6	661,2	488,2
ROA operacional anormal	15,6%	13,9%	12,6%	11,3%	10,1%	8,8%	7,6%	6,1%	4,7%	3,3%
Fluxo de caixa livre para o capital	1.077,5	1.173,7	1.165,2	1.147,7	1.120,5	1.082,8	1.033,8	936,6	822,5	1.173,6
Fator de desconto de ativos	0,93	0,86	0,80	0,75	0,69	0,65	0,60	0,56	0,52	0,48
Fator de crescimento de ativos	1,00	1,10	1,18	1,27	1,37	1,47	1,57	1,68	1,79	1,90

Fonte: © Cengage Learning, 2013.

TABELA A-2

Resumo da *valuation* de ativos para TJX conforme Cenário 2

($000.000)	Valor contábil inicial	Valor das previsões para 2011-2020	Valor das previsões após 2020 (valor terminal)	Valor total
Cenário 2 – Retornos anormais sobre vendas constantes (termos reais)				
NOPAT anormal	7.898,5	6.991,2	5.317,9	20.207,6
ROE operacional anormal	7.898,5	6.991,2	5.317,9	20.207,6
Fluxos de caixa livres para capital próprio	N/A	7.423,8	12.783,8	20.207,6

Fonte: © Cengage Learning, 2013.

Essas previsões descontadas são então somadas e combinadas com o valor contábil inicial de ativos operacionais líquidos (exceto no cálculo de fluxos de caixa livres para o capital próprio, que não depende do valor contábil inicial) para chegar a um valor estimado total de ativos da TJX conforme o Cenário 2 de $20,2 bilhões.

Finalmente, pela dedução do valor contábil da dívida ($4,5 bilhões), o analista pode gerar o valor implícito do capital próprio conforme o Cenário 2. Essa *valuation* do capital próprio é diferente daquela relatada na Tabela 8-6 neste capítulo, quando avaliamos o capital próprio diretamente. Vários fatores sustentam a diferença. Primeiro, a avaliação dos ativos usa o valor patrimonial, um resultado da análise, como uma entrada para calcular o WACC. Se o valor patrimonial computado diferir daquele usado para avaliar o WACC, há uma inconsistência interna na análise. Isso pode ser resolvido pela realização de uma nova *valuation*, descontando as previsões de lucros de ativos/fluxos de caixa usando o valor patrimonial da primeira estimativa ao gerar um novo WACC. Esse processo pode ser repetido até que o peso do capital próprio usado no cálculo do WACC e a *valuation* de ativo/patrimônio líquido final convirjam.

Uma segunda explicação para a diferença de *valuation* é que o valor contábil dos ativos, usados para calcular o WACC da TJX, é somente uma aproximação do valor justo ou de mercado da dívida. A taxa de cupom média que a TJX paga sobre sua dívida pendente é de 5,5%, que ultrapassa o custo de dívida atual antes dos impostos de 4,4%, implicando que o valor de mercado de sua dívida ultrapassa seu valor contábil e que o WACC real da TJX é menor que a estimativa usada na análise acima.

Em razão desses desafios para determinar a alavancagem econômica, recomendamos avaliar o patrimônio diretamente, conforme fizemos no decorrer deste capítulo.

PARTE 3

ANÁLISE DE NEGÓCIOS E APLICAÇÕES DE *VALUATION*

CAPÍTULO 9

Análise de valores mobiliários do capital próprio

CAPÍTULO 1 0

Análise de crédito e previsão de dificuldade financeira

CAPÍTULO 1 1

Fusões e aquisições

CAPÍTULO 1 2

Comunicação e governança

9

Análise de valores mobiliários do capital próprio

A análise de valores mobiliários do capital próprio é a avaliação de uma empresa e de suas possibilidades pela perspectiva de um investidor atual ou potencial nas ações da empresa. A análise de valores mobiliários é, contudo, apenas um passo em um processo maior de investimento que envolve (1) a determinação dos objetivos do investidor, (2) a formação de expectativas sobre retornos futuros e riscos de valores mobiliários individuais e, então, (3) a combinação de valores mobiliários individuais em portfólios para maximizar o progresso em vista dos objetivos de investimento.

A análise de valores mobiliários é o alicerce para o segundo passo, que é a projeção de retornos futuros e avaliação de risco. A análise de valores mobiliários geralmente é conduzida com foco na identificação de valores mobiliários mal precificados na esperança de gerar retornos que compensem o investidor pelo risco. Contudo, esse não precisa ser o caso. Os analistas que não possuem uma vantagem comparativa na identificação de valores mobiliários mal precificados deveriam concentrar-se em obter uma avaliação sobre como um título mobiliário afetaria o risco de determinado portfólio e se ele se encaixa no perfil que o portfólio foi projetado para manter.

A análise de valores mobiliários é realizada por investidores individuais, por analistas nas corretoras e nos bancos de investimento (analistas de *sell side*) e por analistas que trabalham sob a direção de gestores de fundos para várias instituições (analistas de *buy side*). Entre as instituições que contratam analistas de *buy side* incluem fundos mútuos, fundos de *hedge*, companhias de seguro, universidades e outras.

Várias perguntas são tratadas na análise de valores mobiliários:

- Um analista de *sell side* pergunta: o setor que estou cobrindo é atraente e, em caso afirmativo, por quê? Como diferentes empresas dentro do setor se posicionam? Quais são as implicações para minhas previsões de ganhos? Considerando minhas expectativas para uma empresa, suas ações parecem ter sido mal precificadas? Eu deveria recomendar essas ações como "compra", "venda" ou "manter"?

- Um analista de *buy side* para um "fundo de 'ações de valor'" pergunta: essas ações possuem as características que buscamos em nosso fundo, isto é, elas possuem um índice relativamente baixo de preço de ação/lucro por ação (P/E), valor baixo *price-to-book* (comparação entre preço de mercado e contábil) e outros indicadores de fundamentos? Seus prospectos para melhoria de lucros sugerem bom potencial para altos retornos futuros sobre as ações?
- Um investidor individual pergunta: essas ações apresentam o perfil de risco que se encaixa em meus objetivos de investimento? Elas melhoram minha capacidade de diversificar o risco de meu portfólio? A taxa de retorno de dividendo da empresa é baixa o suficiente para minimizar minha obrigação fiscal enquanto continuo a deter as ações?

Como essas perguntas salientam, a análise de valores mobiliários vai além da estimativa do valor das ações. Não obstante, para a maioria dos analistas de *sell side* e de *buy side*, o objetivo crucial continua sendo a identificação de ações mal precificadas.

OBJETIVOS DO INVESTIDOR E VEÍCULOS DE INVESTIMENTO

Os objetivos de investimento de poupadores individuais na economia são altamente idiossincráticos. Todo poupador depende de fatores como receita, idade, riqueza, tolerância ao risco e *status* fiscal. Por exemplo, os poupadores distantes da aposentadoria provavelmente preferirão investir uma parcela relativamente grande de seu portfólio em participações em empresas, as quais oferecem um retorno esperado maior que valores mobiliários de renda fixa (ou de dívida) e maior variabilidade em curto prazo. Os investidores em altos escalões de imposto provavelmente preferirão ter uma grande parcela de seu portfólio em ações que gerem ganhos de capital de imposto diferido em vez de ações que paguem dividendos ou valores mobiliários que paguem juros.

Os fundos mútuos (ou *unit trusts* conforme são chamados em alguns países) têm se tornado veículos de investimento populares para que os poupadores atinjam seus objetivos de investimento. Os fundos mútuos vendem ações em portfólios administrados profissionalmente que investem em tipos específicos de ações e/ou valores mobiliários de renda fixa. Portanto, proporcionam uma maneira barata para os poupadores investirem em um portfólio de valores mobiliários que reflita seu apetite particular por risco.

As principais classes de fundo mútuo incluem: (1) fundos do mercado financeiro que investem em Certificados de Depósito e títulos do tesouro; (2) fundos de títulos que investem em instrumentos de dívida; (3) fundos de *equity* que investem em valores mobiliários de capital próprio; (4) fundos balanceados que detêm fundos de mercado, de títulos e de valores mobiliários de capital próprio; e (5) fundos imobiliários que investem em imóveis comerciais. Dentro das classes de fundos de títulos e valores mobiliários, contudo, há amplas faixas de tipos de fundos. Por exemplo, fundos de títulos incluem:

- *Fundos de títulos corporativos*, que investem em instrumentos de dívida corporativa classificados como grau de investimento.

- *Fundos de alto rendimento*, que investem em dívida corporativa classificada como grau de não investimento.
- *Fundos de hipoteca*, que investem em valores mobiliários financiados por hipoteca.
- *Fundos municipais*, que investem em instrumentos de dívida municipal, que geram receita que pode ser isenta de impostos federais e frequentemente de impostos estaduais e locais.

Os fundos de *equity* incluem:

- *Fundos de receita*, que investem em ações as quais se espera que gerem receita de dividendos.
- *Fundos de crescimento*, que investem em ações as quais se espera que gerem ganhos de capital de longo prazo.
- *Fundos de receita e crescimento*, que investem em ações que proporcionam um balanço de receita de dividendo e ganhos de capital.
- *Fundos de valor*, que investem em instrumentos considerados subavaliados.
- *Fundos a descoberto ("short")*, que vendem valores mobiliários a descoberto de capital próprio considerados superavaliados.
- *Fundos de índice*, que investem em ações que seguem um índice de mercado particular, como o S&P 500.
- *Fundos baseados em tamanho*, que investem com base na capitalização do mercado da empresa, como fundos de empresas com alta capitalização e de empresas com baixa capitalização.
- *Fundos de setor*, que investem em ações de um segmento particular do setor, como setores de tecnologia e ciências da saúde.
- *Fundos regionais*, que investem em instrumentos de um país em particular ou uma região geográfica, como Japão, ou a região Ásia-Pacífico.

Desde a década de 1990, os fundos de *hedge* têm aumentado sua proeminência e os ativos controlados por esses fundos têm crescido significativamente. Embora geralmente abertos somente a investidores institucionais e certos indivíduos de riqueza qualificada, os fundos de *hedge* estão se tornando uma importante força crescente no mercado. Os fundos de *hedge* empregam uma variedade de estratégias de investimento que incluem:

- *Fundos neutros de mercado*, que geralmente investem valores iguais na compra de valores mobiliários subavaliados e na venda a descoberto de valores mobiliários superavaliados para neutralizar o risco de mercado.
- *Fundos de venda a descoberto*, que vendem a descoberto os valores mobiliários de empresas que acreditam ser superavaliadas.
- *Fundos de situações especiais*, que investem em valores mobiliários subavaliados em antecipação a um aumento no valor resultante de uma mudança favorável de eventos.

Esses fundos empregam estratégias muito diferentes. Mas, para muitos, a análise dos fundamentos das empresas é a tarefa crítica. Este capítulo se concentra na aplicação das ferramentas que desenvolvemos na Parte 2 do livro para analisar os valores mobiliários de capital próprio.

ANÁLISE DE TÍTULOS MOBILIÁRIOS DE CAPITAL PRÓPRIO E EFICIÊNCIA DO MERCADO

O modo como um analista de título mobiliário deveria investir seu tempo depende da rapidez e da eficiência da fluência das informações nos mercados e do reflexo delas nos preços dos valores mobiliários. Num grau extremo, as informações se refletirão nos preços dos valores mobiliários total e imediatamente mediante sua liberação. Esta é essencialmente a condição assumida pela *hipótese de mercados eficientes*. Essa hipótese diz que os preços de valores mobiliários refletem todas as informações disponíveis como se pudessem ser digeridas sem custo e imediatamente traduzidas em demandas para compras ou vendas sem considerar as fricções impostas pelos custos de transação. Nessas condições, seria impossível identificar os valores mobiliários mal precificados com base em informações públicas.

Em um mundo de mercados eficientes, o retorno esperado sobre qualquer título mobiliário de capital próprio é apenas o suficiente para remunerar os investidores pelo risco inevitável que o título mobiliário envolve. O risco inevitável é aquele que não pode ser "levado embora pela diversificação" simplesmente pela posse de um portfólio com muitos valores mobiliários. Considerando os mercados eficientes, a estratégia do investidor afasta-se da busca por valores mobiliários mal precificados e concentra-se na manutenção de um portfólio bem diversificado. Fora isso, o investidor deve chegar ao equilíbrio desejado entre os valores mobiliários arriscados e os títulos do governo de curto prazo livres de risco. O equilíbrio desejado depende de quanto risco o investidor está disposto a arcar para determinado aumento nos retornos esperados.

Essa discussão sugere que os investidores que aceitam que os preços das ações já refletem as informações disponíveis não necessitam de uma análise que busca valores mobiliários mal precificados. Se todos os investidores adotassem essa atitude, certamente nenhuma análise seria conduzida, a precificação ruim não seria corrigida e os mercados não mais seriam eficientes![1] É por isso que a hipótese de mercados eficientes não pode representar um equilíbrio em um sentido estrito. No equilíbrio deve haver apenas precificação ruim o suficiente para incentivar o investimento de recursos na análise de títulos mobiliários.

A existência de uma precificação ruim, mesmo no equilíbrio, não sugere que seja sensato para qualquer um se envolver na análise de valores mobiliários. Em vez disso, ela sugere que a análise de valores mobiliários está sujeita às mesmas leis de oferta e demanda enfrentadas em todos os outros setores competitivos: ela será recompensadora somente para aqueles com vantagem comparativa mais forte. O número de analistas nessa categoria depende de vários fatores, incluindo a liquidez das ações de uma empresa e o interesse do investidor na empresa.[2] Para as menores empresas listadas em bolsa de valores nos Estados Unidos, os analistas geralmente não realizam acompanhamento formal, e os prováveis investidores e seus conselheiros por si têm que formar as próprias opiniões sobre as ações. Pesquisa recente mostra uma redução na cobertura feita por analistas de *sell side* após as novas regulamentações para bancos de investimento depois dos escândalos do fim da década de 1990.[3] A cobertura da IBM, por exemplo, declinou de aproximadamente 40 analistas profissionais de *sell side*, em março de 2003, para 32 analistas em outubro de 2011. Esse declínio tem sido compensado pelo menos parcialmente por um aumento no número de analistas de *buy side* empregados.

Eficiência do mercado e o papel da análise das demonstrações financeiras

O grau de eficiência do mercado que surge da concorrência entre analistas e outros agentes do mercado é um problema empírico tratado por um grande corpo de pesquisa nas três últimas décadas. Essas pesquisas possuem implicações importantes sobre o papel das demonstrações financeiras na análise de valores mobiliários. Considere, por exemplo, as implicações de um mercado extremamente eficiente em que as informações são totalmente inseridas nos preços, minutos após sua revelação. Nesse mercado, os agentes poderão lucrar com as informações obtidas das demonstrações financeiras de duas maneiras. Primeira, as informações serão úteis para os poucos selecionados que receberem dados financeiros recém-anunciados, já que eles poderão interpretá-las rapidamente e negociar com base nelas em minutos. Segunda, e provavelmente mais importante, as informações serão úteis para obter um entendimento da empresa, a fim de colocar o analista em uma posição melhor para interpretar notícias futuras (das demonstrações financeiras, assim como de outros recursos) assim que chegarem.

Por outro lado, se os preços dos valores mobiliários deixarem de refletir totalmente os dados das demonstrações financeiras, mesmo que dias ou meses após sua revelação pública, os agentes de mercado poderão lucrar com esses dados, criando estratégias de negociação projetadas para explorar quaisquer maneiras sistemáticas nas quais os dados publicamente disponibilizados sejam ignorados ou descontados no processo de precificação.

Eficiência de mercado e estratégias de reporte financeiro dos gestores

O grau de eficiência dos mercados também tem implicações sobre abordagens dos gestores para se comunicar com suas comunidades de investimento. O problema torna-se mais importante quando a empresa persegue uma estratégia incomum, ou quando a interpretação usual das demonstrações financeiras é enganosa no contexto da empresa. Nesse caso, as vias de comunicação que os gestores podem procurar com êxito dependem não somente da credibilidade da administração, mas também do grau de entendimento presente na comunidade de investimento. Retornaremos ao problema de gestão de comunicação com mais detalhes no Capítulo 12.

Evidência da eficiência de mercado

Há uma abundância de evidências consistente com um alto grau de eficiência nos mercados de valores mobiliários primários dos Estados Unidos.[4] De fato, durante as décadas de 1960 e 1970, as evidências eram tão parciais que a hipótese de mercados eficientes ganhou ampla aceitação na comunidade acadêmica e gerou um enorme impacto na comunidade prática também.

As evidências que apontam para os mercados muito eficientes de valores mobiliários aparecem de várias formas:

- Quando as informações são anunciadas publicamente, os mercados reagem *muito* rapidamente.
- É difícil identificar fundos específicos ou analistas que tenham consistentemente gerado retornos absurdamente altos.
- Vários estudos sugerem que os preços das ações refletem um nível bastante sofisticado de análise de fundamentos.

Embora exista uma grande quantidade de evidências consistentes com a hipótese de eficiência, os últimos anos têm testemunhado uma reavaliação do pensamento que outrora era amplamente aceito. Uma amostragem dessas pesquisas inclui o seguinte:

- Sobre o problema da velocidade da resposta do preço da ação às notícias, vários estudos sugerem que, mesmo que os preços reajam rapidamente, a reação inicial tende a ser incompleta.[5]
- Vários estudos apontam para as estratégias de negociação que poderiam ter sido usadas para superar médias de mercado.[6]
- Evidências relacionadas – ainda sujeitas a um debate contínuo sobre sua interpretação apropriada – sugerem que, mesmo que os preços de mercado reflitam certa análise relativamente sofisticada, os preços ainda não refletem totalmente todas as informações que poderiam ser acumuladas das demonstrações financeiras disponíveis ao público.[7]

A controvérsia sobre a eficiência dos mercados provavelmente não será resolvida logo. Contudo, algumas lições são aceitas pela maioria dos pesquisadores. Primeira, os mercados de valores mobiliários não somente refletem informações disponibilizadas ao público, mas também antecipam uma grande parte dessas informações antes de sua liberação. A pergunta aberta é qual fração da resposta permanece inserida no preço assim que o dia da liberação pública chega ao fim. Segunda, mesmo na maioria dos estudos que sugerem ineficiência, o grau de precificação ruim é relativamente pequeno para ações de grandes empresas.

Por fim, mesmo que atualmente seja difícil alinhar uma parte da evidência com a hipótese de mercados eficientes, essa continua sendo um ponto de referência útil (no mínimo) para pensar sobre o comportamento dos preços de valores mobiliários. A hipótese continuará desempenhando esse papel, salvo se ela puder ser substituída por uma teoria mais completa. Alguns pesquisadores estão desenvolvendo teorias que englobam a existência de agentes de mercado que são forçados a negociar por motivos de "liquidez" imprevisível e de preços que diferem dos tão chamados "valores de fundamento", mesmo no equilíbrio.[8] Além disso, os modelos de finanças comportamentais reconhecem que os vieses cognitivos podem afetar o comportamento do investidor.[9]

ABORDAGENS PARA A GESTÃO DE FUNDOS E A ANÁLISE DE VALORES MOBILIÁRIOS

As abordagens usadas na prática para analisar valores mobiliários e administrar fundos são bastante variadas. Uma dimensão da variedade é o ponto até onde os investimentos são passiva ou ativamente administrados. Outra é se uma abordagem quantitativa ou tradicional dos fundamentos for usada. Os analistas de valores mobiliários também variam consideravelmente sobre se eles produzem avaliações formais ou informais da empresa.

Gestão ativa *versus* passiva

A gestão ativa do portfólio depende significativamente da análise de valores mobiliários para identificar aqueles mal precificados. O gestor de portfólio passivo serve como um tomador de preço, evitando os custos da análise de valores mobiliários e do giro enquanto geralmente procura manter um portfólio projetado para corresponder a determinado índice geral de mercado ou desempenho do setor. As abordagens combinadas também são possíveis. Por exemplo, uma pessoa pode ativamente administrar 20% de um saldo de fundo enquanto passivamente administra o restante. O crescimento amplo de fundos administrados passivamente nos Estados Unidos durante os últimos 20 anos serve como testemunho da crescente crença de que é difícil obter retornos consistentemente superiores aos índices de mercado amplos, como o Índice S&P 500.

Análise dos fundamentos quantitativa *versus* tradicional

Os fundos administrados ativamente devem depender de algum tipo de análise de valores mobiliários. Alguns fundos empregam uma *análise técnica*, que tenta prever a movimentação dos preços das ações com base em indicadores de mercado (movimentos de preços de ações anteriores, volume de ações comercializadas etc.). Em contraste, a *análise dos fundamentos*, a abordagem primária para análise de valores mobiliários, tenta avaliar o preço de mercado atual relativo às projeções de lucros futuros da empresa e à potencial geração de fluxo de caixa. A análise dos fundamentos engloba todos os passos descritos nos capítulos anteriores deste livro: análise de estratégia de negócios, análise contábil, análise financeira e análise prospectiva (previsão e avaliação). Nos últimos anos, alguns analistas têm suplementado a análise tradicional dos fundamentos, que envolve uma quantidade substancial de julgamento subjetivo, com mais abordagens quantitativas.

As abordagens quantitativas em si são bastante variadas. Algumas envolvem simplesmente a "varredura" de ações com base em determinado conjunto de fatores, como tendências nas revisões de lucros pelos analistas, índices *price-to-earnings*, índices *price-to-book* etc. A utilidade dessas abordagens depende do grau de eficiência do mercado relativa às seleções. As abordagens quantitativas também podem envolver a implementação de determinado modelo formal para prever retornos futuros de ações. As técnicas de longa data de estatística, como a análise de regressão e a análise *probit,* podem ser usadas, assim como as técnicas desenvolvidas mais recentemente, as de uso intensivo de computador, como a análise de rede neural. Novamente, o sucesso dessas abordagens depende do grau de eficiência do mercado e se a análise pode explorar informações de maneira que não estejam disponíveis de outro modo aos agentes de mercado como um grupo.

As abordagens quantitativas desempenham um papel mais importante na análise de valores mobiliários hoje em dia que há uma década ou duas. Contudo, em geral, os analistas ainda dependem primariamente da análise dos fundamentos envolvendo julgamentos humanos complexos.

Avaliação formal *versus* informal

As avaliações formais em grande escala, com base nos métodos descritos no Capítulo 7, têm se tornado mais comuns nos últimos anos. Contudo, as abordagens menos formais também são populares. Por exemplo, um analista pode comparar suas projeções de lucros de longo prazo com o consenso de previsão para gerar uma recomendação de compra ou venda. Outra abordagem possível, que poderia ser chamada de "marginalista", envolve nenhuma tentativa de avaliar a empresa. O analista simplesmente assume que, se ele desencavou informações favoráveis (ou desfavoráveis) que acredita não ser reconhecidas por outros, as ações deveriam ser compradas (ou vendidas).

Ao contrário de muitos analistas de valores mobiliários, os corretores de investimento produzem avaliações formais como uma coisa natural. Os corretores de investimento, que estimam valores com a finalidade de levar uma empresa particular ao mercado público, para a avaliação de uma fusão ou proposta de compra, para a emissão de uma opinião justa ou para fazer uma revisão periódica da gestão, devem documentar sua avaliação de maneira que possa ser prontamente comunicada à gestão e, se necessário, aos tribunais.

O PROCESSO DE ANÁLISE ABRANGENTE DE VALORES MOBILIÁRIOS

Considerando a variedade de abordagens praticadas na análise de valores mobiliários, é impossível resumir todas aqui. Em vez disso, descreveremos brevemente os passos a serem incluídos em uma análise abrangente de valores mobiliários. A intensidade de atenção concentrada em qualquer passo dado varia entre os analistas.

Seleção de candidatos para análise

Nenhum analista consegue efetivamente investigar mais que uma pequena fração dos valores mobiliários em uma grande troca e assim uma abordagem a fim de estreitar o foco deve ser empregada. Os analistas de *sell side* dentro de uma casa de investimento frequentemente são organizados por indústria ou setor. Assim, eles tendem a ser compelidos em suas escolhas de empresas a serem seguidas por eles. Contudo, a partir da perspectiva de um gestor de fundo ou uma empresa de investimento como um todo, normalmente há a liberdade para se concentrar em qualquer empresa ou setor.

Conforme observado anteriormente, os fundos geralmente se especializam em investimento em ações com certos perfis de risco ou características (por exemplo: ações de crescimento, ações de "valor", ações de tecnologia e ações cíclicas). Os gestores desses tipos de fundos procuram concentrar a energia de seus analistas na identificação de ações que se encaixem no objetivo de seu fundo. Além disso, os investidores individuais, que procuram manter um portfólio bem diversificado sem deter muitas ações, também precisam de informações sobre a natureza dos riscos de uma empresa e como ela se encaixa no perfil de risco de seu portfólio geral.

Uma abordagem alternativa à seleção de ações é examinar empresas com base em determinada precificação potencialmente ruim, seguida por uma análise detalhada somente daquelas ações que atendam a critérios específicos. Por exemplo, um fundo administrado por uma grande companhia de seguros norte-americana seleciona ações com base em um "momento de lucros" recente, conforme refletido nas revisões das projeções de lucros dos analistas de *sell side* e de *buy side*. As revisões favoráveis acionam investigações para possível compra. O fundo opera na crença de que o momento de lucros é um sinal positivo dos futuros movimentos de preço. Outro fundo complementa o exame do momento de lucros com base em recentes movimentos de preço de curto prazo na esperança de identificar revisões de lucros ainda não refletidas nos preços de ações.

Perguntas-chave para análise

Caso os gestores de fundos sigam uma estratégia de selecionar ações com tipos específicos de características ou ações que pareçam ser mal precificadas, as perguntas a seguir provavelmente serão úteis:

- Qual é o perfil de risco de uma empresa? Quão voláteis são a corrente de lucros e o preço das ações? Quais são os resultados ruins mais prováveis no futuro? Qual é o potencial de crescimento? Quão próxima é a ligação entre os riscos da empresa e a saúde da economia no geral? Os riscos são amplamente diversificáveis ou são sistemáticos?

- A empresa possui as características de uma ação de crescimento? Qual é o padrão esperado de crescimento de vendas e lucros para os próximos anos? A empresa está reinvestindo a maior parte ou o valor total de seus lucros?

- A empresa possui as características desejadas pelos "fundos de renda"? Ela é uma empresa madura ou está amadurecendo, preparada para "colher" lucros e distribuí-los na forma de dividendos altos?

- A empresa é candidata a um "fundo de valor"? Ela oferece medidas de lucros, fluxo de caixa e valor contábil que sejam altos em relação ao preço? Quais regras de exame específicas podem ser implementadas para identificar ações avaliadas indevidamente?

Inferindo expectativas de mercado

Se a análise de valores mobiliários for conduzida com foco na identificação de precificação ruim, ela deve por fim englobar uma comparação das expectativas do analista com aquelas do "mercado". Uma possibilidade é visualizar o preço da ação observado como o reflexo das expectativas do mercado e comparar a própria estimativa de valor do analista com esse preço. Contudo, um preço de ação é apenas uma "estatística resumida". É útil ter uma ideia mais detalhada das expectativas do mercado sobre o desempenho futuro de uma empresa, expressada em termos de vendas, lucros e outras medidas. Por exemplo, assuma que um analista tenha desenvolvido novas percepções sobre as vendas com prazo próximo de uma empresa. Se essas percepções representarem novas informações para o mercado de ações e, se elas indicarem que uma recomendação de "compra" é apropriada, isso pode ser facilmente determinado se o analista conhece a previsão de vendas de consenso do mercado.

Várias agências ao redor do mundo resumem as previsões de vendas e lucros dos analistas. As previsões para o próximo ano ou para os dois próximos comumente estão disponíveis, e, para muitas empresas, uma projeção de crescimento de lucros de "longo prazo" também está disponível – geralmente para o período de três a cinco anos. Alguns provedores de informações financeiras nos Estados Unidos fornecem atualizações contínuas on-line desses dados, então se um analista revisa uma previsão, essa revisão pode ser divulgada a gestores de fundos e outros analistas em segundos.

Embora as previsões de vendas e ganhos dos analistas sejam úteis, elas não representam uma descrição completa das expectativas sobre desempenho futuro, e não há garantia de que as previsões consensuais dos analistas sejam as mesmas que aquelas refletidas nos preços de mercado. Além disso, os analistas financeiros geralmente preveem desempenho apenas para poucos anos, então é útil entender quais tipos de previsões de longo prazo são refletidas nos preços de ações. Munido com o modelo dos Capítulos 7 e 8 que expressa o preço como uma função dos futuros fluxos de caixa ou lucros, um analista pode chegar a algumas inferências instruídas sobre as expectativas embutidas nos preços da ação.

Por exemplo, considere a *valuation* da General Electric Company (GE), empresa global diversificada de tecnologia, serviços e financeira. Em 30 de junho de 2011, o preço da ação da GE fechou em $18,86, dando a ela uma capitalização de mercado de $199,9 bilhões. Os lucros por ação (LPA) tinham declinado de $2,20, no exercício fiscal de 2007, para $1,06, no exercício fiscal de 2010. O preço da ação tinha caído mais de 50% desde o início de 2007, com um desempenho significativamente menor que outros conglomerados industriais globais, como a Honeywell (aumento de 32%), 3M (aumento de 25%), United Technologies (aumento de 44%) e Danaher Corporation (aumento de 54%).[10] Um artigo da revista *Fortune*, em fevereiro de 2011, intitulado "Grading Jeff Immelt", observou os dez difíceis primeiros anos de mandato como CEO e comparou as métricas atuais da GE com aquelas da empresa quando Immelt substituiu o CEO anterior Jack Welch.[11] Contudo, os analistas estavam estimulados durante o decorrer de 2011, visto que a GE reduzia suas operações de serviços financeiros e aumentava o investimento nos setores industrial e de tecnologia, e chamavam seus relatórios de "Shareholder Value Supercollider' Now Being Lit..."[12] e "2Q Shows Industrial Spring is Loading".[13] O desempenho no trimestre findo em 30 de junho de 2011 deu uma prova prematura dessa recuperação, enquanto os lucros do segundo trimestre cresceram 21% em relação ao ano anterior.

O mercado esperava que a GE gerasse LPA de $1,35, em 2011, um aumento de 27% em relação ao ano anterior, seguido por aumentos de 23%, em 2012, e 19%, em 2013, levando o LPA da GE para $1,97, em 2013. A maior parte dos analistas projetou lucros somente durante um período de três anos.[14]

Como essas previsões feitas pelos analistas reconciliam com a verdadeira *valuation* de mercado da GE? Quais eram as suposições implícitas de mercado sobre o crescimento de lucros de curto e de longo prazos para a empresa? Ao alterar os condutores-chave de valor e chegar a uma combinação que gerasse um valor estimado igual ao preço de mercado observado, o analista pode inferir o que o mercado poderia estar esperando para a GE em julho de 2011.

Uma estimativa razoável do custo de capital próprio da GE pode ser calculada usando uma medida de retorno livre de risco, o beta da GE e o prêmio histórico de risco de mercado discutido no Capítulo 8. Em 30 de junho de 2011, a letra do tesouro de dez anos estava rendendo 3,17%. A Value Line relatou o beta da GE como 1,2 e o prêmio histórico de risco de mercado, que discutimos no Capítulo 8, é de 6,7%. Considerando esses números, podemos estimar o custo de capital próprio da GE, usando o método discutido no Capítulo 8, como 11,2%. Concentrando-se nos lucros como o condutor de valor, perguntas críticas para julgamento da *valuation* do mercado para a GE são: (1) com que rapidez deve se esperar que os lucros da empresa se recuperem para se aproximar e ultrapassar os níveis de 2007 e como isso se compara à visão do analista sobre os prospectos de crescimento de lucros de prazo próximo da empresa? (2) O que a avaliação atual assume em termos de taxa de crescimento de lucros em comparação à taxa de crescimento de lucros das empresas médias na economia (que historicamente tem sido de aproximadamente 4%) e novamente quão confortável o analista se sente com essa suposição?[15]

A análise da Tabela 9-1 mostra um cenário de desempenho futuro da GE que justificaria seu preço de ação atual, assumindo um custo de capital próprio de 11,2% e usando estimativas de três anos dos vários analistas de *sell side* que cobrem a ação. Usando as estimativas de mercado para os três primeiros anos, a GE precisaria manter uma forte taxa de crescimento de lucros até 2015, com a empresa retornando ao LPA do nível de 2007 por volta de 2014. Além disso, esse cenário requer crescimento contínuo de lucros além do horizonte previsto – a GE precisaria manter uma taxa de crescimento de lucros de um pouco mais de 3% perpetuamente, com um ROE que se estabiliza em

---

TABELA 9-1

Suposições sobre os condutores de valor da GE consistentes com o preço de mercado observado de $18,86 (assumindo custo de capital próprio de 11,2%)

Lucros médios dos analistas – previsão até 2013	2011	2012	2013	2014	2015	Após 2015
Crescimento de lucros	27,4%	23,0%	18,7%	12,0%	12,0%	3,2%
Lucros por ação	1,35	1,66	1,97	2,21	2,47	
Retorno sobre patrimônio líquido (ROE)	12,1%	14,5%	16,5%	16,5%	16,5%	

Fonte: © Cengage Learning, 2013.

16,5% – um pouco acima das reversões de série de tempo do ROE que examinamos no Capítulo 6. Em geral, então, o mercado está assumindo que não somente a GE será bem-sucedida na recuperação de seu desempenho estagnado dos últimos anos, mas que será capaz de mostrar forte desempenho continuado a longo prazo.

Esse tipo de análise de cenário fornece percepções ao analista sobre as expectativas dos investidores em relação à GE e é útil para julgar se a ação foi corretamente avaliada. A análise de valores mobiliários não precisa envolver essa tentativa detalhada para deduzir expectativas do mercado. Contudo, se uma análise explícita foi feita ou não, um bom analista entende quais cenários econômicos poderiam ser plausivelmente refletidos no preço observado.

Perguntas-chave para análise

Ao usarem o modelo de avaliação de ROE/lucros anormais descontados, os analistas podem deduzir as expectativas do mercado para o desempenho futuro de uma empresa. Isso permite que os analistas perguntem se o mercado está superavaliando ou subavaliando uma empresa. Perguntas típicas que os analistas podem fazer dessa análise incluem o seguinte:

- Quais são as suposições de mercado sobre ROE e crescimento de longo prazo? Por exemplo, o mercado está prevendo que a empresa pode aumentar seus lucros sem um nível correspondente de expansão em sua base de ativos (e consequentemente capital próprio)? Em caso afirmativo, quanto tempo isso pode persistir?
- Como as mudanças no custo de capital afetam a avaliação do mercado sobre o desempenho futuro da empresa? Se as expectativas de mercado parecem ser inesperadamente altas ou baixas, o mercado reavaliou o risco da empresa? Em caso positivo, essa mudança é plausível?

Desenvolvimento das expectativas do analista

Por fim, um analista de títulos mobiliários deve comparar a própria visão de uma ação com a visão embutida no preço de mercado. A visão do analista é gerada usando as mesmas ferramentas analíticas discutidas nos Capítulos 2 a 8. O produto final desse trabalho é certamente uma previsão dos lucros e fluxos de caixa futuros da empresa e uma estimativa do valor da empresa.

Contudo, esse produto final é menos importante que o entendimento do negócio e de sua indústria que a análise propõe. É esse entendimento que permite que o analista interprete novas informações quando elas chegam e deduza suas implicações.

Perguntas-chave para análise

Ao desenvolver expectativas sobre o desempenho futuro de uma empresa usando as ferramentas de análise financeira discutidas ao longo deste livro, o analista provavelmente fará as seguintes perguntas:

- Quão rentável a empresa é? À luz das condições da indústria, da estratégia corporativa da empresa e de suas barreiras à concorrência, quão sustentável é essa taxa de rentabilidade?
- Quais são as oportunidades de crescimento para essa empresa?
- Quão arriscada essa empresa é? Quão vulneráveis são as operações a reviravoltas econômicas gerais? Quão altamente alavancada é a empresa? O que o risco da empresa implica sobre seu custo de capital?
- Como as respostas a essas perguntas se comparam às expectativas embutidas no preço da ação observado?

O produto final da análise de valores mobiliários

Para os analistas financeiros, o produto final da análise de valores mobiliários é uma recomendação para comprar, vender ou manter a ação (ou certa classificação mais refinada). A recomendação é amparada por um conjunto de previsões e um relatório que resume os alicerces da recomendação. Os relatórios dos analistas frequentemente examinam detalhes significativos e incluem uma avaliação do negócio de uma empresa, bem como uma análise linha por linha da demonstração do resultado do exercício, do balanço patrimonial e das previsões de fluxo de caixa para um ou mais anos.

Ao fazer uma recomendação para comprar ou vender uma ação, o analista deve considerar o horizonte de tempo do investimento requerido para capitalizar sobre a recomendação. As melhorias previstas no desempenho provavelmente serão confirmadas em um prazo próximo, permitindo que os investidores capitalizem rapidamente sobre a recomendação? Ou as melhorias de desempenho esperadas refletem os fundamentos de longo prazo que levarão anos para se desenrolar? Os horizontes de investimento mais longos impõem maior risco aos investidores de que o desempenho da empresa será afetado por mudanças nas condições econômicas que não podem ser previstas pelo analista, reduzindo o valor da recomendação. Consequentemente, uma análise completa requer a capacidade não apenas de reconhecer se uma ação está mal avaliada, mas também de antecipar quando uma correção de preço provavelmente ocorrerá.

Pelo fato de haver riscos de investimento adicionais por se seguir recomendações que exijam compromissos de longo prazo, os analistas de valores mobiliários tendem a se concentrar na elaboração de recomendações que provavelmente se liquidarão no curto prazo. Isso poderia explicar por que poucos analistas recomendaram a venda de ações de empresas "ponto.com" e de tecnologia durante o fim da década de 1990 quando seus preços seriam difíceis de justificar com base em fundamentos de longo prazo. Isso também explica por que os analistas recomendaram as ações da Enron em seu pico, mesmo que o tipo de análise realizada neste capítulo tenha mostrado que o crescimento futuro e o desempenho do ROE sugerido por esse preço seriam extremamente difíceis de alcançar. Isso sugere também que tirar vantagem da análise de longo prazo dos fundamentos frequentemente pode exigir acesso a um capital de longo prazo, paciente.

DESEMPENHO DOS ANALISTAS DE VALORES MOBILIÁRIOS E GESTORES DE FUNDOS

Tem havido uma pesquisa extensa sobre o desempenho de analistas de valores mobiliários de *sell side* e gestores de fundo durante as três últimas décadas. Algumas descobertas-chave estão resumidas a seguir.

Desempenho de analistas de *sell side*

Apesar da falha dos analistas de *sell side* em prever quedas dramáticas de preço para ações de empresas "ponto.com" e de telecomunicação e detectar os dolos financeiros e superavaliação de empresas como Enron e WorldCom, pesquisas mostram que os analistas geralmente agregam valor ao mercado de capitais. As previsões de lucros dos analistas são mais precisas que aquelas produzidas por modelos de série de tempo que usam lucros passados para prever lucros futuros.[16] Certamente, isso não deveria ser muito surpreendente, visto que os analistas podem atualizar suas previsões de ganhos entre trimestres para incorporar novas informações da empresa e da economia, enquanto os modelos de série de tempo não podem. Além disso, os preços das ações tendem a responder positivamente a revisões favoráveis em previsões de lucros e recomendações dos analistas e negativamente a revisões desfavoráveis.[17] E também, pesquisas recentes indicam que as recomendações de compra de analistas de *sell side* superam o índice de mercado e as referências de risco em 6,5% e 7,5% por ano, respectivamente.[18] Aproximadamente 50% desse desempenho superior pode ser atribuído às recomendações de analistas de *sell side* para compra de ações pequenas menos líquidas. Finalmente, pesquisa recente descobriu que os analistas desempenham um papel valioso na melhoria da eficiência de mercado. Por exemplo, os preços de ações de empresas com mais analistas que seguem informações incorporadas sobre *accruals* e fluxos de caixa sobem mais rapidamente que os preços de empresas menos seguidas.[19]

Parece que vários fatores são importantes para explicar a precisão da previsão de lucros dos analistas. Não é surpresa que as previsões de lucros de prazo próximo são muito mais precisas que aquelas de desempenho de longo prazo.[20] Isso provavelmente explica por que os analistas geralmente fazem previsões mais detalhadas para apenas um ou dois anos para frente. Estudos de diferenças sobre a precisão de previsão de lucros entre os analistas descobriram que as mais precisas tendem a se especializar largamente por indústria e trabalham para empresas bem financiadas que empregam outros analistas que seguem a mesma indústria.[21]

Embora os analistas tenham uma função valiosa no mercado de capitais, pesquisas mostram que suas previsões e recomendações tendem a ser enviesadas. Evidências iniciais sobre enviesamento indicaram que as previsões dos analistas tendiam a ser otimistas e que suas recomendações eram quase que exclusivamente para compra.[22] Vários fatores explicam potencialmente essa descoberta. Primeiro, os analistas de valores mobiliários em corretoras geralmente são remunerados com base no volume de negociação que seus relatórios geram. Considerando os custos e as restrições à venda a descoberto por muitas instituições, os analistas das corretoras são incentivados a emitir relatórios otimistas que encorajem os investidores a comprar ações em vez de emitir relatórios pessimistas que criam pressão para a venda.[23] Segundo, até 2003 os analistas que trabalhavam em bancos de investimentos eram recompensados por promoverem divulgações públicas feitas por clientes atuais e por atraírem novos clientes bancários, criando incentivos para previsões e recomendações otimistas. Estudos mostram que os analistas de *underwriters* líderes fazem mais previsões de lucros de longo prazo mais otimistas e recomendações para empresas levantando capital próprio do que analistas não afiliados.[24]

As evidências indicam que, durante o fim da década de 1990, houve uma queda marcante no otimismo dos analistas nas previsões de lucros de prazo próximo.[25] Uma explicação oferecida para essa mudança é que durante esse período os analistas dependiam muito de discussões privadas com a administração superior para fazer suas previsões de lucros. Alega-se que a administração usava essas conexões pessoais para gerenciar para baixo as expectativas de curto prazo dos analistas para que a empresa pudesse subsequentemente reportar lucros que superassem as expectativas dos analistas. Em resposta às preocupações sobre essa prática, em outubro de 2000, a SEC aprovou a Regulamentação para Divulgação Justa (*Regulation Fair Disclosure*), que proíbe a administração de fazer divulgações seletivas de informação não públicas. Estudos mostram que essa intervenção regulatória fez com que os analistas ficassem mais independentes da administração e levou a um esforço aumentado na descoberta independente de informações.[26]

Tem havido um declínio geral nas recomendações otimistas dos analistas de *sell side* durante os últimos anos. Muitos bancos de investimento grandes agora exigem que os analistas usem uma curva forçada para classificar as ações, levando a um número maior de classificações mais baixas. Os fatores que sustentam essa mudança incluem uma subida aguda na comercialização por fundos de *hedge*, que ativamente procuram ações para venda a descoberto. Em contraste, as empresas tradicionais de gestão de recursos geralmente são restringidas de fazer vendas a descoberto e estão mais interessadas nas recomendações de compra dos analistas que nas de vendas. Segundo, as mudanças regulatórias nos Estados Unidos sob Acordo Global exigem uma separação firme entre operações de *investment banking* e pesquisa de *equity* nos bancos de investimento.

Desempenho dos gestores de fundos

Medir se gestores de fundos de investimentos ou de pensão ganham retornos superiores é uma tarefa difícil por vários motivos. Primeiro, não há acordo sobre como estimar um desempenho que seja ponto de referência a um fundo. Os estudos têm usado várias abordagens; alguns têm usado o Modelo de Precificação de Ativo de Capital (CAPM) como referência, enquanto outros têm usado modelos de precificação de fatores múltiplos. Para os estudos que usam o CAPM, há perguntas sobre qual tipo de índice de mercado usar. Por exemplo, ele deveria ser um índice de valor ponderado ou valor igual, um índice NYSE ou um índice de mercado mais amplo? Segundo, muitas das medidas tradicionais de desempenho de fundos são resumos do desempenho de todo um mercado, o que subestima o desempenho anormal do fundo se os gestores dos fundos puderem marcar o tempo do mercado pela redução do risco de portfólio antes dos declínios de mercado e pelo aumento dos riscos após uma retomada do mercado. Terceiro, a volatilidade geral dos retornos de ações estende os limites do poder estatístico necessário para medir o desempenho do fundo. Por fim, os testes de desempenho de fundo provavelmente serão altamente sensíveis ao período de tempo examinado. O valor ou o momento do investimento, portanto, poderia parecer rentável, dependendo de quando os testes são conduzidos.

Talvez por causa desses desafios, não haja evidência consistente de que os fundos de investimentos ativamente administrados gerem retornos superiores para os investidores. Enquanto alguns estudos encontram evidência de retornos anormais positivos para o setor, outros concluem que os retornos geralmente são negativos.[27] Certamente, mesmo que gestores de fundos de investimento em média possam apenas gerar retornos "normais" para os investidores, ainda é possível para os melhores gestores mostrarem desempenho consistentemente forte. Alguns estudos de fato documentam que os fundos que obtêm retornos anormais positivos em um período continuam a se superar em períodos subsequentes. Contudo, as evidências mais recentes sugerem que essas descobertas são causadas pelo momento geral nos retornos das ações ou são compensadas por altas despesas dos fundos com base em honorários administrativos e/ou custos de negociação.[28] Os pesquisadores também têm examinado quais estratégias de investimento são mais bem-sucedidas, caso haja. Contudo, nenhum consenso claro aparece; vários estudos têm descoberto que o momento e as estratégias de alto giro geram retornos superiores, enquanto outros concluem que as estratégias de valor são melhores.[29]

Finalmente, pesquisa recente examinou se os gestores de fundos tendem a comprar e vender muitas das mesmas ações ao mesmo tempo. Há evidência de comportamento de "manada", principalmente por gestores de fundos impetuosos.[30] Isso poderia surgir por que os gestores têm acesso às informações comuns, por serem afetados por parcialidades cognitivas similares ou incentivados a seguir a multidão.[31] Por exemplo, considere o raciocínio de um gestor de fundo que detém uma ação, mas que, por meio de uma análise de longo prazo dos fundamentos, estima que ela foi mal avaliada.

Se o gestor mudar as posses do fundo de modo conforme e o preço da ação retornar ao seu valor intrínseco no trimestre seguinte, o fundo mostrará desempenho do portfólio relativo superior e atrairá capital novo. Contudo, se a ação continuar sendo mal avaliada durante vários trimestres, o gestor de fundo informado desempenhará abaixo do ponto de referência e o capital fluirá para outros fundos. Em contraste, um gestor avesso a risco, que simplesmente segue a multidão, não será recompensado por detectar a avaliação indevida, mas também não será culpado de uma decisão ruim de investimento quando o preço da ação por fim se corrigir, visto que outros fundos cometeram o mesmo erro.

Tem havido consideravelmente menos pesquisa sobre o desempenho dos gestores de fundos de pensão. Em geral, as descobertas mostram evidências pouco consistentes de que esses gestores desempenham acima ou abaixo dos pontos de referência tradicionais.[32]

RESUMO

A análise de valores mobiliários de capital próprio é a avaliação de uma empresa e de suas possibilidades com base na perspectiva de um investidor corrente ou potencial sobre as ações da empresa. A análise de valores mobiliários é um componente de um processo de investimento maior que envolve: (1) o estabelecimento dos objetivos do investidor ou do fundo; (2) a formação de expectativas sobre os retornos e os riscos futuros de valores mobiliários individuais; e, então, (3) a combinação de valores mobiliários individuais em portfólios para maximizar o progresso visando aos objetivos de investimento.

Certa análise de valores mobiliários é dedicada primeiramente a garantir que uma ação possua o perfil de risco apropriado e outras características desejadas antes da inclusão no portfólio de um investidor. Contudo, especialmente para muitos analistas professionais de *buy side* e de *sell side*, a análise também é direcionada à identificação de valores mobiliários mal precificados. Em equilíbrio, essa atividade será recompensadora para aqueles com a vantagem comparativa mais forte. Eles serão os únicos capazes de identificar qualquer precificação ruim com o custo mais baixo e exercer pressão sobre o preço para corrigir a precificação ruim. Quais tipos de esforços são produtivos nesse domínio dependem do grau de eficiência. Existe uma grande quantidade de evidências que apoiam um grau alto de eficiência no mercado dos Estados Unidos, mas estudos recentes têm reaberto o debate sobre essa questão.

Na prática, emprega-se uma ampla variedade de abordagens à gestão de fundos e análise de valores mobiliários. Contudo, no centro das análises estão os mesmos passos descritos nos Capítulos 2 a 8 deste livro: análise da estratégia do negócio, análise contábil, análise financeira e análise prospectiva (previsão e avaliação). Para o analista profissional, o produto final do trabalho certamente é uma previsão dos lucros e fluxos de caixa futuros da empresa e uma estimativa do valor da empresa. Esse produto final, porém, é menos importante que o entendimento do negócio e de seu setor o qual essa análise fornece. E esse entendimento é o que posiciona o analista para interpretar novas informações enquanto elas chegam e deduzir suas implicações.

Finalmente, o capítulo resume algumas descobertas cruciais da pesquisa sobre o desempenho dos analistas de valores mobiliários de *sell side* e de *buy side*.

QUESTÕES PARA DISCUSSÃO

1. Apesar de muitos anos de pesquisa, a evidência sobre a eficiência do mercado descrita neste capítulo parece ser inconclusiva. Alguns argumentam que isso acontece porque os pesquisadores não conseguem relacionar detalhadamente os fundamentos da empresa aos preços das ações. Comente.

2. Geoffrey Henley, um professor de finanças, afirma: "O mercado de capitais é eficiente. Não sei por que alguém se preocuparia em dedicar seu tempo acompanhando ações individuais e fazendo análises dos fundamentos. A melhor abordagem é comprar e manter um portfólio de ações bem diversificado". Você concorda? Por que sim ou por que não?

3. Qual é a diferença entre a análise fundamentalista e a análise técnica? Você consegue pensar em alguma estratégia de negociação que usa a análise técnica? Quais são as suposições subjacentes feitas por essas estratégias?

4. Os fundos de investimento seguem muitos tipos diferentes de estratégias de investimento. Os fundos de renda focam ações com altos rendimentos de dividendos, os fundos de crescimento investem em ações que devem ter uma alta avaliação de capital, os fundos de valor seguem ações que são consideradas subavaliadas e os fundos a descoberto apostam contra ações que consideram superavaliadas. Quais tipos de investidores provavelmente serão atraídos para cada um desses tipos de fundos? Por quê?

5. A Intergalactic Software Company abriu seu capital há três meses. Você é um investidor sofisticado que dedica seu tempo à análise dos fundamentos como forma de identificar ações mal precificadas. Em quais das seguintes características você se concentraria ao decidir se segue ou não essas ações?

   - A capitalização do mercado
   - O número médio de ações negociadas por dia
   - O *spread* de preço de compra/venda da ação
   - Se o *underwriter* que começou a vender as ações é uma empresa líder do setor bancário de investimento
   - Se a empresa de auditoria é uma das *Big Four*
   - Se há analistas de grandes empresas de corretagem que acompanham a empresa
   - Se a ação é mantida em sua maioria por varejistas ou investidores institucionais.

6. O conjunto de ações da Intergalactic Software Company possui preço de mercado de $20 por ação e valor contábil de $12 por ação. Se o custo do capital próprio for de 15% e se espera que o valor contábil cresça 5% por ano indefinidamente, qual é a avaliação de mercado para seu retorno estável sobre patrimônio líquido (ROE)? Se o preço das ações aumentar para $35 e o mercado não esperar que a taxa de crescimento da empresa mude, qual é o ROE estável revisado? Se, o aumento de preço se der por conta do aumento de uma avaliação de mercado sobre o valor contábil de longo prazo em vez de um ROE de longo prazo, o que a revisão de preço implicaria para a taxa de crescimento estável?

7. Há dois grandes tipos de analistas financeiros: *buy side* e *sell side*. Os analistas de *buy side* trabalham para empresas de investimento e fazem recomendações de ações que estão disponíveis apenas para gestores de fundos daquela empresa. Os analistas de *sell side* trabalham para empresas de corretagem e fazem recomendações que são usadas para vender ações aos clientes das empresas de corretagem, os quais incluem investidores individuais e gestores de fundos de investimento. Quais são as diferenças das tarefas e as motivações desses dois tipos de analistas?

8. Muitos participantes de mercado acreditam que os analistas de *sell side* são muito otimistas em suas recomendações para compra de ações e muito lentos para recomendar vendas. Quais fatores poderiam explicar essa tendência?

9. Joe Klein é um analista de um banco de investimento que oferece tanto serviços de subscrição de ações (*underwriting*) quanto de corretagem. Joe envia para você um relatório altamente favorável sobre uma ação que sua empresa recentemente ajudou a colocar no mercado de capitais e pelo qual atualmente negocia no mercado. Quais são as vantagens e as desvantagens potenciais em confiar no relatório de Joe para decidir se deve ou não comprar essa ação?

10. Joe afirma: "Consigo ver como uma análise por meio de índices e *valuation* me ajudam a fazer uma análise fundamentalista, mas não vejo o valor de fazer uma análise estratégica". Você consegue explicar a ele como a análise estratégica poderia ser potencialmente útil?

Notas

1. P. Healy e K. Palepu, "The Fall of Enron", *Journal of Economic Perspectives* 17, n. 2 (primavera de 2003): 3-26, discutem como fracos incentivos monetários de gestores e uma falta de análise de longo prazo apropriada contribuíram para o aumento do preço da ação e subsequente colapso da Enron. Uma discussão similar sobre os fatores que afetam a ascendência e a queda das ações ponto.com é fornecida em "The Role of Capital Market Intermediaries in the Dot-Com Crash of 2000", *Harvard Business School Case* 9-101–110, 2001.

2. Veja R. Bhushan, "Firm Characteristics and Analyst Following", *Journal of Accounting and Economics* 11 (2/5), julho de 1989: 255-275, e P. O'Brien e R. Bhushan, "Analyst Following and Institutional Ownership", *Journal of Accounting Research* 28, Suplement (1990): 55-76.

3. P. Mohanram e S. Sunder, "How Has Regulation FD Affected the Operations of Financial Analysts", *Contemporary Accounting Research* 23, n. 2 (2006): 491-525.

4. As revisões das evidências sobre a eficiência de mercado são fornecidas por E. Fama, "Efficient Capital Markets: II", *Journal of Finance* 46 (dezembro de 1991): 1.575-1.617; S. Kothari, "Capital Markets Research in Accounting", *Journal of Accounting and Economics* 31 (setembro de 2001): 105-231; e C. Lee, "Market Efficiency in Accounting Research", *Journal of Accounting and Economics* 31 (setembro de 2001): 233-253.

5. Por exemplo, veja V. Bernard e J. Thomas, "Evidence That Stock Prices Do Not Fully Reflect the Implications of Current Earnings for Future Earnings", *Journal of Accounting and Economics* 13 (dezembro de 1990): 305-341.

6. Por exemplo, os retornos superiores obtidos pela busca de uma estratégia de "ação de valor" foram examinados por J. Lakonishok, A. Shleifer e R. Vishny, "Contrarian Investment, Extrapolation, and Risk", *Journal of Finance* 49 (dezembro de 1994): 1.541-1.578, e R. Frankel and C. Lee, "Accounting Valuation, Market Expectation, and Cross-Sectional Stock Returns", *Journal of Accounting and Economics* 25 (junho de 1998): 283-319.

7. Por exemplo, veja J. Ou e S. Penman, "Financial Statement Analysis and the Prediction of Stock Returns", *Journal of Accounting and Economics* 11 (novembro de 1989): 295-330; R. Holthausen e D. Larcker, "The Prediction of Stock Returns Using Financial Statement Information", *Journal of Accounting and Economics* 15 (junho/setembro de 1992): 373-412; e R. Sloan, "Do Stock Prices Fully Reflect Information in Accruals and Cash Flows about Future Earnings?", *Accounting Review* 71 (julho de 1996): 298-325.

8. A. Shleifer, "Do Demand Curves for Stocks Slope Down", *Journal of Finance and Quantitative Analysis* 34 (março de 1986): 579-590, argumenta que as ações mostram retornos anormais positivos imediatamente após entrarem no Índice S&P 500 como resultado da demanda aumentada por fundos de índice. Embora exista uma pesquisa abrangente sobre a ideia de que negociação como resultado da preferência do investidor cria pressão sobre o preço de curto prazo em transações de cisão; J. Abarbanell, B. Bushee e J. Raedy, "Institutional Investor Preferences and Price Pressure: The Case of Corporate Spin-Offs", *Journal of Business* 76 (2003): 233-261, descobriram que essa negociação não está associada a movimentos de preços anormais para matrizes ou filiais em torno da cisão.

9. Para uma visão geral de pesquisa em finanças comportamentais veja R. Thaler, *Advances in Behavioral Finance* (Nova York: Russell Sage Foundation, 1993), e A. Shleifer, *Inefficient Markets: An Introduction to Behavioral Finance* (Oxford: Oxford University Press, 2000). Vários estudos têm documentado o viés introduzido por vários elementos de comportamento irracional, como excesso de confiança, efeito manada, arrependimento e aversão à perda.

10. Dados da empresa tirados da Thomson ONE, acessado em outubro de 2011.
11. G. Colvin, "Jeff Immelt Grading", *Fortune*, 10 de fevereiro de 2011, http://management.fortune.cnn.com/2011/02/10/grading-jeff-immelt/, acessado em outubro de 2011.
12. N. Heymann e J. Calabrese, "General Electric Company: 'Shareholder Value Supercollider' Now Being Lit as Industrial Order Outlook Improves for Insfrastructure", William Blair & Company, 26 de julho de 2011, via Thomson ONE, acessado em outubro de 2011.
13. J. P. Morgan Securities LLC, "General Electric Co. 2Q Shows Industrial Spring is Loading", 25 de julho de 2011, via Thomson ONE, acessado em outubro de 2011.
14. Essas previsões foram tiradas de Thomson One Analytics, acessado em outubro de 2011.
15. Para análise da taxa histórica de crescimento de lucros, veja, por exemplo, dados de Robert Shiller que mostram lucros desde 1871 em um arquivo de dados rotulado "Stock Market Data Used in 'Irrational Exuberance' Princeton University Press, 200, 2005, updated", www.irrationalexuberance.com, acessado em janeiro de 2012. Desde 1980, o crescimento médio fica mais na faixa de 6%.
16. Veja L. Brown e M. Rozeff, "The Superiority of Analyst Forecasts as Measures of Expectation: Evidence from Earnings", *Journal of Finance* 33 (1978): 1-16; L. Brown, P. Griffin, R. Hagerman e M. Zmijewski, "Security Analyst Superiority Relative to Univariate Time-Series Models in Forecasting Quaterly Earnings", *Journal of Accounting and Economics* 9 (1987): 61-87; e D. Givoly, "Financial Analysts' Forecasts of Earnings: A Better Surrigate for Market Expectations", *Journal of Accounting and Economics* 4, n° 2 (1982): 85-108.
17. Veja D. Givoly e J. Lakonishok, "The Information Content of Financial Analysts' Forecasts of Earnings: Some Evidence on Semi-Strong Efficiency", *Journal of Accounting and Economics* 2 (1979): 165-186; T. Lys e S. Sohn, "The Association Between Revisions of Financial Analysts' Earnings Forecasts and Security Price Changes", *Journal of Accounting and Economics* 13 (1990): 341-364; e J. Francis e L. Soffer, "The Relative Informativeness of Analysts' Stock Recommendations and Earnings Forecast Revisions", *Journal of Accounting Research* 35, n° 2 (1997): 193-212.
18. Veja B. Groysberg, P. Healy, C. Chapman e Y. Gui, "Do Buy-Side Analysts Out-Perform the Sell-Side?" (working paper, Harvard Business School, junho de 2006). O estudo também descobriu que os analistas de *buy side* em uma grande empresa de gestão financeira fazem previsões de lucros mais otimistas e recomendações de compra menos rentáveis que os analistas de *sell side*.
19. Veja M. Brennan, N. Jegadeesh e B. Swaminathan, "Investment Analysis and the Adjustment of Stock Prices to Common Information", *Review of Financial Studies* 6, n. 4 (1993): 799–824, e B. Ayers e R. Freeman, "Evidence That Analyst Following and Institutional Ownership Accelerate the Pricing of Future Earnings", *Review of Accounting Studies* 8, n° 1 (2003): 47-67.
20. Veja P. O'Brien, "Forecasts Accuracy of Individual Analysts in Nine Industries", *Journal of Accounting Research* 28 (1990): 286-304.
21. Veja M. Clement, "Analyst Forecast Accuracy: Do Ability, Resources, and Portfolio Complecity Matter?", *Journal of Accounting and Economics* 27 (1999): 285-304; J. Jacob, T. Lys e M. Neale, "Experience in Forecasting Performance of Security Analysts", *Journal of Accounting and Economics* 28 (1999): 51-82; e S. Gilson, P. Healy, C. Noe e K. Palepu, "Analyst Specialization and Conglomerate Stock Breakups", *Journal of Accounting Research* 39 (dezembro de 2001): 565-573.
22. Veja L. Brown, G. Foster e E. Noreen, "Security Analyst Multi-Year Earnings Forecasts and the Capital Market", *Studies in Accounting Research*, n° 23, American Accounting Association, (Sarasota, FL), 1985. Além disso, M. McNichols e P. O'Brien, em "Self-Selection and Analyst Coverage", *Journal of Accounting Research*, Suplemento (1997): 167-208, descobriram que o viés do analista surge primeiramente porque os analistas emitem recomendações sobre as empresas para as quais eles possuem informações favoráveis e retêm recomendações para empresas com informações desfavoráveis.
23. Veja A. Cowen, B. Groysberg e P. Healy, "Which Types of Analyst", *Journal of Accounting and Economics* 41 (2006): 119-146.
24. Veja H. Lin e M. McNichols, "Underwriting Relationships, Analysts' Earnings Forecasts and Investment Recommendations", *Journal of Accounting and Economics* 25, n° 1 (1998): 101-128; R. Michaely e K. Womack, "Conflict of Interest and the Credibility of Underwriter Analyst Recommendations", *Review of Financial Studies* 12, n° 4 (1999): 653-686; e P. Dechow, A. Hutton e R. Sloan, "The Relation Between Analysts' Forecasts of Long-Term Earnings Growth and Stock Price Performance Following Equity Offerings", *Contemporary Accounting Research* 17, n. 1 (2000): 1-32.
25. Veja L. Brown, "Analyst Forecasting Errors: Additional Evidence", *Financial Analysts' Journal* (novembro/dezembro de 1997): 81-88, e D. Matsumoto, "Management's Incentives to Avoid Negative Earnings Surprises", *Accounting Review* 77 (julho de 2002): 483-515.

26. Veja P. Mohanram e S. Sunder, "How Has Regulation FD Affected the Functioning of Financial Analysts?", *Contemporary Accounting Research* 23, n. 2 (2006): 491-525.

27. Por exemplo, as evidências de desempenho superior de fundo são relatadas por M. Grinblatt e S. Titman, "Mutual Fund Performance: An Analysis of Quarterly Holdings", *Journal of Business* 62 (1994), e por D. Hendricks, J. Patel e R. Zeckhauser, "Hot Hands in Mutual Funds: Short-Run Persistence of Relative Performance", *Journal of Finance* 48 (1993): 93-130. Em contraste, o desempenho negativo de fundo é mostrado por M. Jensen, "The Performance of Mutual Funds in the Period 1945-64", *Journal of Finance* 23 (maio de 1968): 389-416, e B. Malkiel, "Returns from Investing in Equity Mutual Funds from 1971 to 1991", *Journal of Finance* 50 (junho de 1995): 549-573.

28. M. Grinblatt e S. Titman, "The Persistence of Mutual Fund Performance", *Journal of Finance* 47 (dezembro de 1992): 1.977-1.986, e D. Hendricks, J. Patel e Zeckhauser, "Hot Hands in Mutual Funds: Short-Run Persistence of Relative Performance", *Journal of Finance* 48 (março de 1993): 93-130, encontram evidências de persistência nos retornos de fundos de investimento. Contudo, M. Carhart, "On Persistence in Mutual Fund Performance", *Journal of Finance* 52 (março de 1997): 57-83, mostra que muito disso é atribuível ao momento nos retornos de ações e para financiar despesas; B. Malkiel, "Returns from Investing in Equity Mutual Funds from 1971 to 1991", *Journal of Finance* 50 (junho de 1995): 549-573, mostra que o viés de sobrevivência também é uma consideração importante.

29. Veja M. Grinblatt, S. Titman e R. Wermers, "Momentum Investment Strategies, Portfolio Performance, and Herding: A Study of Mutual Fund Behavior", *American Economic Review* 85 (dezembro de 1995): 1.088-1.105.

30. Por exemplo, J. Lakonishok, A. Shleifer e R. Vishny, "Contrarian Investment, Extrapolation, and Risks", *Journal of Finance* 49 (dezembro de 1994): 1.541-1.579, descobriram que os fundos de valor mostram desempenho superior, enquanto M. Grinblatt, S. Titman e R. Wermers, "Momentum Investment Strategies, Portfolio Performance, and Herding: A Study of Mutual Fund Behavior", *American Economic Review* 85 (dezembro de 1995): 1.088-1.105, descobriram que o investimento no momento de pico é rentável.

31. Veja D. Scharfstein e J. Stein, "Herd Behavior and Investment", *American Economic Review* 80 (junho de 1990): 465-480 e P. Healy e K. Palepu, "The Fall of Enron", *Journal of Economic Perspectives* 17, n. 2 (primavera de 2003): 3-26.

32. Para evidências sobre o desempenho dos gestores de fundos de pensão, veja J. Lakonishok, A. Shleifer e R. Vishny, "The Structure and Performance of the Money Management Industry", *Brookings Papers on Economic Activity*, Washington, DC (1992): 339-392; T. Coggin, F. Fabozzi e S. Rahman, "The Investment Performance of U.S. Equity Pension Fund Managers: An Empirical Investigation", *Journal of Finance* 48 (julho de 1993): 1.039-1.056; e W. Ferson e K. Khang, "Conditional Performance Measurement Using Portfolio Weights: Evidence for Pension Funds", *Journal of Financial Economics* 65 (agosto de 2002): 249-282.

10
Análise de crédito e previsão de dificuldade financeira

Análise de crédito é a avaliação de uma empresa pela perspectiva de um credor ou potencial credor, que inclui contas a pagar, empréstimos e títulos de dívida emitidos em mercado de capitais. Um elemento-chave da análise de crédito é a previsão da probabilidade de uma empresa enfrentar uma dificuldade financeira. A análise de crédito implica uma série de contextos de decisões:

- Um banqueiro comercial pergunta: deveríamos estender um empréstimo a essa empresa? Em caso afirmativo, como isso seria estruturado? Como deveria ser precificado?
- Se o empréstimo for concedido, o banqueiro deve se perguntar depois: ainda estamos fornecendo os serviços, incluindo crédito, de que a empresa necessita? A empresa ainda está em conformidade com os termos do empréstimo? Em caso negativo, existe a necessidade de reestruturar o empréstimo? Se existe, como? A situação é séria o suficiente para pedir aceleração da quitação do empréstimo?
- Um possível investidor pergunta: esses títulos de dívida são um investimento sólido? Qual é a probabilidade de que a empresa enfrentará uma dificuldade e um *default* da dívida? O rendimento fornece compensação adequada pelo *default* de risco envolvido?
- Um investidor considerando a compra de um título de dívida em *default* pergunta: quão provável é que essa empresa possa dar a volta por cima? À luz do alto retorno sobre esse título de dívida relativo a seu preço atual, posso aceitar o risco de a dívida não ser paga integralmente?
- Um possível fornecedor pergunta: eu deveria vender os produtos ou os serviços para essa empresa? O crédito associado será estendido apenas por um curto período, mas a quantia é grande e eu deveria ter alguma garantia de que os riscos de cobrança sejam gerenciáveis.

Finalmente, há terceiros – sem considerar os mutuários e os credores – que estão interessados na questão geral do quão provável é que uma empresa evitará uma dificuldade financeira:

- Um auditor pergunta: qual a probabilidade de que essa empresa sobreviverá além do curto prazo? Ao avaliar as finanças de uma empresa, deveria considerá-la sob risco de continuidade?
- Um analista de classificação de crédito pergunta: qual é a probabilidade de a empresa faltar com suas obrigações de dívida?
- Um funcionário atual ou potencial pergunta: quão confiante posso estar de que essa empresa será capaz de oferecer emprego a longo prazo?
- Um possível cliente pergunta: qual garantia tenho de que essa empresa sobreviverá para fornecer serviços de garantia, peças de reposição, atualizações de produtos e outros serviços?
- Um competidor pergunta: essa empresa sobreviverá a um contratempo do setor atual? Quais são as implicações de possíveis dificuldades financeiras dessa empresa para meu preço e minha participação no mercado?

Este capítulo desenvolve uma estrutura para avaliar a solvência de uma empresa e a probabilidade de uma dificuldade financeira.

POR QUE AS EMPRESAS USAM FINANCIAMENTO POR MEIO DE DÍVIDA?

Antes de discutir o mercado e a análise de crédito, vale a pena entender por que as empresas usam financiamento de dívidas. O financiamento por meio da dívida é atrativo para as empresas por duas razões principais:

- *Benefícios fiscais de juros corporativos.* Em muitos países, incluindo os Estados Unidos, as leis fiscais fornecem para o imposto corporativo dedutibilidade de despesas financeiras pagas sobre a dívida. Essa proteção de imposto corporativo não está disponível para pagamentos de dividendos ou lucros retidos. Por isso, os benefícios de impostos corporativos deveriam encorajar as empresas com altas taxas de impostos efetivas e poucas formas de proteção fiscal, exceto despesas financeiras a se favorecer do financiamento de dívida.
- *Gerenciamento de incentivos para geração de valor.* As empresas com alavancagem relativamente alta lidam com pressão para gerar fluxos de caixa para honrar pagamentos de juros e do principal, reduzindo os recursos disponíveis para financiar despesas injustificáveis e os investimentos que não maximizam o valor do acionista. O financiamento de dívida, portanto, foca a gestão da geração de valor, reduzindo conflitos de interesses entre gestores e acionistas.

Entretanto, há também custos de financiamento por meio de dívida. Conforme uma empresa aumenta seu uso de financiamento por meio de dívida, ela aumenta a probabilidade de uma dificuldade financeira, em que é incapaz de honrar juros ou obrigações de amortização do valor principal com os credores. Isso força a empresa a reestruturar seu crédito financeiro, por meio de procedimentos formais de falência ou fora do processo de falência. A dificuldade financeira tem múltiplas consequências negativas para a empresa:

- *Custos legais de uma dificuldade financeira.* As reestruturações tendem a ser caras, uma vez que as partes envolvidas têm que contratar advogados, banqueiros e contadores para representar seus interesses e devem pagar custas judiciais se houver procedimentos legais formais. Esses são geralmente chamados de custos diretos da dificuldade financeira.
- *Custos de oportunidades de investimento perdidas.* As empresas em dificuldade lidam com desafios significativos ao levantar capital, uma vez que novos potenciais investidores e credores serão cautelosos ao se envolverem em disputas legais da empresa. Por isso, as empresas em dificuldade geralmente são incapazes de financiar novos investimentos, apesar de parecerem lucrativas para seus proprietários.
- *Custos de conflito entre os credores e os acionistas.* Ao se deparar com dificuldades financeiras, os credores focam a habilidade da empresa de atender à sua dívida enquanto os acionistas se preocupam se seu capital investidor será revertido aos credores em caso de inadimplência. Por isso, os gestores deparam-se com pressão aumentada para tomar decisões que geralmente atendem aos interesses dos acionistas, e os credores reagem aumentando os custos de empréstimos para os acionistas da empresa.

As empresas podem sucumbir a uma dificuldade financeira se apresentarem altos riscos de negócio e seus ativos forem facilmente destruídos em uma dificuldade financeira. Por exemplo, as empresas com capital humano e intangíveis de marca são particularmente vulneráveis à dificuldade financeira, visto que funcionários e clientes insatisfeitos podem deixar a empresa ou procurar fornecedores alternativos. Por outro lado, as empresas com ativos tangíveis podem vender seus ativos se estiverem em dificuldades financeiras, fornecendo proteção adicional aos financiadores e reduzindo os custos da dificuldade financeira. As empresas com ativos intangíveis são, portanto, menos prováveis de serem altamente alavancadas do que as empresas cujos ativos são em sua maioria tangíveis.

Essa discussão implica que as decisões de longo prazo da empresa sobre o uso do financiamento de dívida refletem uma negociação entre a proteção da taxa de juros corporativa e os benefícios de incentivo de dívida contra os custos de uma dificuldade financeira. Conforme a empresa se torne mais altamente alavancada, os custos de alavancagem presumidamente começam a prevalecer sobre o imposto e o monitoramento de benefícios da dívida.

A Tabela 10-1 mostra índices de alavancagem medianos para todas as ações negociadas em bolsa de valores de setores selecionados para o ano findo em 31 de dezembro de 2010. As medianas dos índices de endividamento sobre o patrimônio líquido são mais altas para o fornecimento de água e setores de concessão de energia elétrica, que geralmente não são muito vulneráveis ao risco econômico e cujos ativos principais são primariamente equipamentos e propriedades físicas que são prontamente transferíveis aos detentores de dívidas em caso de dificuldades financeiras. Por outro lado, os principais ativos dos setores farmacêutico e de *software* são suas equipes de pesquisa. A posse desses tipos de ativos não pode ser facilmente transferível a detentores de dívidas se a empresa estiver em dificuldade

TABELA 10-1

Mediana da alavancagem em setores selecionados – Ano findo em 2010

Setor	Endividamento sobre o patrimônio líquido (livre de despesas incorridas de juros)	
	Todas as empresas listadas	Empresas listadas na NYSE
Software de computador pré-configurado	– 41,9%	– 49,4%
Farmacêutico	– 60,2%	– 7,5%
Petróleo bruto e gás natural	10,8%	22,2%
Produtos químicos inorgânicos industriais	3,1%	26,3%
Concessões de energia elétrica	74,2%	79,5%
Fornecimento de água	81,7%	90,5%

Fonte: © Standard and Poor's Compustat 2011

financeira, e os pesquisadores são vulneráveis a cortes de orçamento. Como resultado disso, as empresas desses setores têm estruturas de capital relativamente conservadoras. As empresas nos setores de petróleo bruto e gás natural e produtos químicos inorgânicos industriais têm alavancagem entre esses dois extremos, refletindo a necessidade de balancear o impacto de ter uma grande quantidade de ativos físicos e estarem sujeitas a fluxos de receita mais voláteis.

É interessante observar também que as empresas da NYSE na maioria dos setores aqui mostrados tendem a ter maior financiamento por meio de dívida do que as empresas nos mesmos setores e que não estão na NYSE, com a diferença mais pronunciada nas empresas farmacêuticas. Isso reflete provavelmente o fato de que as empresas maiores da NYSE tendem a ter mais ofertas de produtos e ser mais diversificadas geograficamente, reduzindo sua vulnerabilidade para eventos negativos para um único produto ou mercado, permitindo-lhes assumir mais dívidas.

O MERCADO DE CRÉDITO

Um entendimento da análise de crédito exige uma apreciação dos vários *players* no mercado de crédito. Descrevemos brevemente a seguir os principais fornecedores de financiamento por meio de dívida.

Bancos comerciais

Os bancos comerciais são *players* importantes no mercado de crédito. Uma vez que os bancos tendem a fornecer uma série de serviços a um cliente e têm conhecimento íntimo do cliente e de suas operações, eles têm uma vantagem comparativa em estender crédito em cenários em que (1) o conhecimento adquirido por meio do contato próximo com a gerência reduz os riscos percebidos do crédito e (2) o risco de crédito pode ser contido por meio do monitoramento cuidadoso da empresa.

As operações de empréstimos pelo banco estão limitadas a uma baixa tolerância a riscos com intuito de garantir que o portfólio total de empréstimos será aceitavelmente de alta qualidade para os reguladores de bancos. Por causa da importância da manutenção da confiança pública no setor bancário e do desejo de proteger do risco o seguro de depósito do governo, os governos têm incentivos para limitar a exposição do banco a risco de crédito. Os bancos também tendem a se proteger do risco de mudanças nas taxas de juros, evitando empréstimos a taxa fixa com vencimentos com prazo muito longo. Uma vez que o capital dos bancos vem em sua maioria de depósitos de curto prazo, esses empréstimos de longo prazo os deixam expostos a aumentos nas taxas de juros, a menos que o risco possa ser limitado com derivativos. Por isso, os bancos são menos propensos a assumir esse papel quando uma empresa exige um compromisso de prazo muito longo para financiamento. Entretanto, em alguns casos o banco coloca a dívida com investidores que procuram exposições de crédito de prazo mais longo.

Instituições financeiras não bancárias

Os bancos enfrentam a competição no mercado de empréstimos comerciais de uma série de fontes. Nos Estados Unidos, há competição de instituições de poupança e de empréstimos, apesar de essas empresas tenderem a focar o financiamento de hipotecas. As empresas de financiamento competem com os bancos no mercado de empréstimos com base nos ativos (por exemplo, o financiamento garantido de ativos específicos como recebíveis, estoques e equipamentos). As empresas de seguros também estão envolvidas em uma série de atividades de empréstimos. Uma vez que as empresas de seguro de vida enfrentam as obrigações de caráter duradouro, elas geralmente buscam investimentos de longa duração (por exemplo, títulos ou empréstimos de longo prazo para dar suporte a imóveis comerciais de longo prazo e projetos de desenvolvimento). Os banqueiros de investimentos estão preparados para colocar seus títulos de dívida com investidores privados ou em mercados públicos (discutidos posteriormente). Muitas agências governamentais também são fontes de crédito.

Mercados de dívida emitida em mercado de capitais

Algumas empresas têm o porte, a força e a credibilidade necessários para evitar o setor bancário e procurar financiamento diretamente de investidores, seja por meio de vendas de títulos comerciais ou pela emissão de títulos. Essas emissões de dívidas são facilitadas pelo designação de uma classificação de dívida, que mensura a força de crédito subjacente da empresa e determina o rendimento que deve ser oferecido aos investidores.

Os bancos geralmente fornecem financiamento em conjunto com uma dívida emitida em mercado de capitais ou outra fonte de financiamento. Em transações de alta alavancagem, como aquisições alavancadas de ações, os bancos geralmente fornecem financiamento junto com a dívida emitida em mercado de capitais que tem prioridade menor em caso de falência. O "financiamento sênior"[1] (*senior financing*) do banco geralmente seria agendado para ser pago antecipamente em relação à dívida emitida em mercado de capitais em caso de falência, e isso implicaria juros menores. Para empresas menores ou *start-ups*, os bancos geralmente fornecem crédito em conjunto com o financiamento da propriedade por capitalistas de risco (*venture capitalists*). Observe que, tanto no caso de aquisições alavancadas, quanto no de empresas *start-ups*, o banco ajuda a fornecer o caixa necessário para fazer o negócio acontecer, mas faz isso de uma maneira que o proteja de riscos que seriam inaceitavelmente altos para o setor bancário.

Vendedores que fornecem financiamento

Outro setor do mercado de crédito são produtores e outros fornecedores de produtos e serviços. Por rotina, essas empresas tendem a financiar as compras de seus clientes sem garantia por períodos de 30 a 60 dias. Os fornecedores concordarão também, na ocasião, em fornecer financiamento mais prolongado geralmente com o suporte de um nota promissória garantida.

Um fornecedor pode estar disposto a conceder esse empréstimo na expectativa de que a empresa sobreviverá a uma insuficiência de caixa e permanecerá como um cliente importante no futuro. Entretanto, o cliente geralmente procuraria esse acordo apenas se o financiamento bancário estivesse indisponível, pois poderia restringir a flexibilidade na seleção e/ou na negociação com fornecedores.

O PROCESSO DE ANÁLISE DE CRÉDITO EM MERCADOS PRIVADOS DE DÍVIDA

A análise de crédito é mais que apenas estabelecer a solvabilidade da empresa, ou seja, sua habilidade de pagar suas dívidas nas datas previstas. A decisão de estender o crédito não é binária – o valor exato da empresa, seu potencial valorizado e sua distância da capacidade de solvência são igualmente importantes. Há gamas de solvência de crédito, e isso é importante para os propósitos de precificação e estruturação de um empréstimo para entender onde a empresa se situa dentro das gamas disponíveis. Enquanto o *downside risk* ("risco de baixa") deve ser uma consideração primária na análise de crédito, uma empresa com potencial de crescimento oferece oportunidades para futuros serviços financeiros que gerem receitas por meio de uma relação contínua.

Essa visão mais ampla da análise de crédito envolve a maior parte das questões já discutidas nos capítulos anteriores sobre análise de estratégia de negócios, análise contábil, análise financeira e análise prospectiva. Talvez a maior diferença seja que a análise de crédito raramente envolve qualquer tentativa explícita de estimar o valor patrimonial da empresa. Entretanto, os determinantes desse valor são relevantes na análise de crédito, porque uma reserva de capital próprio maior significa risco menor para o credor.

A seguir, descrevemos uma série representativa, mas compreensiva, dos passos que são usados pelos financiadores comerciais em análise de crédito. Entretanto, nem todos os fornecedores de crédito seguem essas diretrizes. Por exemplo, quando comparados a um banqueiro, os produtores industriais conduzem uma análise menos extensiva de seus clientes, uma vez que o crédito é de muito curto prazo e o produtor industrial quer dar suporte a algum risco de crédito com interesse de gerar lucro sobre a venda.

Apresentamos os passos em uma ordem particular, mas são, na verdade, todos interdependentes. Assim, as análises feitas em um passo podem precisar ser repensadas, dependendo da análise em algum passo posterior.

Passo 1: Considere a natureza e o propósito do empréstimo

O entendimento do propósito de um empréstimo é importante não apenas para decidir se ele deve ser concedido, mas também para estruturá-lo com base na duração, no propósito e no tamanho. Os empréstimos podem ser solicitados por apenas alguns meses, por vários anos ou até como uma parte permanente da estrutura de capital de uma empresa. Os empréstimos podem ser usados para substituir outros financiamentos, apoiar necessidades de capital de giro ou financiar a aquisição de ativos de longo prazo ou de outra empresa.

A quantia solicitada do empréstimo também deve ser estabelecida. No caso de empresas de pequeno e médio portes, os banqueiros geralmente preferem ser os únicos financiadores do negócio. Essa preferência não é apenas para ganhar uma vantagem no fornecimento de uma série de serviços financeiros para a empresa, mas também para manter juros superiores no caso de falência. Se outros credores quiserem submeter suas posições aos bancos, isso seria, obviamente, aceitável desde que o banco esteja envolvido.

Geralmente, o financiador comercial lida com as empresas que podem ter relações de matriz e subsidiárias, colocando a questão para a contraparte apropriada. Em geral, a entidade que possui os ativos que servirão de colateral (ou que poderiam servir como tal se fosse necessário no futuro) age como mutuário. Se essa entidade for a subsidiária e a empresa matriz apresentar alguma força financeira independente da subsidiária, uma garantia da empresa matriz poderia ser considerada.

Passo 2: Considere o tipo de empréstimo e garantias disponíveis

O tipo de empréstimo é uma função não apenas de seu propósito, mas também da força financeira do mutuário. Assim, até certo ponto, o tipo de empréstimo será ditado pela análise financeira descrita no Passo 3. Alguns tipos de empréstimos possíveis são conforme segue:

- *Linha aberta de crédito.* Uma linha aberta de crédito permite que o mutuário receba o dinheiro até um máximo especificado numa base de necessidade por um período especificado, como um ano. Para manter essa opção, o mutuário paga uma taxa (por exemplo, 3/8 de 1%) sobre o saldo não utilizado, além de uma taxa de juros de mercado sobre qualquer quantia utilizada. Uma linha aberta de crédito é útil nos casos nos quais as necessidades de dinheiro do mutuário são difíceis de prever.
- *Linha de crédito rotativo.* Quando está claro que uma empresa precisará de crédito além do curto prazo, o financiamento pode ser fornecido em forma de "rotativo". Os termos de um rotativo, que são às vezes usados para dar suporte às necessidades de capital de giro, exigem que o mutuário faça pagamentos conforme o ciclo operacional segue, e o estoque e

os recebíveis são convertidos em caixa. Entretanto, também é esperado que o caixa continue a ser adiantado contanto que o mutuário permaneça em boa situação. Além de juros sobre os montantes em dívida, uma taxa é cobrada sobre a linha não utilizada.

- *Empréstimo de capital de giro.* Esse empréstimo é usado para financiar o estoque e os recebíveis, e isso é geralmente garantido. O saldo do empréstimo máximo pode ser ligado ao balanço das contas ligadas ao capital de giro. Por exemplo, o empréstimo pode ser permitido para aumentar por não mais do que 80% de recebíveis com menos de 60 dias de vencimento.

- *Empréstimo por período.* Os empréstimos por período são usados para as necessidades de longo prazo e são geralmente garantidos com ativos de longo prazo como instalações ou equipamentos. Geralmente, o empréstimo será amortizado, exigindo pagamentos periódicos para reduzir o saldo do empréstimo.

- *Crédito comercial.* O crédito comercial geralmente assume duas formas – um empréstimo provisório para um exportador, a ser quitado quando as exportações forem pagas pelo importador estrangeiro, ou crédito estendido por um exportador a um importador, permitindo a eles pagar em algum momento após as mercadorias serem entregues.

- *Empréstimo hipotecário.* As hipotecas respaldam o financiamento de imóveis, dispõem de prazos longos e geralmente exigem amortização periódica do saldo do empréstimo.

- *Financiamento de leasing.* O financiamento de *leasing* pode ser usado para facilitar a aquisição de qualquer ativo, mas é mais comumente utilizado em equipamentos, incluindo veículos e construções. Os arrendamentos podem ser estruturados ao longo de períodos de 1 a 15 anos, dependendo da vida do ativo subjacente.

Muitos dos empréstimos do banco são feitos numa base de garantias, especialmente com empresas menores e mais altamente alavancadas. Garantias serão requeridas a menos que o empréstimo seja de curto prazo e o mutuário exponha o banco a apenas riscos mínimos de inadimplência. Quando a garantia é exigida, uma consideração importante é se a quantia de garantia disponível é suficiente para bancar o empréstimo. A quantia que um banco emprestará com base em uma dada garantia implica julgamento do negócio e depende de uma série de fatores que afetam a liquidez da garantia caso a empresa passe por dificuldades financeiras. Seguem algumas regras básicas geralmente aplicadas em empréstimos comerciais a várias categorias de garantias:

- *Recebíveis.* As contas a receber são geralmente consideradas a forma de garantia mais desejada por ser a mais líquida. Um grande banco regional permite empréstimos de 50% a 80% do saldo de contas que não estão em atraso. O percentual aplicado é menor quando (1) há muitas contas pequenas que seriam dispendiosas para coletar, no caso de a empresa estar em dificuldade; (2) há poucas contas muito grandes, de tal modo que os problemas com um único cliente poderiam ser sérios; e/ou (3) a saúde financeira do cliente está diretamente ligada à do mutuário, para que o recebimento fique ameaçado apenas quando o mutuário estiver em *default*. Sobre esse último ponto, os bancos geralmente se recusam a aceitar recebíveis de afiliadas como garantia efetiva.

- *Estoques*. O desejo do estoque como garantia varia muito. O melhor cenário é o estoque composto de um produto comum que pode ser facilmente vendido a terceiros se os mutuários falharem. Um estoques mais especializados, com apelo a apenas um conjunto limitado de compradores ou que é dispendioso para armazenar ou transportar, é menos desejado. O grande banco regional mencionado empresta até 60% em matéria-prima, 50% em produtos acabados e 20% em trabalho em andamento.
- *Máquinas e equipamentos*. Máquinas e equipamentos são menos procurados como colaterais. Eles podem ser usados e devem ser armazenados, segurados e comercializados. Mantendo os custos dessas atividades em mente, os bancos geralmente emprestarão apenas até 50% do valor estimado desses ativos em uma venda forçada, como um leilão.
- *Imóveis*. O valor do imóvel como garantia varia consideravelmente. Os bancos oferecerão até 80% do valor avaliado do imóvel que seja facilmente vendável. Por outro lado, uma fábrica projetada para um propósito único e que não é vendida facilmente seria muito menos desejada.

Mesmo quando um empréstimo não é garantido inicialmente, um banco pode exigir um "penhor negativo" sobre os ativos da empresa – um penhor para que a empresa não use os ativos como garantia para qualquer outro credor. Nesse caso, se o mutuário começar a ter dificuldades e tem um *default* no empréstimo, e se não houver outros credores no cenário, o banco pode exigir que o empréstimo se torne garantido se for para permanecer pendente.

Passo 3: Conduzir uma análise financeira do potencial mutuário

Essa parte da análise envolve todos os passos discutidos em nossos capítulos sobre a análise de estratégia do negócio, análise contábil e análise financeira. A ênfase, entretanto, é sobre a habilidade da empresa de empregar a dívida pela taxa prevista. Todos os fatores que podem impactar essa habilidade, como a presença de obrigações de *leasing* que estejam fora do balanço patrimonial e a sustentabilidade do fluxo de lucro operacional da empresa, precisam ser cuidadosamente examinados. O foco da análise depende do tipo de financiamento em consideração. Por exemplo, se um empréstimo de curto prazo é necessário para dar suporte a flutuações sazonais nos estoques, a ênfase seria na habilidade da empresa de converter estoque em caixa tempestivamente. Por outro lado, um empréstimo por período para dar suporte a imobilizado (como instalações e equipamentos) deve ser feito com confiança nas perspectivas de lucros de longo prazo da empresa. Esse passo incorpora tanto uma avaliação do *status* financeiro do possível mutuário, usando a análise de índices, quanto uma previsão para determinar perspectivas de pagamentos futuros.

Análises de índices

Por último, visto que a questão principal nas análises financeiras é a probabilidade de que os fluxos de caixa sejam suficientes para quitar os empréstimos, os financiadores focam a maior parte de sua atenção nos índices de solvência: a magnitude de várias medidas de lucros e fluxos de caixa relativos a serviço de dívida e outras exigências. Portanto, a análise de índices da perspectiva de um credor difere de alguma forma daquela de um proprietário. Há uma grande ênfase nos fluxos de caixa e nos lucros disponíveis de *todos* os requerentes (não só apenas dos proprietários) *antes* dos impostos (uma vez que os juros são dedutíveis dos impostos e pagos em dólares antes do imposto). O índice de *cobertura do fluxo de fundos* ilustra a perspectiva do credor:

$$\text{Cobertura do fluxo de fundos} = \frac{\text{Ebit} + \text{Depreciação}}{\text{Juros} + \dfrac{\text{Amortização da dívida}}{(1 - \text{taxa de imposto})} + \dfrac{\text{Dividendos preferenciais}}{(1 - \text{taxa de imposto})}}$$

O lucro antes dos juros e impostos (Ebit) no numerador é comparado diretamente à despesa de juros no denominador, porque a despesa com juros é paga em dólares antes do imposto.

Por outro lado, qualquer pagamento do capital previsto para um dado ano não é dedutível e deve ser feito de lucros após os impostos. Na essência, com uma taxa de imposto de 50%, um dólar de pagamento de principal é "duas vezes mais caro" como um pagamento de juros de um dólar. Escalar o pagamento do capital por (1 – taxa de imposto) leva isso em conta. A mesma ideia se aplica a dividendos preferenciais, que não possuem dedução fiscal.

O índice de cobertura de fluxo de fundos fornece uma indicação de quão confortavelmente o fluxo dos fundos pode cobrir os custos inevitáveis. O índice exclui pagamentos como dividendos comuns e despesas de capital sob a premissa de que poderiam ser reduzidos a zero para fazer pagamentos de dívidas, sempre que necessário.[2] Claramente, entretanto, se a empresa quer sobreviver a longo prazo, o fluxo de fundos deve ser suficiente para atender à dívida enquanto mantém também os ativos da instalação. Assim, a sobrevivência a longo prazo exige um índice de cobertura de fluxo de fundos que exceda a 1.[3]

Na medida em que o índice excede a 1, ele indica a "margem de segurança" que o financiador enfrenta. Quando esse índice é combinado com uma avaliação da variação em seu numerador, ele fornece uma indicação da probabilidade de não pagamento. Entretanto, seria muito simplista estabelecer qualquer limite particular acima do qual um índice indica que o empréstimo é justificado. Um credor claramente quer estar em condição de receber a quitação dentro do prazo, mesmo quando o mutuário enfrenta uma dificuldade razoavelmente previsível. Isso defende os empréstimos apenas quando se espera que a cobertura do fluxo de fundos exceda a 1, mesmo em um cenário de recessão – e mais alto se alguma permissão para as despesas de capital for prudente.

A análise financeira deveria produzir mais que uma avaliação do risco de inadimplência. Isso deveria também identificar a natureza dos riscos significativos. Em muitos bancos comerciais, trata-se do procedimento operacional padrão para resumir a análise da empresa pela listagem dos principais riscos que poderiam levar ao *default* e fatores que poderiam ser usados para controlar esses riscos se o empréstimo fosse feito. Essa informação pode ser usada na estruturação de termos detalhados do empréstimo para acionar o *default* no momento em que os problemas surgirem, em um estágio inicial suficiente para permitir uma ação corretiva.

Previsão

Uma visão prospectiva da habilidade da empresa em atender a um empréstimo está implícita na discussão da análise de índices. Uma boa análise de crédito também deveria ser apoiada por previsões explícitas. A base para essas previsões geralmente é a administração, apesar de os financiadores desempenharem os próprios testes também. Um elemento essencial desse passo é a análise de sensibilidade para examinar a habilidade do mutuário em atender à dívida sob a variedade de cenários, tais como mudanças na economia ou na posição competitiva da empresa. Idealmente, a empresa deveria ser suficientemente forte para resistir a riscos de queda, como diminuição nas vendas ou redução nas margens de lucro.

Às vezes, é possível reconsiderar a estrutura de um empréstimo de forma que permitisse isso para "fluxo de caixa". Isto é, o período do empréstimo poderia ser estendido ou o padrão de amortização alterado. Geralmente, um banco concederá um empréstimo com a expectativa de que será continuamente renovado, tornando-se, assim, uma parte permanente da estrutura financeira da empresa (rotulada como empréstimo "persistente"). Nesse caso, o empréstimo ainda será escrito como se vencesse dentro de um curto prazo e o banco deve garantir-se de uma "estratégia de saída" viável. Entretanto, seria esperado que a empresa atendesse ao empréstimo por meio da simples cobertura de pagamentos de juros.

Passo 4: Organizar a estrutura detalhada do empréstimo, incluindo cláusulas restritivas (*covenants*)

Se a análise até agora indica que o empréstimo está em ordem, o passo final é a organização da estrutura detalhada. Tendo previamente detalhado o tipo de empréstimo e o cronograma de amortização, o foco muda para as cláusulas restritivas do contrato de empréstimo (*covenants*) e precificação.

Redação de cláusulas restritivas de contratos de empréstimo

As cláusulas restritivas de contratos de empréstimo especificam expectativas mútuas entre o mutuário e o financiador pela especificação de ações que o mutuário tomará ou não. Os *covenants* geralmente se encaixam em três categorias: (1) aqueles que exigem certas ações como a provisão regular de demonstrações financeiras; (2) aqueles que impedem certas ações como realizar uma aquisição sem a permissão do financiador; e (3) aqueles que exigem manutenção de certos índices financeiros. Os *covenants* de empréstimos devem atingir um equilíbrio entre a proteção de interesses do financiador e o fornecimento da flexibilidade que a administração precisa para gerir o negócio. Os *covenants* representam um mecanismo para garantir que os negócios permanecerão tão fortes quanto as duas partes previram no momento em que o empréstimo foi concedido.

Os principais *covenants* que governam a administração da empresa incluem restrições sobre outros empréstimos, penhorar ativos para outros financiadores, venda de ativos substanciais, comprometer-se em fusões e aquisições e pagamento de dividendos. Os *covenants* financeiros deveriam buscar dirigir os riscos significativos identificados nas análises financeiras ou, pelo menos, fornecer alertas antecipados de que esses riscos estão emergindo. Alguns *covenants* financeiros geralmente usados são:

- *Manutenção de patrimônio líquido mínimo.* Esse *covenant* garante que a empresa manterá uma "*reserva de capital*" para proteger o financiador. Os *covenants* geralmente exigem um nível de patrimônio líquido em vez de um nível particular de receita. Na análise final, o financiador pode não se importar se aquele patrimônio líquido for medido pela geração de receita, cortando dividendos ou emitindo novas ações. A amarração do convênio ao patrimônio líquido oferece à empresa a flexibilidade para usar quaisquer desses caminhos para evitar *default*.

- *Índice de cobertura mínima.* Especialmente no caso de um empréstimo de longo prazo, como um empréstimo por período, o financiador pode querer suplementar um *covenant* de patrimônio líquido baseado na cobertura de juros ou serviço total de dívida. O índice de cobertura de fluxo de fundos apresentado anteriormente seria um exemplo. A manutenção de alguma cobertura mínima ajuda a garantir que a habilidade da empresa de gerar fundos internamente é forte o suficiente para justificar a natureza de longo prazo do empréstimo.

- *Índice máximo de passivo total para patrimônio líquido.* Esse índice limita o risco de alta alavancagem e previne o crescimento sem reter lucros ou infundir o patrimônio líquido.

- *Saldo mínimo de capital de giro líquido ou índice de liquidez corrente.* As restrições nesse índice forçam uma empresa a manter sua liquidez pelo uso de caixa gerado pelas operações para retirar passivos circulantes (em vez de adquirir ativos de longa duração).

- *Índice máximo de despesas de capital para lucro antes da depreciação.* As restrições nesse índice ajudam a impedir a empresa de investir em crescimento (incluindo ativos ilíquidos necessários para apoiar o crescimento) a menos que esse crescimento possa ser financiado internamente, com alguma margem remanescente para o serviço de dívida.

Os índices financeiros exigidos geralmente são baseados nos níveis que existiam no momento em que o contrato foi executado, talvez com alguma permissão para deterioração, mas geralmente com alguma melhora esperada ao longo do tempo. A violação de *covenants* representa um evento de *default* que poderia causar aceleração imediata do pagamento da dívida, mas na maioria dos casos o financiador usa o *default* como oportunidade para reexaminar a situação e renunciar à violação ou renegociar o empréstimo.

Covenants são incluídos não apenas em acordos de empréstimo privado, mas também em acordos de dívida emitida em mercado de capitais. Entretanto, os acordos de dívida emitida em mercado de capitais tendem a ter *covenants* menos restritivos por duas razões. Primeiro, uma vez que as negociações resultantes de uma violação de *covenant* de dívida emitida em mercado de capitais são onerosas (possivelmente envolvendo não apenas depositários, mas também os cotistas), os *covenants* são escritos para serem acionados apenas em circunstâncias sérias. Segundo, a dívida emitida em mercado de capitais é geralmente emitida por empresas mais fortes, que têm mais valor de crédito, apesar de haver um grande mercado para dívida de alto rendimento.

Para maioria das empresas financeiramente saudáveis com fortes classificações de dívida, muito poucos *covenants* serão usados, geralmente apenas aqueles necessários para limitar as mudanças drásticas nas operações da empresa, como grandes fusões ou aquisições.

Precificando o empréstimo

Uma discussão detalhada de precificação sai dos escopos deste texto. A essência da precificação é garantir que o rendimento sobre o empréstimo seja suficiente para cobrir (1) os custos do financiador de empréstimos contraídos; (2) os custos de administração e prestação de serviço do financiador; (3) um prêmio para exposição a risco de *default*; e (4) pelo menos um retorno normal sobre o capital próprio necessário para apoiar a operação de empréstimo. O preço é geralmente determinado nos termos de um desvio da taxa básica do banco (a taxa cobrada para mutuários fortes). Por exemplo, um empréstimo poderia ser concedido pela taxa básica mais 1,5%. Uma base alternativa é a LIBOR, ou *London Interbank Offer Rate*, a taxa na qual grandes bancos de várias nações emprestam blocos de fundos um para o outro.

Os bancos competem ativamente por negócios de empréstimos comerciais, e é raro que um rendimento inclua mais que dois pontos percentuais para cobrir o custo de risco de *default*. Se o *spread* para cobrir o risco de inadimplência for, como dizem, 1%, e o banco recuperar apenas 50% das quantias devidas em empréstimos que acabam sendo ruins, então o banco pode pagar por apenas 2% de seus empréstimos para se encaixar nessa categoria. Isso enfatiza quão importante é para os bancos conduzir uma análise minuciosa e conter o risco de seu portfólio de empréstimo.

Análise de demonstrações financeiras e dívidas emitidas em mercado de capitais

Fundamentalmente, as questões envolvidas em análise de dívida emitida em mercado de capitais não são diferentes da dos empréstimos bancários e outras questões de dívidas de empresas de capital fechado. Institucionalmente, entretanto, os contextos são diferentes. Os banqueiros podem manter relações muito próximas com clientes para formar uma avaliação inicial de seu risco de crédito e monitorar suas atividades durante o período de empréstimo. No caso de dívida emitida em mercado de capitais, os investidores estão distanciados dos emissores. Num âmbito maior, eles devem depender de analistas profissionais de dívida, incluindo os classificadores de dívida, para avaliar o risco da dívida e monitorar as atividades contínuas da empresa. Esses analistas e classificadores de dívidas exercem, assim, uma função importante no preenchimento das lacunas de informações entre os emissores e os investidores.

O significado da classificação de dívida

A classificação de dívida (*rating* de dívida) de uma empresa influencia o rendimento que deve ser oferecido para vender instrumentos de dívida. Após a emissão da dívida, as agências de *rating* continuam a monitorar a condição financeira da empresa. As mudanças na classificação estão associadas com a flutuação no preço dos títulos. As duas principais agências de classificação de dívida nos Estados Unidos são a Moody's e a Standard & Poor's. Outras agências de classificação incluem Fitch Ratings, A.M. Best e Dun & Bradstreet.

Usando o sistema de classificação da Standard & Poor's, a classificação possível mais alta é AAA. Abaixo de AAA, as classificações são AA, A, BBB, BB, B, CCC, CC, C e D, em que D indica dívida em *default*. A Tabela 10-2 apresenta exemplos de empresas em categorias de classificação AAA até D, bem como os rendimentos médios de todas as empresas em cada categoria. Menos de 1% das empresas de capital aberto não financeiras classificadas pela Standard & Poor's tem força financeira para merecer uma classificação AAA. Entre as poucas estão Exxon Mobil, Johnson & Johnson e Microsoft – todas entre as maiores e mais lucrativas empresas no mundo. As empresas AA também são muito fortes e incluem General Electric, Walmart e Canon. As empresas classificadas em AAA e AA possuem os menores custos de financiamento de dívidas; ao final de 2010, sua média de rendimentos variava de 3,2% a 3,4% ao longo de 12 meses da taxa LIBOR.

Para possuir grau de investimento, uma empresa deve alcançar uma classificação BBB ou mais alta, que é um limite importante, visto que muitos fundos são impedidos por seus contratos de investir em qualquer título abaixo desse grau. Mesmo atingir o grau BBB é difícil. A Daimler, fabricante de automóveis e proprietária da Mercedes-Benz, uma das marcas mais reconhecidas do mundo, foi classificada em BBB, ou quase grau de investimento, em 2010. Seus grandes rivais nos Estados Unidos, General Motors e Ford, foram classificados em BB e B, respectivamente, na mesma época. Algumas das maiores companhias aéreas do mundo, incluindo British Airways e American Airlines, também foram classificadas abaixo do grau de investimento.

A Tabela 10-2 mostra que o custo do financiamento da dívida aumenta de maneira acentuada, uma vez que a dívida das empresas fica abaixo do grau de investimento. Por exemplo, em 2010, os rendimentos para emissões de dívida classificadas em BBB ficaram um pouco acima de 4% ao longo da taxa LIBOR de 12 meses, enquanto os rendimentos para emissões classificadas em B foram mais de 7% acima das taxas LIBOR.

TABELA 10-2

Classificações de dívida: exemplos de empresas e média de rendimentos por categoria

Rating de dívida pela S&P	Amostra de empresas em 2010	Percentual de empresas de capital aberto com a mesma classificação atribuída pela S&P	Média de rendimento, 2010	*Spread* médio ao longo da taxa LIBOR de 12 meses
AAA	Exxon Mobil Johnson & Johnson Microsoft	0,4%	4,0%	3,2%
AA	General Electric Walmart Canon	2,1%	4,2%	3,4%
A	Coca-Cola McDonald's TJX	11,7%	4,4%	3,6%

continua

Rating de dívida pela S&P	Amostra de empresas em 2010	Percentual de empresas de capital aberto com a mesma classificação atribuída pela S&P	Média de rendimento, 2010	*Spread* médio ao longo da taxa LIBOR de 12 meses
BBB	Daimler Nordstrom Best Buy	29,7%	4,9%	4,1%
BB	General Motors Fiat Netflix	27,3%	6,4%	5,6%
B	Ford Motors Company Eastman Kodak American Airlines (AMR)	27,7%	8,0%	7,2%
CCC	E-Trade Sbarro's Clearwire	1,1%	9,9%	9,1%
CC	Realogy	<0,1%	13,6%[a]	12,8%
D	Blockbuster A&P	<0,1%	30%+[a]	30%+

[a] Rendimentos representativos conforme a maior parte dos títulos não comercializados ativamente.
Fonte: Standard and Poor's Compustat 2011.

Os rendimentos de empresas com dívida classificada em CCC, que estavam perto da falência, estavam mais de 9% acima da LIBOR, e os títulos de dívida de poucas empresas inadimplentes que ainda eram comercializadas estavam rendendo acima de 30% da referência.

A Tabela 10-3 mostra as medianas dos índices financeiros para empresas pela categoria de *rating* de dívida. As empresas com classificações AAA e AA tinham lucros e fluxos de caixa muito fortes,

TABELA 10-3

Classificações de dívida: índices financeiros medianos por categoria

Rating de dívida da S&P	Lucro antes de juros e impostos para capital líquido	Cobertura de juros antes de impostos	Fluxo de caixa de operações para dívida total	Dívida líquida para capital líquido
AAA	41,6%	105,4	317%	− 33%
AA	25,9%	14,6	47%	31%
A	23,5%	11,5	57%	22%
BBB	16,1%	5,9	35%	32%
BB	15,4%	3,7	28%	37%
B	9,6%	1,5	14%	58%
CCC	− 2,6%	− 0,3	>0,1%	87%

Fonte: Standard and Poor's Compustat 2011

bem como alavancagem mínima. As empresas classificadas em AAA geralmente têm grandes excedentes de caixa, de modo que a dívida líquida é negativa. As empresas na classe BBB são apenas moderadamente alavancadas, com cerca de 32% da capitalização líquida oriunda de dívida líquida. Os lucros tendem a ser relativamente fortes, conforme indicado por uma cobertura de juros antes do imposto (EBIT/despesa de juros) de 5,9 e uma cobertura de dívida de fluxo de caixa (fluxo de caixa de operações/dívida total) de 35%. As empresas que ocupam as últimas posições da classificação, entretanto, lidam com riscos significativos: elas geralmente relatam perdas, possuem alta alavancagem e índices de cobertura de juros inferiores a 1.

Fatores que levam à classificação de dívida

Pesquisas que usam modelos quantitativos de classificações de dívida demonstram que algumas das variações em *ratings* podem ser explicadas pelos índices selecionados de demonstrações financeiras. Algumas agências de classificação de dívida confiam muito nesses tipos de modelos quantitativos, que também são comumente usados por empresas de seguros, bancos e outros para dar assistência nas avaliações de riscos de emissão de dívida para as quais a classificação pública não está disponível.

A Tabela 10-4 lista os fatores usados por três empresas diferentes em seus modelos quantitativos de classificação de dívida. As empresas incluem uma empresa de seguros e um banco, que usam os modelos em suas atividades de investimento privado, e uma empresa de pesquisa de investimento, que emprega o modelo na avaliação das próprias aquisições de dívida e participações. Em cada caso, a lucratividade e a alavancagem exercem um papel importante no *rating*. Uma empresa também usa o tamanho como um indicador, com maior tamanho associado com classificações mais altas.

TABELA 10-4

Fatores usados em modelos quantitativos de *rating* de dívida

Medidas de lucratividade	Empresa 1 Retorno sobre capital de longo prazo	Empresa 2 Retorno sobre capital de longo prazo	Empresa 3 Retorno sobre capital de longo prazo
Medidas de alavancagem	Dívida de longo prazo para capitalização	Dívida de longo prazo para capitalização Dívida total para capital total	Dívida de longo prazo para capitalização
Lucratividade e alavancagem	Cobertura de juros Fluxo de caixa para dívida de longo prazo	Cobertura de juros Fluxo de caixa para dívida de longo prazo	Cobertura de cobrança fixa Cobertura de dívida de curto prazo e cobranças fixas
Porte da empresa	Vendas	Ativos totais	
Outro		Desvio padrão de retorno *Status* de subordinação	

Fonte: © Cengage Learning

Muitos pesquisadores desenvolveram modelos quantitativos de classificação de dívidas. Dois desses modelos, elaborados por Kaplan e Urwitz e demonstrados na Tabela 10-5, destacam a importância relativa dos diferentes fatores.[4] O Modelo 1 tem uma habilidade maior para explicar a variação na classificação de títulos. Entretanto, inclui alguns fatores com base em dados de mercado de ações que não estão disponíveis para todas as empresas. O Modelo 2 é baseado apenas em dados de demonstrações financeiras.

Os fatores na Tabela 10-5 são listados em ordem de significância estatística no Modelo 1. Uma característica interessante é que o fator mais importante que explica as classificações de dívida não é um índice financeiro – é simplesmente o porte da empresa! Grandes empresas tendem a conseguir melhores

TABELA 10-5
Modelos Kaplan-Urwitz de classificação de dívidas

Característica da empresa ou da dívida	Variáveis que refletem as características	Coeficientes	
		Modelo 1	Modelo 2
	Intercepto do modelo	5,67	4,41
Porte da empresa	Ativos totais[a]	0,0009	0,0011
Status de subordinação da dívida	1 = subordinado; 0 = insubordinado	– 2,36	– 2,56
Alavancagem	Dívida de longo prazo sobre ativos totais	– 2,85	– 2,72
Risco sistemático	Modelo beta de mercado, indicação de sensibilidade do preço da ação aos movimentos amplos de mercado (1 = média)[b]	– 0,87	–
Lucratividade	Lucro líquido para ativos totais	5,13	6,40
Risco não sistemático	Desvio padrão do modelo de mercado (média = 0,10)[b]	– 2,90	–
Risco de fluxo de lucros	Coeficiente de variação no lucro líquido ao longo de cinco anos (desvio padrão/média)	–	–0,53
Cobertura de juros	Fluxo de fundos antes dos impostos sobre despesa de juros	0,007	0,006
A pontuação do modelo é convertida em uma classificação de título conforme segue: Se a pontuação for > 6,76, prevê AAA a pontuação for > 5,19, prevê AA a pontuação for > 3,28, prevê B a pontuação for > 1,57, prevê BBB a pontuação for< 0,00, prevê BB			

Fonte: © Cengage Learning

[a] O coeficiente no modelo Kaplan-Urwitz foi estimado em 0,005 (Modelo 1) e 0,006 (Modelo 2). Sua escala foi ajustada para refletir que as estimativas foram baseadas nos ativos medidos em dólares do início dos anos 1970. Considerando que $1 de 1972 é aproximadamente equivalente a $5,33 em 2011, a estimativa de coeficiente original foi dividida por 5,33.

[b] O modelo de mercado é estimado pela regressão dos retornos de ações sobre o índice de mercado, usando dados mensais para os cinco anos anteriores.

classificações que pequenas empresas. Se a dívida está subordinada ou insubordinada é o próximo item mais importante, seguido pelo indicador de alavancagem. A lucratividade aparece menos importante, mas em partes reflete a presença no modelo de fatores múltiplos (ROA e cobertura de juros) que captam a lucratividade. O poder explicativo da lucratividade é, então, dividido entre essas duas variáveis.

Quando aplicado a uma amostra de títulos que não foram usados no processo de estimativa, o Modelo 1 Kaplan-Urwitz previu a categoria de classificação corretamente em 44 de 64 casos, ou 63% do tempo. Onde ele errou, o modelo nunca desviou por mais de uma categoria e, em aproximadamente metade desses casos, sua previsão foi mais consistente com o mercado de rendimentos sobre a dívida do que o *rating* atual de dívida. As discrepâncias entre as classificações atuais e aquelas estimadas usando o modelo Kaplan-Urwitz indicam que as agências de *rating* incorporam fatores além dos índices financeiros em suas análises. Esses fatores podem incluir os tipos de análises estratégicas, contábeis e prospectivas discutidas ao longo deste livro.

Apesar das classificações de dívida poderem ser explicadas razoavelmente bem quanto a um grupo de índices financeiros com base em dados publicamente disponíveis, as mudanças de classificação têm um efeito de sinalização importante. Os rebaixamentos de *rating* de dívida são recebidos com a redução tanto dos preços dos títulos quanto das ações,[5] apesar de os mercados de capitais anteciparem muitas das informações refletidas em mudanças de classificação. Isso acontece em razão do fato de que as mudanças geralmente representam reações a eventos recentes conhecidos, e as agências de classificação geralmente indicam de antemão que uma mudança está sendo considerada.

Previsão de dificuldade e recuperação

A tarefa principal na análise de crédito é avaliar a probabilidade de que uma empresa passará por dificuldade financeira e falhará em quitar o empréstimo. Uma análise relacionada relevante, uma vez que uma empresa começa a passar por dificuldades, envolve a consideração de que se ela pode ser recuperada. Nesta seção, consideramos a evidência em relação à previsibilidade desses estados.

A previsão de dificuldade ou de recuperação é uma tarefa complexa, difícil e subjetiva que envolve todos os passos da análise discutida ao longo deste livro: análise de estratégia de negócios, análise contábil, análise financeira e análise prospectiva. Os modelos puramente quantitativos do processo raramente podem servir como substitutos para o trabalho árduo que a análise implica.

Entretanto, as pesquisas sobre esses modelos oferecem uma ideia sobre quais são os indicadores financeiros mais usados na tarefa. Além disso, há alguns cenários em que extensivas checagens de crédito são muito onerosas para justificar e onde modelos quantitativos de previsão de dificuldade são úteis.

Modelos de previsão de dificuldade

Muitos modelos de previsão de dificuldade foram desenvolvidos ao longo dos anos.[6] Eles são similares aos modelos de classificação de dívida, mas, em vez de prever *ratings*, preveem se uma empresa passará por algum estado de dificuldade, geralmente definido como falência, dentro de um período específico, como um ano. Um estudo sugere que os fatores mais úteis (numa base independente) na previsão de falência um ano antes são os níveis da empresa de lucratividade, a volatilidade dessa lucratividade (medida como o desvio padrão do ROE) e sua alavancagem.[7] De maneira interessante, as medidas de liquidez acabam sendo muito menos importantes. A liquidez corrente não salvará uma empresa doente financeiramente se estiver perdendo dinheiro em ritmo rápido.

Uma série de modelos multifatoriais mais robustos também foi projetada para prever dificuldade financeira. Um deles, o modelo Altman Z-score, pesa cinco variáveis para computar uma pontuação de falência.[8] Para as empresas públicas, o modelo é como segue:[9]

$$Z = 1,2(X_1) + 1,4(X_2) + 3,3(X_3) + 0,6(X_4) + 1,0(X_5)$$

em que:

X_1 = capital de giro líquido/ativos totais (medida de liquidez)

X_2 = lucros retidos/ativos totais (medida de lucratividade cumulativa)

X_3 = EBIT/ativos totais (medida de retorno sobre ativos)

X_4 = valor de mercado do capital próprio/valor contábil de passivos totais (medida de alavancagem de mercado)

X_5 = vendas/ativos totais (medida de vendas que geram potencial de ativos)

O modelo prevê falência quando Z < 1,81. A variação entre 1,81 e 2,67 é rotulada como "zona cinzenta".

A seguinte tabela apresenta os cálculos para duas empresas, Canon, Inc. e Eastman Kodak Company, no final de 2010:

	Coeficiente do modelo	Canon, Inc. 31 de dezembro de 2010		Eastman Kodak Company 31 de dezembro de 2010	
		Índices	Pontuação	Índices	Pontuação
Capital de giro líquido/ Ativos totais	1,2	0,079	0,09	–0,112	–0,13
Lucros retidos/Ativos totais	1,4	0,771	1,08	0,896	1,25
EBIT/Ativos totais	3,3	0,096	0,32	–0,074	–0,24
Valor de mercado do capital próprio/Valor contábil de passivos totais	0,6	4,934	2,96	0,218	0,13
Vendas/Ativos totais	1,0	0,900	0,90	1,296	1,30
Altman Z-score:			5,35		2,31

Fonte: Thomson ONE, acesso em outubro de 2011.

A tabela mostra uma ampla deficiência do desempenho entre dois dos maiores e mais conhecidos competidores em produtos e serviços de tecnologia de imagem. O Z-score da Canon demonstra sua força financeira e reflete sua classificação AA. A Canon tem geralmente entregado vendas estáveis e crescimento nos lucros ao longo dos últimos dez anos, e suas responsabilidades são apenas 20% de sua capitalização de mercado, indicando alavancagem financeira relativamente baixa. O Z-score da

Kodak, por outro lado, destaca sua dificuldade na recuperação de sua mudança executada tardia e precariamente para a tecnologia de imagem digital. A Kodak informou perda anual desde 2005, visto que a empresa adotou uma série de estratégias sem sucesso com o objetivo de substituir as perdas de receitas e lucratividade de seu negócio de filme em declínio. No final de 2010, os passivos da Kodak foram mais de cinco vezes maiores do que sua capitalização de mercado, uma indicação de seu estado financeiro decadente. Consequentemente, a dívida da Kodak foi rebaixada para CCC no início de 2011, com uma perspectiva negativa, e em meados de 2011, com perdas crescentes, relatórios circulando na companhia acessando linhas de crédito numa taxa acima da normal e o preço da ação flutuando por volta de $1,50, os rumores cresciam sobre um possível pedido de falência.

Esses modelos têm alguma habilidade para prever empresas em processo de falência e sobreviventes. Altman relata que, quando o modelo foi aplicado a uma amostra de teste contendo 33 empresas falidas e 33 empresas sem falência (a mesma proporção usada para estimar o modelo), ele previu corretamente o resultado em 63 de 66 casos. Entretanto, o desempenho do modelo rebaixaria substancialmente se aplicado a uma amostra de *teste* em que a proporção de empresas com e sem falência não foi forçada a ser a mesma que a usada para estimar o modelo.

O modelo ZETA comercialmente disponível, também desenvolvido pela Altman, melhora o poder preditivo e a precisão do modelo Z-score. O modelo ZETA incorpora sete variáveis e inclui medidas de estabilidade de lucros, cobertura de serviço de dívida e porte da empresa.[10] Enquanto os modelos de previsão de dificuldade não podem servir como substituição para análises em profundidade da maneira discutida ao longo deste livro, eles fornecem de fato um lembrete útil do poder de dados das demonstrações financeiras para resumir as dimensões importantes do desempenho de uma empresa. Além disso, eles podem ser úteis para fazer uma triagem de grandes números de empresas antes de análises mais profundas da estratégia corporativa, *expertise* da administração, posição de mercado e desempenho de índices financeiros. O modelo ZETA, por exemplo, é usado por alguns industriais e outras empresas para avaliar a solvabilidade de seus clientes.

Oportunidades de investimento em empresas em dificuldade

Os títulos de dívida de empresas em dificuldade financeira são comercializados com descontos acentuados em relação ao valor nominal. Alguns gestores de fundos de *hedge* e conselheiros de investimentos se especializam em investir nesses títulos – mesmo comprando a dívida de empresas que operam sob a proteção de falência. Os investidores desses títulos podem ganhar retornos mais atrativos se a empresa se recuperar de suas dificuldades de fluxo de caixa.[11]

Os investidores de títulos de dívida de empresas em dificuldade avaliam se a empresa pode recuperar seus problemas de fluxo de caixa imediatos e se ela tem um longo prazo viável. Dois elementos da estrutura explicada na Parte 2 deste livro são particularmente relevantes para analisar as probabilidades de dificuldade. O primeiro é uma análise detalhada do setor e posicionamento competitivo da empresa e uma análise de seus riscos de negócios. Isso é seguido pela construção de previsões bem fundamentadas de seus fluxos de caixa futuros e desempenho de lucros à luz da análise do negócio.

Classificações de crédito e a crise *subprime*

Enquanto o foco deste capítulo está na análise de crédito e previsão de dificuldade da dívida corporativa, há também lições importantes a serem aprendidas ao examinar o papel que a análise e os *ratings* de crédito dos instrumentos financeiros securitizados (principalmente os títulos garantidos por ativos) assumiram na crise financeira de 2008. Falaremos brevemente sobre isso aqui.

Grande parte da pesquisa sobre as causas da crise financeira focou a aplicação de securitização no mercado de hipotecas *subprime* dos Estados Unidos.[12] A securitização da dívida de hipoteca, que envolveu a centralização de hipotecas individuais e a fragmentação desse *pool* em camadas ("frações") com níveis progressivos de senioridade, possibilitou o desenvolvimento de títulos que poderiam ser amplamente vendidos nos mercados financeiros – algo impossível no nível de hipoteca individual. Além disso, o processo de securitização era esperado para mitigar o risco individual de *default* dos títulos subjacentes por complementar o *pool* dos títulos cujo risco de *default* não era altamente correlacionado, permitindo a criação de títulos com níveis diferentes de risco de *default* – algumas (ou muitas, dependendo das especificidades) com menor risco de *default* que a média das hipotecas subjacentes no *pool*.

Como os bancos refinaram e expandiram essas ofertas para capitalizar no mercado de hipotecas *subprime* crescentes, eles pressionaram as agências de classificação, que até aquele momento tinham focado na classificação de dívida corporativa, para classificar os títulos de valores mobiliários e fazê-los mais amplamente aceitáveis tanto por investidores institucionais, que eram restritos em sua habilidade de investir em títulos não classificados, quanto por mercados mais amplos, que olharam de maneira mais favorável para os títulos, considerando o carimbo de aprovação de um *rating* de grau de investimento. As agências aderiram e viram suas receitas dispararem dramaticamente até que essa parte de seu fluxo de receita, em muitos casos, constituía a principal parcela de suas receitas.

Quando o mercado de imóveis vivenciou um início de recessão significativa no final de 2005, ficou claro que as agências de crédito e o mercado subestimaram os riscos desses títulos e sua potencial exposição à ampla decadência do mercado que ocorreu. Além disso, a crise levantou questões sobre a qualidade das classificações em geral, especialmente por se relacionar à dinâmica de relacionamento agência de classificação/banco.

Enquanto a maior parte da discussão sobre o papel das agências de classificação de crédito na crise tem sido sobre o conflito de interesse inerente ao relacionamento das agências com seus clientes bancários e seu potencial impacto de comprometimento na qualidade de sua classificação dos produtos de seus clientes, os pesquisadores também examinaram fatores inerentes às próprias metodologias de classificação das agências que contribuíram com uma subestimação sistêmica do risco do produto de hipoteca *subprime* securitizada.[13] Em geral, as agências de classificação eram mais familiarizadas com classificações de dívidas corporativas – elas tinham apenas recentemente entrado na classificação de instrumentos financeiros – e seus modelos não pareciam estar adequados para lidar com a complexidade dos produtos estruturados que pediram para ser avaliados. Além disso, a natureza incorporada de muitos desses produtos significou que pequenos erros na estimativa tinham grandes impactos em cálculos de risco de *default*. Por exemplo, um produto conhecido como um CDO^2 (obrigação de dívida colaterizada ao quadrado) foi constituído pelas frações mais novas de outros CDOs, rearranjadas num conjunto e divididas novamente, que ampliava a exposição desse tipo de investimento para o risco de erro de estimativas. E também os produtos estruturados em geral substituem o de *default* individual pelo risco de *default* sistemático (por exemplo, falha do sistema no todo), que fez o produto com base em hipoteca altamente exposto a perdas em amplas quedas como o que ocorreu em 2005. Apesar desse risco crítico, os modelos de agência de classificação nem mesmo levaram em conta o potencial de uma queda significativa do mercado de imóveis, visto que não havia nenhuma em histórico recente. Finalmente, em geral, as agências de classificação não tinham bons dados históricos sobre os *defaults* de *subprime*, uma vez que o empréstimo *subprime* era um fenômeno relativamente novo. No total, está claro que, enquanto as questões de conflito de interesse eram um fator importante na crise, outro fator talvez igualmente importante era a análise desempenhada pelas agências na atribuição de classificações a esses títulos, que não eram adequadas para avaliar a sua solvabilidade.

A Lei Dodd-Frank de Reforma de Wall Street e de Proteção ao Consumidor, que foi aprovada no início da crise financeira, era uma tentativa de atingir, por meio de regulamentação, algumas causas principais da crise financeira e incluiu fiscalização crescente das agências de *rating*.

Entre as principais provisões relacionadas a agências de crédito estão:[14]

- *Criação de um escritório de* rating *de créditos na SEC* – com a própria equipe de *compliance* e autoridade de agências superiores, e o mandato para examinar as agências de classificação pelo menos uma vez por ano.
- *Aumento das exigências relativas à divulgação de informação para as agências de classificação* – de suas metodologias, seu uso de terceiros para esforços de *due dilligence* e seus registros históricos de monitoramento das classificações.
- *Exigência de uso das informações independentes pelas agências de classificação* – de fontes diferentes das organizações que estão sendo classificadas, se fontes fidedignas.
- *Aumento das limitações de atividades envolvendo potenciais conflitos de interesse* – proíbe os responsáveis pelo *compliance* de trabalhar em classificações e em outras áreas de exigências de divulgação.
- *Aumento do passivo potencial* – remove isenções de obrigação para agências de classificação, permitindo que os investidores tragam direitos privados de ação contra as agências.
- *Concessão de direito à SEC para cancelar o registro de uma agência de classificação* – por fornecer más classificações ao longo do tempo.
- *Aumento das exigências de educação* – exige que os analistas de classificação passem por exames de qualificação e participem de educação continuada.
- *Eliminação de exigências estatutárias e regulatórias para o uso de classificações* – em uma tentativa de reduzir o excesso de confiança nas classificações.
- *Aumento na independência de quadros de agências* – exige que pelo menos 50% dos quadros das agências não tenham nenhuma participação financeira em classificações de crédito.
- *Novo mecanismo da SEC para prevenir "compra de classificações"* – para prevenir os emissores de títulos de escolher a agência com maior possibilidade de dar ao seu produto uma classificação favorável.

RESUMO

O financiamento de dívida é atrativo para as empresas com altas taxas de impostos marginais e poucos benefícios fiscais sem juros, fazendo benefícios fiscais de dívida avaliada. A dívida também pode ajudar a criar valor por dissuadir a administração das empresas com alto faturamento/fluxo de caixa estável e poucas oportunidades novas de investimento de investir excessivamente em novos empreendimentos não lucrativos.

Entretanto, o financiamento de dívida também cria o risco de dificuldade financeira, que é possível ser particularmente severo para as empresas com lucros e fluxos de caixa voláteis e ativos intangíveis que são facilmente destruídos por dificuldades financeiras.

Os futuros fornecedores de dívida usam a análise de crédito para avaliar os riscos de dificuldade financeira de uma empresa. A análise de crédito é importante para uma ampla variedade de agentes econômicos – não apenas banqueiros e outros intermediários financeiros, mas também os analistas de dívida emitida em mercado de capitais, empresas industriais, empresas de serviços e outras.

No centro da análise de crédito, encontram-se as mesmas técnicas descritas nos Capítulos 2 ao 8: análises de estratégia de negócios, análises contábeis, análises financeiras e partes de análises prospectivas. O propósito da análise de crédito em mercados privados de dívida vai além da avaliação da probabilidade de que um mutuário falhará em quitar o empréstimo. Ela também serve para identificar a natureza dos principais riscos envolvidos e guiar como o empréstimo pode ser estruturado para mitigar ou controlar esses riscos. Um empréstimo bem estruturado fornece ao financiador uma "estratégia de saída" viável, mesmo em caso de inadimplência. Os *covenants* baseados na contabilidade e devidamente estruturados são essenciais para essa estrutura.

Fundamentalmente, as questões envolvidas em análises de dívida emitida em mercado de capitais não são diferentes daquelas envolvidas na avaliação de empréstimos bancários ou outra dívida emitida em mercado privado. Institucionalmente, entretanto, os contextos são diferentes. Os investidores em dívida emitida em mercado de capitais geralmente não são próximos do mutuário e devem confiar em agentes, incluindo os classificadores de dívida e outros analistas, para avaliar a solvabilidade. As classificações de dívidas que dependem fortemente do porte da empresa e das medidas financeiras de desempenho têm uma influência importante sobre os rendimentos de mercado que devem ser oferecidos para emitir a dívida.

A tarefa primária na análise de crédito é a avaliação da probabilidade de *default*. A tarefa é complexa, difícil e, de certa forma, subjetiva. Poucos índices financeiros podem ajudar a prever a dificuldade financeira com alguma precisão. Os indicadores mais importantes para esse propósito são lucratividade, volatilidade de lucros e alavancagem. Enquanto há vários modelos que preveem dificuldades com base em indicadores financeiros, eles não podem substituir as formas profundas de análises discutidas neste livro.

A crise financeira de 2008 é um exemplo do principal erro de cálculo da probabilidade de inadimplência de títulos garantidos com ativos em razão da complexa, não bem entendida, natureza dos instrumentos financeiros. A legislação do governo colocada em vigor após a crise financeira tenta impor controles adicionais às agências de classificação que tinham conflitos de interesses significativos e cujos modelos não compreendiam totalmente os títulos complexos que lhes pediram para classificar considerando seu repertório histórico em classificar dívida corporativa.

QUESTÕES PARA DISCUSSÃO

1. Os analistas financeiros normalmente medem a alavancagem financeira como o índice de dívida sobre patrimônio líquido. Existe, porém, menos consenso sobre como medir a dívida, ou mesmo o capital próprio. Como você trataria os seguintes itens ao computar esse índice? Justifique sua resposta.

   - Resolução de acordo de crédito com o banco
   - Caixa e títulos negociáveis
   - Arrendamentos (*leasings*) operacionais
   - Planos de pensão não registrados
   - Passivos de impostos diferidos
   - Ação preferencial
   - Dívida conversível

2. As empresas públicas norte-americanas com "baixa" alavancagem têm uma remuneração líquida do índice de dívida sobre o patrimônio líquido de 0% ou menos, as empresas com alavancagem média têm esse índice entre 1% e 62%, e as empresas de "alta" alavancagem têm esse índice de 63% ou mais. Com base nesses dados, como você classificaria as seguintes empresas em termos de sua otimização do índice de dívida sobre patrimônio líquido (alto, médio ou baixo)?

   - Uma empresa farmacêutica bem-sucedida
   - Uma concessionária de energia elétrica
   - Um fabricante de bens de consumo duráveis
   - Um banco comercial
   - Uma *start-up* de software

3. Quais são as dimensões críticas de desempenho para (a) um varejista e (b) uma empresa de serviços financeiros que deveriam ser considerados na análise de crédito? Quais índices você sugeriria observar para cada uma dessas dimensões?

4. Por que uma empresa pagaria para ter sua dívida emitida em mercado de capitais classificada por uma grande agência de classificação (como a Moody's ou Standard & Poor's)? Por que uma empresa escolheria não ter sua dívida classificada?

5. Alguns argumentam que o mercado de emissão original de "títulos-lixo" (*junk bonds*) desenvolveu-se no final dos anos 1970 como resultado de um fracasso no processo de classificação. Os defensores desse argumento sugerem que as agências de *rating* classificaram as empresas muito severamente no nível inferior da escala, negando o *status* de grau de investimentos a

algumas empresas que mereciam. Quais são os proponentes desse argumento, assumindo efetivamente que foram os incentivos das agências de classificação? Quais forças econômicas poderiam surgir desse incentivo?

6. Muitos compromissos de dívida exigem que o mutuário obtenha permissão do credor antes de assumir uma grande aquisição ou venda de ativos. Por que o mutuário gostaria de incluir esse tipo de restrição?

7. Betty Li, a CFO de uma empresa que está recorrendo a um novo empréstimo, afirma: "Nunca concordarei com *covenants* de dívida que restringem minha habilidade de pagar dividendos a meus acionistas, porque isso reduz a riqueza deles". Você concorda com esse argumento?

8. A Cambridge Construction Company segue o método de percentagem de conclusão (*percetage--of-conclusion – POC*) para relatar as receitas de contrato de longo prazo. A percentagem de conclusão é baseada no custo de materiais enviados para o local do projeto como um percentual do custo total do material esperado. O maior compromisso financeiro da Cambridge inclui restrições sobre o patrimônio líquido, cobertura de juros e exigências de capital de giro mínimo. Um analista líder diz: "A empresa está comprando sua saída desses *covenants* mediante o gasto de dinheiro e a compra de materiais, mesmo quando não são necessários". Explique como isso poderia ser possível.

9. A Cambridge pode melhorar seu Z-score comportando-se como o analista alega na Questão 8? Essa mudança é consistente com a realidade econômica?

10. Um banqueiro afirma: "Eu evito empréstimos para empresas com fluxo de caixa operacional negativo porque são muito arriscadas". Essa é uma política de empréstimo sensata?

11. Um varejista líder encontra-se em um compromisso financeiro. Ele não tem fluxo de caixa operacional suficiente para financiar seu crescimento e está próximo de violar o índice máximo de endividamento sobre ativo permitido por seus contratos. O vice-presidente de marketing sugere: "Podemos levantar caixa para o nosso crescimento com a venda de lojas existentes e arrendando-as de volta. Essa fonte de financiamento é barata, visto que evita a violação dos índices de endividamento sobre ativo ou dos índices de cobertura de juros em nossos *covenants*". Você concorda com a análise dele? Por que sim ou por que não? Como o tesoureiro da empresa, como você veria esse acordo?

Notas

1. N.R.T.: O sentido seria de financiamento com prioridade de recebimento pelo banco em caso de falência; no Brasil, o crédito mais próximo dessa condição seria o com garantias reais (Lei nº 11.101/2005, art. 83, inciso II).
2. O mesmo é verdade sobre os dividendos preferenciais. Entretanto, quando a ação preferencial é cumulativa, quaisquer dividendos perdidos devem ser pagos depois, quando e se a empresa retornar à lucratividade.
3. Outros índices de cobertura relevantes são discutidos no Capítulo 5.
4. R. Kaplan e G. Urwitz, "Statistical Models of Bond Ratings: A Methodological Inquiry", *Journal of Business* (abril de 1979): 231-261.
5. Veja R. Holthausen e R. Leftwich, "The Effect of Bond Rating Changes on Common Stock Prices", *Journal of Financial Economics* (setembro de 1986): 57-90, e J. Hand, R. Holthausen, e R. Leftwich, "The Effect of Bond Rating Announcements on Bond and Stock Prices", *Journal of Finance* (junho de 1992): 733-752.

ANÁLISE E AVALIAÇÃO DE EMPRESAS

6. Veja E. Altman, "Financial Ratios, Discriminant Analysis, and the Prediction of Corporate Bankruptcy", *Journal of Finance* (setembro de 1968): 589-609; E. Altman, *Corporate Financial Distress* (Nova York: John Wiley, 1993); W. Beaver, "Financial Ratios as Predictors of Distress", *Journal of Accounting Research*, Supplement (1966): 71-111; J. Ohlson, "Financial Ratios and the Probabilistic Prediction of Bankruptcy", *Journal of Accounting Research* (primavera de 1980): 109-131; e M. Zmijewski, "Predicting Corporate Bankruptcy: An Empirical Comparison of the Extant Financial Distress Models" (working paper, SUNY em Buffalo, 1983).
7. Zmijewski, op. cit.
8. Altman, *Corporate Financial Distress*, op. cit.
9. Para as empresas privadas, Altman, ibid., ajusta o modelo de capital aberto pela mudança de numerador para a variável X_4 do valor de mercado do patrimônio líquido (capital próprio) para o valor contábil. Segue o modelo revisado:

$$Z = 0,717(X_1) + 0,847(X_2) + 3,11(X_3) + 0,420(X_4) + 0,998(X_5)$$

em que:
X_1 = capital de giro líquido/ativos totais
X_2 = lucros retidos/ativos totais
X_3 = EBIT/ativos totais
X_4 = valor contábil do patrimônio líquido/valor contábil de passivos totais
X_5 = vendas/ativos totais

O modelo prevê falência quando $Z < 1,23$. A variação entre 1,23 e 2,90 é chamada de "zona cinzenta".

10. Veja Altman, *Corporate Financial Distress*, op. cit.
11. No período de janeiro de 1994 a julho de 2011, investimentos em empresas com dificuldade financeira superaram 10 de 11 outras estratégias que foram rastreadas pela Dow Jones Credit Suisse Hedge Fund Index. A média de retorno anual ao longo do período foi de 10,6% *versus* um retorno de 8,0% para o índice da S&P 500 (pressupondo que os dividendos foram reinvestidos no índice).
12. Para um histórico sobre o desenvolvimento do mercado de hipoteca *subprime*, veja, por exemplo, S. Chomsisengphet e A. Pennington-Cross, "The Evolution of the Subprime Mortgage Market", *Federal Reserve Bank of St. Louis Review*, janeiro/fevereiro de 2006, 88(1): p. 31-56, http://research.stlouisfed.org/publications/review/06/01/ChomPennCross.pdf, acesso em fevereiro de 2012.
13. Por exemplo, as seguintes conclusões são elaboradas por J. D. Coval, J. Jurek e E. Stafford, "The Economics of Structured Finance", HBS working paper 09-060, 2008.
14. Detalhe sobre a Lei do "Brief Summary of the Dodd-Frank Wall Street Reform and Consumer Protection Act", www.banking.senate.gov, acesso em fevereiro de 2012. A lei na íntegra pode ser vista em Dodd-Frank Wall Street Reform and Consumer Protection Act, 111º Congresso, 2ª sessão, www.sec.gov/about/laws/wallstreetreform-cpa.pdf, acesso em fevereiro de 2012.

11

Fusões e aquisições

As fusões e aquisições têm sido uma forma bastante popular de investimento corporativo, em especial em países com mercado de capitais no formato anglo-americano. Não há dúvidas de que essas transações fornecem um retorno saudável aos *stakeholders*. Entretanto, seu valor para as empresas adquirentes é menos compreendido. Muitos céticos apontam que, depois do pagamento de prêmios robustos aos acionistas-alvo, as aquisições tendem a ser um investimento avaliado negativamente pelos acionistas das empresas adquirentes.[1]

Muitas questões podem ser examinadas usando a análise financeira no que diz respeito às fusões e aquisições:

- Os analistas de investimentos podem questionar: uma aquisição proposta pode criar valor para os acionistas da empresa adquirente?
- Os arbitradores de fusões podem questionar: qual é a probabilidade de que uma oferta hostil para assumir o controle, em última análise, terá sucesso? Há outros possíveis compradores para entrar nesse processo de aquisição?
- Os gestores de aquisições pode questionar: esse objetivo cabe em nossa estratégia de negócios? Em caso positivo, o que vale a pena para nós, e como podemos fazer uma oferta que pode ser bem-sucedida?
- A gerência de metas pode questionar: a oferta do adquirente é razoável para nossos acionistas? Há outros compradores potenciais que valorizariam nossa empresa mais que essa interessada?
- Os bancos de investimentos podem questionar: como podemos identificar alvos potenciais que poderiam ser uma boa combinação para nossos clientes? E como deveríamos valorizar as empresas-alvo quando pedem nossas opiniões imparciais?

Neste capítulo, focaremos primeiro o uso de dados de demonstrações financeiras e análises direcionadas para avaliar se uma fusão cria valor para os acionistas da empresa adquirida. Entretanto, nossa discussão pode ser aplicada a esses outros contextos da análise de fusões. O assunto sobre se as aquisições criam valor para os adquirentes foca a avaliação de (1) motivações para aquisições, (2) preço das ofertas, (3) formas de pagamento e (4) probabilidade de uma oferta ser bem-sucedida. Ao longo deste capítulo usaremos a aquisição da Wyeth pela Pfizer Inc. em 2009 para ilustrar como a análise financeira pode ser usada em um contexto de fusão.

MOTIVAÇÃO PARA FUSÃO OU AQUISIÇÃO

Há uma série de razões para que as empresas façam uma fusão ou uma aquisição. Alguns gestores de aquisições podem querer aumentar o próprio poder e prestígio. Outros, entretanto, percebem que as combinações de negócios fornecem uma oportunidade para criar valor econômico para seus acionistas. Novos valores podem ser criados das seguintes maneiras:

1. *Tirando vantagem das economias de escala*. As fusões são, geralmente, justificadas como meio para fornecer a duas empresas participantes o aumento na economia de escala. A economia de escala surge quando uma grande empresa pode executar uma função com mais eficiência que duas empresas menores. Enquanto a Pfizer não considerava isso uma razão principal para a aquisição da Wyeth, os gestores previram economias operacionais potenciais de $4 bilhões que resultariam da combinação das operações das duas empresas.[2]
2. *Melhoria no gerenciamento de metas*. Outra motivação comum para aquisição é a melhoria no gerenciamento de metas. Uma empresa tem a possibilidade de ser alvo se ela tiver tido desempenho abaixo do esperado de maneira sistemática em seu setor. Historicamente, os fracos desempenhos poderiam acontecer por causa da má sorte, mas poderia ser por que os gestores da empresa fizeram investimentos ruins e tomaram decisões operacionais insatisfatórias ou buscaram deliberadamente objetivos que aumentam seu poder pessoal, mas geram custos aos acionistas.
3. *Combinação de recursos complementares*. As empresas podem estabelecer que a fusão poderá criar valor pela combinação de recursos complementares dos dois parceiros. Por exemplo, a Pfizer observou a presença forte da Wyeth em medicamentos biotecnológicos, vacinas e produtos de saúde para o consumidor como complementar ao próprio foco em remédios essenciais sob prescrição, resultando em uma empresa de cuidados de saúde amplamente diversificada.
4. *Captação de benefícios fiscais*. Nos Estados Unidos, a Lei de Reforma Fiscal de 1986 eliminou muitos benefícios fiscais de fusões e aquisições. Entretanto, vários benefícios fiscais de fusões permaneceram. O principal benefício é o de adquirir perdas fiscais operacionais. Se uma empresa não espera obter lucros suficientes para utilizar completamente os benefícios dos prejuízos fiscais operacionais, ela pode comprar outra empresa que está tendo lucro. As perdas operacionais e os prejuízos do comprador podem, então, ser compensados pelo lucro tributável da empresa-alvo.[3] O segundo benefício fiscal geralmente atribuído às aquisições é

a blindagem fiscal que vem do aumento da alavancagem da empresa-alvo. Isso foi particularmente relevante para compras alavancadas nos anos 1980.[4]

5. *Fornecimento de financiamento de baixo custo para a empresa-alvo que tenha restrições financeiras.* Se os mercados de capitais são imperfeitos, talvez por causa de informações assimétricas entre a gerência e os investidores externos, as empresas podem enfrentar restrições de capital. Os problemas de informações tendem a ser especialmente severos para as empresas recém-formadas de alto crescimento. Pode ser difícil para os investidores externos avaliar essas empresas, visto que possuem pouco histórico e suas demonstrações financeiras fornecem poucas informações sobre o valor de suas oportunidades de crescimento. Além disso, uma vez que essas empresas geralmente têm que se valer de recursos externos para financiar seu crescimento, as limitações do mercado de capitais para empresas de alto crescimento tendem a afetar a capacidade de aceitar novos projetos lucrativos. Os mercados abertos de capitais tendem, assim, a ser fontes caras de recursos para esses tipos de empresa. Um adquirente que compreende o negócio e quer fornecer uma fonte financeira estável pode, assim, ser capaz de agregar valor.[5]

6. *Criação de valor por meio de reestruturação e dissoluções.* As aquisições geralmente são almejadas por investidores financeiros como as empresas especializadas em aquisições alavancadas (*levareged buy-out*), que esperam criar valor reestruturando substancialmente ou mesmo pela dissolução da empresa. Espera-se que o valor da dissolução seja maior que o valor agregado da empresa inteira. Geralmente, um investidor financeiro adquire uma empresa com uma visão do valor revelado dos diversos componentes dos ativos base da empresa. Por exemplo, em 2011, o investidor Carl Icahn fez uma série de propostas espontâneas para a Clorox Co., a fabricante de produtos de consumo com sede nos Estados Unidos. Os analistas e a mídia na época especularam que o objetivo dele era fragmentar a empresa e vender as marcas mais populares, como alvejantes da Clorox, carvão Kingsford, filtros de água Brita, sacos de lixo Glad e molhos de salada Hidden Valley Ranch.[6]

7. *Inserção em novas localidades.* As aquisições internacionais são almejadas pelas empresas para expandir os mercados de seus produtos, capitalizar novas tecnologias e captar vantagens de custo de mão de obra que provavelmente não seriam atingidas por meio de *joint venture* ou contratos com fornecedores. No período de 25 anos, entre 1986 e 2010, mais de 12% de todas as aquisições nos Estados Unidos foram lideradas por compradores estrangeiros, com aproximadamente 1.500 negociações como essa anunciadas somente em 2010.[7]

8. *Aumento de rendimentos dos mercados dos produtos.* As empresas também podem ter incentivos para a fusão de empresas com vistas ao aumento dos rendimentos nos mercados de produtos. Pela fusão e por se tornar uma empresa dominante no setor, duas empresas menores podem entrar em conluio para restringir seus resultados e aumentar os preços, aumentando, assim, seus lucros. Isso envolve problemas que surgem em cartéis de empresas independentes, em que as empresas têm incentivos para tirar proveito do cartel e aumentar seu resultados.

Enquanto os rendimentos do mercado de produtos são aceitáveis pelas empresas como motivo para fusão, é improvável que os dois parceiros anunciem suas intenções quando explicam aos seus investidores as motivações da fusão, uma vez que a maioria dos países possui leis antitruste que regulamentam as fusões entre duas empresas do mesmo setor. Por exemplo, nos Estados Unidos há três estatutos principais – a Lei Sherman de 1890, a Lei Clayton de 1914 e a Lei Hart Scott Rodino de 1976.[8]

As questões anticompetitivas eram potencialmente importantes para a aquisição da Wyeth pela Pfizer, uma vez que, na época do anúncio da fusão, a Pfizer e a Wyeth eram a primeira e a décima

Perguntas-chave para análise

Ao avaliar uma proposta de fusão, os analistas estão interessados em determinar se a fusão cria nova riqueza para os acionistas-alvo, ou se é motivada por desejos de gerentes de aumentar o próprio poder e prestígio. Questões-chave para análises financeiras podem incluir:

- Qual(is) é(são) a(s) motivação(ões) para uma aquisição e os benefícios evidenciados antecipadamente pelas adquirentes ou pelas empresas-alvo?
- Quais são os setores das empresas-alvo e das adquirentes? As empresas são relacionadas horizontal ou verticalmente? Qual a proximidade das relações empresariais entre elas? Se os negócios não estão relacionados, a adquirente dispõe de recursos financeiros em abundância e é relutante em distribuir os fluxos de caixa livres aos acionistas?
- Quais são os principais pontos fortes operacionais da empresa-alvo e da adquirente? Esses pontos fortes são complementares? Por exemplo, uma empresa tem uma renomada equipe de pesquisa e a outra tem uma forte rede de distribuição?
- A aquisição é amigável, apoiada pelo gerenciamento de metas, ou é hostil? No caso de uma aquisição hostil, o que é mais provável acontecer com empresas-alvo com fraco desempenho gerencial, a transação continuará apesar da oposição dos gestores que vão querer preservar seus empregos? Os adquirentes hostis possuem acesso necessário a informações para mitigar o risco de sobrepagamento?
- Qual é o desempenho das duas empresas antes da fusão? As métricas de desempenho podem incluir ROE, margens brutas, despesas gerais e administrativas em relação às vendas e índices de gestão do capital de giro. Com base nessas métricas, a empresa-alvo tem fraco desempenho em seu setor, sugerindo que há possibilidades para melhorar o gerenciamento? O adquirente está em um setor decadente e buscando novos caminhos?
- Qual é a situação fiscal de ambas as empresas? Quais são as alíquotas de impostos médias atuais e marginais para a empresa-alvo e a adquirente? A adquirente tem prejuízos fiscais e a empresa-alvo, lucros tributáveis?

Essa análise deveria ajudar o analista a entender quais os benefícios específicos, se houver, que podem ser gerados pela fusão.

segunda maiores empresas farmacêuticas do mundo, respectivamente.[9] Exigiu-se a aprovação da fusão por parte da Comissão Federal de Comércio dos Estados Unidos (FTC), da Comissão Europeia e de órgãos regulatórios da China, da Austrália e do Canadá. Por fim, todos aprovaram a fusão, mas exigiram que a empresa combinada vendesse os ativos de alguns negócios e em algumas regiões para preservar a competição.

Enquanto muitas das motivações para aquisições têm a possibilidade de criar valor econômico novo para os acionistas, outras não têm. As empresas que são geradoras de caixa, mas possuem poucas oportunidades de novos investimentos lucrativos, estão particularmente propensas a usar seu caixa excedente para fazer aquisições. Os acionistas dessas empresas provavelmente prefeririam que os gerentes paguem quaisquer fluxos de caixa excedentes como dividendos ou usem os fundos para a recompra de ações da empresa. Entretanto, essas opções reduzem o porte da empresa e os ativos sob o controle dos gestores. Os gestores podem, assim, preferir investir os fluxos de caixa livres para comprar novas empresas, mesmo que não criem valor para os acionistas. Obviamente, os gestores nunca anunciarão que estão comprando uma empresa porque são relutantes em desembolsar recursos para os acionistas. Eles podem explicar a fusão usando uma das motivações discutidas anteriormente, ou alegar que estão comprando a empresa-alvo por uma pechincha.

Outra motivação para fusões que é valorizada pelos gestores, e não por acionistas, é a diversificação, que era uma motivação popular para aquisições nos anos 1960 e início dos anos 1970. Os adquirentes buscavam diminuir a volatilidade dos lucros pela compra de empresas em negócios não relacionados. A diversificação como um motivo para aquisição tem sido amplamente desacreditada. Teóricos financeiros modernos apontam que, em um mercado de capitais com bom funcionamento, os investidores podem diversificar por si mesmos e não precisam que os gestores façam isso por eles. Além disso, a diversificação tem sido criticada quando empresas líderes perdem de vista suas maiores forças competitivas e se expandem em negócios em que não têm experiência.[10]

Essas empresas eventualmente reconhecem que as aquisições motivadas pela diversificação não criam valor, levando a desinvestimentos de unidades de negócios. Os desinvestimentos são a fonte de quase um terço de todas as aquisições ao longo dos últimos 25 anos e, só em 2010, cerca de 3.100 acordos foram resultado de desinvestimentos corporativos.[11]

Motivação para a aquisição da Wyeth pela Pfizer

Havia importantes fatores setoriais como um todo e específicos da empresa em 2009 que motivaram a Pfizer a adquirir a Wyeth.[12] No setor farmacêutico no final dos anos 2000, a competição entre os medicamentos genéricos estava tornando cada vez mais obsoleta a tradicional estratégia de confiança nos poucos medicamentos campeões de venda, à medida que as difíceis condições econômicas e o aumento da penetração da atenção básica em saúde proporcionaram um aumento na demanda por genéricos de baixos preços. Além disso, a lucratividade dos medicamentos campeões de venda também estava sendo reduzida cada vez mais à medida que os fabricantes especializados obtiveram êxito crescente ao adquirir aprovação para os medicamentos que replicaram fielmente as drogas campeãs de venda sem infringir suas patentes. Além disso, um ambiente regulatório mais rígido para a aprovação fez com que o desenvolvimento interno de novas drogas inovadoras ficasse mais caro, demorado e arriscado, levando grandes empresas como a Pfizer a adquirir produtos comprovados em vez de desenvolvê-los na empresa. Além disso, a demanda global também estava aumentando – com muitas das maiores oportunidades de crescimento em países em desenvolvimento, como na América Latina, no Oriente Médio e na China –, carecendo cada vez mais de uma marca global para aproveitar o crescimento nesses mercados.[13] Por fim, o segmento de biotecnologia em rápido crescimento apresentou uma opção de diversificação atrativa para as grandes empresas farmacêuticas, que novamente viram a aquisição ou a parceria como uma opção mais atrativa que o desenvolvimento de competências dentro da empresa. Como resultado dessa dinâmica de mercado, cada vez mais as grandes empresas farmacêuticas começaram a ampliar suas ofertas de produtos, a manter seus canais cheios e a expandir sua cobertura geográfica – em geral por meio de aquisições.

Para a Pfizer, a motivação mais urgente no início de 2009 era a eminente perda da proteção da patente para a droga mais consumida, Lipitor (a droga mais vendida no mundo, que contava com 29% da receita farmacêutica da Pfizer em 2008),[14] que, combinada com a inabilidade da Pfizer em criar um medicamento de uso contínuo bem-sucedido, ameaçava criar um imenso rombo na receita da empresa nos próximos anos (recentemente, o Torcetrapib, uma potencial substituição promissora, foi reprovado na última fase do teste). Esse problema eminente – combinado com a falta de outras opções promissoras de alta qualidade em seu fluxo de desenvolvimento de produtos, o preço das ações da empresa minguando (que no início de 2009 estavam sendo vendidas a cerca de um terço de seu pico de venda de julho de 2000) e $23 bilhões em caixa – tinha analistas e acionistas pressionando os gestores para darem um grande passo. Historicamente, a Pfizer também tinha crescido por meio de aquisições em vez de crescer pelo desenvolvimento de seus próprios medicamentos campeões de venda, com grandes aquisições da Warner-Lambert em 2000 por $89 bilhões e da Pharmacia em 2003 por $60 bilhões, mantendo uma linha completa de produtos e conferindo a ela (Pfizer) o *status* de maior empresa farmacêutica do mundo.

Operacionalmente, a aquisição da Wyeth pela Pfizer proporcionaria uma importante diversificação significativa da empresa combinada, complementando a força da Pfizer em produtos farmacêuticos de saúde humana com forte presença em vacinas, drogas biológicas injetáveis, medicina veterinária, drogas para Alzheimer e produtos para consumo, como Chapstick, Centrum, Anacin e Preparation H, da Wyeth. Na verdade, na empresa combinada nenhuma droga representaria mais de 10% da receita total,[15] evitando perda abrupta de receita futura de um medicamento muito consumido como o Lipitor. Além disso, os gestores acentuaram a cobertura global da empresa combinada tanto nos mercados desenvolvidos quanto nos emergentes.[16]

As possíveis economias de custo por causa da racionalização foram também potencialmente positivas em tempo de margens de lucro reduzidas e competição crescente. No momento da fusão, a Pfizer projetou potenciais reduções de custos em $4 bilhões com aumento da economia de escala e a consolidação de operações redundantes, bem como anunciou planos para reduzir a força de trabalho combinada em 15% (que representou 20 mil empregos).[17]

Os analistas e a mídia financeira estavam divididos em relação aos benefícios econômicos que potencialmente seriam derivados da aquisição. Embora tenha sido reconhecida a necessidade urgente de a Pfizer substituir a perda eminente de receita pela expiração da patente do Lipitor, alguns, porém, se preocupavam se a Wyeth era o melhor alvo, dada a expiração da patente de suas duas mais importantes drogas nos dois anos seguintes.[18]

DETERMINAÇÃO DO PREÇO DE AQUISIÇÃO

É necessária, mas não suficiente, uma motivação econômica bem ponderada para uma fusão ou aquisição para que seja criado valor para os acionistas da empresa adquirente. O comprador deve ter cuidado para evitar sobrepagamento pela empresa-alvo. O sobrepagamento faz a transação altamente desejável e lucrativa para os acionistas-alvo, mas reduz o valor do negócio para os acionistas da empresa adquirente. Um analista financeiro pode usar os seguintes métodos para avaliar se a empresa adquirente está pagando um valor excessivo pela empresa-alvo.

Análise do prêmio oferecido a acionistas-alvo

Uma maneira popular de avaliar se o comprador está pagando um valor excessivo pela empresa-alvo é comparar o prêmio oferecido a acionistas-alvo com os prêmios oferecidos em transações similares. Se o comprador oferecer um prêmio relativamente alto, o analista geralmente é levado a concluir que a transação é menos provável de criar valor para os acionistas da empresa adquirente.

Os prêmios diferem significativamente nas aquisições amigáveis e hostis. Os prêmios tendem a ser 30% mais altos para as negociações hostis que para as ofertas amigáveis, sugerindo ser mais provável que os compradores hostis paguem a mais por uma empresa-alvo.[19] Há muitas razões para isso. Primeiro, um adquirente amigável tem acesso aos registros internos da empresa-alvo, melhorando a precisão na avaliação da alvo e reduzindo a possibilidade de se surpreender com passivos omitidos ou problemas, uma vez que o negócio tinha sido concluído. Por outro lado, um adquirente hostil não tem essa vantagem na avaliação da empresa-alvo durante as negociações e é mais provável que pague um valor maior. Segundo, os atrasos que geralmente acompanham uma aquisição hostil em geral dão oportunidade para os rivais concorrentes fazerem ofertas para a alvo, levando a uma guerra de lances.

A comparação do prêmio de uma empresa-alvo com valores para tipos similares de transações é direta, mas possui muitos problemas práticos. Primeiro, não é óbvia a forma pela qual é definida uma transação comparável. A Figura 11-1 mostra os prêmios médios e medianos pagos às empresas-alvo nos Estados Unidos ao longo do período de 25 anos entre 1986 e 2010. Os prêmios médios cresceram aproximadamente de 40% em meados dos anos 1990 para 50% a 60% em 1999-2001. Os prêmios medianos também aumentaram durante esse período, aproximadamente de 30% para 40%. Apesar do aumento na atividade de fusões e aquisições (M&A) em 2004 e 2005, tanto os prêmios médios quanto os medianos caíram significativamente dos altos de 1999-2001 para apenas 31% a 35% e 23% a 24%, respectivamente. Recentemente, os prêmios se recuperaram – em 2008-2010, os prêmios médios variaram novamente entre 50% a 60%, com prêmios medianos que variavam entre 35% e 40%.[20] Entretanto, os prêmios médios e os medianos devem ser interpretados com cuidado, uma vez que há uma variação considerável entre as transações, dificultando o uso dessas estimativas como referência.

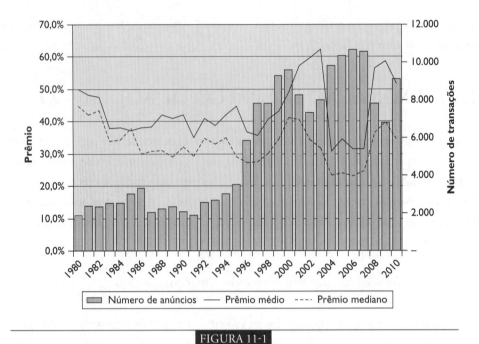

FIGURA 11-1

Atividade de fusão e prêmio pago: 1981 a 2010

Um segundo problema no uso de prêmios oferecidos a acionistas-alvo para avaliar se um comprador pagou excessivamente é que os prêmios mensurados podem levar a uma interpretação errônea se uma oferta for antecipada por investidores. O aumento do preço da ação para a empresa-alvo então tende a fazer com que as estimativas do prêmio pareçam relativamente baixas. Essa limitação pode ser parcialmente compensada pelo uso dos preços da ação de um mês antes da oferta de aquisição como base para o cálculo de prêmios. Entretanto, em alguns casos, as ofertas podem ter sido antecipadas há mais de um mês.

Finalmente, o uso de prêmios para as empresas-alvos como forma de avaliar se um adquirente que pagou excessivamente ignora o valor da empresa-alvo atribuído pelo adquirente após a aquisição. O adquirente espera beneficiar-se da fusão pela melhoria do desempenho operacional da empresa-alvo por meio da combinação de economias de escala, gerenciamento aprimorado, benefícios fiscais e efeitos em cadeia derivados da aquisição. Claramente, os compradores vão querer pagar prêmios mais altos para as empresas-alvo que podem gerar mais benefícios de aquisição. Assim, o exame do prêmio por si só pode não indicar se a aquisição cria valor para os acionistas da empresa adquirida.

Análise do valor da empresa-alvo atribuído pelo adquirente

Uma segunda e mais confiável maneira de avaliar se o comprador pagou excessivamente pela alvo é comparar o preço de oferta ao valor estimado da alvo atribuído pelo comprador. Esse último valor pode ser computado usando as técnicas de avaliação discutidas nos Capítulos 7 e 8. Os métodos mais populares de avaliação usados para fusões e aquisições são múltiplos de lucro e fluxos de caixa descontados. Uma vez que uma discussão abrangente sobre essas técnicas foi fornecida anteriormente no livro, focamos aqui as questões de implementação que surgem na *valuation* das empresas-alvo no contexto das fusões e aquisições.

Recomendamos primeiro computar o valor da alvo como uma empresa independente. Isso fornece uma forma de controlar se a avaliação das premissas é razoável, visto que, para as alvo publicamente listadas, podemos comparar nossa estimativa com preços de mercado anteriores à fusão. Isso também fornece uma referência útil para pensar sobre como o desempenho da alvo e, então, seu valor podem mudar depois de a empresa ser adquirida.

Múltiplos de lucro

Para estimar o valor da alvo para um adquirente usando múltiplos de lucro, podemos projetar os lucros da alvo e decidir sobre um múltiplo de lucro apropriado, conforme segue:

Passo 1: Projetando lucros. As projeções de lucros são geralmente feitas primeiro pela projeção do lucro líquido do ano seguinte para a alvo, antes da aquisição. As taxas de crescimento de vendas históricas, as margens brutas e as alíquotas de impostos médias são úteis na construção de um modelo de resultado *pro forma*. Uma vez que projetamos o resultado para a alvo como uma empresa independente, podemos incorporar o modelo *pro forma* a quaisquer melhorias de desempenho de ganhos que esperamos resultar da aquisição. As melhorias no desempenho podem ser modeladas em várias dimensões, incluindo:

- Margens operacionais mais altas decorrentes de economias de escala nas compras ou aumento no poder de mercado;
- Reduções em despesas como uma resultante da consolidação das equipes de pesquisa e desenvolvimento, equipes de vendas e/ou administrativas; ou
- Menores alíquotas de impostos médias decorrentes da vantagem obtida dos prejuízos fiscais operacionais.

Passo 2: Determinação dos múltiplos de preço/lucro. Como determinamos o múltiplo de lucros para ser aplicado a nossas projeções de lucros? Se a empresa-alvo é listada em bolsa, pode ser tentador usar múltiplos de preço/lucro anteriores à aquisição para estimar os lucros pós-aquisição. Entretanto, há muitas limitações para essa abordagem. Primeiro, para muitas empresas-alvo, expectativas de crescimento de lucros podem mudar após a fusão, sugerindo que haverá uma diferença entre os múltiplos de preço/lucro antes e depois da fusão. O lucro pós-fusão deveria, então, ser estimado usando um múltiplo para empresas com crescimento e características de risco comparáveis. Um segundo problema é que os múltiplos de preço/lucro pré-fusão estão indisponíveis para as alvo não listadas. Mais uma vez torna-se necessário decidir quais tipos de empresas listadas podem ser boas para comparação. Além disso, tendo em vista que o lucro que está sendo avaliado é o lucro projetado para os próximos 12 meses ou o próximo ano fiscal, o índice de referência apropriado deveria ser um índice de preço/lucro *futuro*. Finalmente, se um múltiplo de preço/lucro pré-fusão for apropriado para estimar o lucro pós-fusão, é necessário ter cuidado para garantir que o múltiplo seja calculado antes de qualquer anúncio de aquisição, uma vez que o preço aumentará pela antecipação do prêmio a ser pago a acionistas-alvo.

A seguinte tabela resume como os múltiplos de preço/lucro são usados para avaliar uma empresa-alvo antes de uma aquisição (pressupondo que permanecerá uma entidade independente) e estimar o valor de uma alvo para um comprador potencial:

	Resumo de avaliação de preço/lucro para as alvo
Valor da alvo como uma empresa independente	Projeção de lucros da alvo para o próximo ano, pressupondo que não terá havido mudanças na propriedade, multiplicada por seu múltiplo de P/L futuro pré-fusão.
Valor da alvo para um comprador potencial	Projeção revisada de lucros da alvo para o próximo ano, incorporando o efeito de quaisquer mudanças operacionais feitas pelo comprador, multiplicado por seu múltiplo P/L futuro pós-fusão.

Limitações de avaliação de preço/lucro. Conforme explicado no Capítulo 7, há sérias limitações para o uso de múltiplos de lucros para avaliação. Além dessas limitações, o método tem mais duas que são específicas para avaliação de fusões:

1. Os múltiplos de PL pressupõem que os aprimoramentos no desempenho decorrentes da fusão vêm de um aumento imediato de lucros ou de um aumento no crescimento de lucros (e, assim, um aumento no índice P/L pós-fusão). Na realidade, os aprimoramentos e as economias podem vir de diversas formas – aumentos gradativos em lucros oriundos da implementação de novas políticas operacionais, da eliminação de investimentos em excesso, do melhor gerenciamento do capital de giro ou do pagamento do excesso de caixa aos acionistas. Esses tipos de aprimoramentos não são naturalmente refletidos nos múltiplos de P/L.
2. Os modelos de P/L não incorporam facilmente nenhum benefício decorrente da repercussão de uma aquisição para o adquirente, visto que focam a avaliação dos lucros da alvo.

Lucros anormais ou fluxos de caixa descontados

Conforme discutido nos Capítulos 7 e 8, podemos avaliar uma empresa usando os lucros anormais descontados e os métodos de fluxo de caixa livre descontado. Isso exige que façamos previsões dos lucros anormais ou dos fluxos de caixa livres para a empresa e, então, descontemos do custo do capital, conforme segue:

Passo 1: Previsão de lucros anormais/fluxos de caixa livres. Um modelo *pro forma* do resultado futuro esperado e dos fluxos de caixa da empresa fornece a base para a projeção de ganhos anormais/fluxos de caixa livres.

Como ponto de partida, o modelo deveria ser construído sob o pressuposto de que a alvo permanece uma empresa independente. O modelo deveria refletir as melhores estimativas de crescimento de vendas futuras, estruturas de custo, necessidade de capital de giro, necessidades de pesquisa e desenvolvimento e exigência de caixa para a amortização de dívidas conhecidas, desenvolvidas com base nas análises financeiras do alvo. O método de lucros anormais exige que sejam projetados os lucros anormais ou lucros operacionais líquidos após impostos (NOPAT) enquanto a empresa espera que os novos projetos de investimentos rendam mais que seu custo de capital. De acordo com a abordagem do fluxo de caixa livre, o modelo *pro forma* preverá fluxos de caixa para a empresa ou para o patrimônio líquido, geralmente por um período de cinco a dez anos. Uma vez que temos um modelo de lucros anormais ou fluxos de caixa livres, podemos incorporar quaisquer melhorias em lucros/fluxos de caixa livres que esperamos resultar da aquisição. Isso incluirá economias de custo, caixa recebido pela venda de ativos, benefícios da eliminação de excesso de investimentos, gerenciamento de capital de giro melhorado e excesso de dividendos pagos a acionistas.

Passo 2: Cálculo da taxa de desconto. Se estamos avaliando o NOPAT anormal pós-aquisição da alvo ou os fluxos de caixa da empresa, a taxa de desconto apropriada é o custo médio ponderado de capital (WACC) para a alvo, usando sua estrutura de capital *pós-aquisição* esperada. De maneira alternativa, se os fluxos de caixa do patrimônio líquido da alvo estiverem sendo avaliados diretamente ou se estivermos avaliando os lucros anormais, a taxa de desconto apropriada é o *custo de capital pós-aquisição* da alvo em vez do CMPC (WACC). Dois erros comuns são o uso do custo do capital da adquirente ou o custo de capital *pré-aquisição* da alvo para avaliar os lucros anormais/fluxos de caixa pós-fusão da alvo.

O cálculo do custo de capital pós-aquisição da alvo pode ser complicado se a adquirente planejar fazer mudanças na estrutura do capital da alvo após a aquisição, uma vez que os custos da dívida e do capital próprio da alvo mudarão. Conforme discutido no Capítulo 8, isso envolve a estimativa do beta dos ativos para a alvo, o cálculo do novo patrimônio líquido e beta da dívida sob a estrutura do capital modificada e, finalmente, calcular o custo do capital próprio revisado ou o CMPC (WACC). Como uma questão prática, o efeito dessas mudanças sobre o CMPC (WACC) pode ser um tanto pequeno, a menos que a revisão da alavancagem tenha efeito significativo sobre os benefícios fiscais dos juros da alvo ou sobre a probabilidade de dificuldade financeira.

A seguinte tabela resume como os métodos lucros anormais descontados/fluxo de caixa podem ser usados para avaliar uma empresa-alvo antes de uma aquisição (pressupondo que permanecerá uma entidade independente) e estimar o valor de uma empresa-alvo atribuído por um potencial adquirente.

Resumo de lucros anormais descontados/avaliação de fluxo de caixa para as alvo	
Valor da alvo como uma empresa independente	(a) Valor presente de lucros anormais/fluxos de caixa livres do capital próprio da alvo, pressupondo não ocorrer a aquisição, descontado pelo custo do capital próprio *pré-fusão*, ou (b) Valor presente do NOPAT anormal/fluxos de caixa livre da dívida da alvo e capital próprio, pressupondo que não haverá aquisição, descontado pelo CMPC (WACC) *pré-fusão*, menos o valor da dívida.
Valor da alvo para adquirente potencial	(a) Valor presente de lucros anormais/fluxos de caixa livres do capital próprio da alvo, incluindo benefícios advindos da fusão, descontado pelo custo de capital próprio *pós-fusão*, ou (b) Valor presente de NOPAT anormal/fluxos de caixa livre do capital próprio da alvo, *incluindo benefícios da fusão*, descontado pelo CMPC (WACC) *pós-fusão*, menos o valor da dívida.

Passo 3: Análise da sensibilidade. Uma vez que estimamos o valor esperado de uma alvo, queremos examinar a sensibilidade de nossa estimativa em relação às mudanças nos pressupostos do modelo.

Por exemplo, responder às seguintes questões pode ajudar o analista a avaliar os riscos associados a uma aquisição:

- O que acontece com o valor da alvo se levar mais tempo que o esperado para os benefícios da aquisição se materializarem?
- O que acontece com o valor da alvo se a aquisição motivar seus principais concorrentes a reagirem, fazendo também uma aquisição? Mudanças potenciais na dinâmica do setor afetarão os planos e as estimativas da empresa?

Perguntas-chave para análise

Para analisar a precificação de uma aquisição, o analista está interessado em avaliar o valor dos benefícios da aquisição a serem gerados pela adquirente em relação ao preço pago aos acionistas-alvo. Os analistas, portanto, podem estar interessados nas seguintes questões:

- ◆ Qual é prêmio que o comprador pagou pela ação da alvo? O que esse prêmio indica para o comprador em termos de melhorias no desempenho futuro que justifique o prêmio?
- ◆ Quais são as possíveis melhorias de desempenho que os gestores esperam gerar a partir da aquisição? Por exemplo, é possível aumentar as receitas de novos produtos para a empresa combinada, aumentos de preços ou melhor distribuição dos produtos existentes? De maneira alternativa, há reduções de custo como resultado do aproveitamento de economias de escala, melhorias de eficiência ou um menor custo de capital para a alvo?
- ◆ Qual é o valor de eventuais melhorias de desempenho? Os valores podem ser estimados usando múltiplos ou métodos de lucros anormais descontados/fluxo de caixa.

Precificação da Wyeth pela Pfizer

O preço de $68 milhões da Pfizer para a Wyeth representou um prêmio de 29% para os acionistas-alvo acima do valor de mercado em 22 de janeiro de 2009, o dia anterior àquele em que o *Wall Street Journal* anunciou o possível negócio. Isso estava abaixo dos prêmios médios e medianos reportados para todas as aquisições durante aquele ano (demonstrados na Figura 11-1 como 58,7% e 39,8%, respectivamente), talvez em alguma parte refletindo o momento oportuno de ser o primeiro principal anúncio de negócio desde o início da crise financeira global.

Em termos de formas de avaliação tradicionais baseadas em múltiplos, a precificação da Wyeth pela Pfizer parece razoável. Por exemplo, no momento do anúncio da oferta da Pfizer, o múltiplo de P/L para outras empresas nos setores farmacêutico e de biotecnologia foram comparáveis à Wyeth, variando de 13,7 a 18,6. A oferta da Pfizer valorizou a Wyeth em 15,4 vezes os lucros correntes.[21]

A reação do mercado ao anúncio da aquisição sugere que os analistas acreditavam que a negociação não era necessariamente positiva para os acionistas da Pfizer – o preço da ação da Pfizer caiu para um pouco acima de 10% em 26 de janeiro de 2009, o dia em que a negociação foi anunciada (a S&P 500 registrou um ganho de 0,6% naquele dia), e ao longo de 2009, a ação da Pfizer continuou a ter um desempenho abaixo do índice de mercado. Até 15 de outubro, a data em que a negociação foi concluída, a ação da Pfizer ganhou força, aumentando 13% desde o anúncio da negociação, mas ainda defasada, mesmo com a recuperação de 31% sobre o índice da S&P 500 durante o mesmo período. A ação da Pfizer encerrou 2009 com uma perda de 0,5% para aquele ano, em comparação aos ganhos de 20% do índice de mercado da S&P 500.[22] Tendo em vista que tudo o mais permanece igual, parece que os investidores não estavam convencidos de que aquela negociação fazia sentido para a Pfizer.

Resultados de curto prazo subsequentes para a Pfizer sugeriram que, pelo menos em relação à redução de custos, a fusão era decorrente de sinergias esperadas. No final de 2010, a Pfizer relatou que tinha alcançado aproximadamente metade da previsão de $4-5 bilhões em reduções de custos anunciadas no momento da fusão.[23] Entretanto, a questão da perda de receita no longo prazo por causa da expiração de patentes (com o Lipitor e oito outras drogas de alta receita perdendo a proteção de patente até 2015) continuou a pesar sobre as ações da empresa; ao final do terceiro trimestre de 2011, o preço da ação da Pfizer tinha aumentado um total de 13% desde o anúncio da fusão, desempenho bem abaixo do S&P 500, que aumentou 35% no mesmo período.[24]

FINANCIAMENTO DA AQUISIÇÃO E FORMA DE PAGAMENTO

Mesmo se uma aquisição estiver comprometida na criação de valor econômico novo e o preço for decidido criteriosamente, ela ainda pode destruir o valor do acionista se for financiada de maneira inapropriada. Muitas opções de financiamento estão disponíveis para adquirentes, incluindo a emissão de ações e garantias para os acionistas-alvo, ou adquirir ação da alvo usando excedente de caixa ou recursos oriundos de nova dívida. Os *trade-offs* entre essas alternativas a partir da perspectiva dos acionistas-alvo geralmente articulam-se sobre as implicações fiscais e de custos de transação. Para os adquirentes, eles podem afetar a estrutura de capital da empresa e fornecer novas informações aos investidores.

Conforme discutiremos, as preferências de financiamento da adquirente e dos acionistas da alvo podem divergir. Os arranjos financeiros podem, portanto, aumentar ou reduzir a atratividade de uma aquisição da perspectiva dos acionistas da empresa adquirente. Consequentemente, uma análise completa de uma aquisição incluirá um exame das implicações dos arranjos financeiros para o adquirente.

Efeito da forma de pagamento sobre os acionistas das adquirentes

A partir da perspectiva da adquirente, a forma de pagamento é essencialmente uma decisão de financiamento. Conforme discutido no Capítulo 10, a longo prazo, as empresas escolhem usar financiamento por meio de dívida ou por capital próprio para equilibrar os benefícios e incentivos fiscais da dívida em contraposição às dificuldades financeiras. Para os acionistas da empresa adquirente, os custos e os benefícios das diferentes alternativas de financiamento, portanto, geralmente dependem de três fatores descritos a seguir: como a oferta afeta a estrutura de capital da empresa, quaisquer efeitos de informação associados com as diferentes formas de financiamento e questões de controle que surgem das formas de pagamento.

Efeitos da estrutura de capital na forma de financiamento

Em aquisições nas quais o financiamento por dívida ou por caixa excedente é a forma principal de compensação pelas ações da empresa-alvo, a aquisição aumenta a alavancagem financeira líquida do adquirente. Esse aumento na alavancagem pode ser parte da estratégia de aquisição, uma vez que uma forma por meio da qual um adquirente pode agregar valor a uma empresa ineficiente é reduzir seus impostos por meio do aumento de benefícios fiscais dos juros. Entretanto, em muitas aquisições, um aumento na alavancagem pós-aquisição é um efeito colateral do método de financiamento, e não parte de uma estratégia de minimização deliberada de impostos. As exigências dos acionistas-alvo para a compensação em dinheiro poderiam levar o adquirente a apresentar uma estrutura de capital pós-aquisição que pode reduzir potencialmente o valor acionário para o adquirente pelo aumento do risco de dificuldade financeira.

Para avaliar se uma aquisição leva a que um comprador tenha uma alavancagem muito alta, os analistas financeiros podem avaliar o risco financeiro do adquirente acompanhando a proposta de aquisição por esses métodos:

- Análise dos riscos do negócio e a volatilidade dos fluxos de caixa combinados pós-aquisição em relação ao nível de dívida na nova estrutura do capital e as implicações de possíveis dificuldades financeiras.
- Avaliar os riscos financeiros *pro forma* para o comprador sob o plano de financiamento proposto. As medidas habituais de risco financeiro incluem índices de dívida em relação ao patrimônio líquido e de cobertura de juros, bem como projeções de fluxos de caixa disponíveis para cumprir com as amortizações da dívida. Os índices podem ser comparados com métricas de desempenho similares para os setores das empresas compradora e alvo para determinar se os índices pós-fusão indicam que a probabilidade de dificuldade financeira da empresa aumentou significativamente.
- Examinar se há passivos fora do balanço para a alvo e/ou o adquirente que não estão incluídos no índice *pro forma* e na análise do risco financeiro do fluxo de caixa pós-aquisição.
- Determinar se as avaliações de ativos *pro forma* para o adquirente são em grande parte intangíveis e, portanto, vulneráveis a dificuldades financeiras. As medidas de ativos tangíveis incluem esses índices como o valor de mercado em relação ao valor patrimonial (*market-to--book-value*) e ativos tangíveis em relação ao valor de mercado do patrimônio líquido.

Problemas de informações e forma de financiamento

A curto prazo, as assimetrias de informações entre gerentes e investidores externos podem deixar os gestores relutantes em aumentar o patrimônio líquido para financiar novos projetos. A relutância dos gestores surge de seu medo de que os investidores interpretem a decisão como uma indicação de que a ação da empresa está supervalorizada. No curto prazo, esse efeito pode levar os gestores a se afastarem da proporção ótima, de longo prazo, de dívida e capital próprio. Como resultado, os adquirentes podem preferir usar os recursos internos ou a dívida para financiar uma aquisição, desde que essas formas de compensação sejam menos propensas a ser interpretadas negativamente pelos investidores.[25]

Os efeitos da informação sugerem que as empresas forçadas a usar o financiamento de ações podem enfrentar um declínio no preço da ação quando os investidores entenderem o método de financiamento.[26] Do ponto de vista dos analistas financeiros, o anúncio da forma de financiamento pode, portanto, fornecer notícias valiosas sobre as perspectivas dos gestores de empresas adquirentes em relação ao valor de sua empresa antes da aquisição. Por outro lado, não deveria haver implicações para analisar se a aquisição cria valor para os acionistas da empresa adquirente, uma vez que as notícias refletidas no anúncio do financiamento são sobre o valor de *pré-aquisição* dos adquirentes, e não sobre o valor *pós-aquisição* da alvo para o adquirente.

O segundo problema de informações surge se os gestores da empresa adquirente não têm boas informações sobre a alvo. O financiamento de ações, então, fornece uma forma para os acionistas da empresa adquirente compartilharem os riscos de informações com os acionistas-alvo. Se a adquirente descobre depois da aquisição que o valor da alvo é menor que o antecipado previamente, o declínio associado no preço do patrimônio líquido do adquirente será parcialmente suportado pelos acionistas-alvo que ainda conservam a ação da adquirente. Por outro lado, se as ações da alvo tiverem sido adquiridas por uma oferta em dinheiro, qualquer perda pós-aquisição seria completamente suportada pelos acionistas originais da empresa adquirente. Os benefícios do compartilhamento de riscos oriundos do financiamento de ações parecem ser amplamente reconhecidos para as aquisições de empresas privadas, em que as informações públicas sobre a empresa-alvo estão amplamente indisponíveis.[27] Na prática, parece ser considerada menos importante para as aquisições de grandes corporações de capital aberto.

Controle e forma de pagamento

Há uma diferença significativa entre o uso de caixa e de ações em termos de seu impacto sobre o controle de votação da empresa combinada pós-aquisição. O financiamento de uma aquisição por meio de caixa permite que o adquirente mantenha a estrutura e a composição de sua propriedade patrimonial. Por outro lado, dependendo do porte da empresa-alvo em relação ao adquirente, uma aquisição financiada com ações poderia ter um impacto significativo sobre a estrutura de propriedade e de controle da empresa pós-aquisição. Isso poderia ser particularmente relevante para quando a adquirente é uma empresa familiar.

Portanto, os efeitos do controle precisam ser equilibrados contra outros custos e benefícios quando a forma de pagamento for determinada.

Ao longo de 25 anos, as ofertas que são 100% caixa incluem 49% de todas as aquisições, excedendo ofertas exclusivamente em ações (26%) e ofertas que combinam ações e dinheiro (25%). A popularidade de ofertas exclusivamente em dinheiro aumentou desde 2000, subindo para 60% de todas as negociações em 2010, enquanto as de ofertas que usam exclusivamente pagamento em ações reduziu para apenas 21%.[28]

Efeito da forma de pagamento sobre os acionistas-alvo

As principais formas de pagamento para os acionistas-alvo são as implicações fiscais e os custos de transação da oferta do adquirente.

Efeitos fiscais de diferentes formas de compensação

Os acionistas-alvo importam-se com o valor após o imposto de qualquer oferta que recebem por suas ações. Nos Estados Unidos, sempre que os acionistas-alvo recebem dinheiro por suas ações, é exigido que paguem imposto sobre ganho de capital sobre a diferença entre o preço da oferta de aquisição e seu preço de compra original. De maneira alternativa, se eles recebem ações do comprador como compensação e a aquisição é realizada na forma de uma reorganização isenta de impostos, eles podem diferir quaisquer impostos sobre ganho de capital até que eles vendam as novas ações.

Como resultado, as leis fiscais dos Estados Unidos parecem fazer com que os acionistas-alvo prefiram uma oferta em ação que em dinheiro. Certamente, esse pode ser o caso para o fundador que ainda possui uma parte significativa na empresa. Se o preço da ação da empresa tem sido apreciado ao longo de sua vida, o fundador se deparará com um substancial imposto sobre ganhos de capital de uma oferta em dinheiro e, portanto, provavelmente preferirá receber ação na empresa adquirente. Entretanto, as ofertas em dinheiro e em ações podem ser neutras em impostos para alguns grupos de acionistas. Por exemplo, considere as implicações fiscais para os arbitradores de fusões, que assumem uma posição de curto prazo na empresa que é candidata a ter o controle adquirido (*takeover*) na esperança de que outros proponentes surgirão e aumentarão o preço para assumir o controle (*takeover price*). Eles não têm intenção de manter as ações do adquirente uma vez a aquisição do controle (*takeover*) concluída e ter que pagar imposto sobre lucro muito pequeno ganho na transação de curto prazo. As ofertas em dinheiro e em ações, portanto, têm valores após o imposto idênticos para os arbitradores de fusões. De maneira similar, as instituições isentas de impostos podem ser indiferentes em relação se uma oferta é em dinheiro ou em ações.

Custos de transação e forma de pagamento

Os custos de transação são outro fator relacionado à forma de pagamento que pode ser relevante para os acionistas-alvo. Os custos de transação são incorridos quando os acionistas-alvo vendem qualquer ação recebida como compensação por suas ações na empresa-alvo. Esses custos não serão enfrentados por acionistas-alvo se o proponente fizer sua proposta em dinheiro. É improvável que os custos de

Perguntas-chave para análise

Para um analista focado na empresa adquirente, é importante avaliar como o método de financiamento afeta a estrutura de capital da adquirente e seus riscos de dificuldade financeira, fazendo as seguintes perguntas:

- ◆ Qual é a alavancagem para a empresa recém-criada? Como isso se compara à alavancagem de empresas semelhantes do setor?
- ◆ Quais são os fluxos de caixa futuros projetados para a empresa fundida? Eles são suficientes para cumprir com os compromissos de dívidas da empresa? Quanto a empresa tem como um colchão no caso de os fluxos de caixa futuros serem menores que o esperado? O nível de dívida da empresa pode prejudicar sua capacidade de financiar futuros investimentos lucrativos se os fluxos de caixa futuros forem abaixo das expectativas?

transação sejam significativos para os investidores que pretendem manter as ações do adquirente resultante da aquisição das ações. Entretanto, eles podem ser relevantes para os investidores que pretendem vender, como arbitradores de fusões.

Financiamento da Wyeth pela Pfizer

A Pfizer ofereceu aos acionistas da Wyeth $33 em dinheiro e 0,985 ação da Pfizer para cada ação da Wyeth. Com a parte em ações avaliada em $17,19 por ação, o dinheiro e o patrimônio líquido combinado indicavam uma oferta total de aproximadamente $68 bilhões. Enquanto o valor do patrimônio líquido pré-fusão da Wyeth representava 31% do valor de mercado combinado, grande parte da negociação em dinheiro fez que a proporção de propriedade pós-fusão caísse para aproximadamente 16% para os acionistas da Wyeth e aumentasse para 84% para os acionistas da Pfizer.

A fusão foi estruturada como uma transação tributável para efeitos de imposto de renda federal. Isso indicou que os acionistas da Wyeth reconheceriam o ganho ou a perda de capital para efeitos de imposto de renda federal como resultado da transação. Usando dívida além de ações e de dinheiro para financiar a aquisição, a Pfizer aumentou significativamente sua alavancagem financeira – aumentando a dívida total medida como um percentual de patrimônio antes da aquisição de 30% para 54% ao final de 2009. Além disso, para ajudar a financiar o grande gasto em dinheiro exigido para a aquisição, a Pfizer cortou seus dividendos em 50% a partir do anúncio da negociação (que possivelmente também contribuiu para a queda significativa no preço da ação quando a negociação foi anunciada). Em reação a essa mudança material na estrutura financeira da Pfizer, a Standard & Poor's rebaixou a classificação de crédito da Pfizer de AAA para AA em 16 de outubro de 2009 – o dia após a aquisição da Wyeth ser concluída, tendo sido sua decisão acompanhada por outras agências.[29]

Resultado da aquisição

A pergunta final de interesse para o analista que avalia uma potencial aquisição é se ela realmente será concluída. Se uma aquisição possui uma clara motivação baseada em valor, a empresa-alvo é precificada apropriadamente e seu financiamento proposto não cria riscos financeiros desnecessários para a adquirente, ela ainda pode fracassar se a alvo receber uma oferta concorrente mais alta, se houver oposição dos gestores entrincheirados da empresa-alvo, ou a transação não receber as aprovações regulatórias necessárias. Portanto, para avaliar a probabilidade de uma oferta ser aceita, o analista financeiro tem que entender se há ofertantes concorrentes potenciais que poderiam pagar o prêmio ainda mais alto para os acionistas-alvo que a oferta atual. Eles também têm que considerar se os gestores da alvo estão entrincheirados e podem opor-se a uma oferta para proteger seus empregos, bem como o ambiente político e regulatório no qual a alvo e a adquirente operam.

Outros possíveis adquirentes

Se houver outros possíveis proponentes para uma empresa-alvo, sobretudo alguém que pode dar um valor maior, há uma forte possibilidade de que o proponente em questão não terá êxito. Os gestores e os acionistas da empresa-alvo têm um incentivo para retardar a aceitação da oferta inicial para dar um tempo para que possíveis concorrentes também façam uma proposta. A partir dessa perspectiva da proposta inicial, significa que a oferta poderia reduzir potencialmente o valor para os acionistas pelo custo de fazer a oferta (incluindo as taxas do banco de investimento e as legais). Na prática, uma oferta perdedora geralmente pode recuperar essas perdas e algumas vezes até obter bons lucros com a venda para a adquirente bem-sucedida de quaisquer ações que têm acumulado na empresa-alvo.

Em algumas ocasiões, o proponente original inclui uma taxa de rompimento no contrato de aquisição que é aplicável caso a alvo escolha ser adquirida por um parceiro diferente. Por exemplo, no

---

Perguntas-chave para análise

O analista financeiro pode determinar se há outros possíveis adquirentes para uma empresa-alvo e como valorizam a alvo por meio das seguintes perguntas:

- Quem são os principais concorrentes do comprador? Quaisquer dessas empresas poderiam fornecer um melhor encaixe para a empresa-alvo?
- Há outras empresas que também poderiam implementar a estratégia de aquisição do proponente inicial? Por exemplo, se essa estratégia depende do desenvolvimento de vantagens a partir de ativos complementares, procure possíveis proponentes que também tenham ativos complementares para a alvo. Se o objetivo da aquisição é substituir uma gerência ineficiente, quais outras empresas do setor da alvo poderiam fornecer experiência em gestão?

final de 2005, a Johnson & Johnson assinou um contrato para adquirir a Guidant Corporation por aproximadamente $21 bilhões. Uma batalha para a aquisição do controle da Guidant resultou em a Boston Scientific fazer uma oferta maior. Ao longo das sete semanas subsequentes (de dezembro de 2005 a janeiro de 2006), tanto a Johnson & Johnson quanto a Boston Scientific aumentaram suas ofertas em diversas ocasiões. Eventualmente, a Boston Scientific ganhou com uma oferta de $27 bilhões. Entretanto, além do preço de compra, a Boston Scientific tinha que reembolsar a Guidant da multa de rescisão de $705 milhões a ser paga à Johnson & Johnson.

Entrincheiramento dos gestores da empresa-alvo

Se os gerentes da alvo estão entrincheirados e receosos por seus empregos, é possível que se oponham a uma oferta do proponente. Algumas empresas implementaram os "paraquedas de ouro" para os gestores com intuito de dissipar suas preocupações sobre a estabilidade no emprego na ocasião de uma oferta. Os paraquedas de ouro fornecem ao gestores do alto escalão de uma empresa-alvo recompensas atrativas caso a empresa seja adquirida.[30] Entretanto, muitas empresas não têm esses esquemas, e a oposição a uma oferta de gestores entrincheirados é uma possibilidade muito real.

De maneira mais geral, há uma variedade de impedimentos estruturais conhecidos como mecanismos de defesa da aquisição que fornecem um desincentivo para as empresas compradoras. Muitas dessas defesas foram usadas durante os turbulentos anos de 1980, quando as aquisições hostis chegaram ao seu pico. Algumas das mais adotadas de forma considerável incluem *poison pills*, conselhos de administração escalonados, regras de supermaioria, recapitalizações com duas classes, provisões de preço justo, planos ESOP[31] e mudanças de situação de incorporação para situações com leis antiaquisição mais restritivas. Enquanto a existência de defesas em relação à tomada de controle (*takeover*) para

Perguntas-chave para análise

Para avaliar se a gerência da empresa-alvo está entrincheirada e, portanto, tende a se opor a uma aquisição, os analistas podem utilizar as seguintes questões:

* A empresa-alvo tem defesas de tomada de controle (*takeover*) criadas para proteger os gestores?
* O desempenho da alvo tem sido fraco em relação a outras empresas de seu setor? Em caso positivo, é possível que a estabilidade no emprego dos gestores esteja ameaçada pela aquisição, levando-a a opor-se a quaisquer ofertas.
* Há um plano de paraquedas de ouro para a gerência da alvo? Os paraquedas de ouro fornecem uma compensação atrativa para os gestores com vistas a dissuadir a oposição a uma aquisição por razões de estabilidade no emprego.

uma alvo indica que seus gestores podem lutar contra uma oferta da empresa ofertante, as defesas geralmente não têm impedido uma aquisição. Em vez disso, elas tendem a causar atrasos, que aumentam a probabilidade de ofertas competitivas feitas para a alvo, incluindo ofertas pelas partes amigavelmente solicitadas pelos gestores da alvo, chamadas "cavaleiros brancos". As defesas de aquisições, entretanto, aumentam a probabilidade de a oferta do proponente em questão ser ultrapassada, ou ter que aumentar sua oferta significativamente para vencer uma concorrência. Considerando esses riscos, alguns argumentaram que é menos provável que agora os adquirentes embarquem em uma aquisição potencialmente hostil.

Antitruste e emissão de ações

Os órgãos reguladores, como a Comissão Federal de Comércio dos Estados Unidos e a Comissão Europeia para Concorrência (European Competition Commision),[32] avaliam os efeitos de uma aquisição sobre as dinâmicas competitivas do setor no qual a empresa opera. O objetivo é garantir que nenhuma empresa, por meio de fusões e aquisições, crie uma posição dominante que possa impedir a competição efetiva em localidades e mercados de produtos específicos. Por exemplo, em agosto de 2011, o Departamento de Justiça dos Estados Unidos moveu ação judicial para impedir que a AT&T efetivasse por $39 bilhões a proposta de compra da rival T-Mobile USA, alegando que a fusão reduziria substancialmente a competição por serviços de telefonia celular nos Estados Unidos.[33]

Além disso, as questões políticas em torno de empresas que têm um impacto sobre a segurança nacional e econômica de um país estão sob o exame minucioso de legisladores locais, cuja oposição geralmente pode desvirtuar os esforços das aquisições além-fronteiras. Os Estados Unidos, por exemplo, possuem um comitê específico entre agências que veta aquisições estrangeiras de ativos dos Estados Unidos em territórios de segurança nacional. Dois casos de alto escalão – a empresa de

Perguntas-chave para análise

Para avaliar se os reguladores e/ou governo podem se opor a uma aquisição, os analistas podem fazer as seguintes perguntas:

- ◆ Qual a proporção de vendas do setor controlada pelas duas empresas? Há probabilidade de haver preocupação por parte dos reguladores em países nos quais as empresas operam? As empresas combinadas podem ser capazes de reduzir a oposição regulatória pela venda de algumas unidades de negócios?
- ◆ A empresa-alvo ou o setor no qual ela opera é de importância estratégica ou de interesse nacional do país no qual está localizada? A estrutura de propriedade do comprador pode criar oposição política para a negociação?

petróleo chinesa CNOOC propôs a aquisição da Unocal, com sede na Califórnia, em meados de 2005, e a aquisição pela Dubai Ports World dos terminais portuários dos Estados Unidos em março de 2006 – destacam a importância da avaliação de risco. A Chevron, outro proponente interessado pela Unocal, usou conexões da CNOOC para que o governo chinês gerasse oposição política para a oferta da CNOOC, que eventualmente levou a CNOOC a diminuir sua oferta. De maneira similar, a oposição política com base no controle do governo dos Emirados Árabes Unidos da Dubai Ports World e as questões com a segurança nacional em relação à infraestrutura portuária forçaram a empresa a vender as operações dos Estados Unidos como parte de sua aquisição da operadora portuária britânica P&O.

Análise de resultado da oferta da Pfizer pela Wyeth

Os analistas que cobrem a Wyeth tinham pouca razão para questionar se ela seria vendida à Pfizer. A oferta foi favorável e recebeu a aprovação da administração e do conselho de administração da Wyeth. Havia algum risco de que outra empresa farmacêutica maior entrasse na concorrência pela Wyeth – na verdade, no S-4 arquivado pela Pfizer em março de 2009, houve menção de uma "Empresa X" que abordou a Wyeth em dezembro de 2008 para estudar uma oferta competitiva (rumores naquela época de que seria a Abbott Labs).[34, 35] Após discussões com ambas as empresas, a administração da Wyeth aceitou a oferta da Pfizer, determinando que as difíceis condições de mercado atuais e as potenciais questões anticompetitivas provavelmente tornariam improvável ser feita uma oferta mais atrativa, e no final nenhuma oferta concorrente foi feita.

A natureza complementar das linhas de produto das duas empresas de saúde humana indicou que a negociação aumentou algumas preocupações antitrustes nessa direção. Entretanto, o poder similar da Pfizer e da Wyeth em produtos de saúde animal foi visto como possível questão antitruste. Consequentemente, os órgãos reguladores dos Estados Unidos e da União Europeia, do Canadá, da China e da Austrália exigiram que a empresa combinada se desfizesse de alguns ativos de saúde animal naqueles países como uma condição de aprovação. A Pfizer concordou com as condições, e a aquisição estava concluída em 15 de outubro de 2009, nove meses após o anúncio do acordo inicial.

RESUMO

Este capítulo resume como os dados das demonstrações financeiras podem ser analisados pelos analistas financeiros interessados em avaliar se uma aquisição cria valor para os acionistas da empresa adquirente. Obviamente, muito dessa discussão também pode ser relevante para outros participantes da fusão, incluindo a empresa-alvo e os gestores da empresa adquirente e respectivos bancos de investimento.

Para um analista externo, a primeira tarefa é identificar a estratégia de aquisição do adquirente. Discutimos uma série de estratégias. Algumas dessas são consistentes com a maximização de valor para o adquirente, incluindo as aquisições para tirar vantagem de economias de escala, melhorar a gestão da empresa-alvo, combinar recursos complementares, captar benefícios fiscais, proporcionar financiamento de baixo custo para as alvo com limitações financeiras e aumentar os rendimentos nos mercados de produtos.

Outras estratégias parecem beneficiar os gestores mais que os acionistas. Por exemplo, algumas aquisições não lucrativas são feitas porque os gestores são relutantes em retornar o fluxo de caixa livre para os acionistas, ou porque os gestores querem reduzir a volatilidade dos ganhos da empresa pela diversificação em mercados não relacionados.

A segunda tarefa dos analistas financeiros é avaliar se o adquirente está oferecendo um preço razoável pela empresa-alvo. Mesmo se a estratégia do comprador for baseada no aumento do valor para o acionista, ele pode pagar excessivamente pela empresa-alvo. Os acionistas da alvo serão, então, recompensados, mas às custas dos acionistas da empresa adquirente. Mostramos como a análise por índices, a projeção e as técnicas de *valuation* discutidas anteriormente no livro podem ser usadas para estimar o valor da alvo do ponto de vista do comprador.

O método de financiamento de uma oferta também é relevante para a verificação de uma proposta de aquisição pelo analista financeiro. Se uma proposta de aquisição for financiada com excesso de caixa ou nova dívida, ela aumenta o risco financeiro do adquirente. Os analistas financeiros podem usar análises de índice do balanço patrimonial do adquirente pós-aquisição e estimativas *pro forma* da volatilidade do fluxo de caixa e cobertura de juros para avaliar se as demandas dos acionistas da alvo por compensação em dinheiro levam o adquirente a aumentar seu risco de dificuldade financeira.

Finalmente, o analista financeiro está interessado em avaliar se uma fusão, uma vez que a oferta inicial é feita, pode ser concluída e a que preço. Isso exige que o analista determine se há outros possíveis proponentes, se os gestores da alvo estão entrincheirados e podem opor-se à proposta do proponente, ou se a negociação poderia fracassar por causa dos problemas de antitruste ou de segurança.

QUESTÕES PARA DISCUSSÃO

1. Desde o ano 2000, tem havido um aumento perceptível nas fusões e aquisições em diferentes países (chamadas aquisições além-fronteiras). Quais fatores poderiam explicar esse aumento? Quais questões especiais podem surgir na execução de uma aquisição além-fronteiras e, por fim, cumprir com os objetivos de uma empresa para uma combinação bem-sucedida?

2. As empresas de *private equity* têm se tornado um importante ator no mercado de aquisições. Esses grupos de investimento privados se oferecem para comprar uma empresa-alvo, geralmente em cooperação com os gestores, e, então, adquirir a empresa privada. As aquisições de *private equity* cresceram de 2% da atividade norte-americana de fusão e aquisição, em 2000, para 15% em dezembro de 2005. Os adquirentes de *private equity* tendem a financiar uma parte significativa da aquisição com dívidas.

    a. Que tipo de empresa seria candidata ideal para uma aquisição de *private equity*? Por quê?

    b. Como a empresa adquirente agrega valor suficiente para a alvo justificar um alto prêmio de compra?

3. Kim Silverman, CFO da First Public Bank Company, observa: "Temos sorte de ter um custo de capital de apenas 7%. Queremos alavancar essa vantagem adquirindo outros bancos que tenham um custo de captação mais alto. Acredito que podemos agregar valor significativo a esses bancos pelo uso de nosso financiamento de baixo custo". Você concorda com a análise de Silverman? Por que sim ou por que não?

4. A Boston Tea Company planeja adquirir a Hi Flavor Soda Co. por $60 por ação, um prêmio de 50% sobre o preço de mercado atual. John E. Grey, o CFO da Boston Tea, argumenta que essa avaliação pode facilmente ser justificada, usando a análise de preço/lucro: "A Boston Tea tem um índice de preço/lucro de 15, e esperamos conseguir gerar um lucro no longo prazo para a Hi Flavor Soda de $5 por ação. Isso sugere que a Hi Flavor vale $75 para nós, bem acima de nosso preço de oferta de $60". Você concorda com essa análise? Quais são as suposições principais de Grey?

5. Você foi contratado pela GT Investment Bank para trabalhar no departamento de fusão. A análise exigida para todas as aquisições potenciais inclui o exame da alvo para quaisquer ativos e passivos fora do patrimônio que têm que ser consideradas na avaliação. Elabore uma lista de verificação para seu exame.

6. Uma empresa-alvo atualmente está avaliada no mercado por $50. Um possível adquirente acredita que possa agregar valor de duas maneiras: $15 do valor podem ser agregados por meio de um melhor gerenciamento do capital de giro, e um adicional de $10 pode ser gerado ao disponibilizar uma tecnologia única para expandir as novas ofertas de produtos da empresa-alvo. Em uma disputa de ofertas concorrentes, quanto desse valor adicional o comprador terá que pagar aos acionistas da empresa-alvo para tornar-se o ganhador?

7. Em 2011, a Comcast adquiriu a maioria das ações da NBC Universal em uma negociação que valorizou a empresa em mais de $30 bilhões. Os analistas na ocasião tentaram definir a lógica por trás da aquisição como um "conduíte" adquirindo "conteúdo". Avalie os méritos estratégicos potenciais dessa lógica.

8. Uma empresa líder na exploração de petróleo decide adquirir uma empresa de internet a um prêmio de 50%. A adquirente argumenta que essa jogada cria valor para seus acionistas porque pode usar seu excesso de fluxos de caixa oriundo do negócio de petróleo para ajudar a financiar o crescimento no novo segmento de internet. Avalie os méritos econômicos dessa alegação.

9. Conforme os padrões contábeis estadunidenses atuais, os adquirentes devem capitalizar o ágio e relatar quaisquer declínios subsequentes no valor como um encargo de redução ao valor recuperável (*impairment*). Quais métricas de desempenho você usaria para julgar se o ágio está ajustado ao valor recuperável (*impaired*)?

10. Como conselheiro externo do comitê interagências do governo estadunidense que veta aquisições estrangeiras, foi solicitado que você providencie um parecer de especialista sobre a proposta de aquisição de um aeroporto importante nos Estados Unidos por uma empresa holandesa de serviços de gerenciamento de aeroporto. Você recomendaria que a aquisição tivesse a aprovação regulatória concedida? Quais seriam as diferentes questões que você examinaria e apresentaria ao comitê?

Notas

1. Em uma revisão de estudos de retornos de fusões, Michael Jensen e Richard Ruback concluem que os acionistas-alvo obtiveram retornos positivos pelas aquisições, mas que os acionistas das empresas adquirentes apenas atingiram um ponto de equilíbrio. Veja M. Jensen e R. Ruback, "The Market for Corporate Control: The Scientific Evidence", *Journal of Financial Economics* 11 (abril de 1983): 5-50.
2. "Pfizer to Acquire Wyeth, Creating the World's Premier Biopharmaceutical Company", comunicado da Pfizer, 26 de janeiro de 2009, http://www.pfizer.com/news/press_releases/pfizer_pressreleasearchive.jsp#-guid=20090126005624en&source=RSS_2009&page=13, acesso em outubro de 2011.
3. Obviamente, outra possibilidade para a empresa lucrativa adquirir uma não lucrativa. Entretanto, nos Estados Unidos, a IRS não aprovará o uso de prejuízos fiscais operacionais por um comprador se parecer que uma aquisição foi motivada por questões ficais.
4. Veja S. Kaplan, "Management Buyouts: Evidence on Taxes as a Source of Value", *Journal of Finance* 44 (1989): 611-632.
5. K. Palepu, "Predicting Takeover Targets: A Methodological and Empirical Analysis", *Journal of Accounting and Economics* 8 (março de 1986): 3-36.
6. Veja, por exemplo, "Carl Icahn's Latest Quest: Cleaning up with Clorox", 26 de julho de 2011, postado no blog "Schumpeter", *The Economist*, http://www.economist.com/blogs/schumpeter/2011/07/carl-icahns--latest-quest, acesso em outubro de 2011, e também "Pending a Take-over, Clorox's multiple Brands come into Question", Jennifer Collins, Marketplace Morning Report for Wednesday, 2 de agosto de 2011, http://marketplace.publicradio.org/display/web/2011/08/03/am-pending-a-takeover-cloroxs-multiple-brands--come-into-question/, acesso em outubro de 2011.
7. FactSet Mergerstat, LLC, *Mergerstat Review* 2011 (Newark, NJ, 2011): 194-195.
8. N.R.T.: No Brasil, a Lei no 12.529, de 30 de novembro de 2011, estrutura o Sistema Brasileiro de Defesa da Concorrência; dispõe sobre a prevenção e repressão às infrações contra a ordem econômica. As fusões são avaliadas, no Brasil pelo CADE – Conselho Administrativo de Defesa Econômica. O CADE é uma autarquia federal que é vinculada ao Ministério da Justiça.
9. *Declaração da Comissão Federal de Comércio em Relação à Pfizer/Wyeth*, FTC Processo n. 091-0053, <http://www.ftc.gov/os/caselist/0910053/091014pwyethstmt.pdf>. Acesso em: outubro de 2011.
10. O Capítulo 2 discute os prós e os contras em relação à diversificação corporativa e à evidência sobre as implicações para o desempenho da empresa.
11. FactSet Mergerstat, LLC, *Mergerstat Review* 2011 (Newark, NJ, 2011), p. 194-195.
12. O contexto geral do setor farmacêutico de David Collis e Troy Smith, "Strategy in the Twenty-First Century Pharmaceutical Industry: Merck & Co. and Pfizer Inc.", HBS n. 707-509 (Boston: Harvard Business School Publishing, 2007), <http://www. hbsp.com>. Acesso em: outubro de 2011.
13. Isso foi citado como uma razão para a aquisição da Wyeth em "Pfizer to Acquire Wyeth, Creating the World's Premier Biopharmaceutical Company", comunicado da Pfizer, 26 de janeiro de 2009, <http://www.pfizer.com/news/press_releases/pfizer_press_release_archive.jsp#guid=20090126005624en&source=RSS_2009&page=13>. Acesso em: outubro de 2011.
14. Pfizer Inc., 31 de dezembro de 2008, Formulário 10-K (arquivado em 27 de fevereiro de 2009), <http://www.pfizer.com/investors/sec_filings/sec_filings.jsp?month=2&day=27&year=2009&month1=2&-day1=28&year1=2009&filing=10-K&x=43&y=4>. Acesso em: outubro de 2011.
15. "Pfizer And Wyeth Become One: Working Together for a Healthier World", comunicado da Pfizer, 16 de outubro de 2009, <http://www.pfizer.com/news/press_releases/pfizer_press_release_archive.jsp#guid=20091016005880en&source=RSS_2009&page=4>. Acesso em: outubro de 2011.
16. "Pfizer to Acquire Wyeth, Creating the World's Premier Biopharmaceutical Company", comunicado da Pfizer, 26 de janeiro de 2009, <http://www.pfizer.com/news/press_releases/pfizer_press_release_archive.jsp#guid=20090126005624en&source=RSS_2009& page=13>. Acesso em: outubro de 2011.
17. Ibid.
18. Veja, por exemplo, William Patalon III, "Pfizer-Wyeth Merger Underscores That Bigger Isn't Better", 2 de fevereiro de 2009, post no blog DailyMarkets.com, <http://www.dailymarkets.com/stock/2009/02/02/pfizer--wyeth-merger-underscores-that-bigger-isn%E2%80%99t-better/>. Acesso em: outubro de 2011. Também Catherine Arnst, "A Pfizer-Wyeth Merger Isn't the Cure all", 24 de janeiro de 2009, *Bloomberg Businessweek*, <http://www.businessweek.com/technology/content/jan2009/tc20090123_516076.htm>. Acesso em: outubro de 2011, e também "Pfizer Eyes Wyeth. We Ask 'Why?'" 29 de janeiro de 2009, post no blog Zacks.com,

<http://www.zacks.com/stock/news/16958/Pfizer+Eyes+Wyeth.+We+Ask+%26quot%3BWhy%3F%26quot%3B>. Acesso em: outubro de 2011.

19. Veja P. Healy, K. Palepu e R. Ruback, "Which Mergers Are Profitable – Strategic or Financial?", *Sloan Management Review* 38, n. 4 (verão de 1997): 45-58.

20. FactSet Mergerstat, LLC, *Mergerstat Review* 2011 (Newark, NJ, 2011): 25, 194-195.

21. Thomson ONE, acesso em outubro de 2011.

22. Ibid.

23. "Its Acquisition of Wyeth Appears to be Paying off for Pfizer", Associated Press, 3 de agosto de 2011, <http://www.nytimes.com/2010/08/04/business/04pfizer.html>. Acesso em: outubro de 2011.

24. Thomson ONE, acesso em outubro de 2011.

25. Veja S. Myers e N. Majluf, "Corporate Financing and Investment Decisions When Firms Have Information That Investors Do Not", *Journal of Financial Economics* (junho de 1984): 187-221.

26. Para evidência, veja Travlos, "Corporate Takeover Bids, Methods of Payments, and Bidding Firms' Stock Returns", *Journal of Finance* 42 (1987): 943-963.

27. Veja S. Datar, R. Frankel e M. Wolfson, "Earnouts: The Effects of Adverse Selection and Agency Costs on Acquisition Techniques", *Journal of Law, Economics, and Organization* 17 (2001): 201-238.

28. FactSet Mergerstat, LLC, *Mergerstat Review* 2011 (Newark, NJ, 2011): 16.

29. Ao mesmo tempo, a Fitch rebaixou a Pfizer de AA para AA-, e a Moody's AA2 a A1.

30. H. Singh e F. Harianto, "Management–Board Relationships, Takeover Risk, and the Adoption of Golden Parachutes", *Academy of Management Journal* 32 (1989): 7-24, observaram que os gerentes entrincheirados criam contratos de paraquedas de ouro para evitar o efeito disciplinador de aquisições corporativas. J. Machlin, H. Choe e J. Miles, "The Effects of Golden Parachutes on Takeover Activity", *Journal of Law and Economics* 36 (1993): 861-876, acreditam que o paraquedas de ouro aumenta a probabilidade de uma aquisição.

31. N.R.T.: Employee Stock Ownership Plan.

32. N.R.T.: No Brasil, o CADE – Conselho Administrativo de Defesa Econômica – cumpre com esse papel.

33. T. Catan e S. E. Ante, "U.S. Sues to Stop AT&T Deal", *Wall Street Journal*, 1º de setembro de 2011, <http://online.wsj.com/article/SB10001424053111904716604576542373831069388.html>. Acesso em: outubro de 2011.

34. Pfizer Inc., 27 de março de 2009, Formulário S4, <http://www.pfizer.com/investors/sec_filings/sec_filings.jsp?month=3&day=26&year=2009&month1=3&day1=27&year1=2009&x= 44&y=3>. Acesso em: outubro de 2011.

35. A. Johnson, "'Company X': Who was Wyeth's Other Suitor?", postado em "Health Blog," *Wall Street Journal*, <http://blogs.wsj.com/health/2009/03/27/company-x-who-was-wyeths-other-suitor/>. Acesso em: outubro de 2011.

12

Comunicação e governança

A governança corporativa tornou-se uma questão cada vez mais importante nos mercados de capitais ao redor do mundo durante a turbulenta primeira década do novo século, com os colapsos nos mercados financeiros na Ásia e nos Estados Unidos no início dos anos 2000, a crise global financeira em 2008 e a crise da Dívida Europeia de 2010-2011. Esses colapsos do mercado expuseram problemas de distorções contábeis e falta de transparência corporativa, bem como problemas de governança e conflitos de interesse entre os intermediários responsáveis pela gestão de monitoramento e pelas evidenciações corporativas.

Os colapsos aumentaram o desafio dos gestores em comunicarem-se com credibilidade com os investidores externos céticos, tornando mais difícil para novas empresas (e em alguns casos mesmo as estabelecidas) levantar capital. As demonstrações financeiras, a plataforma tradicional para que a gestão se comunique com os investidores, estão sendo vistas com cada vez mais ceticismo, acompanhadas de uma série de falhas de auditoria bastante divulgadas: a morte da Enron, da Worldcom e da Arthur Andersen nos Estados Unidos e a falta de transparência das empresas financeiras em suas exposições para os instrumentos de hipotecas *subprime* nas crises financeiras de 2008.

Os colapsos do mercado também levantaram questões sobre a melhoria da qualidade da governança pela informação e pelos intermediários financeiros e resultaram na passagem da legislação tentando enfrentar esses déficits. A Lei Sarbanes-Oxley nos Estados Unidos (discutida no Capítulo 1) tenta aumentar a prestação de contas e a competência financeira dos comitês de auditoria e dos auditores externos, que são encarregados pelas revisões das demonstrações financeiras e pelo processo de evidenciação, e pela prestação de contas do CEO e do CFO, os quais são requeridos a certificar a validade tanto das demonstrações financeiras quanto dos controles internos. A Lei Dodd-Frank (também discutida no Capítulo 1) tenta proteger os investidores pelo aumento da transparência e da prestação de contas das agências de *rating* de crédito e melhorar a segurança financeira de grandes instituições financeiras.

Ao longo deste livro, temos focado principalmente em demonstrar como os dados das demonstrações financeiras podem ser úteis para os analistas e os investidores externos ao tomar uma série de decisões. Neste capítulo, mudamos nossa ênfase e nosso foco principalmente na comunicação da administração e no papel dos agentes de governança. Obviamente um entendimento do processo de comunicação da administração e da governança corporativa também é importante para os analistas de valores mobiliários e os investidores. A abordagem usada aqui, entretanto, é mais pertinente aos agentes internos, uma vez que a maior parte dos tipos de análises que discutimos não está disponível aos agentes externos à empresa.

Nas próximas seções, discutiremos quantas das ferramentas de análises financeiras desenvolvidas nos Capítulos 2 a 8 podem ser usadas por gestores, para desenvolver uma estratégia de evidenciação coerente, e por membros do conselho corporativo e auditores externos, para melhorar a qualidade de seu trabalho. Os tipos de perguntas a seguir abordam:

- Os gestores questionam: nossa política atual de comunicação é efetiva no auxílio aos investidores para que eles entendam a estratégia de negócios da empresa e o desempenho futuro esperado, garantindo, desse modo, que o preço da ação não seja seriamente super ou subvalorizado?
- Os membros do comitê de auditoria questionam: quais são os principais riscos de negócios da empresa? Eles estão refletidos de maneira apropriada nas demonstrações financeiras? Como a administração está informando sobre os riscos importantes que não conseguem ser refletidos nas demonstrações financeiras? As informações sobre o desempenho da empresa conforme apresentadas ao conselho são consistentes com aquelas fornecidas aos investidores nas demonstrações financeiras e nas evidenciações da empresa?
- Os auditores externos questionam: quais são os principais riscos de negócio da empresa e como são refletidos nas demonstrações financeiras? Onde deveríamos focar nossos testes de auditoria? Nossa avaliação do desempenho da empresa é consistente com a dos investidores externos e dos analistas? Em caso negativo, estamos ignorando algo, ou a administração está deturpando nas evidenciações o verdadeiro desempenho da empresa?

VISÃO GERAL DA GOVERNANÇA

Conforme discutimos ao longo deste livro, os investidores externos exigem o acesso a informações confiáveis sobre o desempenho da empresa, tanto para avaliar sua dívida e reivindicações de patrimônio quanto para monitorar o desempenho da administração. Quando os investidores concordam em fornecer capital para a empresa, eles exigem que os gestores forneçam informações sobre o desempenho da empresa e os planos futuros.

Entretanto, deixados por conta própria, os gestores podem pintar um quadro bonito sobre o desempenho da empresa em suas divulgações. Há três razões para o otimismo do gestores na divulgação. Primeiro, a maior parte dos gestores está verdadeiramente otimista em relação às expectativas da empresa, levando-os a enfatizar involuntariamente o lado positivo e minimizar o negativo.

Segundo, o otimismo da administração na divulgação surge porque as divulgações da empresa exercem um papel importante na mitigação dos problemas de "agência" entre os gestores e os investidores.[1]

Os investidores usam as evidenciações da empresa para julgar se os gestores estão administrando a empresa conforme os melhores interesses dos investidores ou se estão abusando de sua autoridade e tomando controle sobre os recursos da empresa. Informar de maneira consistente os lucros baixos aumenta a probabilidade de que a administração de alto escalão seja substituída, ou pelo conselho de administração ou por um comprador que assuma a empresa para melhorar sua gestão.[2] Obviamente, os gestores têm consciência disso e têm incentivos para demonstrar o desempenho positivo.

Terceiro, os gestores também podem fazer divulgações otimistas antes da emissão de novo capital. Evidências recentes indicam que os empreendedores tendem a abrir o capital de suas empresas após a divulgação do desempenho de lucros altos reportados, mesmo que esses sejam frequentemente insustentáveis. Além disso, as ofertas sazonais de *equity* (ofertas de capital próprio adicionais feitas por uma empresa que já se tornou uma de capital aberto) geralmente acompanham desempenhos altos das ações e o do lucro, mas novamente insustentáveis. O alto desempenho do lucro antes de IPOs e ofertas sazonais parece ser, pelo menos parcialmente, por causa do gerenciamento de resultados.[3] Os investidores racionais externos reconhecem os incentivos da gerência para administrar o resultado e inflar as expectativas antes da nova emissão. Eles respondem pelo desconto de ação, exigindo um novo desconto robusto na emissão e (em casos extremos) se recusando a comprar a nova ação. Isso eleva o custo de capital e deixa potencialmente infundados alguns dos melhores novos empreendimentos e projetos.[4]

Conforme discutido no Capítulo 1, os intermediários financeiros e informacionais ajudam a reduzir problemas de agência e de informações enfrentados por investidores externos. Esses intermediários avaliam a qualidade da representação da administração nas evidenciações da empresa, fornecem as próprias análises do desempenho da empresa (e dos gestores), fazem recomendações de investimentos e tomam decisões em nome dos investidores. Conforme apresentado na Figura 12-1, esses intermediários incluem agentes internos de governança, profissionais de asseguração, analistas de informações e investidores profissionais. A importância desses intermediários é destacada pela magnitude dos honorários que eles recebem coletivamente de investidores e empresários.

Os agentes internos de governança, como conselhos corporativos, comitês de auditoria e auditores internos, são responsáveis por monitorar a gestão da empresa. Suas funções incluem a revisão da estratégia do negócio, a avaliação e a recompensa da gerência de alto escalão e a garantia do fluxo de informação confiável a partes externas. Os profissionais de asseguração, como auditores externos, aumentam a credibilidade das informações financeiras preparadas pelos gestores. Os analistas de informações, tais como analistas financeiros e agências de *rating*, são responsáveis por coletar e analisar informações para fornecer previsões de desempenho e recomendações de investimentos, tanto a investidores profissionais quanto a investidores do varejo. Por fim, os investidores profissionais (como bancos, consultores de investimentos, empresas de *private equity*, fundos de *hedge*, fundos mútuos, seguradoras e empresas de capital de risco) tomam decisões de investimento em nome dos investidores pulverizados. Eles são, portanto, responsáveis por avaliar e selecionar oportunidades de investimento na economia.

Nessa estrutura, a administração, os agentes internos de governança e os profissionais de asseguração são responsáveis pelo fornecimento de informações. A demanda por informações vem de investidores individuais e profissionais e analistas de informações. Tanto o lado da oferta quanto o da demanda são geridos por uma variedade de instituições regulatórias. Nos Estados Unidos, essas

FIGURA 12-1
A cadeia de intermediários entre os gestores e os investidores

instituições incluem reguladores públicos, como a Comissão de Valores Mobiliários (Securities and Exchange Comission – SEC), o Comitê de Supervisão de Contabilidade de Companhias Abertas (Public Accounting Oversight Board – PCAOB) e os reguladores bancários, bem como os conselhos do setor privado, como o "Comitê de Normas de Contabilidade Financeira" (Financial Accounting Standards Board – FASB), o Instituto Norte-Americano de Contadores Públicos Certificados (American Institute of Certified Public Accountants – AICPA) e as bolsas de valores. Outros países além dos Estados Unidos têm tipos similares dessas instituições.

O nível e a qualidade das informações e informações residuais e os problemas de agência nos mercados de capitais são determinados pelo desenho organizacional desses intermediários e das instituições regulatórias. As principais perguntas de desenho organizacional são: quais são os esquemas ideais de incentivos para recompensa de gestores de alto escalão? Qual deveria ser a composição e o estatuto dos conselhos corporativos? Os auditores deveriam garantir que as demonstrações financeiras estejam em conformidade com as normas contábeis ou representar uma economia subjacente da empresa? Deveria haver normas contábeis detalhadas ou alguns princípios contábeis gerais? Quais deveriam ser a forma organizacional e o escopo de negócios de auditores e analistas? Quais esquemas de incentivo deveriam ser usados para os investidores profissionais alinharem seus interesses com os dos investidores individuais?

Uma variedade de fatores econômicos e institucionais podem influenciar as respostas para essas perguntas de desenho. Os exemplos incluem a habilidade de escrever e fazer cumprir contratos ideais, custos de propriedade que poderiam deixar as evidenciações onerosas para os investidores e imperfeições regulatórias. Os colapsos espetaculares de empresas como a Enron e o Lehman Brothers e seu impacto sobre os mercados de *equity* e de crédito sugerem que essas limitações possam ter um efeito de primeira ordem sobre o funcionamento dos mercados de capitais.

Embora seja interessante especular sobre como melhorar o funcionamento de mercados de capitais por meio de mudanças no desenho organizacional, essa questão vai além do escopo deste capítulo. Em vez disso, discutiremos como as ferramentas de análises financeiras desenvolvidas nos Capítulos 2 a 8 podem ser usadas para melhorar o desempenho de alguns dos intermediários da informação que foram bastante criticados, acompanhando as revelações de impro250priedades das demonstrações financeiras em empresas como a Enron, a WorldCom, a Tyco e o Lehman Brothers.[5]

Já discutimos a aplicação das ferramentas de análises financeiras pelos analistas de capital próprio e de dívida e pelos investidores profissionais nos Capítulos 9 a 11. No restante deste capítulo, discutiremos sobre como essas ferramentas podem ser usadas por gestores para desenvolver uma estratégia de comunicação efetiva com os investidores, por membros dos conselhos de administração e dos comitês de auditoria ao supervisionar a administração e o processo de auditoria e por profissionais de auditoria.

COMUNICAÇÃO DA ADMINISTRAÇÃO COM OS INVESTIDORES

Alguns gestores alegam que não vale a pena se preocupar com os problemas de comunicação. Eles afirmam que, contanto que os gestores façam investimentos e tomem decisões operacionais que aumentem o valor do acionista, os investidores valorizarão o desempenho e, assim, as ações da empresa. Embora isso seja verdade a longo prazo, uma vez que todas as informações são eventualmente públicas, isso pode não se sustentar no curto ou mesmo médio prazo. Se os investidores não têm acesso às mesmas informações que a administração, provavelmente acharão difícil avaliar investimentos novos e inovadores, ou avaliar de maneira inteligente o grau de risco inerente às operações ou às posições da empresa. Em um mercado de capitais eficiente, eles não supervalorizarão nem subvalorizarão esses novos investimentos ou riscos, mas suas *valuations* podem ser ruidosas. Isso pode fazer o preço das ações e o custo geral de capital de uma empresa relativamente ruidosos, levando a administração em diversos momentos a considerar que suas empresas estão seriamente super ou subvalorizadas.

Faz diferença se uma empresa é super ou subvalorizada por um período? A maior parte dos gestores preferiria não ter sua ação subvalorizada ou que os financiadores superestimassem o risco de suas empresas, uma vez que se torna mais oneroso adquirir novos financiamentos. Os gestores também podem se preocupar que a subvalorização pode aumentar a chance de uma aquisição por um comprador hostil, com uma correspondente redução na estabilidade em seu emprego.

Além disso, a crise financeira de 2008 demonstrou a importância da confiança do investidor para a efetiva operação de mercados financeiros e o risco de dificuldade financeira para as empresas que perderam essa confiança. Os gestores das empresas que são supervalorizadas também podem se preocupar com a avaliação do mercado, uma vez que são legalmente responsáveis pela falha na divulgação de informações relevantes aos investidores.[6] Por isso, não podem querer ver suas ações seriamente supervalorizadas, apesar de a supervalorização fornecer oportunidades para a emissão de novo capital a taxas favoráveis.

Uma palavra de cautela

Conforme mencionado anteriormente, é natural que muitos gestores acreditem que as empresas estejam subvalorizadas pelo mercado de capitais. Isso geralmente ocorre porque é difícil para os gestores serem objetivos sobre o desempenho do futuro de sua empresa. Afinal de contas, faz parte do trabalho deles vender a empresa para novos funcionários, clientes, fornecedores e investidores. Além disso, a previsão do desempenho futuro da empresa exige que eles julguem de maneira objetiva as suas próprias capacidades como gestores. Assim, não é estranho que muitos gestores argumentem que os investidores são desinformados e que sua empresa está subvalorizada. Apenas alguns gestores podem respaldar isso com evidências sólidas.

Se a administração decide que a empresa está de frente com um problema de informações genuínas, ela pode começar a considerar se e como isso pode ser corrigido. O problema é potencialmente

Perguntas-chave para análise

Recomendamos que, antes de pular para a conclusão de que as empresas são subvalorizadas, os gestores deveriam analisar o desempenho de sua empresa e comparar as próprias previsões de desempenho futuro com as previsões dos analistas, usando a seguinte abordagem:

- Há uma diferença significativa entre as previsões internas da administração sobre os lucros futuros e fluxos de caixa e as previsões dos analistas externos?

- Há alguma diferença entre as previsões dos gestores e as previsões dos analistas que surgem por causa de diferentes expectativas em relação ao desempenho geral econômico? Os gestores podem entender os próprios negócios melhor que os analistas, mas não podem ser melhores na previsão de condições macroeconômicas.

- Os gestores podem identificar quaisquer fatores que possam explicar uma diferença entre as previsões dos analistas e as previsões dos gestores para desempenho futuro? Por exemplo, os analistas são desinformados sobre novos resultados positivos de P&D, eles têm informações diferentes sobre as respostas a clientes para novos produtos e campanhas de marketing etc.? Esses tipos de diferenças poderiam indicar que a empresa enfrenta um problema de informação.

CAPÍTULO 12 COMUNICAÇÃO E GOVERNANÇA

tão sério que vale a pena fazer algo para alterar a percepção dos investidores? Ou o problema pode resolver-se por si mesmo dentro de um curto período? A empresa tem planos de levantar novo capital ou usar o capital próprio para adquirir outra empresa? A estabilidade no emprego da administração ou a viabilidade da empresa estão ameaçadas? Conforme discutimos a seguir, a administração tem uma grande gama de opções nessa situação.

Exemplo: problemas de comunicação para a Jefferies Group, Inc.

Em 2011, a Jefferies Group, Inc. era um banco de médio porte de títulos globais e de investimentos que estava no mercado há quase 50 anos. O balanço patrimonial sólido da empresa permitiu que a empresa resistisse com sucesso à crise financeira de 2008 sem o respaldo de ajuda do governo e possibilitou isso com a flexibilidade financeira para expandir suas operações globais de maneira agressiva após a crise. No ano fiscal de 2010, findo em 30 de novembro de 2010, a Jefferies tinha um valor contábil por ação de $16,37, um valor *price-to-book* de 1,7, um índice de preço da ação/lucro por ação (P/E) de 20,3 e um beta do capital próprio de 1,7.

Entretanto, durante 2011, o preço da ação da Jefferies declinou de maneira precipitada de $26,63 para uma baixa de $11,60 no início de outubro, recuperando de alguma forma para $14,72 em 28 de outubro. Essa queda foi atribuída a questões sobre a exposição da empresa à crescente crise da dívida europeia, uma questão que foi potencializada pela expansão agressiva da empresa na Europa desde 2008. Em 31 de outubro, a recuperação da ação foi abruptamente interrompida quando a MF Global, uma corretora financeira de *commodities* que lidava com a Jefferies, requereu proteção de falência, argumentando perdas resultantes na exposição à dívida soberana europeia. Ao longo dos dias seguintes, o capital da Jefferies caiu quase 20% à medida que os investidores tentaram avaliar o potencial de exposição direta e indireta à MF Global e às crises de dívidas soberanas.

A administração da empresa emitiu um comunicado à imprensa em 31 de outubro, explicando que tinha apenas exposição mínima à MF Global e à dívida soberana europeia. Isso, contudo, não diminuiu as preocupações do mercado. Como um blogueiro do *Wall Street Journal* explicou: "Sim, a Jefferies diz que não tem 'exposição significativa' à dívida do governo da PIIGS. O problema é que, desde a crise financeira, os investidores atiram primeiro e perguntam depois".

Em 3 de novembro, a agência de *rating* Egan-Jones rebaixou a dívida da Jefferies, citando a questão sobre a possível exposição da empresa a dívidas soberanas europeias. A Jefferies foi rápida na resposta, emitindo dois comunicados detalhados para a imprensa no mesmo dia, divulgando sua exposição limitada. A ação permaneceu estável para os dias seguintes, mas então continuou sua trajetória de rebaixamento, negociando em $9,50 em 17 de novembro.

O acentuado declínio em seu preço levanta questões sobre a avaliação da ação da Jefferies. Em 17 de novembro de 2011, o índice *price-to-book* estava bem abaixo de 1, e o índice de preço da ação/lucro por ação (P/E) era de 6,9. O mercado, portanto, esperava que a empresa gerasse de alguma forma um retorno sobre o patrimônio líquido menor que seu custo de capital – uma virada drástica da percepção do mercado no início de 2011. A administração da Jefferies expressou surpresa e frustração na queda acentuada no preço e argumentou que o mercado estava punindo injustamente a empresa pela exposição que ela não tinha. Entretanto, antes de chegar a essa conclusão, diversas questões precisam ser respondidas:

- A empresa foi previamente supervalorizada? Em caso positivo, quais forças estavam por trás da alta *valuation* da empresa pelo mercado? A administração tinha pintado um cenário muito ilusório para o futuro da empresa em suas reuniões com os analistas?
- Quais foram as implicações financeiras dos eventos que precipitaram a queda no valor da ação da empresa? Conforme observado anteriormente, a questão principal para os analistas era a extensão da exposição da empresa – direta ou indiretamente – à crise da dívida europeia. A administração precisava certificar-se de que tinha um profundo entendimento tanto dos aspectos macro quanto dos microeconômicos da questão para avaliar as implicações para o desempenho futuro da empresa.
- Se a administração acreditava que a empresa estava, na verdade, sendo subvalorizada, quais opções estavam disponíveis para corrigir a perspectiva do mercado da empresa?

COMUNICAÇÃO POR MEIO DAS DEMONSTRAÇÕES CONTÁBEIS

As demonstrações contábeis são o formato mais popular para comunicação da administração. A seguir vamos discutir o papel das demonstrações financeiras como um meio de comunicação com investidores, as instituições que fazem as informações contábeis serem confiáveis e as situações em que as demonstrações podem ser ineficientes.

Contabilidade como um meio de comunicação da administração

Conforme discutimos nos Capítulos 3 e 4, as demonstrações financeiras são um importante meio de comunicação da administração com os investidores externos. As demonstrações fornecem aos investidores uma explicação de como seu dinheiro tem sido investido, um resumo do desempenho desses investimentos e uma discussão de como o desempenho atual se encaixa na filosofia e na estratégia geral da empresa.

As divulgações contábeis não apenas fornecem um registro de transações do passado, mas também refletem as estimativas e as previsões do futuro feitas pela administração. Por exemplo, as demonstrações incluem estimativas de inadimplência, previsões das vidas de ativos tangíveis e previsões implícitas de que as despesas irão gerar benefícios de fluxos de caixa futuros que excedam seus custos. Uma vez que a administração pode estar em posição de fazer previsões desses eventos futuros que são mais precisas que as previsões dos investimentos externos, as demonstrações financeiras são uma maneira potencialmente útil de se comunicar com os investidores. Entretanto, conforme discutido, os investidores também podem ser céticos em relação a relatórios preparados pela gestão. A Lei Sarbanes-Oxley exige que o CEO e o CFO se certifiquem de que as demonstrações representem de maneira apropriada o desempenho financeiro da empresa e de que os controles internos estejam adequados para dar suporte àquelas demonstrações financeiras. Essa exigência aumenta a prestação de contas da gerência sênior e mitiga parte do ceticismo dos investidores.

Fatores que aumentam a credibilidade da comunicação contábil

Uma série de mecanismos mitiga os conflitos de interesse em demonstrações financeiras e aumenta a credibilidade das informações contábeis que são comunicadas aos investidores. Isso inclui normas contábeis, auditoria, monitoramento da administração pelos analistas financeiros e pelas agências de *rating* e reputação da administração.

Normas contábeis e auditoria

As normas contábeis, como as promulgadas pelo FASB e pela SEC nos Estados Unidos e pelo IASB e elaboradores de normas específicos de países e reguladores ao redor do mundo, fornecem diretrizes aos gestores sobre como tomar decisões contábeis e fornecer a investidores externos uma forma de interpretar essas decisões. As normas contábeis uniformes tentam reduzir a habilidade dos gestores de registrar transações econômicas similares de maneiras diferentes, tanto ao longo do tempo quanto entre empresas. A aderência a essas normas é reforçadas por auditores externos que tentam garantir que as estimativas dos gestores sejam razoáveis. Os auditores, portanto, reduzem a possibilidade de gerenciamento de resultados.

Monitoramento por analistas financeiros e agências de classificação (*rating*)

Os intermediários informacionais, como analistas financeiros e agências de *rating*, também limitam a habilidade da administração em gerenciar resultados e subavaliar riscos. Os analistas financeiros e as agências de classificação especializam-se em desenvolver conhecimento específico sobre empresa e setor, permitindo a eles que avaliem a qualidade dos números reportados por uma empresa e façam quaisquer ajustes necessários. Esses analisadores de informação avaliam a adequação das previsões da administração que está implícita nas escolhas do método contábil e nos *accruals* reportados. Isso exige um entendimento completo do negócio da empresa e das regras contábeis relevantes usadas na preparação de suas demonstrações financeiras. Analistas superiores ajustam os números dos *accruals* relatados, se necessário, para refletir uma realidade econômica, talvez, pelo uso de demonstrações de fluxo de caixa e divulgações em notas explicativas.

A *expertise* técnica e de negócio dos analistas, assim como sua responsabilidade legal e incentivos, diferem das dos auditores. Consequentemente, os relatórios dos analistas podem fornecer informações aos investidores sobre se as decisões contábeis da empresa são apropriadas ou se os gestores estão exagerando o desempenho econômico da empresa (ou subavaliando o risco) para protegerem seus empregos.[7]

Reputação da administração

Um terceiro fator que pode contrariar o ceticismo natural dos investidores externos sobre as demonstrações financeiras é a reputação da administração. Os gestores que esperam ter uma relação contínua com os investidores externos e os intermediários financeiros podem ser capazes de construir um histórico de demonstrações financeiras imparciais. Por meio de estimativas contábeis e de julgamentos que são respaldados pelo desempenho subsequente, os gestores podem demonstrar sua competência e sua confiabilidade aos investidores e aos analistas. Consequentemente, os julgamentos futuros dos gestores e as estimativas contábeis têm maior possibilidade de serem considerados verossímeis.

Limitações dos relatórios financeiros para comunicação aos investidores

Enquanto as normas contábeis, a auditoria, o monitoramento da administração por analistas financeiros e preocupações da administração sobre sua reputação aumentam a credibilidade e a informatividade das demonstrações financeiras, esses mecanismos estão longe da perfeição. Consequentemente, há vezes em que as demonstrações financeiras falham como meio de a administração se comunicar com os investidores externos. Essas falhas podem surgir quando (1) não há regras contábeis para orientar a prática ou as regras existentes não distinguem entre aqueles com bom e mau desempenhos, (2) os auditores e os analistas não têm a *expertise* em julgar novos produtos ou oportunidades de negócio ou (3) a administração enfrenta problemas de credibilidade.

Limitações das regras contábeis

Apesar do rápido aumento das novas normas contábeis, as regras contábeis frequentemente não distinguem entre aqueles com bom e mau desempenhos. Por exemplo, as regras contábeis atuais não permitem que os gestores demonstrem em seus balanços patrimoniais, de modo tempestivo, os benefícios de investimento em melhorias na qualidade, programas de desenvolvimento de recursos humanos, pesquisa e desenvolvimento (com a exceção de custos de desenvolvimento de software) e serviço ao cliente.

Alguns dos problemas com normas contábeis surgem porque se leva tempo para que os elaboradores das normas desenvolvam regras apropriadas para muitos novos tipos de transações econômicas. Outras dificuldades surgem porque as normas são resultantes de compromissos entre diferentes grupos de interesse (por exemplo, auditores, investidores, gestores corporativos e reguladores).

Limitações dos auditores, dos analistas e de outros intermediários

Embora os auditores e os analistas possam ter bom entendimento do negócio de uma empresa, eles não têm a mesma profundidade de informações como os gestores. A discrepância entre as avaliações do negócio feitas pelos gestores e pelos auditores ou pelos analistas pode ser mais severa para as empresas com estratégias de negócios distintas, ou empresas que operam em setores emergentes ou em setores com produtos muito complexos em constante desenvolvimento (tais como serviços financeiros). Além disso, as decisões dos auditores nessas circunstâncias podem ser dominadas por preocupações sobre a responsabilidade legal, a dificuldade na habilidade da gestão em usar as demonstrações financeiras para se comunicar efetivamente com os investidores.

Finalmente, os conflitos de interesses vividos pelos auditores, pelos analistas e por outros intermediários faz com que suas análises sejam imperfeitas. Os conflitos podem potencialmente induzir os auditores a se "aliarem" aos gestores a fim de manterem a empresa como um cliente da firma de auditoria. Os conflitos também podem surgir para analistas que fornecem classificações favoráveis e pesquisam sobre as empresas para aumentar o negócio de seu banco de investimento e no volume de negociação entre os investidores menos informados, e para as agências de classificação de crédito que têm suas receitas advindas das empresas as quais as agências estão classificando. As regulações que aumentam a fiscalização das empresas de auditoria pelo PCAOB[8] (Comitê de Supervisão da Contabilidade de Companhias Abertas, em tradução livre) e limitam o impacto dos bancos de investimento sobre os incentivos dos analistas financeiros, foram implementadas como parte da Sarbanes-Oxley e da Global Settlement para reduzir conflitos de interesse dos auditores e dos analistas, enquanto a Lei Dodd-Frank buscava, entre outras coisas, aumentar a transparência e a prestação de contas das agências de *rating*.

Problemas de credibilidade da administração

Há evidências limitadas sobre quando a administração pode encarar problemas de credibilidade com os investidores. Entretanto, os gestores de novas empresas, as empresas com lucros voláteis, as empresas em dificuldades financeiras e as empresas com registros históricos pobres que estejam em comunicação com os investidores deveriam esperar achar difícil serem vistos como divulgadores confiáveis.

Se a administração tem algum problema de credibilidade, as demonstrações financeiras podem ser vistas com considerável ceticismo. Os investidores verão estimativas das demonstrações financeiras que aumentam as receitas como evidência de que os gestores estão preenchendo o lucro. Isso dificulta o uso de relatórios financeiros para comunicar notícias otimistas sobre o desempenho atual ou futuro.

Exemplo: comunicação contábil da Jefferies

A exposição da Jefferies à dívida soberana europeia é relatada no balanço patrimonial com encerramento em 31 de agosto de 2011. O ativo "Governo, agência federal e outras obrigações soberanas", que vale $5,5 bilhões, agrega a dívida soberana europeia com os Estados Unidos e outra dívida. A divulgação em nota explicativa revela que as "Obrigações soberanas" eram de $2,7 bilhões e foram contrabalanceadas por um passivo de $2,5 bilhões de "Instrumentos financeiros vendidos, ainda não comprados", sugerindo que a empresa fosse efetivamente limitada em caso de descumprimento da dívida soberana europeia. Além disso, a administração explicou que o aumento no inventário de dívidas soberanas durante 2010 e 2011 se originou da designação da empresa como Negociante Principal em várias jurisdições europeias. Essas exposições "são substancialmente compostas pelos valores mobiliários mais líquidos na classe de ativo com uma porção significativa em detenções de valores mobiliários dos países do G-7. Nossa exposição de risco de mercado em Portugal, Itália, Irlanda, Grécia e Espanha foi moderada em 31 de agosto de 2011". Entretanto, a administração pode ter levantado dúvidas sobre a exposição da empresa quando em outra parte do mesmo relatório alertou que: "A crise da dívida europeia poderia ter um efeito adverso significativo sobre nosso negócio, nossa condição financeira e nossa liquidez".

Apesar de as demonstrações financeiras do terceiro trimestre não terem sido auditadas, há uma razão para esperar que a administração da Jefferies teria alguma credibilidade com os analistas. O CEO da empresa, Richard Handler, que a conduziu desde 2000, tinha ajudado a empresa a passar com sucesso pela crise financeira de 2008 e tinha uma reputação entre os analistas por ter um profundo entendimento dos negócios da empresa e por abster-se do estilo de vida bancário opulento comum entre os principais bancos de investimento.

Perguntas-chave para análise

Para a administração interessada em entender quão efetivamente os relatórios financeiros da empresa a ajudam a se comunicar com os investidores externos, as seguintes perguntas podem dar um ponto de partida inicial:

- ◆ Quais são os principais riscos de negócios que têm sido gerenciados efetivamente? Quais processos e controles são adotados para gerenciar os riscos de negócios? Como esses riscos estão refletidos nas demonstrações financeiras? Por exemplo, os riscos de crédito são refletidos nas perdas estimadas com crédito de liquidação duvidosa (PECLD), e os riscos de qualidade de produto são refletidos nas perdas para retornos de produtos e no método de reconhecimento de receita. Para esses tipos de risco, qual mensagem que a empresa está enviando sobre o gerenciamento desses riscos por meio de estimativas ou escolhas de métodos contábeis? A empresa está sendo incapaz de entregar as previsões subjacentes a essas escolhas? De maneira alternativa, o mercado parece estar ignorando a mensagem subjacente a essas escolhas de divulgação financeira da empresa, indicando falta de credibilidade?

- ◆ Como a empresa comunica os riscos importantes que não podem ser refletidos em estimativas ou métodos contábeis? Por exemplo, uma empresa como a Jefferies tem exposição direta e indireta a grandes choques de mercado externo, como a crise da dívida europeia, que é difícil refletir completamente em suas demonstrações financeiras; consequentemente, os investidores e os intermediários informacionais podem ainda ter perguntas sobre esse problema do negócio.

A agência de classificação Egan-Jones, porém, levantou questões sobre a credibilidade do *hedge* da empresa e das demonstrações financeiras. Na explicação sobre o rebaixamento da dívida, o diretor da Egan-Jones, Shaun Egan, comentou: "Eles alegam que está perfeitamente protegido. Nossa visão é de que somos céticos até que vejamos uma prova completa disso. No passado, os *hedges* não haviam sido tão perfeitos como originalmente apresentados. Não sabemos como essas posições *short* são determinadas e se compensam completamente os $2,7 bilhões [de exposição]".

COMUNICAÇÃO POR MEIO DE POLÍTICAS FINANCEIRAS

Os gestores também podem usar políticas financeiras para se comunicarem efetivamente com os investidores externos. Uma diferença importante entre esse tipo de comunicação e a evidenciação adicional é que a empresa não fornece informações confidenciais potenciais aos competidores. As políticas financeiras que são úteis nesse ponto incluem pagamentos de dividendos, recompras de ações, escolhas de financiamento e estratégias de *hedge*.

Políticas de pagamentos de dividendos

As decisões de pagamento dos dividendos de uma empresa podem fornecer informações a investidores sobre as avaliações dos gestores das expectativas futuras da empresa. Os pagamentos de dividendos, definidos como dividendos de caixa como um percentual de lucro disponível aos acionistas ordinários, refletem a extensão com a qual uma empresa paga seus lucros ou os retêm para reinvestimentos. Em razão de o pagamento de dividendos reduzir negligência financeira e então ser oneroso, a política de pagamento de dividendo de uma empresa pode ajudar a comunicar-se efetivamente com os investidores externos. Os investidores reconhecem que os gestores só aumentarão a taxa de dividendo da empresa se anteciparem que o pagamento não terá efeito sério sobre as opções de financiamentos futuros da empresa. Então, a decisão de aumentar os dividendos pode ajudar os investidores a apreciarem o otimismo da administração sobre o desempenho futuro da empresa e a habilidade para o crescimento financeiro. Isso surge porque os pagamentos de dividendos tendem a ser fixos, uma vez que os gestores são relutantes em cortar os pagamentos de dividendos. Os gestores apenas aumentarão os dividendos quando estiverem confiantes de que serão capazes de sustentar as elevadas taxas de pagamentos nos anos futuros. Consequentemente, os investidores interpretam o aumento de dividendos como sinal de confiança dos gestores na qualidade de lucros atuais e futuros.[9]

Consequentemente, os gestores em empresas de alto crescimento tendem a determinar políticas de pagamentos baixos de dividendos e a reter seus fundos gerados internamente para reinvestimento a fim de minimizar quaisquer custos de restrição do mercado de capitais sobre as opções de financiamento de crescimento. Por outro lado, as empresas com fluxos de caixa operacionais altos e estáveis com poucas oportunidades de investimento têm pagamentos altos de dividendos para reduzir os incentivos dos gestores em reinvestir fluxos de caixa livres em empreendimentos não lucrativos.

Recompras de ações

Em alguns países, como os Estados Unidos ou o Reino Unido, os gestores podem usar as recompras de ações para se comunicarem com os investidores externos. Em uma recompra de ação, a empresa compra de volta a própria ação, ou por meio de uma compra no mercado aberto, ou por meio de uma oferta pública, ou por meio de uma compra negociada com um grande acionista.

Obviamente uma recompra de ação, particularmente uma oferta pública de aquisição, é uma forma cara para a administração de se comunicar com os investidores externos que acreditam que a empresa está subavaliada. As empresas geralmente pagam um prêmio elevado para adquirir suas ações em ofertas públicas de aquisição, potencialmente diluindo o valor das ações que não são ofertadas ou não aceitas para a oferta. Além disso, as taxas para os bancos de investimentos e os advogados e para a solicitação de ação não são irrisórias. Considerando esses custos, não é surpreendente que os resultados das pesquisas indiquem que as recompras de ação são sinais efetivos para os investidores sobre o nível e o risco de desempenhos de lucros futuros.[10] Os resultados das pesquisas também sugerem que as empresas que usam a recompra de ações para se comunicarem com os investidores têm ativos contábeis que refletem menos o valor da empresa e têm alta assimetria informacional geral.[11]

Escolhas de financiamento

As empresas que têm problemas em se comunicar com os investidores externos podem usar escolhas de financiamento para reduzi-los. Por exemplo, uma empresa que está relutante em fornecer informações confidenciais para ajudar os investidores externos dispersos para que a valorizem de maneira apropriada pode querer fornecer essas informações a um investidor privado bem informado, que pode se tornar um grande acionista/credor, ou a um banco que concorda em fornecer a uma empresa um novo empréstimo significativo. Uma empresa com problemas de credibilidade nas divulgações financeiras também pode vender ação ou emitir dívida para um investidor privado informado como um grande cliente que tem informações avançadas sobre a qualidade de seu produto ou serviço. Por exemplo, o investimento de Warren Buffett de $5 bilhões no Bank of America em agosto de 2011 foi visto como melhoria da credibilidade do banco. Os investidores responderam adequadamente, aumentando a ação em 20% nos três dias de negociação subsequentes ao anúncio.

Essas mudanças no financiamento e na propriedade podem mitigar os problemas de comunicação de duas maneiras. Primeiro, os termos dos novos arranjos financeiros e a credibilidade do novo financiador ou acionista podem fornecer aos investidores informações de reavaliação do valor da empresa. Segundo, a concentração aumentada correspondente da propriedade e o papel de grandes *blockholders*[12] em governança corporativa podem ter um efeito positivo na avaliação. Se os investidores estiverem preocupados com os incentivos da administração para aumentar o valor do acionista, a presença de um novo acionista *blockholder* ou credor significativo no conselho pode ser tranquilizador. Esse tipo de monitoramento surge em *buyouts* alavancados, *start-ups* apoiadas por empresas de capital de risco e empresas com investimentos de parceria de *equity*. Em empresas japonesas e alemãs, isso também pode aparecer porque os grandes bancos possuem tanto a dívida quanto a propriedade e têm relações de negócios estreitas com os gestores das empresas.

Obviamente, de maneira extrema, os gestores podem decidir que a melhor opção para a empresa é não operar mais como empresa aberta. Isso pode ser alcançado com a aquisição de ações pela própria gestão da empresa (*buyout*), em que um grupo de compra (incluindo a administração) alavanca o próprio investimento (usando o banco ou o financiamento por meio da emissão de títulos de dívida), compra a empresa e a torna fechada. O grupo de *buyout* espera gerenciar a empresa por muitos anos e então transformá-la em capital aberto novamente, com a esperança de uma trajetória de desempenho melhorado que permita aos investidores que valorizem a empresa de forma mais efetiva.

Hedging

Uma fonte importante de precificação errônea surge se os investidores são incapazes de distinguir entre as mudanças inesperadas nos lucros reportados por causa do desempenho da administração e os choques transitórios que estão além do controle dos gestores (por exemplo, ganhos e perdas na conversão de moeda estrangeira).

Os gestores podem neutralizar esses efeitos com *hedge* desses riscos "contábeis". Apesar de o *hedge* ser mais oneroso, ele é de grande valor se reduzir os problemas informacionais que potencialmente levam a avaliações errôneas.

Exemplo: políticas financeiras na Jefferies

A Jefferies tomou uma série de ações em sua política financeira em 2011 com esforço em comunicar sua força financeira ao mercado. Em 20 de setembro de 2011, a empresa anunciou que seu Conselho Diretor aprovou um programa de recompra de ações, autorizando a recompra de mais 20 milhões – ou um pouco acima de 10% – de suas ações ordinárias e prosseguiu com a compra de aproximadamente 5 milhões de ações sob o programa nos dois meses seguintes. Em novembro, a empresa informou que também recomprou $50 milhões de seus títulos de dívida de 2012 no mercado aberto. Em 3 e 4 de novembro – coincidindo com o rebaixamento da dívida da Jefferies pela Egan-Jones – a maior acionista da empresa, a Leucadia National (que detinha mais de 25% de suas ações naquele momento), comprou mais 1,5 milhão de ações ordinárias. Finalmente, os funcionários internos da empresa compraram ações significativas em 2011, sinalizando para os investidores sua fé na empresa. Os membros da diretoria, Ian Cumming e Joseph Steinberg, cofundadores da Leucadia National, compraram um total de 1,5 milhão de ações em 3 e 4 de novembro. Em 15 de novembro, o presidente e CEO Richard Handler (que detinha mais de 6% das ações da empresa) comprou mais de 80 mil das ações do banco. No geral, em 2011, as compras por funcionários internos da empresa superaram as vendas numa proporção de 57 a 3.

Essas ações combinadas, entretanto, não impediram a queda das ações, uma vez que as preocupações em relação à exposição da empresa à crise da dívida europeia continuaram a crescer. No dia anterior ao anúncio da recompra das ações (que foi anunciada em conjunto com a divulgação pela

Perguntas-chave para análise

Para a administração que está considerando usar políticas de financiamento para se comunicar mais efetivamente com os investidores, as seguintes questões podem fornecer um ponto de partida útil para análise:

- Outras ações potencialmente menos onerosas, como a evidenciação expandida ou comunicação contábil, foram consideradas? Em caso negativo, essas alternativas forneceriam um meio de baixo custo de comunicação? De maneira alternativa, se a administração estiver preocupada em fornecer informações confidenciais aos competidores ou tiver baixa credibilidade, essas opções podem não ser efetivas.

- A empresa tem fluxo de caixa livre suficiente para ser capaz de implementar um programa de recompra de ação ou aumentar os dividendos? Se a empresa tem excesso de caixa disponível hoje, mas espera ser pressionada no futuro, uma recompra de ação pode ser mais efetiva. De maneira alternativa, se a administração espera ter algum excesso de caixa disponível a cada ano, um aumento do dividendo pode ser implementado.

- O caixa da empresa é limitado e incapaz de aumentar a evidenciação por motivos confidenciais? Em caso positivo, a administração pode querer considerar a mudança na combinação de proprietários como uma forma de indicar aos investidores que outra pessoa informada de fora está otimista quanto à empresa. Obviamente, outra possibilidade é que a gerência por si aumente sua participação na empresa.

empresa um aumento de 53% nos lucros do terceiro trimestre em relação ao ano anterior), as ações fecharam em $14,12. Em 1º de novembro, o dia depois de a falência da MF Global ser anunciada, as ações caíram para $12,01. A queda continuou ao longo do mês de novembro, atingindo uma baixa de $10,20 em 21 de novembro, uma queda de mais de 60% no acumulado do ano.

FORMAS ALTERNATIVAS DE COMUNICAÇÃO COM INVESTIDORES

Considerando as limitações das normas contábeis, da auditoria e do monitoramento por analistas financeiros, bem como os problemas de credibilidade na divulgação enfrentados pela administração, as empresas que desejam se comunicar efetivamente com os investidores externos são geralmente forçadas a usar métodos alternativos. Discutiremos a seguir duas formas adicionais que podem ser utilizadas pelos gestores para se comunicarem com os investidores externos e os analistas.

Reuniões com analistas

Uma forma popular para os gestores ajudarem a mitigar os problemas de comunicação é se encontrarem regularmente com os analistas financeiros que acompanham a empresa. Nessas reuniões, a administração lidará com questões sobre o desempenho financeiro atual da empresa e discutirá seus planos de negócios futuros. Além de realizar encontros com os analistas, muitas empresas nomeiam um diretor de relações públicas, que estabelece um contato mais regular com os analistas que buscam mais informações sobre a empresa.

Nos últimos 20 anos, as teleconferências tornaram-se uma plataforma popular para que a administração se comunique com os analistas financeiros. As pesquisas dizem que é mais provável que as empresas façam ligações se estiverem em setores em que os dados das demonstrações financeiras não conseguem capturar os fundamentos-chave do negócio tempestivamente.[13] Além disso, as teleconferências por si parecem fornecer novas informações aos analistas sobre o desempenho de uma empresa e as expectativas futuras.[14] As empresas menores e negociadas de maneira menos intensa em particular se beneficiam da implementação das teleconferências com investidores.[15]

Nos anos 1990, as empresas geralmente realizavam as teleconferências fechadas com os principais analistas e investidores institucionais. Entretanto, sob a *Regulation Fair Disclosure* (ou Reg FD), implementada em outubro de 2000, a SEC encorajou as empresas a abrirem essas reuniões para o público. A Reg FD exigiu que as empresas que forneciam material de informações não públicas aos analistas de títulos mobiliários ou investidores profissionais divulgassem simultaneamente (ou prontamente em seguida) as informações ao público. Embora a Reg FD tenha reduzido as informações que os gestores divulgam em reuniões privadas, as pesquisas também mostram que a regulamentação aumentou a habilidade das teleconferências de melhorar tanto a precisão da previsão dos analistas quanto o consenso pela eliminação da evidenciação seletiva.[16]

Divulgação voluntária

Outra forma para que os gestores melhorem a credibilidade de seus relatórios financeiros é por meio da divulgação voluntária. As regras contábeis geralmente prescrevem exigências mínimas de evidenciação, mas não restringem os gestores de fornecer voluntariamente informações adicionais. Isso poderia incluir articulação da estratégia de longo prazo da empresa, especificação dos principais indicadores não financeiros que são úteis no julgamento da efetividade da implementação da estratégia, explicação da relação entre os principais indicadores e os lucros futuros, previsões do desempenho futuro, informações financeiras e não financeiras adicionais para refutar uma visão incorreta do mercado, ou informações sobre as iniciativas de sustentabilidade corporativas designadas para criar o valor sustentável de longo prazo, mas não necessariamente refletido no preço atual das ações. As divulgações voluntárias podem ser reportadas no relatório anual da empresa, em brochuras criadas para descrever a empresa aos investidores, em reuniões da administração com os analistas ou em resposta do Relações com Investidores (RI) para pedidos de informações.[17]

Uma limitação sobre a divulgação ampliada é a dinâmica competitiva em mercados de produtos. A divulgação de informações confidenciais sobre as estratégias e suas consequências econômicas esperadas podem prejudicar a posição competitiva da empresa. Os gestores, então, enfrentam um *trade-off* entre o fornecimento de informações que são úteis aos investidores na avaliação do desempenho econômico da empresa e a retenção de informações para maximizar a vantagem de mercado de produto da empresa.

Uma segunda limitação em fornecer a divulgação voluntária é a responsabilidade legal da administração. As previsões e as divulgações voluntárias podem potencialmente ser usadas por acionistas insatisfeitos para conduzir ações civis contra a administração por fornecer informações que possam enganá-los. Isso parece irônico, visto que as divulgações voluntárias deveriam fornecer aos investidores informações adicionais. Infelizmente, pode ser difícil para a justiça decidir se as divulgações dos gestores foram estimativas de boa-fé de eventos incertos futuros que mais tarde não se materializariam, ou se a administração manipulou o mercado. Consequentemente, muitos departamentos legais corporativos posicionam-se contra os gestores fornecerem muita divulgação voluntária. Um aspecto das divulgações voluntárias, previsão de lucros (*earnings guidance*), tem sido particularmente controverso. Há evidência crescente de que as diretrizes fornecidas pela administração exercem uma importante função na condução das expectativas dos analistas em relação às metas alcançáveis de lucros e que as previsões da administração são mais possíveis quando as previsões iniciais dos analistas são excessivamente otimistas.[18]

Por fim, a credibilidade da administração pode limitar os incentivos de uma empresa para fornecer as divulgações voluntárias. Se a administração enfrenta um problema de credibilidade nos reportes financeiros, qualquer divulgação voluntária que ela forneça também pode ser vista de maneira cética. Em particular, os investidores podem estar preocupados com aquilo que a administração não está contando para eles, particularmente tendo em vista que essas divulgações não são auditadas.

Exemplo: outras formas de comunicação da Jefferies

Começando com o dia da falência da MF Global e continuando com o rebaixamento no *rating* da dívida, o declínio em seu preço de ação e questões contínuas sobre a viabilidade da empresa, o conselho e a administração da Jefferies forneceram as divulgações voluntárias extensivas como um esforço para recuperar a confiança dos investidores.

Em 31 de outubro de 2011, dentro de algumas horas da notícia da falência da MF Global, a Jefferies buscou abafar os rumores de que tinha exposição significativa em relação à MF Global, emitindo uma nota à imprensa de que "sua exposição em relação aos valores mobiliários da MF Global Holdings Ltd. ... é menor que $9 milhões em posições marcadas a mercado". No dia seguinte, a empresa emitiu outra nota à imprensa, nesse momento para desfazer os rumores sobre sua exposição à dívida europeia. A nota reafirmava as declarações em seus arquivos da SEC de que "atualmente não havia exposição significativa à dívida soberana das nações de Portugal, Itália, Irlanda, Grécia e Espanha" e buscava reafirmar aos investidores que não tinha "recompra de títulos de dívida marcada ao vencimento ou atividade relacionada de derivativos que estivesse fora do balanço" que poderia gerar perdas, como aquelas incorridas em muitas instituições financeiras líderes durante a crise financeira de 2008.

Em resposta ao rebaixamento de classificação em 3 de novembro, que citou as preocupações sobre sua potencial exposição à dívida soberana europeia, a administração da Jefferies emitiu uma série de notas adicionais à imprensa fornecendo novas informações materiais com a intenção de refutar as suposições por trás do rebaixamento. O primeiro relatório divulgou a exposição líquida da empresa em relação à dívida soberana europeia por país. Ele foi sucedido mais tarde por uma segunda publicação no mesmo dia, informando aos investidores que não detinha "nenhum *swap* de *default* de crédito (*credit-default swap*) como *hedge* de suas posições de dívidas soberanas". Essas medidas pareciam desacelerar a queda do preço da ação – as ações fecharam em queda de apenas 2% no dia de negociação após ficarem abaixo em 20% mais cedo na sessão. No dia seguinte, em resposta a mais questionamentos, a empresa divulgou os detalhes de todas as posições vendidas (*short*) e compradas (*long*) por país. Ao explicar as medidas da empresa, o *chairman* e CEO Richard Handler observou que "esses são momentos frágeis no mercado financeiro e decidimos que a única forma para dissipar de maneira conclusiva os rumores, as informações que induzem a erro e as questões deslocadas é com transparência sem precedentes sobre as informações internas que são raramente, se algum dia o foram, divulgadas publicamente".

Os esforços da empresa para tranquilizar o mercado continuaram em 7 de novembro, com uma nota à imprensa anunciando que tinha reduzido sua participação bruta na dívida soberana europeia em 50%, sem "nenhum lucro significativo ou perda sobre a atividade comercial de hoje ou nossas posições remanescentes". Essas notícias motivaram o líder de uma empresa de pesquisa a observar que a empresa "certamente enviou uma mensagem ao mercado de que estão atendendo com agressivamente a essa crítica, seja ela fundada ou não".

Esses esforços foram limitados a ajudar na restauração da confiança na empresa. A ação continuou a cair, fechando em $10,20 em 21 de novembro de 2011. Naquele dia, Handler assumiu a ofensa, postando uma carta de seis páginas no *site* da Jefferies para refutar o que ele viu como contínuas falsas impressões sobre a empresa. Handler argumentou que:

> Ao longo do mês de novembro, a Jefferies foi barrada por um grupo de pessoas maliciosas que espalharam rumores, meias-verdades e mentiras absolutas de todas as maneiras possíveis, incluindo telefonemas para os analistas e os proprietários de valores mobiliários, bem como usando a mídia de massa em um esforço de ampliar e legitimar seus esforços. Na semana passada, um representante de um fundo de *hedge*, o qual acreditamos ter espalhado esses falsos rumores sobre a Jefferies, enviou-nos uma carta com uma série de questões que, para a maioria, demonstra que o que devemos presumir é uma leitura enganadora intencional de nossos arquivos públicos para tentar justificar esses rumores. Todas essas pessoas parecem estar tentando levar vantagem na falência da MF Global e no ambiente volátil do mercado com a intenção de prejudicar a Jefferies e todos nós, provavelmente para obter ganhos pessoais. Com os fatos e as verdades do nosso lado, respondemos a todos esses direta e completamente. Felizmente, aqueles que gastam seu tempo para entender e verdadeiramente analisar os fatos estão chegando à conclusão certa. Embora seja necessário que continuemos a responder a esses ataques doentios, felizmente podemos fazer disso uma base para a empresa e com confiança em nosso financiamento e modelo de negócio.

Handler apontou que a exposição líquida da empresa foi uma quantia insignificante de $134 milhões ou 3,8% do patrimônio líquido.

A sólida resposta de Handler e a cobertura que recebeu provaram ser uma reviravolta para a ação, que subiu de $10,20 na data da carta para mais que $13,00 no início de dezembro. No final de dezembro, a Jefferies anunciou lucros sólidos no quarto trimestre, fornecendo mais suporte para a posição da administração, e a ação saltou em 23% para fechar em $14,50 em 20 de dezembro.

O papel do auditor

Nos Estados Unidos, o auditor é responsável por fornecer aos investidores garantia de que as demonstrações financeiras são preparadas de acordo com os Princípios Contábeis Geralmente Aceitos dos Estados Unidos, ou USGAAP, e que a empresa mantém controle interno efetivo em seus relatórios financeiros. Isso exige que o auditor avalie se as transações são registradas de forma que sejam consistentes com as regras produzidas pelos reguladores (incluindo o FASB, o PCAOB e a SEC), se as estimativas da administração refletidas nas demonstrações financeiras são razoáveis e se a empresa manteve sistemas de controle financeiro interno efetivos. Os resultados da auditoria são divulgados no relatório da auditoria, o qual faz parte das demonstrações financeiras. O auditor emite um parecer sem ressalvas se (a) as demonstrações financeiras da empresa estão em conformidade com o USGAAP; (b) os métodos contábeis estão sendo aplicados consistentemente ao longo dos três anos anteriores; (c) os controles internos de reporte financeiro são adequados, assim como ao final do período de auditoria; e (d) não há dúvida substancial sobre a capacidade de sobrevivência da empresa. Se as finanças não estão em conformidade com o USGAAP, exige-se que o auditor emita um parecer com ressalva ou uma opinião adversa que forneça informações aos investidores sobre as discrepâncias. Se o auditor não estiver certo sobre se a empresa pode sobreviver durante o ano seguinte, um parecer de risco de continuidade (*going concern*), que discute os riscos de sobrevivência da empresa, é emitido.

Por outro lado, no Reino Unido e nos países que adotaram o sistema do Reino Unido, como Austrália, Nova Zelândia, Cingapura, Hong Kong e Índia, os auditores realizam uma revisão mais ampla que seus pares norte-americanos. Exige-se que seus auditores não apenas avaliem se as demonstrações financeiras estão preparadas de acordo com as normas contábeis, mas também se apresentam uma "visão verdadeira e justa" (*true and fair view*) do desempenho econômico subjacente do cliente. Essa garantia adicional exige mais julgamento sobre a parte do auditor e aumenta o valor da auditoria para os investidores externos.

Os procedimentos essenciais envolvidos em uma típica auditoria incluem (1) entendimento dos negócios e do setor do cliente para identificar os principais riscos para a auditoria; (2) avaliação do sistema de controle interno da empresa para avaliar se é possível produzir informações confiáveis; (3) execução de procedimentos analíticos preliminares para identificar eventos incomuns e possíveis erros; e (4) coleta de evidência específica sobre controles, transações e detalhes de contas do balanço para formar a base para a opinião do auditor. Na maioria dos casos, a administração do cliente busca responder às questões levantadas pela auditoria para garantir que a empresa receba uma opinião de auditoria sem ressalvas. Uma vez que a auditoria está concluída, o auditor apresenta um resumo de escopo da auditoria e as conclusões para o Comitê de Auditoria da diretoria da empresa.

Vale notar que nos sistemas dos Estados Unidos e do Reino Unido (e onde mais isso seja questão importante), a auditoria não pretende detectar fraude. Claro que, em alguns casos, é possível fazer isso, mas não é seu propósito. A detecção de fraude é o domínio do departamento de auditoria interna da própria empresa.

Papel das ferramentas de análise financeira em auditoria

Como as ferramentas de análises financeiras discutidas neste livro podem ser usadas por profissionais de auditoria? A relevância dos quatro passos em análises financeiras para a auditoria – análises de estratégia, análises contábeis, análises financeiras e análises prospectivas – será discutida brevemente a seguir.

Análise de estratégia A análise de estratégia é crítica no primeiro estágio da auditoria, entendendo o negócio e o setor do cliente. É importante que o auditor desenvolva a competência de ser capaz de identificar os principais riscos que esses clientes enfrentam. Considerando o volume completo de atividade, é impossível rever todas as transações da empresa durante a auditoria. Tempo e atenção devem ser focados nas áreas que os investidores precisam para avaliar a proposta de valor da empresa e quão bem está gerindo os principais fatores de sucesso. Há também a probabilidade de as áreas abrangerem mais testes e análises por parte do auditor, para avaliar seu impacto sobre as demonstrações financeiras.

Análises contábeis Para o auditor, as análises contábeis implicam dois passos. Primeiro, o auditor deve entender como os fatores-chave de sucesso e os riscos estão refletidos nas demonstrações financeiras. O segundo passo na análise contábil é para o auditor avaliar o julgamento da administração refletido nos itens críticos das demonstrações financeiras.

Análises financeiras Os índices financeiros ajudam os auditores a julgarem se há mudanças incomuns no desempenho de seus clientes, sejam relacionadas ao desempenho passado ou o relativo aos seus competidores. Quaisquer dessas mudanças merecem mais investigação para garantir que as razões para a mudança podem ser completamente explicadas e para determinar quais testes adicionais são exigidos para satisfazer o auditor de que as mudanças reportadas no desempenho sejam justificadas. A análise cuidadosa de índices também pode revelar se os clientes estão enfrentando problemas no negócio que podem induzir a administração a ocultar as perdas ou manter fora do balanço obrigações significativas. Tais informações deveriam alertar os auditores que cuidados extras e testes detalhados adicionais poderão ser exigidos para alcançar uma conclusão sobre as demonstrações financeiras do cliente.

Análises prospectivas Os auditores usam as análises prospectivas para avaliar se as estimativas e as previsões feitas pela administração são consistentes com a posição econômica da empresa. Além disso, a percepção do mercado sobre o desempenho futuro do cliente fornece uma referência útil para afirmar ou questionar a avaliação do auditor das expectativas do cliente. Se o auditor conclui que o mercado está excessivamente otimista ou pessimista sobre um cliente, ele pode determinar se a evidenciação adicional ajudará os investidores a desenvolver uma perspectiva mais realista das expectativas da empresa.

Perguntas-chave para análise

As seguintes perguntas podem ajudar a fornecer um ponto de partida útil para os auditores em suas análises sobre as demonstrações financeiras de um cliente:

* Quais são os principais riscos de negócio que a empresa está enfrentando? Quão bem esses riscos são geridos?
* Quais são as políticas e as estimativas contábeis que refletem os principais riscos da empresa? Quais testes e evidência são exigidos para avaliar o julgamento da administração que está refletido nessas decisões contábeis?
* Os índices críticos indicam quaisquer mudanças incomuns no desempenho do cliente?
* Quais testes e evidências são exigidos para entender as causas dessas mudanças?
* O desempenho da empresa se deteriorou, criando pressão sobre a administração para gerenciar resultados ou registrar transações fora do balanço patrimonial? Em caso positivo, quais testes e evidências adicionais são exigidos para fornecer garantia de que as demonstrações financeiras são consistentes com o GAAP?
* Como o mercado está avaliando as expectativas do cliente? Se for diferente das do auditor, qual é a razão para essa diferença? Se o mercado estiver excessivamente otimista ou pessimista, há implicações para a evidenciação do cliente ou as estimativas contábeis?

Exemplo: auditando a Jefferies

A crise europeia levanta muitas questões para os auditores da empresa. A gestão da empresa da exposição de mercado líquido aos instrumentos de dívida cada vez mais arriscados e sua habilidade contínua para acessar os fundos são fatores críticos de sucesso. A volatilidade do preço da ação parece ser amplamente dirigida pelas percepções de mudança desse risco, afetando potencialmente os valores justos de ativos e passivos relatados no balanço patrimonial e os registros na demonstração de resultado do exercício. Esse deveria ser o foco principal da auditoria.

Seguem algumas questões para o auditor:

* A empresa registrou de maneira apropriada e forneceu explicações suficientes das posições mantidas?

- A empresa divulgou de maneira apropriada os instrumentos que estão fora do balanço patrimonial, incluindo a divulgação das provisões de recursos e outros detalhes críticos?
- Por que o mercado reagiu de maneira tão negativa à Jefferies no ano anterior? Há algo que o mercado reconhece que a administração da Jefferies não reconhece? Quais informações estão disponíveis sobre as estratégias específicas de *hedge* que a Jefferies alega estar minimizando sua exposição de mercado?
- A classificação dos ativos da empresa em Nível 1, Nível 2 e Nível 3 é apropriada? Quais informações existem sobre os modelos usados para avaliar os ativos de Nível 3?
- Se as posições da empresa parecem ser razoáveis e bem estabelecidas, quais informações adicionais a empresa pode fornecer aos investidores para lidar com suas preocupações? Essas informações precisarão ser auditadas?

O PAPEL DO COMITÊ DE AUDITORIA NOS ESTADOS UNIDOS

Os comitês de auditoria são responsáveis por supervisionar o trabalho do auditor, para garantir que as demonstrações financeiras sejam preparadas de maneira apropriada e para revisar os controles internos na empresa. Os comitês de auditoria, com mandato determinado pelas bolsas de valores e pela SEC, geralmente incluem de três a quatro diretores externos que se encontram regularmente antes ou depois das reuniões do comitê.

Nos últimos 15 anos, as exigências para os comitês de auditoria têm se expandido e se formalizado. Em dezembro de 1999, a SEC, as bolsas de valores estadunidenses e o Conselho de Normas de Auditoria publicaram novas regras do comitê de auditoria baseadas amplamente em recomendações do Comitê Blue Ribbon (BRC) sobre a Melhoria da Efetividade de Comitês de Auditoria Corporativos. As novas regras definiram as melhores práticas para o julgamento da independência e da qualificação dos membros do comitê de auditoria.

Acompanhando o colapso da Enron, as exigências adicionais do comitê de auditoria foram criadas de acordo com a Lei Sarbanes-Oxley. A lei exige que o comitê de auditoria assuma responsabilidade formal pela escolha, pela supervisão e pela negociação dos honorários com auditores externos. Exige-se que os membros do comitê de auditoria sejam diretores independentes sem nenhuma relação de consultoria ou outro possível compromisso com a administração. Recomenda-se que pelo menos um membro do comitê tenha especialização em finanças, como atuar como CFO, CEO ou sócio aposentado de auditoria.

Espera-se que o comitê de auditoria seja independente da administração e assuma um papel ativo na revisão do decoro das demonstrações financeiras da empresa. Espera-se que os membros do comitê questionem a administração e os auditores sobre a qualidade dos relatórios financeiros da empresa, o escopo e as conclusões de auditoria externa e a qualidade dos controles internos.

Na realidade, entretanto, o comitê de auditoria tem que confiar extensivamente em informações da administração, bem como os auditores internos e externos. Considerando a extensão que eles têm que cobrir, seu tempo disponível limitado e a natureza técnica das normas contábeis, os comitês de auditoria não estão em uma posição de detectar fraude de gerenciamento ou falhas dos auditores tempestivamente.

Então como o comitê de auditoria pode agregar valor?[19] Acreditamos que muitas das ferramentas de análises financeiras discutidas neste livro podem fornecer uma forma útil para os comitês de auditoria abordarem suas tarefas. Muitas das aplicações dos passos das análises financeiras discutidos para os auditores também se aplicam aos comitês de auditoria.

No escrutínio das demonstrações financeiras, o comitê deveria usar a regra 80–20, dedicando a maior parte de seu tempo na avaliação da efetividade daquelas *poucas* políticas e decisões que têm *maior* impacto sobre as percepções dos investidores em relação a indicadores de desempenho crítico da empresa. Isso não deveria exigir nenhum trabalho adicional para os membros do comitê, uma vez que já deveriam ter um bom entendimento dos principais fatores de sucesso e dos riscos a partir de discussões do conselho.

Os membros do comitê também deveriam ter repertório financeiro suficiente para identificar onde, nas demonstrações financeiras, riscos importantes estão refletidos. Suas discussões com a administração e os auditores externos deveriam focar esses riscos. Quão bem eles estão sendo geridos? Como os auditores estão planejando seu trabalho para focar essas áreas? Qual evidência eles juntaram para julgar a adequação das estimativas das demonstrações financeiras?

O comitê de auditoria também recebe revisões regulares de desempenho da empresa pela administração como parte de suas responsabilidades. Os membros do comitê deveriam ser especialmente proativos ao requisitar informações que os ajudem a avaliar como a empresa está gerindo seus riscos principais, uma vez que essas informações podem também ajudá-los a julgar a qualidade das demonstrações financeiras.

Os membros do comitê de auditoria precisam se perguntar: as informações sobre o desempenho da empresa que estamos recebendo em nossas reuniões ordinárias do conselho são consistentes

Perguntas-chave para análise

As seguintes perguntas podem fornecer um ponto inicial útil aos comitês de auditoria em suas discussões com a administração e os auditores sobre as demonstrações financeiras da empresa:

- Como os riscos críticos de negócios enfrentados pela empresa estão sendo administrados?
- Como esses riscos são refletidos pelas políticas e estimativas contábeis nas demonstrações financeiras? Qual era a base para a avaliação do auditor externo desses itens?
- As informações sobre os *drivers* de valor crítico e o desempenho da empresa apresentados ao comitê são consistentes com o cenário da empresa refletido nas demonstrações financeiras e no relatório da administração?
- Quais expectativas a administração está criando no mercado de capitais? Elas podem causar pressão indevida para gerenciar resultados?

com o que está descrito nas demonstrações financeiras? Em caso negativo, o que está faltando? As divulgações adicionais são exigidas para garantir que os investidores estejam bem informados sobre as operações e o desempenho da empresa?

Por fim, os comitês de auditoria precisam focar as expectativas do mercado de capitais, não apenas nos relatórios financeiros estatutários. Nos mercados de capitais de hoje, o jogo começa quando as empresas determinam as expectativas nas reuniões com analistas, nas notas à imprensa e em outras formas de comunicação com investidores. De fato, a pressão para gerenciar resultados geralmente é uma consequência direta das expectativas irrealistas de Wall Street, criada de maneira deliberativa pela administração ou sustentada por sua inação. Por isso, também é importante que os comitês de auditoria fiscalizem a estratégia das relações dos investidores da empresa e assegurem que a administração determine expectativas realistas tanto para o curto quanto para o longo prazo.

RESUMO

Este capítulo discutiu quantas das ferramentas de análise financeira desenvolvidas nos Capítulos 2 a 8 podem ser usadas por gestores para desenvolver uma estratégia de evidenciação coerente e pelos membros do conselho corporativo da empresa e auditores externos para melhorar a qualidade de seus trabalhos.

Por meio da comunicação efetiva com os investidores, a administração pode reduzir potencialmente os problemas informacionais com os investidores externos, diminuindo a probabilidade de que a ação será precificada de maneira equivocada ou desnecessariamente volátil, ou que o mercado perderá a confiança na empresa e limitará seu acesso ao capital completamente. Isso pode ser importante para as empresas que desejam levantar novo capital ou evitar aquisições, ou cuja administração está preocupada que seu verdadeiro desempenho de trabalho não seja refletido no preço de ação da empresa. Finalmente, conforme vimos na crise financeira de 2008 e no exemplo da Jefferies mais recentemente, os mercados financeiros são frágeis e podem facilmente perder a confiança na empresa e em sua administração. Como resultado disso, a qualidade e a efetividade da comunicação da administração pode, às vezes, ter um impacto significativo sobre a viabilidade financeira da empresa.

Uma forma típica para as empresas se comunicarem com os investidores é por meio de demonstrações financeiras. As normas contábeis e a auditoria fazem do processo de reporte uma forma para que os gestores não apenas forneçam informações sobre o atual desempenho da empresa, mas também indiquem, por meio de estimativas contábeis, onde eles acreditam que a empresa chegará no futuro.

Entretanto, as demonstrações contábeis não são capazes de transmitir o tipo de informações prospectivas de que os investidores precisam. As normas contábeis geralmente não permitem que as empresas capitalizem algumas despesas, como P&D, que fornecem benefícios significativos futuros à empresa.

Uma segunda forma com que a administração pode se comunicar com os investidores é mediante meios não contábeis. Discutimos muito sobre esses mecanismos, incluindo o uso de políticas financeiras (como recompras de ações, aumentos de dividendos e *hedges*) para ajudar a sinalizar o otimismo da administração sobre o desempenho futuro da empresa; reunindo-se com os analistas financeiros para explicar a estratégia da empresa, o desempenho atual e o panorama; e divulgando informações adicionais, tanto quantitativas quanto qualitativas, para fornecer aos investidores informações similares às disponíveis à administração.

Neste capítulo, enfatizamos a importância da comunicação efetiva com os investidores. No entanto, as empresas também têm que se comunicar com outros *stakeholders*, incluindo funcionários, clientes, fornecedores e órgãos regulatórios. Muitos dos mesmos princípios discutidos também podem ser aplicados à comunicação da gestão com esses outros *stakeholders*.

Por fim, explicamos o papel de agentes de governança no mercado de capitais, como auditores externos e comitês de auditoria. Ambos enfrentaram consideráveis análises minuciosas acompanhando uma série de falhas nos relatórios financeiros nos Estados Unidos. Muito tem sido feito para melhorar a governança e a independência desses intermediários. Focamos como as ferramentas de análise financeira desenvolvidas no livro podem ser usadas para melhorar a qualidade da auditoria e o trabalho do comitê de auditoria. As ferramentas de análise de estratégia, análise contábil, análise financeira e análise prospectiva podem ajudar os auditores e os membros do comitê de auditoria a identificarem os pontos principais nas demonstrações financeiras para focar e fornecer formas de senso comuns de avaliar se há possíveis problemas de divulgação que merecem testes e análises adicionais.

QUESTÕES PARA DISCUSSÃO

1. O estoque da Amazon aumentou de $3,2 bilhões em 31 de dezembro de 2010 para $5,0 bilhões no ano seguinte. Além disso, as vendas no quarto trimestre daqueles anos aumentaram de $12,9 bilhões em 2010 para $17,4 bilhões em 2011. Qual é o giro implícito anualizado do estoque da Amazon para esses anos? Quais diferentes interpretações sobre o desempenho futuro um analista financeiro poderia inferir com base nessa mudança? Quais informações a administração da Amazon poderia fornecer para que os investidores entendessem a mudança no giro do estoque? Quais são os custos e os benefícios para a Amazon ao evidenciar essas informações? Quais questões foram levantadas com essa mudança pelo auditor? Quais testes adicionais você gostaria de conduzir como auditor da Amazon?

2. a. Quais seriam os possíveis fatores críticos de longo prazo de sucesso para os seguintes tipos de empresas?
   • Uma empresa de alta tecnologia, como a Microsoft
   • Um grande varejista de baixo custo, como o Walmart
   b. Quão úteis são os dados contábeis financeiros para avaliar quão bem essas duas empresas gerem seus fatores críticos de sucesso? Quais outros tipos de informações seriam úteis em sua avaliação? Quais são os custos e os benefícios para essas empresas ao evidenciar esse tipo de informação aos investidores?

3. A administração geralmente se opõe à divulgação de informações adicionais com a justificativa de que essas informações são confidenciais. Por exemplo, quando o FASB propôs expandir as evidenciações sobre (a) a contabilidade de remuneração de empregados com base em ações (emitida em dezembro de 2002) e (b) o desempenho por segmento de negócio (emitido em junho de 1997). Muitos gestores corporativos opuseram-se fortemente às duas propostas. Quais são os potenciais custos de propriedade em expandir a evidenciação em cada uma dessas áreas? Se você concluir que os custos de propriedade são relativamente baixos para ambos os casos, quais explicações alternativas você teria para a oposição da administração?

4. Em contraste com o USGAAP, as IFRS permitem que a administração reverta a perda a valor recuperável (*impairment*) dos ativos fixos que aumentaram em termos de valor desde o momento do reconhecimento da perda. As reavaliações são geralmente baseadas em estimativas do valor realizável feitas pela administração ou por avaliadores independentes. Você espera que essas normas contábeis irão tornar mais ou menos úteis os resultados e os valores contábeis aos investidores? Explique por que sim ou por que não. Como a gerência torna esses tipos de evidenciação mais confiáveis?

5. No caso da aquisição de ações pela administração (*buyout*), a administração de alto escalão de uma empresa oferece-se para comprar a empresa de seus acionistas, normalmente por um valor acima do preço atual da ação. A equipe de gestão coloca seu próprio capital para financiar a aquisição, com um financiamento adicional normalmente proveniente de uma empresa de *buyout* e de dívida privada. Se a administração estiver interessada em fazer essa oferta por sua empresa em um futuro próximo, quais são os incentivos com relação aos relatórios financeiros? Como estes se diferem dos incentivos da administração que não está interessada em realizar essa compra de ações? Como você responderia a uma compra de ações proposta pela gestão se você fosse auditor dessa empresa? E se você fosse membro do comitê de auditoria?

6. Você foi abordado pela administração de uma pequena *start-up* que planeja abrir seu capital. Os fundadores estavam incertos sobre quão agressivas deveriam ser as decisões contábeis quando entrassem no mercado. John Smith, o CEO, afirma: "Podemos então tirar o máximo de proveito de qualquer critério oferecido pelas regras contábeis, uma vez que o mercado espera que o façamos". Quais são os prós e os contras dessa estratégia? Como sócio de uma grande empresa de auditoria, que tipo de análise você faria antes de decidir assumir uma nova *start-up* que pretende abrir seu capital?

7. Dois anos após uma oferta pública bem-sucedida, o CEO de uma empresa de biotecnologia está preocupado com a incerteza do mercado de ações em torno do potencial desenvolvimento de novos medicamentos. Conversando com você, o CEO percebe que, apesar de eles terem recentemente feito progresso significativo em seus esforços de P&D, as ações tiveram um desempenho fraco. Quais opções ele possui para ajudar a convencer os investidores sobre o valor dos novos produtos? Quais dessas opções podem ser viáveis?

8. Por que o CEO da empresa de biotecnologia discutida na Questão 7 deveria preocupar-se com a empresa estar sendo subavaliada? O CEO teria a mesma preocupação se as ações fossem supervalorizadas? Você acredita que o CEO tentaria corrigir a percepção do mercado

nesse caso de supervalorização? Como você reagiria à preocupação da empresa quanto à sub ou à supervalorização do mercado se você fosse auditor da empresa? E se você fosse membro do comitê de auditoria?

9. Quando as empresas decidem mudar do financiamento privado para o público/aberto fazendo uma oferta pública inicial para suas ações, elas podem enfrentar um aumento nos custos de comunicação com os investidores. Considerando o custo adicional, por que as empresas optam por abrirem seu capital?

10. As empresas alemãs são tradicionalmente financiadas por bancos, que possuem representantes nos conselhos de administração das empresas. Como os desafios de comunicação diferem para essas empresas comparativamente às empresas estadunidenses, que dependem mais do financiamento de captação em mercado aberto?

Notas

1. M. Jensen e W. Meckling, "Theory of the Firm: Managerial Behavior, Agency Costs, and Capital Structure", *Journal of Financial Economics* 3 (outubro de 1976): 305-360, analisa problemas de agência entre os gestores e os investidores externos. O trabalho subsequente elaborado por Bengt Holmstrom e outros examina como os contratos entre gestores e investidores externos poderiam mitigar o problema da agência.

2. K. Murphy e J. Zimmerman, "Financial Performance Surrounding CEO Turnover", *Journal of Accounting and Economics* 16 (janeiro/abril/julho de 1993): 273-315, encontram uma relação sólida entre a troca de CEO e o desempenho com base em resultado.

3. Veja S. Teoh, I. Welch e T. Wong, "Earnings Management and the Long-Run Market Performance of Initial Public Offerings", *The Journal of Finance* 63 (dezembro de 1998): 1.935-1.974, e S. Teoh, I. Welch e T. Wong, "Earnings Management and the Underperformance of Seasoned Equity Offerings", *Journal of Financial Economics* 50 (outubro de 1998): 63-99.

4. Essa imperfeição de mercado, geralmente referida como os "abacaxis" ou problema de "informação", também é discutida no Capítulo 1. Ela foi primeiramente estudada por George Akerlof em relação ao mercado de carros usados em "The Market for 'Lemons': Quality Uncertainty and the Market Mechanism", *Quarterly Journal of Economics* 90 (1970): 629-650.

5. Obviamente, somente as análises melhoradas podem não ser suficientes para melhorar a intermediação de mercado se as reformas estruturais implementadas pela Regulation Fair Disclosure, pela Lei Sarbanes-Oxley, pelo Global Settlement e pela Lei Dodd-Frank não conseguem corrigir os conflitos de interesses para os intermediários que temos testemunhado nos últimos anos.

6. D. Skinner, "Earnings Disclosures and Stockholder Lawsuits", *Journal of Accounting and Economics* (novembro de 1997): 249-283, conclui que as empresas com notícias de maus resultados tendem a pré-divulgar essa informação, talvez para reduzir o custo de litígio que inevitavelmente segue os trimestres com más notícias.

7. Por exemplo, G. Foster, "Briloff and the Capital Market", *Journal of Accounting Research* 17, n. 1 (primavera de 1979): 262-274, conclui que as empresas que são criticadas por sua contabilidade por Abraham J. Briloff em Barron's em média sofrem 8% de declínio no preço de suas ações por volta da data da publicação do artigo. H. Desai e P. Jain, "Long-Run Stock Returns Following Briloff's Analyses", *Financial Analysts Journal* 60, n. 2 (março/abril de 2004): 47-56, encontra declínios significativos no desempenho da empresa de um e dois anos que foi criticado por Briloff.

8. N. R. T.: O mais próximo que teríamos aqui no Brasil seria a CVM, a qual fiscaliza as evidenciações contábeis feitas pelas companhias abertas no país.

9. As conclusões de P. Healy e K. Palepu em "Earnings Information Conveyed by Dividend Initiations and Omissions", *Journal of Financial Economics* 21 (setembro de 1988): 149-175, indicam que os investidores interpretam os anúncios de início de distribuição de dividendos e omissões como as previsões dos gestores do desempenho de lucros futuros.

CAPÍTULO 12 COMUNICAÇÃO E GOVERNANÇA · 373

10. Veja L. Dann, R. Masulis e D. Mayers, "Repurchase Tender Offers and Earnings Information", *Journal of Accounting and Economics* (setembro de 1991): 217-252, e M. Hertzel e P. Jain, "Earnings and Risk Changes Around Stock Repurchases", *Journal of Accounting and Economics* (setembro de 1991): 253-276.
11. Veja M. Barth e R. Kasznik, "Share Repurchases and Intangible Assets", *Journal of Accounting and Economics* 28 (dezembro de1999): 211-241.
12. N. R. T.: *Blockholder* seria a concentração de capital da empresa em alguns acionistas (de onde vem essa ideia de "bloco").
13. Veja S. Tasker, "Bridging the Information Gap: Quarterly Conference Calls as a Medium for Voluntary Disclosure", *Review of Accounting Studies* 3, n. 1-2 (1998): 137-167.
14. Veja R. Frankel, M. Johnson e D. Skinner, "An Empirical Examination of Conference Calls as a Voluntary Disclosure Medium", *Journal of Accounting Research* 37, n. 1 (primavera de 1999): 133-150.
15. Veja M. Kimbrough, "The Effect of Conference Calls on Analyst and Market Underreaction to Earnings Announcements", *The Accounting Review* 80, n. 1 (janeiro de 2005): 189-219.
16. Veja A. Irani, "The Effect of Regulation Fair Disclosure on the Relevance of Conference Calls to Financial Analysts", *Review of Quantitative Finance and Accounting* 22, n. 1 (janeiro de 2004): 15-28.
17. Pesquisas sobre divulgação voluntária incluem M. Lang e R. Lundholm, "Cross-Sectional Determinants of Analysts' Ratings of Corporate Disclosures", *Journal of Accounting Research* 31 (outono de 1993): 246-271; M. Lang e R. Lundholm, "Corporate Disclosure Policy and Analysts", *The Accounting Review* 71 (outubro de 1996): 467-492; M. Welker, "Disclosure Policy, Information Asymmetry and Liquidity in Equity Markets", *Contemporary Accounting Research* (primavera de 1995): 801-827; C. Botosan, "The Impact of Annual Report Disclosure Level on Investor Base and the Cost of Capital", *The Accounting Review* (julho de 1997): 323-350; e P. Healy, A. Hutton e K. Palepu, "Stock Performance and Intermediation Changes Surrounding Sustained Increases in Disclosure", *Contemporary Accounting Research* 16, n. 3 (outono de 1999): 485-521. Essa pesquisa concluiu que é mais provável que as empresas forneçam altos níveis de evidenciação se elas apresentarem sólidos desempenhos de lucros, emissão de valores mobiliários, tiverem mais acompanhamento de analistas e menos dispersão nas previsões dos analistas. Além disso, as empresas com altos níveis de políticas de divulgação tendem a ter um custo menor de capital e *bid-ask spread*. Por fim, as empresas que aumentam a evidenciação têm aumentos associados ao retorno das ações, propriedade institucional, acompanhamentos de analistas e liquidez da ação. Além disso, em "The Role of Supplementary Statements with Management Earnings Forecasts", *Journal of Accounting Research* 41 (dezembro de 2003): 867-890, A. Hutton, G. Miller e D. Skinner examinam a resposta do mercado em relação às previsões de lucros feitas pela administração e encontram que as previsões de más notícias são sempre informativas, mas que as previsões de boas notícias são informativas apenas quando respaldadas por demonstrações prospectivas verificáveis.
18. Veja J. Cotter, I. Tuna e P. Wysocki, "Expectations Management and Beatable Targets: How do Analysts eact to Explicit Earnings Guidance?", *Contemporary Accounting Research* 23, n. 3 (outono de 2006): 593-628.
19. Veja P. Healy e K. Palepu, "Audit the Audit Committees: After Enron Boards Must Change the Focus and Provide Greater Financial Transparency", *Financial Times*, 10 de junho de 2002, p. 14.

Índice remissivo

Obs.: Em cada entrada, o primeiro número é o número do capítulo; os números após os hífens são da página ou faixa de páginas nas quais a entrada aparece. O tipo itálico indica os números da página dos quadros e tabelas. Um "n" após um número de página indica que a entrada é uma nota do autor.

A

A. M. Best, 305

acionistas, 325-326, 331, 334, 358

acionistas, escolhas contábeis e, 59

"ações de valor", 287n

ações preferenciais, 317n

Air France-KLM Airlines, 93

alavanca de compras, 358

alavancagem

    ajustes de custo de patrimônio a partir de, 255-258

    em classificações de dívida, 309

    em fusões e aquisições, 331

    financeiro, 135-138, 151-155, 158

    financiamento de dívida e, 294-296

    múltiplos ajustados para, 214

alienações, 322

American Airlines (AMR), 307

amortização, 86, 91

análise contábil, 51-74, 75-106.

análise financeira e, 10

armadilhas em, 68

audição e, 364

avaliação, 259-262

de ativos

    distorções de, 81-83

    subestimativas de, 89-98

    superestimativas de, 85-90

demonstrativos financeiros

influenciados por, 5-11

distorções de passivo em, 98-99

distorções de patrimônio em, 101

estrutura institucional para, 51-58

ganho anormal descontado, 219-221

passos em, 62-67

qualidade de, 58-60

reformulação dos demonstrativos

financeiros para, 76-81, 120-128

exemplo de balanço patrimonial,
120-122, 125

exemplo de demonstrativo de fluxo de
caixa de, 122-125, 127-128

exemplo de demonstrativo de resultado
de, 120-123, 126

subestimativas de passivo em, 99-101

valor de, 69-71

Ver também demonstrativos financeiros

análise de base de valores mobiliários, 275

análise de crédito, 13, 293-319

análise de demonstrativo financeiro em,
305-309

classificação de crédito, 312-314

crise de subprime, 313-314

mercado de crédito e, 296-298

para financiamento de dívida, 294-296

previsão de falência, 311-312

processo de, 298-305

análise da estratégia, 19-48

análise do setor em, 19-25

auditoria e, 365

competitiva, 29-36

corporativa, 37-41

análise de estratégia competitiva, 29-36

análise de estratégia corporativa, 35-41

análise de fluxo de caixa, 13

análise de fluxo de caixa, 164

em análise financeira, 159-165

em avaliação, 262

em funções e aquisições, 332

previsão e, 205-206

análise de sensibilidade, 202-207, 259, 330

análise de valores de negócios, 269-290

desempenho de analistas e gerentes de
fundo em, 281-285

eficiência de mercado e, 274-275

gestão de fundo e, 275

processo de, 275-282

veículos de investimento em, 271

análise técnica, 277

análise discriminante, 317n

análise do setor, 19-25

da concorrência, 22-24

do poder de barganha, 27

limitações de, 31

principais políticas contábeis em, 62

análise financeira, 132-186

análise de fluxo de caixa em, 159-165

análise de índice em, 132-159

padrões históricos de, 157-158

para crescimento sustentável, 156-157

para gestão de investimento, 146-149

para gestão financeira, 149-155

para gestão operacional, 141-146

para rentabilidade, 134-141

auditoria e, 365-366

análise prospectiva, 13, 366. Ver também
previsão; avaliação; implementação de
avaliação

Apple Computer, Inc., 86

aquisições além-fronteiras, 338

árbitros, risco, 320, 335

Associação para Gestão e Pesquisa de
Investimento, 73n

ativo de longo prazo de, 106

ativos. Ver também precificação de ativo de
capital; modelo de precificação de ativo de
capital (CAPM)

arrendamento, 91-92

avaliação de, 240-241, 264-267

baixas de, 67, 74n

definição de, 52

distorções em, 81-83

intangível, 68, 92, 95-97

"penhor negativo" em, 301. Ver também
análise de crédito

subestimativa de, 89-98

superestimativa de, 85-90

taxas de gestão para, 149

valores justos de, 83

vendas contra longo prazo, 201

vendas de, 65

ativos de arrendamento

    financiamento para, 299

    fora do balanço patrimonial, 92, 99

ativos intangíveis, 68, 92

atos, legislativos

    Lei Antitruste Sherman de1890, 322

    Lei Clayton de, 322, 1914

    Lei de Reforma Fiscal de, 320, 1986

    Lei Hart Scott Rodino de, 322, 1976

    Lei Sarbanes-Oxley, 8-10, 53-57, 345, 352, 367, 372n

auditoria

    descrição de, 8-11

    externa, 57-58

    Junta de Padrões de Auditoria, 367

    limitações de, 354

    modelo autorregressivo, 225-226

    para governança e comunicação de, 364-366

    pareceres de auditoria qualificada em, 67

auditoria de terceiro, 7, 57

auditoria externa, 57-58

avaliação, 213-241

    comparando métodos de, 228-231

    de ativos, 240-241

    em análise de valor mobiliário de

patrimônio, 275

    em fusões e aquisições, 327-329

    formas reduzidas baseada em ganhos, 225-228

    fórmulas, 240

    método de dividendos descontados de, 216-217

    método de ganhos anormais descontados, 217-221, 240-241

    modelo de fluxo de caixa descontado em, 228

    múltiplos de preço em, 214-216

avaliação de inventário, 106

avaliação de preço-ganhos, 327

B

balanço patrimonial, 51

    ativos de arrendamento mercantil, 92

    ativos intangíveis fora, 92, 95-97

    contas a receber fora, 99

    padronizados, 78-80

    reformulados para análise contábil, 120, 125

Banco de dados de Hoover, 215

Banco de dados OneSource, 215

bancos, comercial, 296-298

barreiras de saída, 22

barreiras legais, 22

benchmarking, competitivo, 11

benefícios de pensão, 62

    desempenho de gerente de fundo com, 291n

benefícios pós-emprego, 62

Best Buy Co., 307

β (beta)

    descrição de, 225-227

    estimativa, 264n

    sensibilidade econômica medida por, 254-256

Blockbuster, 307

Bolsa de Valores de Nova York (NYSE), 280, 295

Boston Scientific, Inc., 337

C

cadeia de intermediação, 348

canais de distribuição, 22

capital de giro, 146-149, 200, 299

Caterpillar, Inc., 106

"cavaleiros brancos", 338

Centro de Treinamento de Gestão Tata (TMTC), 41

Chevron, Inc., 339

classificações de dívida, 305-309

Classificações Fitch, 305

Clearwire, 307

Clorox Co., 321

Coca-Cola Enterprises, 27, 306

Comissão de Câmbio e Valores Mobiliários
(SEC)

    acionistas, escolhas contábeis e, $73n$

    credibilidade contábil e, 347

    Divulgação Justa de Regulamento de, 285,
    361, $373n$

    Junta de Padrões Contábeis Financeiros
    (FASB) e, 55

    papel de governança de, 348

    regras de comitê de auditoria de, 367

    SAB 104 de, $72n$

    sobre seção Análise e Discussão de Gestão
    (MD&A), 64, $73n$

Comissão de Comércio Federal (FTC), 323,
338, $342n$

Comissão de Concorrência Europeia, 338

Comitê Blue Ribbon (BRC), sobre a Melhoria
da Eficiência dos Comitês de Auditoria
Corporativa, 367

Comitê de Padrões Contábeis Internacionais
(IASC), 55

comitês de auditoria, 53, 367-369, $373n$

Compaq, Inc., 25

Comportamento de ganhos de "passeio
aleatório", 191, 225

"comportamento de manada", 280, $286n$

comunicação e governança. Ver governança e
comunicação

conceito de loja aberta, 32

concorrência. Ver também fusões

    construção de referência contra, 10

    de empresas maduras, 191

    escolhas contábeis baseadas em, 59

    hipótese de equilíbrio, 248-251

    real e potencial, 22-23

concursos de controle corporativo, 59

conflitos de interesse, 3-6, 10, $289n$, 294, 353,
355, $372n$

Congresso dos EUA. Congresso, 8

contabilidade. Ver também contabilidade de
depreciação

    como comunicação, 352-355

    excesso limpo de, $234n$, $264n$

    valor de mercado, $235n$, 259

contabilidade de depreciação, 1-7, 51-52, $71n$,
230-231

contabilidade de excesso limpa, $234n$, $234n$,
$264n$

contabilidade de inventário, 59, 63, 65, $73n$,
$73n$, $169n$, 301

contabilidade de inventário FIFO, $73n$, $169n$

contabilidade do caixa, 5, $72n$

Contabilidade inventário LIFO, 59, $73n$, $169n$

contas a receber

    aumentos incomuns em, 65

    como título de empréstimo, 299-301

    fora do balanço patrimonial, 99

    venda de, com recurso, 68

Creative Technology, Inc., 86

crédito de comércio, 299

Credit Suisse/Índice de Fundo Hedge, $318n$

credores e acionistas, custos de conflitos, 294

crescimento de vendas, 190-191, 191, 196-200.
Ver também previsão

crescimento sustentável, 156-158

criação de valor, 36-39, 294, 321

curvas de demanda, $285n$

Custo médio ponderado de capital (WACC)

    conforme taxa de desconto, 264-267

    em método de avaliação de ativo, 240-241

    ROA operacional e, 140

custos

    de capital, $208n$, 256. Ver também custo
    de capital de média ponderada (WACC)

    de financiamento de dívida, 294-295

    em fusões e aquisições, 334

fixa vs. variável, 22

transação, 36

custos de comutação, 21

custos fixos, 22

custos variáveis, 22

D

Daimler, 306

declaração de renda, 51

ativos intangíveis, 95-97

padronizados, 76-77

delatores, 9

demonstrativos de fluxo de caixa, 51

lacuna de receita relatada em, 65

padronizado, 80-81

reformulados para análise contábil, 122-130

derivações, 38, n, 287n

derivativos, 71n

despesa com juros, 162, 302, 309

despesas com vendas, gerais e administrativas, 142-143

despesas, definidas, 52

diferenciação, 22, 31-32

Discussão de Gestão e Análise (MD&A) em relatórios anuais, 64, 73n

disputas por procuração, 59

distúrbio financeiro, custos legais de, 294

dívida. Ver também análise de crédito ruim

acordos para, 59, 72n, 304

custo de ponderação de, 265

índices de gestão financeira sobre, 152-154

"negativo", 138

provisão para, 74n

provisão para ruim, 74n

"dívida negativa", 138, 169n

dívidas ruins, provisão para, 74n

dividendos

avaliação e, 262

ganhos retidos versus, 234n

método de avaliação de método de

dividendos descontados e, 216-217, 239-240

políticas de pagamento para, 132, 156, 162, 357

preferidos, 317n

divulgação

Divulgação Justa de Regulamento SEC e, 285, 361, 373n

método de avaliação de ganhos anormais descontados, 280

mínimo, 6

preções de ações afetados por, 73n, 73n

Princípios Contábeis Geralmente Aceitos (GAAP) de, 54

qualidade de, 62-64

voluntário, 6, 361-362, 373n, 373n

Dubai Ports World, 339

Dun & Bradstreet, 305

E

Eastman Kodak, 307

EBITDA (ganhos antes de juros, impostos, depreciação e amortização), 142-144

economia, 37, 82-84

economia de custo de transação, 36

economia de escala, 22, 320

economia, investimentos para, 1-4

economias líderes, 21

"efeito de tamanho", 254-256, 310

eficiência

compras, 142

mercado, 272-275

produção, 142

semiforte, 288n

eficiência de compra, 141-142

eficiência de mercado, 272-275, 287n

eficiência de produção, 141-142

eficiência semiforte, 289n

empreendedores, 4

Empresa de Petróleo CNOOC (China), 339

empresas a prazo, 299

empresas de seguro, 297

empréstimos. Ver análise de crédito

empréstimos de hipoteca, 299

energia, 38

Enron Corporation, 74n

    analistas do lado da venda e, 281-280, 288n

    comportamento de "manada" e, 280, 286n

    conflitos intermediários de interesse e, 5

    "fachada" de balanço patrimonial" em, 76n

    falha de auditoria em, 57, 348, 367

    Lei Sarbanes-Oxley e, 8-10

estratégia de diversificação, 38, 323-324, 342n

estrutura de capital das empresas, 331-332

E-Trade, 307

excesso de capacidade, 22

Exxon Mobil, 306

F

FactSet Mergerstat, LLC, 342n, 342n

falência, 311, 318n

Fiat, 307

finanças comportamentais, 275, 287n

financial intermediaries, 3, 354

relacionamento de atividade comercial para, 3, 7

    eficiência de mercado e, 272

    estimativas de retorno de ação de, 287n

    na análise de crédito, 305-310

    papel do mercado de capitais de, 1-5

    para governança e comunicação

financiamento de dívida, 294-296

firmas de capital de risco, 358

flexibilidade, contábil, 62

fluxo de caixa livre negativo, 163

fluxos de caixa livres, 163, 328-329

Ford Motor Company, 307

fornecedores, poder de barganha de, 25

fundos a descoberto, 273

fundos baseados em tamanho, 273

fundos de alto rendimento, 273

fundos de bônus, 271

fundos de bônus corporativo, 271

fundos de crescimento, 273

fundos de hipoteca, 273

fundos de índice, 273

fundos de renda, 271

fundos de setor, 273

fundos de situação especial, 273

fundos de valor, 273

fundos de venda a descoberto, 273

fundos do momento, 280

fundos municipais, 273

fundos neutros de mercado, 273

fundos regionais, 273

fusões e aquisições, 320-343

    análise de, 13

    financiamento de, 331-335

    motivos para, 321-323

    precificação de, 324-330

    resultados de, 335-339

G

General Electric (GE), 277, 280, 288n

    análise estratégica corporativa de, 38-41

    classificações de dívida de, 306

    diversificação de, 37

General Motors (GM)

    classificações de dívida de, 306

    Modelo Altman Z-score de, 311

gestão de ativo de longo prazo, 147-149

gestão de inventário, 146-149, 271, 285n. Ver

também análise de negócios

gestão operacional, 141-146

giro de ativo, 146-149, 158, 168n

giro de CEO, 372n

Governança e comunicação, 345-373

    comitês de auditoria e, 6, 367-369

    divulgação voluntária como, 361-362

    exemplo de, 362

    intermediários e, 2-5

investidores e, 348-352

papel do auditor em, 364-365

políticas financeiras como, 357-360

relatórios financeiros como, 352-358

reuniões de analistas como, 361

visão geral de, 348-349

Grupo Tata, 38-42

Guidant Corporation, 337

H

hedging, 270-271, 359

hipótese de bônus, $72n$

I

Imobiliário, 306

imóveis, 301

implementação de avaliação, 243-267

computação da taxa de desconto em, 254-258

previsões de desempenho em, 243-245

problemas práticos em, 260-262

valor do ativo, 265-267

valores de patrimônio em, 258-259

valores terminais em, 245-254

impostos

arrendamento, 144-148

escolhas contábeis e, 60, $73n$

fusões e aquisições e, 331, 334, $341n$

na gestão operacional, 143

proteções fiscais de participações corporativas e, 294

índice de caixa, 151

índice de cobertura de juros, 153

índice de dívida líquida em relação a capital líquido, 152

índice dívida líquida em relação a patrimônio, 152

índices, 13. Ver também previsão

alavancagem, 295

classificações de dívida e, 306-308

cobertura, 153, 302, 309

crescimento sustentável, 156-158

de custos fixos a variáveis, 22

gestão de investimento, 146-149

gestão financeira, 149-155

gestão operacional, 141-146

índice preço-ganhos, 214-215, 223, 233

na análise de crédito, 301-302

na previsão de falência, $318n$

padrão histórico de, 157-158

rentabilidade, 134-141

termos usados em, 138

índices de cobertura, 153, 301-304, 307

Índices de cobertura de fluxo de fundos, 301-302

índices de giro, 146-149, 158, $168n$

Índices «reversão média», 190

inflação, $254n$, $264n$

informação de pessoa interna, 4

Instituições financeiras que não são bancos, 297

Instituto Americano de Contadores Públicos Certificados (AICPA), 348

intermediários, 2-5, 354-356

intermediários de informação, 4

investimento contrário, $287n$, $289n$

J

Johnson & Johnson, 306, 337

Junta de Padrões de Contabilidade Financeira (FASB), 6, 103

auditores e, 6

Comissão de Câmbio e Valores Mobiliários (SEC) e, 54

credibilidade contábil e, 353

Declaração de Padrões de Contabilidade Financeira (SFAS) n\textdegree 6 de, $72n$

Declaração de Padrões de Contabilidade Financeira (SFAS) n\textdegree 95 de, 159

Declaração de Padrões de Contabilidade Financeira (SFAS) n\textdegree 144 de, 83

Declaração de Padrões de Contabilidade
Financeira (SFAS) No. 2 de, 58
papel da governança de, 347
sobre valores mobiliários híbridos, 102
Junta de Supervisão de Contabilidade de
Empresa Pública (PCAOB), 9, 55, 348

L

legislação. Ver leis, legislativas
Lehman Brothers Corporation, 349
Lei Antitruste Sherman de, 322, 1890
Lei Clayton de, 322, 1914
Lei de Reforma de Wall Street e Proteção do
Consumidor Dodd-Frank, 11, 314, 345,
355
Lei de Reforma Fiscal de, 320, 1986
Lei Hart Scott Rodino de, 322, 1976
leis antitruste, 60, 321
Lei Sarbanes-Oxley
    auditoria afetada por, 7-10, 345, 353
    Padrões de Auditoria Geralmente Aceitos
    (GAAS) e, 57
    sobre comitês de auditoria, 53, 367
    sobre conflitos de interesse, $372n$
LIBOR (Taxa de Oferta Entre Banco de
Londres), 305-307
liderança de custo, 29, 31
Linha de Valor, $234n$, 254-255, 263
linhas de crédito, 312
linhas de crédito abertas, 299
linhas de crédito giratórias, 299
liquidez, 151, 275, 299
lucros
    anormais, na avaliação de ativos, 240
    avaliação baseada em, 225-228
    comportamento de, 191. Ver também
    previsão
    descontados anormais, 217-221, 239-240,
    $264n$, 279, 328-330
    fórmulas de avaliação, 240

múltiplos de valor em relação a, 222-223,
326-328
Lufthansa Airlines, 93-95

M

máquinas e equipamentos, 301
margens de lucro bruto, 141-142
margens de lucro líquido, 141-147
McDonald's Corp, 306
Mercados de capitais, 1-5, 60
mercados emergentes, 36
método de avaliação de dividendos
descontados, 216-217, 239-240
método de avaliação de ganhos anormais
descontados, 219-221, $233n$, 239-240, $264n$,
328-330
Microsoft, 86, 96-97, 306
MicroStrategy, Inc, 100
Mobil Corporation, 337
modelo Altman Z-score, 311
modelo de fluxo de caixa descontado, 228,
$234n$, 239
Modelo de Precificação do Ativo de Capital
(CAPM), 254-256, 280
modelo de simplificação de crescimento,
226-228
Modelo Foster, 206, $209n$
Modelo Kaplan-Urwitz, de classificações de
dívida, 309
modelos quantitativos, classificações de dívida,
309
Modelo ZETA, de classificações de dívida,
312
"momento de ganhos", 276
Moody's, 305
múltiplos de localização, 214
múltiplos de preço
    em avaliação da empresa, 214-216,
    221-225
    em avaliação de ativo, 240-241

em fusões e aquisições, 326-328

fórmulas de avaliação, 240

valor terminal baseado em, 251

múltiplos de valor em relação a contábil, 221-222

múltiplos de valor-ganhos, 222-225

múltiplos líderes, 214, 222

N

Netflix, 307

NOPAT (lucro operacional líquido após impostos) margem em métodos de avaliação de ativos, 240-241

em índices de gestão operacional, 142-143

em índices de rentabilidade, 141-143

padrão histórico de, 157-158

previsão, 199-201

Nordstrom, Inc., 34-36

análise contábil, 108-112

O

ofertas públicas iniciais (IPOs), 74n, 372n

opção de abandono, 261

opções de ações, 59

P

Padrões de Auditoria Geralmente Aceitos (GAAS), 57

Padrões de Demonstrativos Contábeis Financeiros (SFAS)

N\textdegree, 2, 58

N\textdegree 6, 71n

N\textdegree, 95, 159

N\textdegree, 83, 144

Padrões de Relatórios Financeiros Internacionais (IFRS), 6, 55, 103-108

padronização, 21. Ver também análise contábil

pagáveis a comercializar. Ver análise de crédito

de marcas registradas, 92

"paraquedas dourado", 337, 343n

parcerias de patrimônio, 359

pareceres de auditoria qualificada, 67

passivos

definição de, 52

distorções em, 98-101

para índice de patrimônio, 152

subestimado, 99-100

patrimônio. Ver também índices; retorno sobre patrimônio (ROE)

avaliação de, 256-260

custo de ponderação de, 256

definição de, 52

distorções de, 101

swaps dívida para patrimônio de, 65

patrimônio de marca, 76

Patrimônio de Marca de Promoção do Negócio (BEBP), 39

"penhor negativo", sobre ativos, 301

pesquisa e desenvolvimento, investimento em

as ativo intangível, 92

capitalização de, 235n

qualidade de análise contábil e, 67, 73n

Pfizer Inc., 68, 320

aquisição da Wyeth, 322-324

Financiamento da Wyeth, 335

planejamento central, 1

poder de barganha, 19-22, 26

poder de compra significante, 32

preços de ações, 72n, 73n, 254, 279, 317n. Ver também Modelo de Precificação de Ativo de Capital (CAPM)

prêmios de preço, 142, 325-326

previsão, 186-212. Ver também avaliação

análise de sensibilidade em, 202-207

capital de giro para vendas, 200

comportamento de desempeno em, 189-195

crescimento de vendas, 196-200

de analistas de valores mobiliários, 282

de fluxo de caixa, 204-207

em análise de crédito, 302

em fusões e aquisições, 326-329

em implementação de avaliação, 243-245, 267

erros em, 58

estrutura de capital, 201

estrutura para, 188-189

fatores macroeconômicos em, 196

margem NOPAT em, 199-200

múltiplos líderes baseados em, 214, 221

preços de ação, 279

previsão de distúrbio. Ver de análise de crédito

Princípios Contábeis Geralmente Aceitos (GAAP), 6, 53-57, $74n$, $264n$, 364

empresas usando, 103-108

Padrões Internacionais de Relatórios Financeiros (IFRS) e, 103-108

problemas de credibilidade, 355

problemas "limões", 2, $372n$

produtos substitutos, 22-23

proteções fiscais de participação em empresas, 294

provisão de dívidas ruins, $74n$

Q

queda das ponto-com, $285n$

R

recebíveis descontados

com recurso, 106-108

fora do balanço patrimonial, 107

receitas

definição de, 52

não ganho, 99-101

reconhecimento agressivo de, 82, 85-86, 89

recompra de ação, 358-360, $372n$

rede de aquisição global, 33

reestruturação, 295, 321

regulamentos. Ver também leis

antitruste, 321, 338

como barreiras de saída, 22

Divulgação Justa de Regulamento SEC, 285, 361

escolhas contábeis legislativas e, 59, $72n$

Lei de Reforma Fiscal de, 320, 1986

Lei Sarbanes-Oxley, 345, 352, 367, $372n$

relacionamentos filial-subsidiária, 298

relatórios anuais, 64, $73n$

remuneração da administração, 58-60, $72n$

rendas

econômicas, $234n$

produto-mercado, 321

rendas econômicas, $234n$

rendas produto-mercado, 321

rentabilidade

condutores de, 132

definição de, 52

em classificações de dívida, 309

estratégia competitiva para, 26

estrutura do setor e, 22

índices de, 134-141

reservas, 85, 88, 91

retorno de ativos (ROA)

como índice de rentabilidade, 135-141

padrão histórico de, 157-158

retorno sobre patrimônio (ROE)

como índice rentabilidade, 133-136

computação, $168n$

em análise contábil, 69, $74n$

em análise prospectiva, 13

expectativas de mercados de, 280

múltiplos de preço em relação ao contábil e, 226

múltiplos de valor-ganhos e, 222-225

padrão histórico de, 157-158

previsão e, 192-195

rendas econômicas e, $234n$

simplificação de crescimento e, 226

Revista Fortune, 38

risco

arbitragem para, 320, 334

β (beta) como medida de, 254, 256, 264n

crédito, 62, 297

inevitável, 271

não sistemática, 309

sistemática, 309

taxa de juros, 62

risco de crédito, 62, 297

risco de taxa de juros, 62

risco não sistemático, 309

risco sistemático, 254, 264n, 309. Ver também β (beta)

S

SAB 104, 72n

Samsung, Inc., 86

saturação de demanda, 190

    contabilidade de depreciação para, 62

    subestimado, 86

    superestimado, 91, 93

sazonalidade, 205-206

Sbarro's, 307

sensibilidade de preço, 23, 254. Ver também β (beta)

Serviços Administrativos Tata (TAS), 41

Serviços de Gestão de Qualdiade Tata (TQMS), 41

Setor de Loja de Departamento Varejista nos EUA, 25-28

    concorrência na, 25-27

sindicatos de trabalhadores, 60

Sistemas de Saúde Comunitária (CHS), 88-89

Sony, Inc., 86

spread, 138, 158

Standard & Poor's (S&P)

    Banco de dados Compustat de, 190

    β (beta) estimativas de, 254, 264n

    classificações de dívida de, 305

    Índice de, 254, 270, 286n, 318n

"suavização da renda", 68

swaps dívida em relação a patrimônio, 65

T

tarifas, 60

taxa de desconto, computação de, 254-258

    custos de dívida e patrimônio em, 256

    efeitos de mudança de alavancagem em, 256-259

    fusões e aquisições, 329-330

taxa de retorno, 209n

taxa de retorno contábil, 209n

taxa prime, 305

tecnologia de informação e comunicação, 39

Teorema Modigliani-Miller, 262

Tesouro dos EUA, 254

Thomson One Analytics, 288n

TJX Companies, Inc., 32-34, 306

    análise contábil, 108-112

    balanço patrimonial consolidado de, 120-122

    balanço patrimonial consolidado padronizado de, 125-127

    balanço patrimonial padronizado de, 171

    demonstrativo de fluxo de caixa consolidado de, 122-126

    demonstrativo de fluxo de caixa consolidado padronizado de, 127

    Demonstrativo de fluxo de caixa padronizado de, 172

    demonstrativo de renda condensado de, 173

    demonstrativo de renda consolidada padronizado de, 127

    demonstrativo de renda consolidado de, 122

    demonstrativo de renda padronizado de, 174

    demonstrativos financeiros previstos, 246

    patrimônio, custo de, 255, 258

    prevendo desempenho de exemplo de, 195-197, 201

    prevendo hipóteses, 244

    previsões de desempenho, 244, 248

    valor de ativo, 265-267

valor terminal, 252-254

tomadas de posse, 59, 337

tomadas de posse hostis, 59

transações de parte relacionada, 65, 74n

Tyco Corporation, 349

U

Unocal, 339

V

valor contábil dos ativos, 83

valor contábil negativo, 260

valores mobiliários comercializáveis, 71n.
Ver também análise valores mobiliários de
patrimônio; Comissão de Câmbio e Valores
Mobiliários (SEC)

valores mobiliários de dívida pública, 293. Ver
também análise de crédito

valores mobiliários híbridos, 102

valores mobiliários, nacionais, 339

valores residuais, 63

valor horário do dinheiro, 236-238

valor justo, 83

valor mobiliário nacional, 339

valor terminal

    desempenho anormal com, 249-251

    estimativa, 252-254

hipótese de equilíbrio competitivo com,
248-249

    métodos de avaliação e, 230-231

    múltiplo de preço como base para, 251

vantagem competitiva

    criação, estratégias para, 29

    fontes de, 32

    obtenção de, 32

    sustentação, 32

vantagem do primeiro movimentador, 22

verificações e balanços, intermediários como, 5

W

Wal-Mart Stores, Inc. Ver também análise
financeira

    avaliação de múltiplo de preço de, 222-223

    classificações de dívida de, 306

    estimativa de custo de capital de, 248-251

    estimativa de valor terminal de, 252-254

    Modelo Altman Z-score de, 311

    previsão de desempenho de hipóteses para,
244

    resumo de avaliação para, 258

WorldCom Corporation, 3, 6, 57, 280

Wyeth Inc., 322-324, 335

Índice onomástico

A

Abarbanell, J., 287
Aboody, D., 73, 119
Akerlof, George, 15, 372
Altman, E., 312, 317
Ante, S. E., 343

B

Banks, Joe, 71
Barth, M., 119, 373
Beatty, A., 73
Beaver, W., 318
Beneish, M. D., 74
Berger, P., 74
Bernard, V., 73, 287
Besanko, David, 44
Boswell, B., 46
Botosan, C., 373
Bowen, R., 73
Briloff, Abraham, J., 72, 372
Broker, James, 167
Brown, Jane, 42
Brown, L., 210, 288, 290
Bruns, W. Jr., 73
Bublitz, B., 119
Buffett, Warren, 358

Bushee, B., 289

C

Calabrese, J., 289
Carhart, M., 290
Catan, T., 343
Chakravort, J., 47
Chamberlain, S., 73
Chan, S., 119
Chang, J., 74
Chapman, C., 289
Choe, H., 343
Clark, M. L., 47
Claus, J., 264
Clement, M., 288
Coase, R., 47
Coggin, T., 290
Collins, J., 73
Collins, W. E., 74
Collis, David J., 44
Colvin, G., 288
Copeland, T., 264
Cotter, J., 373
Coval, J. D., 318
Cowen, A., 290
Cuomo, C., 46

D

Dann, L., 372
Datar, S., 343
DeAngelo, L., 73
Dechow, P. M., 72, 74, 234, 289
Desai, H., 372
Dranove, David, 44
DuCharme, L., 73
Dukes, R., 119
Dyckman, T., 119

E

El-Gazzar, S., 119
Elliott, J., 74, 118-119, 372
Ettredge, M., 119
Exstein, M., 47

F

Fabozzi, F., 291
Fama, E., 287
Fatcat, Joe, 209
Fernholz, Tim, 210
Ferson, W., 291
Foster, G., 74, 209, 288
Francis, J., 74, 118, 235, 289

Frankel, R., 287, 343, 373
Freeman, R., 209, 289

G

Gebhardt, W., 264
Ghemawat, Pankaj, 44
Gilson, S., 289
Givoly, D., 289
Grant, Robert M., 44
Griffin, P., 289
Grinblatt, M., 290
Groysberg, B., 209, 289
Gui, Y., 288
Guidry, F., 72

H

Hagerman, R., 289
Hamel, G., 45
Hand, John, 73, 317
Handler, Richard, 363
Hanna, D., 118
Harding, D., 48
Harianto, F., 343
Healy, Paul, 15, 48, 73-74, 118-119, 209, 287, 289, 343, 372-373
Hendricks, D., 289
Hertzel, M., 372
Heymann, N., 289
Hirschey, M., 119
Holmstrom, Bengt, 372
Holthausen, R., 72, 287, 317
Howe, C., 118-119
Hutton, A. P., 234, 289, 373

I

Icahn, Carl, 321
Imhoff, E., 119
Irani, A., 373

J

Jacob, J., 289
Jain, P., 372
Jegadeesh, N., 289
Jensen, Michael, 289, 342, 372
Johnson, A., 343
Johnson, M., 373
Jones, J., 73
Jurek, J., 318

K

Kaplan, R., 73, 309, 317
Kaplan, S., 342
Kasznik, R., 73, 373
Kensinger, J., 119
Khang, K., 290
Khanna, T., 15, 47-48
Kimbrough, M., 373
Koller, T., 264

L

Lakonishok, J., 287, 289-290
Lang, L., 48
Lang, M., 73, 373
Larcker, D., 72, 287
Lee, C., 235, 264, 287
Leftwich, R., 317
Leone, A., 72
Lev, B., 119
Lilien, S., 119
Lin, H., 290
Linsmeier, T., 119
Lintner, J., 234
Lipe, R., 119
Lundholm, R., 73, 373
Lys, T., 288

M

Machlin, J., 343
Magliolo, J., 73

Majluf, N., 343
Malkiel, B., 289
Mankins, M. C., 47
Martin, J., 119
Masulis, R., 372
Matsumoto, D., 289
Maxx, T. K., 32
Maydew, E., 74
Mayers, D., 372
McGahan, A. M., 44
McNichols, M., 74, 119, 290
Meckling, W., 372
Mehra, P., 47
Mendenhall, R., 74
Michaely, R., 289
Miles, J., 343
Miller, G., 373
Miller, M. H., 234
Modigliani, F., 234
Mohanram, P., 287, 289
Montgomery, C., 46-47
Moyer, S., 73
Murphy, K., 372
Murrin, J., 264
Myers, J., 235
Myers, S., 118-119, 343

N

Neale, M., 288
Nichols, W., 74
Nissim, D., 169
Noe, C., 289
Noel, J., 73
Nohria, N., 209
Noreen, E., 288

O

O'Brien, P., 209, 287, 289
Ohlson, J., 209, 234, 318
Olsson, P., 235

ÍNDICE ONOMÁSTICO

Oswald, D., 235

P

Palepu, Krishna, 15, 48, 73-74, 119, 287, 289, 342, 372-373
Palmer, A. T., 47
Pastena, V., 119
Patalon, William, III, 342
Patel, J., 289
Penman, S., 169, 209, 235, 287
Petroni, Kathy, 73
Porter, Michael E., 44, 47
Prahalad, C. K., 46

R

Raedy, J., 287
Rahman, S., 290
Richardson, G., 119
Right, John, 208
Rock, S., 72
Rozeff, M., 210, 288
Ruback, Richard, 119, 342

S

Scharfstein, D., 289
Scherer, F. M., 44
Schipper, K., 47, 74
Scholes, M., 73, 169
Schorgi, T., 47
Serafeim, G., 209
Shackelford, D., 73
Shanley, Mark, 44
Sharma, C., 46
Sharma, S., 48

Shaw, W., 74
Shiller, Robert, 288
Shleifer, A., 287, 289, 291
Shores, D., 73
Simon, Bill, 71
Singh, H., 343
Skinner, D., 372-373
Sloan, R. G., 72, 74, 234, 287, 289
Smith, A., 46
Smith, Joe, 13, 42
Soffer, L., 288
Sohn, S., 289
Sougiannis, T., 119, 235
Srinivasan, G., 209
Stafford, E., 318
Stein, J., 289
Steinberg, Joseph, 359
Stulz, R., 47
Su, C., 46
Summers, Larry, 13
Sunder, S., 287, 289
Swaminathan, B., 235, 264, 289
Sweeney, A., 72, 74

T

Tasker, S., 373
Tata, Ratan, 41
Teoh, S. H., 74, 372
Thaler, R., 287
Thomas, J., 264, 287
Titman, S., 289
Travlos, N., 343
Tuna, I., 373

U

Urwitz, G., 317

V

Vincent, L., 118
Vishny, R., 287, 289-290

W

Wahlen, J., 73
Wasley, C., 119
Watts, R., 72
Weber, J., 47
Weddigen, R. M., 47
Weiss, I., 74
Welch, I., 74, 372
Welch, Jack, 277
Welker, M., 373
Wermers, R., 289
Weygandt, J., 119
Wilson, G. P., 73
Wilson, P., 74
Wolfson, M., 73, 169, 343
Womack, K., 289
Wong, T. J., 74, 372
Wright, D., 119
Wysocki, P., 373

Y

Yruma, E., 48
Yu, G., 209

Z

Zeckhauser, R., 289
Zimmerman, J., 72, 372
Zmijewski, M., 288, 318

Impressão e acabamento:

tel.: 25226368